W0095345

Über die Autorin

Sabine Czerny wurde 1972 in der Nähe von München geboren und ist seit über zehn Jahren an bayerischen Grundschulen tätig. Für sie ist Lehrerin kein Beruf, sondern eine Berufung. Daher war es ihr immer ein großes Anliegen, sich neben dem Schuldienst weiterzubilden – unter anderem in den Bereichen Pädagogik und Psychologie. Getreu ihrem Motto „Ich kenne kein Kind, das nicht lernen will" gestaltet sie ihren Unterricht mit viel Leidenschaft, Engagement und neuesten Kenntnissen aus der Lernforschung. Und das seit Jahren mit großem Erfolg: Ihre Schüler haben nicht nur Spaß am Lernen, sondern schreiben dadurch auch bessere Schulnoten. Eine Tatsache, für die sie von den Schulbehörden nicht belobigt oder befördert wurde, sondern strafversetzt, bedroht und boykottiert. Für ihren Einsatz erhielt sie 2009 das Karl-Steinbauer-Zeichen für Zivilcourage.

SABINE CZERNY

Was wir unseren Kindern in der

antun

... und wie wir das ändern können

WILHELM HEYNE VERLAG
MÜNCHEN

Verlagsgruppe Random House FSC-DEU-0100
Das FSC®-zertifizierte Papier *Holmen Book Cream* für dieses Buch
liefert Holmen Paper, Hallstavik, Schweden.

Taschenbuchausgabe 08/2012

Copyright © 2010 by Südwest Verlag, einem Unternehmen der
Verlagsgruppe Random House GmbH, München
Copyright dieser Ausgabe © Wilhelm Heyne Verlag, München,
in der Verlagsgruppe Random House GmbH
Printed in Germany 2012
Umschlaggestaltung: Hauptmann & Kompanie, Zürich
Satz: Uhl + Massopust, Aalen
Druck und Bindung: GGP Media GmbH, Pößneck
ISBN: 978-3-453-60221-2

www.heyne.de

Inhalt

Prolog

Seit nunmehr vierzehn Jahren unterrichte ich als Grundschul-lehrerin. Man erlebt viel in so einer langen Zeit. Ich kann er-zählen von unglücklichen Kindern, von verzweifelten Eltern, von resignierten Lehrern. Das werde ich. Aber nicht, um über dumme und faule Kinder zu klagen, die Schuld den Eltern zuzuschieben oder den Grund für die Bildungsmisere in der scheinbaren Inkompetenz der Lehrer zu suchen. Nein. Mir geht es darum, einen Einblick in das System zu geben, das in hohem und unverantwortlichem Maße Kinder zu Versagern und Ver-lierern macht. In diesem Schulsystem sind alle Opfer: Eltern, Lehrer und Schüler. Es baut auf falschen Grundlagen auf, hält sich an veralteten und von der Realität entfremdeten Struktu-ren aufrecht und zwingt alle Beteiligten durch immer mehr un-überlegte und nicht grundlegende Teilreformen unbarmherzig in Rollen, in die keiner je kommen wollte.

Ich schildere dabei ausschließlich meine Erfahrungen und Eindrücke. Diese habe ich in vielen verschiedenen Schulen ge-wonnen. Nach meinem Studium bin ich zunächst heimatfern, nach der zweiten Ausbildungsphase dann wie sehr oft üblich an einer anderen Schule eingesetzt worden, habe mich danach wieder in meinen Heimatlandkreis zurückbeworben und war nach einem weiteren Turnus, wie es für jeden Lehrer obliga-torisch ist, als Mobile Reserve, also als Krankenvertretung, für drei Jahre tätig. Hier hatte ich zahlreiche Einsätze in den ver-schiedensten Jahrgangsstufen und Schulen, bevor ich erneut eine Klassenführung übernahm. Bereits von Anfang an wurde ich trotz fehlender Ausbildung auch an Hauptschulen einge-

setzt und habe hier Erfahrungen bis zur zehnte Jahrgangsstufe sammeln können. Und auch wenn ich all meine Erfahrungen im bayerischen Schulsystem gewonnen habe – das mit
Sicherheit in der Vielfalt der Schullandschaft eine besondere
Rolle einnimmt –, bin ich überzeugt davon, dass in vielen anderen Bundesländern Ähnliches geschieht. Die Klagen der Eltern,
Lehrer und Kinder hören sich einfach zu ähnlich an. Immer
wieder geht es um den Druck, dem schon die Allerkleinsten
ausgesetzt sind und der auch in höheren Klassen nicht aufhört,
es geht um erbarmungslose Aussortierung ohne Rücksicht auf
die individuellen Lebensumstände oder Alter und Konstitution
eines Kindes. Es geht weniger und oft gar nicht darum, Kindern Anerkennung zu verschaffen und sie zu starken, selbstbe-
wussten Persönlichkeiten heranreifen zu lassen.

Um Schule zu verstehen, genügt es nicht, Theorien und
Statistiken zurate zu ziehen und dann nach wunderbar klin-
genden Lösungen fernab der Realität zu suchen. Den Kindern
helfen diese Theorien nicht. Sie und auch ihre Eltern und die
Lehrer sind Menschen, die nicht nur „funktionieren" wollen.
Diese Menschen „sind", sie leben, mit all ihrer ihnen eigenen
Individualität. Will man gute Schule machen, führt nichts daran vorbei, sich die Individualität des Einzelnen zur obersten
Prämisse zu machen. Es gäbe durchaus umsetzbare Möglichkeiten, Schule so zu gestalten, dass Kinder mit Freude und
erfolgreich lernen, starke Beziehungen erfahren und in ihren
individuellen Begabungen gefördert werden. Dafür ist meines
Erachtens vor allen Dingen ein Umdenken nötig, das manch
einem nicht leichtfallen wird. Wir müssen dafür einige Aspekte
hinterfragen, die für uns jahrzehntelang selbstverständlich gewesen sein mögen, früher aber aufgrund anderer gesellschaftli-
cher Verhältnisse noch nicht zu so großem Schaden geführt haben wie heute. Grundlegende Defizite im Schulsystem machen
unsere Kinder zunehmend krank, aggressiv und lethargisch.
Wir sind es unseren Kindern schuldig, uns wenigstens einmal
auf eine andere Sichtweise einzulassen. Es ist höchste Zeit.

Meine Ausführungen erzählen aus der Praxis, so wie ich
Schule erlebt habe, wobei die Theorie, die Vorgaben, irgend-

welche Bestimmungen oft gänzlich anders sind, als sie in der Schule gelebt und umgesetzt werden – und werden können. Theorie und Praxis sind eben doch zweierlei Paar Stiefel. Die Präambel des Lehrplans beispielsweise ist ganz wunderbar am Kind orientiert geschrieben, doch die dafür vorausgesetzten Zustände, so viel Freiraum und solch ein Geist, der die Schulen durchweht, finden sich vor Ort leider nicht. An unseren Schulen arbeiten zahlreiche hervorragende Pädagogen mit einer Liebe und Hingabe für jedes Kind, doch die Rahmenbedingungen und strukturellen Vorgaben machen dieses Engagement oft zunichte.

Eine besondere Schwierigkeit dabei, diese Zustände in diesem Buch strukturiert zu beschreiben, entstand für mich dadurch, dass alles mit allem zusammenhängt, einander bedingt und sich gegenseitig beeinflusst. Die Geschehnisse in der Schule sind so vielfältig und vielschichtig, zudem überall doch wieder irgendwie anders, dass es unmöglich ist, all diesen Facetten gerecht zu werden. Jedes Kind, jedes Elternteil, jeder Lehrer durchlebt andere Situationen, macht unterschiedliche Erfahrungen, nimmt Situationen anders wahr. Dennoch möchte ich versuchen, die wichtigsten Faktoren anhand meiner persönlichen Erlebnisse beispielhaft darzustellen, ihren gemeinsamen Kern gut sichtbar und klar herauszuarbeiten und einen Einblick zu geben – um ein Verstehen zu ermöglichen.

Darüber hinaus möchte ich erzählen, wie es mir als Lehrerin mit meiner Haltung ergangen ist. Mein Ziel war und ist es, alle Kinder im Unterricht zu gewinnen und nicht zuzulassen, dass eines auf der Strecke bleibt. Nachweislich hat sich mein Bemühen so ausgewirkt, dass alle Kinder positive Lernerlebnisse hatten und sich der Notenschnitt jeweils drastisch verbesserte. Dies führte in einem System, das auf Aussortierung durch Noten und Proben angelegt ist, zu massiven Problemen mit einigen Schulleitern und Schulbehörden und schlussendlich zu meiner Strafversetzung an eine andere Schule mit der Begründung, ich hätte den Schulfrieden gestört.

Immer wieder habe ich erlebt, wie Kinder „abgestempelt" wurden, wie sie innerlich resignierten und wie ihre Eltern verzweifelten. Immer wieder habe ich erlebt, dass Lehrer zu Bürokraten degradiert wurden, anstatt sich liebevoll um die ihnen anvertrauten Kinder kümmern zu können. Diese Zustände müssen aufhören.

Nein, an unseren Schulen ist nicht alles schlecht, gleichwohl erlebe ich, dass tendenziell die in diesem Buch beschriebenen Zustände zunehmend häufiger und schwerwiegender auftreten. Alle ausgewählten dargestellten Situationen basieren auf tatsächlich Geschehenem, nichts ist dazuerfunden, nichts im Kern verändert. Lediglich die Namen der Personen habe ich geändert, teilweise auch die örtlichen und zeitlichen Bezüge, um ein Erkennen der betroffenen Personen so weit wie möglich zu verhindern. Mir ist es wichtig, nicht einzelne Personen aufgrund ihres Handelns und Redens für die Fehler im System verantwortlich zu machen.

Nach meiner Strafversetzung unterrichte ich derzeit an einer Schule mit einem sehr herzlichen Kollegium, die von einem Schulleiter geführt wird, der trotz aller auch ihm aufgezwungener Bürokratie immer noch den Menschen in den Mittelpunkt stellt und sein Handeln und seine Anweisungen danach ausrichtet. Eine inzwischen selten gewordene Wohltat für alle – Eltern, Kinder, Lehrer und alle anderen dort, wenngleich die Einflüsse und Auswirkungen der Systemstruktur natürlich auch in dieser Schule Einzug halten. Ich möchte ganz herzlich darum bitten, meine Ausführungen nicht auf diese Schule zu beziehen, wenngleich ich oft im Präsens erzähle. Die geschilderten Erlebnisse habe ich fast ausschließlich in den Vorjahren an anderen Schulen gemacht. Aus diesem Grund bitte ich auch darum, diese Schule und die Personen, die im Zusammenhang mit ihr stehen, völlig in Ruhe zu lassen.

Sie werden im Laufe des Buches merken, dass einige grundsätzliche Aspekte in unserem Schulsystem zweifelhaft sind. Dies habe nicht nur ich bemerkt, andere Kolleginnen und Kollegen sehen das ebenfalls und leiden auch unter den Unzulänglichkeiten eines fragwürdigen Systems. In diesem Zusammenhang hätte ich mir von manch einem Vorgesetzten oder gerade von Schulpsychologen etwas mehr Reflexion gewünscht, aber sie sind eben doch alle Teil dieses Systems und ihm damit mehr oder weniger verpflichtet. Nur so kann ich mir manch abwegig anmutendes Verhalten erklären. Ich bin innerhalb des Systems dafür bestraft worden, dass Kinder bei mir erfolgreich und mit Freude lernen, obgleich wir gesellschaftlich ein unbestreitbares Bildungsproblem haben – das ist absurd. Ähnliches spielt sich, nach meinen Erfahrungen und wenn ich den vielen Rückmeldungen Glauben schenken darf, an vielen Orten ab – vielleicht nicht in dieser Härte, vielleicht nicht in dieser Ausprägung, aber im Ergebnis mit ähnlich fatalen Auswirkungen für die Kinder. Ich möchte deshalb darum bitten, auch die beteiligten Personen und die Menschen an den Schulen außen vor zu lassen, an denen ich in den vergangenen Jahren unterrichtete.

Es ist höchste Zeit, dass sich die Diskussion um Schule endlich einmal auch dem Kernpunkt der Misere widmet – der Leistungsbeurteilung. Der Leistungsbeurteilung, auf der dieses System basiert und mit der die Mehrgliedrigkeit gerechtfertigt wird, der allerdings ein äußerst fragwürdiges und zudem völlig veraltetes Verständnis von Leistung zugrunde liegt. Eine Leistungsbeurteilung, die guten, modernen Unterricht und nachhaltiges Lernen verhindert, die das Engagement vieler hervorragender Lehrer zunichtemacht und die verantwortlich dafür ist, dass viele Kinder nicht mehr mit Freude und erfolgreich lernen.

Ich freue mich, wenn dieses Buch dazu beiträgt, dass Zusammenhänge verstanden werden, die das Leid unserer Kinder verursachen, und wir mit der neu gewonnenen Klarheit das Schulsystem zum Wohle unserer Kinder und unserer Gesellschaft verändern.

Sabine Czerny

Noch eine formale Anmerkung: Aus Gründen der besseren Lesbarkeit verwende ich in diesem Buch manchmal die weibliche, manchmal die männliche Form bei Berufsbezeichnungen und Ähnlichem. Ob Lehrer, Schülerinnen, Rektoren – es sind selbstverständlich immer beide Geschlechter gemeint. Meine Darstellungen aus der Praxis werden in diesem Buch ergänzt durch Informationskapitel zu ausgewählten Themenbereichen, wie Neurophysiologie oder Hintergründe zum Lernen. Diese Informationskapitel sind zur Vertiefung gedacht: Wer mehr über die jeweiligen Themen erfahren möchte, ist dazu eingeladen, diese Spezialkapitel zu lesen. Es ist jedoch nicht grundlegend notwendig, all diese Kapitel sofort zu lesen, wenn Sie als Leser lieber zuerst einmal die Ausführungen rund um die aktuelle Bildungssituation in Deutschland an einem Stück lesen möchten. In den Informationskapiteln können Sie sich eingehend über den neuesten Stand der wissenschaftlichen Erkenntnisse informieren. Zu wenig ist beispielsweise darüber bekannt, wie die Gehirnentwicklung bei Kindern verläuft oder wie genau die Intelligenzmessung funktioniert. Wären all diese Einsichten weiter verbreitet, stünde es völlig außer Frage, dass unser Schulsystem einer grundlegenden Reform bedarf.

Der Ernst des Lebens – eine Einführung

Ich habe keine besondere Begabung,
sondern bin nur leidenschaftlich neugierig.

Albert Einstein

Der Pausenhof ist gefüllt, knapp einhundert Schulanfänger stehen dort und warten auf die einleitenden Worte des Rektors. Mehr als doppelt so viele weitere Menschen – Eltern, Verwandte und Freunde – erweitern den Kreis. Ich stehe mit meinen Kolleginnen und Kollegen am Eingang, ebenfalls wartend.

Ein neues Schuljahr beginnt. Immer wieder ist das ein ganz besonderer Moment. Noch weiß ich nicht, welche dieser Kinder meine Klasse besuchen werden, doch ich freue mich schon sehr darauf, sie alle kennenzulernen. Kinder sind etwas Wunderbares. Jede Klasse hat ihren ganz eigenen Charakter, jede ist anders. Wie wohl diese Klasse sein wird? Die Klassenliste habe ich zwar erhalten, darin stehen aber nur der Name, Geburtsdatum, Staatsbürgerschaft und Anschrift jedes Kindes. Mehr Informationen erhält der Lehrer nicht, er soll ja nicht voreingenommen sein. Einzig die Erziehungsberechtigten sind angegeben, sodass man zumindest erahnen kann, welches Kind von einem Elternteil allein erzogen wird. Manchmal wäre es sinnvoll, weitere Informationen vorab zu haben, denn es täte den Kindern gut, wenn man sie jetzt bereits anders empfangen, mehr auf ihre individuelle Situation eingehen könnte.

Seit zwei Wochen bereite ich mich auf die Kinder dieser Klasse vor. Ziemlich viel Schriftkram war zu erledigen, Listen mussten geschrieben, das Klassenzimmer hergerichtet werden. Nicht selten habe ich in diesen Wochen vor einem Schulanfang mit dem Hausmeister oder mit Freunden Tische und Schränke geschleppt, Regale aufgebaut, Bilder aufgehängt, abgeschabte alte Pinnwände mit Stoff überzogen, selbst Wände habe ich schon gestrichen oder Fenster geputzt. Nun sind die Planungen der ersten Tage erledigt, die notwendigen Arbeitsmittel wie etwa die Anschauungsmaterialien zum ersten Rechnen und Lesen für die Kinder, für die Tafel oder das Klassenzimmer sind gebastelt, Arbeitsblätter für die kommenden Tage und Namenskärtchen für die Tische, die Garderobe, die Fächer, die Hefte und Ordner erstellt, ein Tafelbild mit fröhlich lachenden Tieren und einem „Herzlich willkommen!" ist gemalt. Nun also soll es losgehen.

Gedankenversunken habe ich dem Begrüßungslied des Chores zugehört, jetzt werden gleich die Kinder aufgerufen, um mit mir zum ersten Mal in ihr Klassenzimmer zu gehen. Was für eine Mischung! Da ist Chloé, ein zierliches kleines Mädchen. Der Schulranzen scheint doppelt so groß wie sie. Peter haut dem Franz schon beim Raufgehen eins über die Mütze, nimmt Anlauf und schlittert den Boden entlang. Sophie wirkt bereits wie eine Drittklässlerin, so groß ist sie, doch in wenigen Tagen schon wird deutlich werden, dass man sich nicht darüber täuschen sollte, wie jung auch sie noch ist. Carla schaut mich bei der Begrüßung gar nicht an, schüchtern hält sie den Blick auf den Boden geheftet. Bis sie das erste Mal spricht, werden Wochen vergehen, und selbst dann redet sie mit allen Fingern im Mund und so leise, dass ich sie nur verstehe, wenn ich ganz nah neben ihr stehe. Jussuf ist eines meiner fünf Kinder mit Migrationshintergrund, sie kommen aus vier verschiedenen Ländern. Er spricht sehr gut Deutsch, dass er Türke ist, würde man nicht merken. Im Gegensatz zu Jakob, der, obwohl aus einem deutschsprachigen Elternhaus, keinen ganzen Satz grammatikalisch richtig formulieren kann und nur Wortbrocken von sich gibt. Auf dem T-Shirt eines Mädchens steht: ABI 2022. Na, da weiß wohl jemand, was er will … Ob aber Anna selbst überhaupt schon eine Ahnung hat, was „Abi" bedeutet? Annabell muss während der Begrüßung aufs Klo, und Corinna weint hemmungslos, als die Eltern das Klassenzimmer verlassen. Ja, die Eltern: Da ist Familie Marquart – Mama, Papa, dazu Oma, Opa und noch drei weitere Personen sind am ersten Schultag dabei. Alle mit gepflegtem Äußeren, gut angezogen, höflich, zurückhaltend. Von Josef ist nur die Mutter da, ihre Haare sehen zottelig aus, sie wirkt müde und ausgelaugt. Ihr Mann habe nicht kommen können, er sei auf Tour mit dem Lkw, in einer Woche komme er erst wieder zurück – für eineinhalb Tage, bevor er erneut aufbreche. Sie müsse jetzt leider auch zur Arbeit, heute hätte sie eine Stunde später anfangen dürfen, wegen der Einschulung. Josef solle doch mit dem Hans nach Hause gehen, einen Schlüssel habe sie ihm mitgegeben. Und hier Herr Sifers: Er bugsiert seinen Sohn gleich auf einen Platz in der ersten Reihe. „Wenn er nicht brav ist, dürfen's ihm gern eine mitgeben", sagt er beim Rausgehen. Und dann ist da auch noch das Elternpaar Üzgül. Ich glaube nicht, dass sie verstanden haben, was ich gesagt habe, sie scheinen kein Deutsch zu sprechen. Später wird immer die große Tochter – eins von insgesamt sechs Kindern – zum Gespräch mitkommen und wenigstens versuchen zu übersetzen.

Was für eine bunte Mischung! Wie anders jedes Kind ist. Wie wunderbar, so eine Vielfalt zu haben. Jedes Kind bringt etwas anderes mit ein, jedes Kind hat die ersten Lebensjahre völlig unterschiedlich erlebt. Einige waren im Kindergarten, manche haben Geschwister, zwei haben bis vor Kurzem noch in einem anderen Land gelebt, eines wurde in den letzten Jahren mehrfach wegen eines Herzfehlers operiert, eines ist schwerhörig und versteht mich nur mit Hörhilfe, sodass ich beim Unterrichten ständig ein Mikrofon tragen muss. Vier Kinder haben die Trennung ihrer Eltern miterlebt, drei andere wachsen seit ihrer Geburt ohne Vater auf. Über die Hälfte geht nach der Schule in den Hort oder in die Mittagsbetreuung, daheim von der Mutter empfangen werden immer weniger. Nun, ich bin gespannt. Ich habe siebenundzwanzig ganz unterschiedliche Kinder vor mir, mit etwa vierundfünfzig unterschiedlichen Eltern, alle mit anderen Erwartungen und Vorerfahrungen.

Am nächsten Tag sind alle Kinder wieder da: Wir begegnen gleich von Anfang an allen Buchstaben. Der Zauberer aus der Geschichte, die ich dazu erzähle, kann daraus Wörter zaubern. Riesenunterschiede offenbaren sich: Einige Kinder können bereits lesen, andere kennen noch keinen einzigen Buchstaben. Problematisch ist das nicht. Auch nicht für die Kinder. Solange die einzelnen Phasen, in denen man sich mit einer Aufgabenstellung beschäftigt, nicht zu lange dauern, machen alle fröhlich mit. Mal liest Jonas ganze Sätze, dann zeigt Sarah auf einen Buchstaben. Wir machen alles gemeinsam, jeder trägt etwas bei, und insgesamt ist es gut. Für Kinder ist es wichtig dazuzugehören, ein Teil von einem Ganzen, Großen zu sein. Wer dazu was und wie viel beiträgt, ist den Kindern egal. Mir übrigens auch. Ich weiß, dass jedes Kind lesen, schreiben und rechnen lernen wird und noch vieles mehr, wenn es mir gelingt, ihnen die Freude daran zu erhalten.

In den letzten Jahren fällt mir mehr und mehr auf, wie jung die Kinder bei der Einschulung noch sind. Seit die Regierung das Einschulungsalter systematisch herabgesetzt hat, hat sich viel geändert. Hatte ich früher hauptsächlich Siebenjährige in der Klasse, sind es nun zumeist Sechsjährige, gut eine Handvoll Fünfjährige und vielleicht ein oder zwei vom Schulbesuch im vergangenen Jahr zurückgestellte Siebenjährige. Der Unterschied ist gravierend. Die Kinder waren früher wirklich reif genug, um einen Schultag zu durchleben. Heute blicke ich meine Zwerge an und merke, dass sie oft am liebsten einfach nur auf dem Boden mit Bauklötzen spielen wollen.

Für manche Eltern scheint es jedoch beschämend, ihr Kind zurückstellen zu lassen, fast so, als würden Eltern glauben, ihr Kind sei weniger begabt, wenn es nicht so frühzeitig wie möglich eingeschult wird. Andere wiederum fürchten den Leistungsdruck, dem ihr Kind in der Schule ausgesetzt ist. Sie haben erkannt, dass Zeit in unserem Schulsystem eine große Rolle spielt, dass ältere und reifere Kinder die größeren Chancen haben, den Leistungsanforderungen zu genügen und so anschließend leichter auf weiterführende Schulen zu kommen. Daher setzen sie oft alle Hebel in Bewegung, um ihr Kind zurückstellen zu lassen.

Für manche ist die Frage der Einschulung auch einfach eine finanzielle Frage: Der Kindergarten kostet, die Schule nicht. Und manchmal entscheidet auch die Schule insgeheim über das einzelne Kind hinweg, nämlich dann, wenn es darum geht, noch eine weitere Parallelklasse bilden und damit die Klassengrößen senken zu können.

Doch die Unreife der Kinder hängt nicht nur mit ihrem Alter zusammen, sondern unter anderem auch damit, dass Kinder heutzutage ganz anders aufwachsen als früher. Viele wichtige Erfahrungen machen sie nicht mehr selbst, sondern über den Bildschirm. Auf jeden Fall wäre es meines Erachtens derzeit für wenigstens die Hälfte der Kinder sinnvoll, erst etwas später eingeschult zu werden. Zumindest solange Schule so gestaltet wird wie zurzeit üblich. Den Kindern fehlen oft ein paar wertvolle Monate – die jedoch in diesem Alter manchmal „Welten" ausmachen.

Zwar ist es nicht so, dass die Kinder die Unterrichtsinhalte an sich nicht bewältigen würden. Aber auf welche Weise? Wie mühsam ist für sie Schule und alles, was damit zu tun hat! Eltern berichten, dass ihre Kinder völlig erschöpft nach Hause kommen und die Hausaufgaben allein deshalb zur Qual werden. Manchmal brauchen sie dafür Stunden, obwohl eigentlich alles in gut dreißig Minuten zu schaffen wäre. Die Kinder gehen gern zur Schule, keine Frage, aber der Unterricht ist einfach sehr anstrengend für sie. Nicht etwa wegen der Inhalte wie Lesen, Schreiben oder Rechnen. Eine halbe Stunde aufmerksam zu sein, das geht. Viel länger nicht wirklich. Kleine Kinder in diesem Alter können und wollen einfach noch nicht so lange ihre Aufmerksamkeit gezielt auf vorgegebene Themen richten und ständig unter Erwartungsdruck stehen. Sie wollen gern noch ein wenig für sich sein, sie sind neugierig auf die Welt und finden immer wieder etwas anderes für sie Überraschendes und Interessantes, dem sie sich dann unvermittelt zuwenden.

Ich erlebe auch, dass selbst freies Arbeiten in der Form, wie es in den Regelschulen durchgeführt wird, bei den ganz Kleinen wenig sinnvoll ist. Haben sich früher die Kinder bereits in der zweiten Woche aus einem inneren Interesse heraus allein mit Buchstaben oder Zahlen beschäftigt, waren an allem um sie herum interessiert, wollten lernen, so entscheiden sich die frisch Eingeschulten heute in ihren freien Zeiten häufig fürs Malen und Spielen. Im Prinzip ist das okay, es ist unbestritten, wie kostbar und wichtig Malen und Spielen für die Entwicklung der Kinder sind – wenn da nicht ein Lehrplan zu erfüllen wäre, für den eben nur eine begrenzte Zeit zur Verfügung steht. Quasi von der ersten Minute an wird ständig etwas von den Kindern gefordert.

Wie viel sinnvoller wäre es deshalb, Kinder erst dann einzuschulen, wenn sie als Menschen die nötige Reife erlangt haben, um einen Regelschultag durchzustehen, statt nur deshalb, weil sie an einem bestimmten Tag Geburtstag haben oder weil sie schon im Zahlenraum bis zehn rechnen, Mengen erkennen, ihren Namen schreiben, eventuell bereits lesen oder Schnürsenkel binden können. Die Art, in der kleine Kinder die Welt entdecken – unbewusst, durch ihr tägliches Erleben und in einer großen, häufig ungefilterten Vielfalt – entspricht nämlich nicht dem Lernen, wie wir es aus der Schule kennen. Sich auch längere Zeit konzentriert mit einer vorgegebenen Aufgabenstellung zu beschäftigen, einem Lehrer oder Mitschüler bewusst zuzuhören und auf diese Weise zu lernen, all das wird erst mit einer bestimmten Reife möglich. Ist nicht das die ursprüngliche Bedeutung von Schulreife?

Das Schlimmste an der derzeitigen Einschulungssituation ist jedoch die innere Überzeugung, die viele Kinder dadurch schon früh entwickeln. Wie sehr man sich als Lehrer auch engagiert, die erste Erfahrung für Kinder ist zu häufig: Schule ist anstrengend. Lernen ist anstrengend, Hausaufgaben sind anstrengend. Ob das so sein muss? Immerhin wirken Erfahrungen und Überzeugungen nachhaltig. Wenn Eltern mich fragen, ob sie ihr Kind einschulen sollen, antworte ich daher: „Statt zu fragen: ‚Schafft mein Kind die Schule?‘, fragen Sie sich lieber: ‚**Wie** schafft mein Kind die Schule? Welche Überzeugungen wird es gewinnen?‘ Denn diese werden Ihr Kind sein ganzes Leben lang begleiten, unabhängig davon, ob sie positiv oder negativ sind."

Die ersten Schulwochen nutze ich dazu, eine Klassengemeinschaft zu bilden, die den Kindern einen Ort der Geborgenheit und Sicherheit bietet. Wir lernen Arbeitstechniken kennen und führen Regeln ein, die für unser Zusammensein wichtig sind. Wir beschäftigen uns mit Buchstaben und Zahlen und greifen Themen aus der Lebenswelt der Kinder auf, sprechen also zum

Beispiel über verschiedene Obstsorten oder darüber, warum man in der Dunkelheit am besten helle und reflektierende Kleidung trägt. Vieles würden die Kinder im Laufe der Zeit mehr oder weniger nebenbei mitbekommen, einfach indem sie ihre Umwelt beobachten und erleben. Ich finde es wichtig, alle diese Inhalte zu nutzen, um Strukturen im Denken jedes Kindes anzulegen, Haltungen und Arbeitstechniken zu vermitteln, den Kindern zu helfen, das Lernen zu lernen, und auch bei einigen Kindern Erfahrungs- oder Wissenslücken zu schließen. Vieles, was in der ersten und zweiten Klasse unterrichtet wird, dient mir dazu, eine Saat zu legen, die erst später aufgehen wird. Lesen und Schreiben würden die Kinder meist auch allein lernen, wenn ihnen nicht die Lust daran genommen wird. Aber ob ein Kind einmal eine flüssige, ansprechende Schrift haben wird, hängt damit zusammen, **wie** es das Schreiben lernt. Eine Zahlvorstellung brauchen Kinder nicht zwingend, wenn sie nur bis zehn oder zwanzig rechnen, dafür zählen sie einfach mit den Fingern. Aber eine solche Vorstellung muss jetzt, am Anfang der Schulzeit, grundlegend entwickelt werden, damit das Kind später überhaupt eine Chance hat, auch mathematische Operationen wie das Bruchrechnen zu beherrschen. Oft kann man Ausblicke geben und Lust auf mehr machen – große Zahlen faszinieren Kinder, genauso wie Chemie und andere Naturwissenschaften –, auch wenn sie viele Inhalte jetzt noch gar nicht verstehen. Sie freuen sich auf alles, was es da noch zu entdecken gibt. Wir schreiben die ersten Geschichten, finden Zugänge zu schwierigeren Inhalten innerhalb der Grammatik und der Rechtschreibung, nehmen einen Schatz an Märchen und anderen Erzählungen mit, da doch in so vielen Familien nicht mehr vorgelesen wird. Man gibt Rüstzeug mit, das den Kindern später dienlich ist – oder zumindest dienlich sein sollte.

Ja, es gibt große Unterschiede darin, was Kinder zur Einschulung können und wie sie sind. Spätestens nach ein paar Wochen kann ich Rückschlüsse ziehen, die sich eigentlich immer bewahrheiten: Sprachlich geschickt, mit gutem Wortschatz und auch ansonsten mit einem reichhaltigen Erfahrungsschatz ausgestattet, sind meist Kinder aus einem besser situierten

Elternhaus. Diese Kinder wirken häufig auch schon souveräner, reifer, strukturierter und in sich ruhend. Sie können von Ausflügen oder vom Urlaub erzählen, sie haben eventuell schon einmal eine Tempelanlage in Griechenland gesehen oder verschiedenste Gemüsesorten gegessen. Sie verstehen Anweisungen und Regeln gut, da sie zum Beispiel daheim regelmäßig mit den Eltern Spiele spielen. Meist ist die Mutter, seltener der Vater nicht berufstätig und hat Zeit und Muße, sich liebevoll um das Kind zu kümmern.

Ohne zu sehr verallgemeinern zu wollen, fallen Kinder aus sozial benachteiligten Familien dagegen oft schon auf, weil Materialien fehlen, sie unordentlicher sind und ihre sprachliche Entwicklung weniger fortgeschritten ist. Nicht selten sind sie verhaltensauffällig, vielleicht weil eine schwierige familiäre Situation sie innerlich beschäftigt, oder sie sind unsicher, unselbstständig und manchmal auch aggressiv, da sie mit dem vielen Frust, der sich bis zu diesem Zeitpunkt schon in ihnen angestaut hat, einfach nicht umgehen können. Ob sie deshalb tatsächlich weniger intelligent sind oder weniger Leistung bringen können?

Bei Elterngesprächen habe ich mich schon oft gefragt, wer sich eigentlich darum kümmert, dass Eltern überhaupt wieder die Kraft und die Möglichkeit haben, um gut für ihre Kinder sorgen zu können. Dabei wird die Grundlage für eine erfolgreiche Schullaufbahn in der Familie gelegt, sie ist der zentrale Ort für den Reifeprozess der Kinder. Das Geheimnis für den späteren Lebenserfolg liegt zu einem Großteil in der gelungenen, warmen und erfüllenden Beziehung zu stabilen, erwachsenen Bezugspersonen in der Kindheit.

Wie einfach machen wir es uns aber, wenn wir sagen, Erziehung sei Sache der Eltern, die Eltern hätten sich zu kümmern, sie sollten eben keine Kinder in die Welt setzen, wenn sie nicht für diese sorgen könnten. Ich habe jedoch noch kein Elternteil kennengelernt, das sich nicht kümmern wollte, aber viele, die einfach nicht mehr konnten oder nicht wussten, wie. Eltern, die keine Kraft mehr hatten. Wertevermittlung kostet Kraft. Kraft, diesen Werten treu zu bleiben, trotz aller Schwierigkeiten, trotz aller Gegenspieler wie den Medien oder ganz allgemein trotz unserer schnelllebigen Konsumgesellschaft. Wie viel einfacher ist es nachzugeben. Allein der normale Alltag ist oft sehr fordernd und anstrengend. Nicht wenigen Eltern fällt es schwer, diesen Alltag auch noch ansprechend und kindgerecht zu gestalten. Kein Wunder, dass viele Kinder stundenlang vor dem Fernseher oder dem Computer sitzen – mit schlimmen Folgen. Schon in der ersten Klasse wird dann über „Das Schweigen der Lämmer", „Star Wars", „Terminator" oder ähnliche Filme gesprochen. Oder die Kinder erzählen, wie viele Wesen sie bei diesem oder jenem PC-Spiel am gestrigen Nachmittag abgeschossen haben. Aus den Steckwürfeln für die Mathematikaufgaben werden in der Freiarbeitszeit die vielfältigsten Waffen gebaut. Wenngleich sie die Bedeutung noch nicht verstehen, kennen viele Kinder zahlreiche sexuelle Gesten und Begriffe, mit denen sie sich gegenseitig betiteln. Nicht selten lässt sie nicht mehr los, was sie im Fernsehen, im Internet oder auf Papas Video gesehen haben, und sie zeichnen nackte Frauen und Männer oder verunstalten Abbildungen auf den Arbeitsblättern entsprechend.

Ich habe über die Jahre viele Hundert Elterngespräche geführt und dabei zahlreiche verzweifelte Eltern getroffen. Da ist die alleinerziehende Mutter, die nachts arbeiten ging und deren Kind, seit es drei Jahre alt war, allein mit zwei Hunden daheim blieb, die Nachbarn schauten hin und wieder nach ihm. Warum? Diese Mutter tat das, um tagsüber für ihr Kind da zu sein und es nicht in den Hort geben zu müssen, sich aber zugleich durch die Vollzeitstelle eine Wohnung leisten zu können, die es ihr erlaubte, auch einmal eine Tür hinter sich zuzumachen. Dafür schlief sie seit nunmehr acht Jahren nur noch die vier Stunden am Vormittag, in denen ihr Kind in der Schule oder früher im Kindergarten war. Dennoch ließen sie ihre finanziellen Sorgen, die Tatsache, dass sie nie einfach einmal durchatmen konnte und seit Jahren keinen Urlaub, keine Erholung mehr hatte, so verzweifeln, dass sie einmal schluchzte: „Wissen Sie, Frau Czerny, manchmal wünschte ich, mein Kind wäre nicht geboren. Auch ich will mal wieder ein Stück meines Lebens haben! Manchmal denke ich daran, mein Kind auszusetzen." Ich wusste, sie würde das nie tun, aber sie war verzweifelt und brauchte Hilfe. Und allein das einmal aussprechen zu können, hat ihr gutgetan: Wir konnten nun gemeinsam Unterstützungs-möglichkeiten suchen, wir schalteten Ämter ein, von denen sie noch nicht einmal wusste. Nach einigen weiteren Elterngesprä-chen hatten wir gemeinsam eine für sie annehmbare Lösung gefunden, die nicht nur einem vordergründig pragmatischen Ansatz entsprang, sondern die Bedürfnisse dieser Mutter mit einbezog und sie ihre Selbstachtung behalten ließ. Dennoch hat sie jetzt das Gefühl, sich ständig vor den Behörden für al-les rechtfertigen zu müssen, im Gegenzug für deren Hilfe mit ständiger Kontrolle durch diese Ämter leben zu müssen und fremdbestimmt zu sein.

Da ist die Mutter, die zum zweiten Mal geheiratet und mit dem neuen Mann eine kleine Tochter bekommen hat. Der ältere Sohn wird vom neuen Ehemann nicht angenommen, seitdem tobt und rebelliert er, seine Mutter ist hilflos und droht ihm mit dem Kinderheim. Die Kleine ist der Sonnenschein, und stän-dig wird der Sohn mit ihr verglichen, nichts kann er recht ma-chen. Körperlich stärker als seine Mutter ist er bereits im Alter von acht Jahren, einige tätliche Auseinandersetzungen gab es schon zwischen den beiden. Sie ist verzweifelt, denn von ihrem Mann bekommt sie keine Unterstützung, der fährt sie, wenn er abends nach Hause kommt, nur an, dass die Kinder still zu sein haben – er wolle fernsehen. Eine Familientherapie wird ihr nur für zehn Stunden bewilligt. Da will ihr Mann aber ohnehin nicht mit, allein der Vorschlag lässt ihn ausrasten.

Da sind die Familien, bei denen die Eltern in zwei oder gar drei Jobs arbeiten müssen, um die Familie überhaupt ernähren und die Wohnung zahlen zu können. Viele davon Migranten-familien, die teilweise jahrelang ihre Verwandten im früheren Heimatland nicht gesehen haben und sich jeden Cent vom Mund absparen, um wenigstens hin und wieder die Großeltern besuchen zu können. Und dann kommt ein Politiker auf die Idee, an den Flughäfen Kontrollen zu veranlassen, damit ja nie-mand mit Kindern ein oder zwei Tage vor Ferienbeginn wegfliegt – anstatt sich dafür einzusetzen, dass nicht mit Ferienbeginn die Preise in astronomische Höhen steigen und dadurch das Reisen für viele Familien gar nicht mehr finanzierbar ist. Alle Eltern haben Erholung nötig, und insbesondere jene, die ihre Kinder unter erschwerten Bedingungen großziehen. Es ist nicht die Armut an sich, die eine unzureichende Kindererziehung bewirkt, aber Armut schafft Situationen und Umstände, in denen ein freudvolles, entspanntes und anregendes Miteinander kaum mehr möglich ist. Die Eltern sind oft so belastet, dass sie trotz größtem Bemühen einfach keine Kapazitäten mehr für ihre Kinder haben.

Ich erinnere mich auch noch gut an die Mutter, die mich bat, das Kopiergeld von zwanzig Euro in Raten zahlen zu dürfen. Oder an ein Kind, das mit Heften in die Schule kam, auf deren Schutzumschlägen jeweils sieben Etiketten klebten. Als ich sie einzeln ablöste, merkte ich, dass jedes der vier Kinder dieser Familie diese Umschläge mehrfach in verschiedenen Schuljahren verwendet hatte. Sie starrten vor Dreck und waren eingerissen. Mit Umweltschutz und bewusstem Wiederverwenden hatte das nichts zu tun, die Familie hatte einfach nicht genug Geld.

Einige Kinder kommen ohne Essen für die Pause in die Schule, auf Nachfrage geben sie stets an, keinen Hunger zu haben. Vielleicht müsste jeder einmal erleben, wie es ist, wenn eines dieser Kinder zur Weihnachtsfeier, zu der jeder etwas zum Büfett beitragen sollte, ein orangefarbenes Netz mit Semmeln mitbringt. Jene trockenen Brötchen, die es beim Discounter für wenige Cent gibt und die die ganze Weihnachtsfeier liegen bleiben, weil niemand sie essen mag. Dieses Kind aber packt das übrig gebliebene Brot danach wieder ein und nimmt es mit nach Hause und hat an den nächsten Tagen wenigstens etwas zu essen dabei: eine trockene Semmel. Nichts zu trinken, kein Obst, nur ein trockenes Brötchen, das für die Weihnachtsfeier gekauft werden musste. Nein, ich unterrichte nicht in einem sozialen Brennpunkt, sondern in normalen Wohnorten außerhalb Münchens.

Sicher, es gibt auch Eltern, die sich von den äußeren Rahmenbedingungen her kümmern könnten und es dennoch nicht tun.

Meist hat das aber emotionale Gründe, es fehlt die Kraft, die Muße, die Freude. Von der Gesellschaft werden diese Eltern oft vorschnell als desinteressiert und faul abgestempelt, ohne nach möglichen Ursachen zu fragen und diese zu berücksichtigen. Nicht selten leiden Kinder auch unter der viel zitierten Wohlstandsverwahrlosung. Die Eltern sind häufig beruflich unterwegs und die Kinder werden fremdbetreut. Sie haben Fernseher, Spielsachen, Kleidung, alles im Überfluss. Was fehlt, sind Beziehung und Kommunikation – und oft auch Bewegung. Andere wiederum werden schier erdrückt von der Zuneigung und der Kontrolle der Mutter, die den ganzen oder zumindest den halben Tag daheim ist. Wie Peter, dessen Eltern ihn angewiesen haben, sich auf gar keinen Fall neben Jussuf oder Franz zu setzen, weil diese ihn aufhalten und ablenken könnten. Da es doch so wichtig ist, gut in der Schule zu sein. Für Peter ist das nicht wirklich nachvollziehbar, er mag Jussuf, auch wenn der noch nicht lesen kann und jeden Tag dieselbe Kleidung trägt. Doch er wird sich an die Anweisung seiner Mutter erinnern und sich jedes Mal entsetzt wehren, wenn er neben einem „falschen" Kind sitzen soll. Oder wie Ursula, die sich rührend um Paul kümmert, obwohl er sehr aggressiv ist und ständig den Unterricht stört. In Ursula scheint er nach der Scheidung seiner Eltern endlich jemand gefunden haben, der ihn mag, so, wie er ist. Doch Ursulas Mutter möchte das nicht: Paul habe einen schlechten Einfluss, meint sie, Ursula könne nicht mehr schlafen, hätte Angst. Bei Ursula ist davon nichts zu merken. Ganz im Gegenteil, sie spürt, wie wichtig sie für Paul ist und wie schön es ist, dass Paul sich ihr langsam öffnet und Vertrauen fasst. Kein Wunder, dass Paul wieder anfängt zu toben und zu stören, als sich Ursulas Mutter schließlich durchsetzt, den Kontakt unterbindet und Paul sich wieder von aller Welt alleingelassen fühlt.

Nun, auf jeden Fall sitzt jetzt eine ganze Klasse völlig unterschiedlicher Kinder vor mir, und nein, Verschiedenartigkeit und Unterschiede sind für sie überhaupt kein Problem, zumindest noch nicht. Sie teilen ihr Pausenbrot, sie spielen gemeinsam, sie helfen einander. Sie finden sich gegenseitig in Ordnung, sehen, dass jeder anders ist. Sie stellen Unterschiede fest, aber sie urteilen nicht darüber. Für sie gibt es das Wort „Ausländer" gar nicht, das ist Peter, das ist Hassan, das sind Acelya und Markus. Und da ist Josele, der schon prima rechnen, aber noch nicht lesen kann, da ist Bertram, der immer so lustige Witze erzählt, und François, der alles über Dinosaurier weiß, aber noch sehr holprig spricht. Kinder haben noch diese wunderbare Gabe, jeden so anzunehmen, wie er ist. Das Einzige, was sie wirklich nicht mögen, ist, wenn jemand schlägt, beleidigend oder laut ist. Zeit, das Miteinander zu lernen, geben sie aber jedem. Und manchmal benötigen sie auch Hilfe dabei.

Ich bemerke insgesamt auch keine großen Unterschiede in dem, was diese Kinder **an sich** ausmacht. Ich könnte nicht sagen, eines sei intelligenter oder leistungsfähiger als andere. Ich sehe nur, dass einige Kinder schon viel mehr Erfahrungen haben, schon viel mehr Schönes erleben durften, insgesamt auf viel mehr zurückgreifen können als andere. Aber lustige Ideen haben sie alle, jedes von diesen Kindern will lernen, jedes hat Freude daran, etwas zu tun und sich anzustrengen. Schon allein meinetwegen, schon allein, um bei mir eine wertschätzende Reaktion auszulösen, selbst wenn ihnen die Dinge, mit denen wir uns beschäftigen und die wir lernen, an sich noch völlig egal sind. Als Lehrer einer ersten Klasse wird man automatisch eine wichtige, prägende Bezugsperson für die Kinder – vielleicht gar die erste „fremde" außerhalb der Familie. Manche Kinder brauchen ein paar Wochen, um sich einzugewöhnen, manche müssen erst einmal lernen, mit den vielen Eindrücken, den vielen anderen Kindern zurechtzukommen, manche sind unsicher, manche schüchtern. Und doch: Gibt man jedem Kind seine Zeit, ermöglicht man ihm, Vertrauen zu entwickeln, dann öffnet sich jedes von ihnen. Dann schauen sie nicht mehr ängstlich auf den Boden, sondern stehen aufrecht, sprechen mit klarer Stimme und machen mit. Jedes bemüht sich nach Leibeskräften. Man kann förmlich dabei zusehen, wie sie mühsam ihre Lippen formen, um ein Wort zu lautieren und es dann Buchstabe für Buchstabe zu schreiben. Wie glücklich sie sind, wenn ich lesen kann, was sie geschrieben haben. Wie stolz sie mir ihr Blatt zeigen, auf dem sie gemalt haben. Jedes Kind arbeitet, so gut es kann, mit den Voraussetzungen, die es bisher hat. Fast erschreckend wirkt da, was mir als Lehrerin zunächst wichtig sein muss: der geschriebene Buchstabe, das gelesene Wort … Andere Dinge dagegen, die für die Kinder eine große Rolle spielen – ihr Kampf mit Anorak, Handschuh, Schal und Mütze, das Bemühen, alle Materialien im Schulranzen unterzubringen und diesen dennoch schließen zu können, in der kleinen Garderobe aufeinander Rücksicht zu nehmen, sich die Namen der anderen Kinder zu merken, allein aufs Klo zu finden, zu wissen, welches Blatt wo abgeheftet werden muss und auf welcher Seite im Heft begonnen wird, die Buchstaben weiterzuschreiben, obwohl es draußen gerade anfängt zu schneien – all das entgeht mir zu oft. In den Augen des Erwachsenen ist das nicht so bedeutend. Aber für die Kinder schon. Kinder leben, Kinder sind. Sie lernen unwahrscheinlich viel in den ersten Schulwochen und -monaten, aber eben nur unter anderem Buchstaben und Zahlen.

Dennoch:

Etwa Mitte November wird die erste Probe geschrieben. Die Kinder sind gerade mal acht Wochen in der Schule. Jetzt beginnt er wirklich, der Ernst des Lebens.

Medienkonsum von Kindern

Medienkompetenz bedeutet die Fähigkeit, kritisch zu denken; kritisch zu denken, lernt man allein durch kritisches, verarbeitendes Lesen, und Voraussetzung hierfür ist eine hohe Sprachkompetenz.

Joseph Weizenbaum[1]

Fakten

• Eine Erhebung von 2004[2] zeigt, dass Kinder in Deutschland im Vorschulalter täglich etwa 70 Minuten, im Grundschulalter gut 90 Minuten, die 10- bis 13-Jährigen knapp zwei Stunden fernsehen.

• Zahlen von 2008[3]: 50 Prozent der deutschen Kinder haben einen eigenen Fernseher, bei den 12- bis 19-Jährigen sind es sogar knapp zwei Drittel. 81 Prozent aller 6- bis 13-Jährigen haben bereits Erfahrung mit Computern, 72 Prozent dieser Altersgruppe nutzen das Internet. Bei der Nutzung des Internets wird allerdings nicht unterschieden, ob dies zur Erarbeitung von Recherchen und Präsentationen für die Schule geschieht, wie das heute schon von Viertklässlern selbstverständlich verlangt wird, oder zum Computerspielen und Chatten. Leider untersuchen die verfügbaren Studien jeweils andere Sachverhalte, sodass kein direkter Vergleich möglich ist.

• Die Zeit vor dem Fernseher und am PC erhöht sich erheblich, wenn Kinder diese Geräte im eigenen Zimmer haben und daher nicht kontrolliert werden können.[4] So können sie auch immer mehr Programme mit oft recht dubiosen Inhalten sehen.

• Deutsche Kinder haben nach zehn Schuljahren etwa 15 000 Schulstunden, aber rund 18 000 Fernsehstunden hinter sich. Bis zum 18. Lebensjahr haben sie so 200 000 Gewalttaten verfolgt und circa 40 000-mal das Gesicht eines sterbenden Menschen gesehen.[5]

Diese Aspekte sind schädlich

Zu frühes und zu häufiges Fernsehen behindert das Lernen

• Fernsehbilder liefern völlig unzureichende Informationen für Kinder, deren Gehirnstruktur noch nicht vernetzt ist. Anstatt Erfahrungen ganzheitlich mit allen Sinnen im persönlichen Kontakt mit realen

Personen zu machen, bekommen sie via Fernsehen nur zweidimensionale Bilder, noch dazu mit raum- und zeitversetztem Ton. Das Gehirn erhält hierdurch nicht zusammenhängende Eindrücke, die aber durch ständige Wiederholung im Gehirn verankert werden. Das alles geschieht unabhängig vom Inhalt, den das Kind sieht und oft noch gar nicht begreifen kann. Wenn schon am Anfang der Bildung von Repräsentationen im Gehirn die verarbeiteten Informationen unvollständig und nicht der Wirklichkeit entsprechend sind, wird die ganze spätere Entwicklung des Gehirns beeinträchtigt.[6]

• Je öfter und länger Kinder vor dem Fernseher sitzen, umso ungenauer wird ihre Beobachtungsfähigkeit: Der Kinderarzt Dr. Peter Winterstein testet seit 17 Jahren Vorschüler zwischen fünf und sechs Jahren und lässt sie Menschen zeichnen.[7] Kinder, die wenig fernsehen (bis maximal eine Stunde täglich), zeichneten die vollständigsten Figuren mit richtigen Proportionen, ihre Menschen haben Beine mit Füßen, sie besitzen Haare und Ohren, Finger, Nase, Augen und Mund. Bei Kindern, die länger als zwei Stunden pro Tag fernsehen, fehlen den gemalten Figuren oft die Füße, Ohren und Haare, sie wirken wie Strichmännchen; den Figuren, die Kinder mit mehr als drei Stunden täglichem Fernsehkonsum malen, fehlen Körperteile ganz oder diese sind nicht miteinander verbunden. Die schnelle Bildfolge beim Fernsehen verhindert eine betrachtende Wahrnehmung und dadurch auch einen inneren Bildaufbau: Die Kinder können sich kein Bild von der Wirklichkeit machen.

• Mit wachsender Dauer des Medienkonsums sinken die Schulleistungen, weil die Zeit für Lernen und Hausaufgaben knapp wird.[8] Die Sprachentwicklung verzögert sich, da in den Familien wegen des Fernsehens immer weniger miteinander gesprochen wird. Bei 3- bis 4-Jährigen ist die Zahl der sprachauffälligen Kinder in den letzten zehn Jahren von circa 4 auf 24 Prozent angestiegen, den betroffenen Kindern fehlt buchstäblich die eigene Sprache und damit die Grundlage für das Erlernen von Lesen und Schreiben.[9]

• Kindern, die viel fernsehen, fehlen wichtige Körpererfahrungen, die sie dringend für ihre Entwicklung brauchen. Nur wer das richtige Gefühl für seinen Körper entwickelt, kann auch seine kognitiven Potenziale entfalten. Ballfangen zum Beispiel schult die Auge-Hand-Koordination und zugleich das räumliche Vorstellungsvermögen. Bewegung fördert die Reifung des Gehirns direkt über die motorischen

Areale, aber auch indirekt über Endorphine und andere Substanzen, die dabei ausgeschüttet werden. Eine Studie der Hochschule Aachen von 2008 mit 3 000 Kindern der ersten bis zehnten Klassen ergab, dass die Fähigkeit der Kinder, das Gleichgewicht zu halten, in direktem Zusammenhang zu ihren Noten stand.[10]

Fernsehen und Computerspiele beeinträchtigen die Persönlichkeitsentwicklung
• Kinder lernen durch Eindrücke aus Werbespots, sich ungesund zu ernähren oder dass man durch Geld und Konsum glücklich wird.[11]
• Kinder verlieren den Bezug zur Realität. Die Entwicklung der Kritikfähigkeit beginnt erst ab zwölf Jahren und endet lange nach der Pubertät. Jeden Tag werden Kindern im Fernsehen vollkommene Traum- und Wunschbilder vor Augen geführt. Im Spiegel dieser perfekten Welt verliert die Wirklichkeit an Wert und an Bedeutung. Die Wünsche der Kinder werden immer realitätsferner und entbehren leicht jeder Verhältnismäßigkeit.[12] Kinder finden vor allem bei Computerspielen eine fantastische Welt, in der sie selbst übergroß erscheinen. Alles, was sich ihnen in den Weg stellt, wird vernichtet. Da ihre Realität jedoch ganz anders aussieht, flüchten sie immer mehr in diese Scheinwelt.[13] Dort lernen sie, dass alles funktioniert, wenn man nur den richtigen Knopf drückt. Sie tolerieren keine Fehler mehr, halten Frustrationen nicht stand und sind nicht mehr in der Lage, ihre Impulse zu kontrollieren. In der echten Welt finden sie sich dadurch immer schlechter zurecht.

Fernsehen schädigt die Gesundheit
• Fernsehen macht dick. Der Energieverbrauch ist beim Fernsehen geringer als bei anderen Tätigkeiten.[14] Allein die Verminderung der Zeit, die vor Bildschirmmedien verbracht wird, bringt eine Gewichtsreduktion. 17 Prozent des Übergewichtes der Erwachsenen geht auf das Konto des Fernsehkonsums in der Kindheit.[15]
• Langes Sitzen vor dem Fernseher und Computer führt zu schlechterer Körperhaltung, schlechter Koordinierung, schlechter Motorik und hat Auswirkung auf den Gleichgewichtssinn.[16] Das Körpergefühl wird insgesamt schlechter.[17]
• Fernsehkonsum hat Einfluss auf den Stoffwechsel, er sorgt für eine Erhöhung des Cortisolspiegels; zu viel Cortisol führt unter anderem

zu Übergewicht, Neigung zu Fetteinlagerung, Depression, Osteoporose und Kopfschmerzen.[18]

• Zu langes und zu spätes Fernsehen ist ein Hauptgrund für Schlafstörungen von Kindern.[19]

• Online-Rollenspiele wie „World of Warcraft" können süchtig machen. Zahlreiche Jugendliche verbringen heute durchschnittlich vier oder mehr Stunden mit solchen Spielen.[20]

Fernsehen und Computer-/Videospiele erhöhen die Gewaltbereitschaft

• Wer Gewaltfilme sieht, lernt Gewalt, denn das Gehirn lernt das, womit man sich beschäftigt.[21] Gewalt kommt in 78,7 Prozent aller Sendungen des deutschen Fernsehens vor und sogar in 89,4 Prozent der Kindersendungen. Selbst 77,7 Prozent der Informationssendungen, die auch nachmittags ausgestrahlt werden, enthalten Gewaltszenen.[22] Andere Konfliktlösungsmöglichkeiten werden in den Sendungen selten gezeigt.

• Gewalt in den Medien schadet besonders jungen Kindern, da diese zwischen Realität und Fantasie noch nicht bewusst unterscheiden (können): Gewalt verstärkt Aggressivität und antisoziales Verhalten, verstärkt aber auch die Ängste, selbst Opfer von Gewalttaten zu werden; sie desensibilisiert außerdem gegenüber realer Gewalt und Gewaltopfern.[23]

Medienkonsum verringert die sozialen Kontakte

• Wer viel Zeit vor einem Bildschirm verbringt, hat automatisch weniger Zeit für Unternehmungen oder einfach das Zusammensein mit Freunden und Familienangehörigen zur Verfügung.

Lernen für die Selektion – schlechte Chancen für Lernfreude und guten Unterricht

Ich fürchte mich so vor der Menschen Wort.
Sie sprechen alles so deutlich aus:
Und dieses heißt Hund und jenes heißt Haus,
und hier ist Beginn, und das Ende ist dort.

Mich bangt auch ihr Sinn, ihr Spiel mit dem Spott,
sie wissen alles, was wird und war;
kein Berg ist ihnen mehr wunderbar;
ihr Garten und Gut grenzt grade an Gott.

Ich will immer warnen und wehren: Bleibt fern.
Die Dinge singen hör ich so gern.
Ihr rührt sie an: sie sind starr und stumm.
Ihr bringt mir alle die Dinge um.

Rainer Maria Rilke

Die erste Probe

Wie an allen anderen Tagen empfange ich jedes meiner Kinder an der Klassenzimmertür persönlich. Ich sitze auf einem Kinderstuhl, damit wir in etwa auf Augenhöhe sind, wenn sie vor mir stehen. So habe ich Gelegenheit wahrzunehmen, wie es jedem heute geht, und einzeln mit ihnen zu sprechen. Manch ein Kind bringt Sorgen oder auch die Erinnerung an bewegende Erlebnisse mit: den Streit der Eltern in der Nacht, den Ärger mit der Mutter, weil beim Anziehen zu sehr getrödelt wurde, einen Ausflug in den Zoo am gestrigen Nachmittag oder den Kummer wegen des vergessenen Schulheftes.

Im Klassenzimmer angekommen, beginnen die Kinder an der Halloweenwerkstatt zu arbeiten. Sie rätseln, lesen, schreiben und malen, arbeiten in Gruppen, mit ihrem Lernpartner oder auch allein. Erst gegen Viertel nach acht rufe ich sie schließlich in den Morgenkreis. Dann zelebrieren wir die Begrüßung, jedes Kind soll spüren, dass es hier dazugehört. „Guten Morgen,

Maike", „guten Morgen, Roland", „guten Morgen, Ayshe", begrüßen sich die Kinder im Stehkreis reihum. „Guten Morgen alle miteinander."

Anschließend singen wir, ich begleite auf der Gitarre: „Finster, finster – nur der Glühwurm glüht im Ginster", ein Gruselgeisterlied haben die Kinder zu ihrem derzeitigen Lieblingslied auserkoren. Der Kanon klappt schon überraschend gut. Beim Lied über den Wind ahmen wir die Geräusche nach und einzelne Kinder bekommen Solostimmen. Andere begleiten den Gesang auf Instrumenten. Vier, fünf Lieder, neue und alte, haben wir gesungen, bevor wir uns in den Sitzkreis begeben. Musik hat eine wunderbare Wirkung auf Kinder. Sie scheinen ausgeglichener und fröhlicher. Im Sitzkreis ist nun Zeit für die Themen der Kinder und auch ich habe Gelegenheit, wichtige Dinge anzusprechen. Heute hat uns nur Claudia ein Buch mitgebracht, eines über Raubkatzen. Sie zeigt uns zwei, drei Seiten und erklärt, was darauf zu sehen ist. Einige Kinder mutieren kurzzeitig zu Löwen und Tigern und fletschen die Zähne, die Mädchen lachen. Nur ein Junge stellt eine Frage. Fast bin ich froh darum, denn ich weiß, dass die Zeit drängt. Wir schreiben heute eine Probe, und bis zur Pause sollte ich damit fertig sein.

Ich beende den Morgenkreis, die Kinder setzen sich auf ihre Plätze. Sie sind jetzt etwa acht Wochen in der Schule. Wir haben uns mit den ersten Buchstaben beschäftigt, Hörübungen gemacht, das Zusammenlesen probiert, die Anlauttabelle kennengelernt und mit ihr geschrieben. Diese Tabelle enthält Bilder, neben denen jeweils der Anfangsbuchstabe des dargestellten Motivs in großer und kleiner Schreibweise notiert ist. So steht etwa neben dem Bild eines Baumes ein großes und ein kleines B. Kinder können mithilfe dieser Tabelle ganz selbstständig auch schon unbekannte Wörter und damit eigene Texte schreiben, indem sie sich ein Wort lautierend vorsprechen.

Maike konnte bereits vor Schuleintritt lesen, sie hat letzte Woche schon kleine Briefe verfasst. Allerdings schreibt sie die Buchstaben nicht richtig. Sie hat sich das Schreiben im Kindergarten wohl selbst beigebracht, aber auf diese Art wird sie nur mit Schwierigkeiten später eine flüssige Schreibschrift erlernen.

Dominik spricht Dialekt, bayerisch, er tut sich schwer, Wörter auf Hochdeutsch zu lautieren. Maria ist erst fünf. Sie ist vor allem mit den ganzen organisatorischen Dingen noch völlig überfordert. Sie hält ihr Heft verkehrt herum und findet oft den richtigen Farbstift nicht. Manchmal schreibt sie die Buchstaben spiegelverkehrt und gar von rechts nach links. Ihr Blatt zerknautscht sich auf unerklärliche Weise ständig unter ihrem Arm beim Schreiben, manchmal schreibt sie dann an einer ganz anderen Stelle weiter. Ähnliche Probleme mit solchen Organisations- und Strukturaspekten haben aber auch Josef und Markus, der eine dicke Brille trägt und schon sieben Jahre alt ist. Wenigstens acht von den siebenundzwanzig Kindern meiner Klasse können noch nicht gut Deutsch sprechen, darunter sechs deutsche Kinder, fünf davon wiederum aus einem sozial benachteiligten Elternhaus. Sie sprechen einige Buchstaben falsch, es fehlen Wörter in den Sätzen, die grammatikalische Struktur stimmt noch nicht. Meine Kinder sind praktisch gleich alt – aber in ihrem Entwicklungs- und Lernstand unterscheiden sie zwei, vielleicht gar drei Jahre. Doch ab heute spielt es in bestimmten Momenten keine Rolle mehr, wie unterschiedlich die Kinder sind.

Ich kündige die Probe an. Gleiche Aufgaben zum gleichen Zeitpunkt für alle. Das ändert die Situation im Klassenzimmer schlagartig. Jetzt gehen alle auf die gleiche Startlinie, die zarte Chloé, die große Clara und auch Anna, die vor ein paar Tagen erst begonnen hat, mit mir zu sprechen. Jetzt müssen alle die gleichen Prüfungsaufgaben bearbeiten. Das heißt: Alle schriftlich auf dem Papier und auch alle in der gleichen Zeit. Es ist ganz egal, ob ein Kind motorisch noch ungeschickter ist oder etwas verträumt. Ob es in sich noch unsicher ist oder ob es schon sehr selbstbewusst in die Welt blickt. Ob es daheim ruhige, förderliche Bedingungen vorfindet oder täglich mit der alkoholabhängigen Mutter oder dem pflegebedürftigen Opa konfrontiert ist.

Beim Bearbeiten der Aufgaben dagegen sind Gleichheit und Gerechtigkeit sehr wichtig. Die Leistungsmessung und -beurteilung hängen davon ab. Daher: Abschauen verboten. Zu

Anfang meiner Lehrerlaufbahn habe ich vorschriftsmäßig etwas zwischen die Kinder stellen lassen. Einige Jahre später konnte ich mit viel liebevoller Mühe erreichen, dass die Kinder auch ohne Sichtschutz nicht zum Nachbarn schauten. Mir schien das ein wenig entspannter. Dennoch ist auch diese Situation vollkommen unnatürlich. Kinder würden immer abschauen – nicht weil sie betrügen wollen, sondern weil sie gewohnt sind, Dinge gemeinsam zu machen. Sie wollen einander einfach helfen, sich unterstützen und Hilfe bei jemand anderem einholen, wenn sie selbst nicht weiterkommen. Sie wollen sich selbst kontrollieren und sich versichern, dass sie ihre Aufgaben richtig machen. Aber das darf von Staats wegen jetzt nicht sein. Denn sonst können wir Lehrer nicht messen, welche Leistung jedes einzelne Kind erbracht hat. Das heißt, ich muss die Kinder ermahnen, ja, ich muss ihnen damit drohen das Blatt wegzunehmen, wenn sie in der Probensituation das machen, wozu ich sie im normalen Unterricht anhalte, aber was sie mit fortlaufender Schulerfahrung auch deshalb immer weniger tun werden: kooperieren. Mit strafenden Worten muss ich soziales Miteinander ersticken. Seit einiger Zeit gibt es speziell gefertigte Papp-Stellwände, die wir benutzen müssen. Früher haben die Kinder ihre Schulranzen auf den Tisch gestellt, sodass nur noch wenig Licht auf ihr Blatt gelangte. Teilweise hatten die Kinder dann kaum mehr Platz zum Schreiben, wenigstens das ist jetzt etwas besser geworden.

Was auch immer man tut, ob man vorher beispielsweise noch Entspannungsübungen macht oder eine Bewegungsphase einfügt: Die Atmosphäre im Raum ändert sich durch die Probe schlagartig. Die Kinder haben Angst. Die Kinder geraten in Stress und unter Druck.

Wenn sie sich nicht bei der ersten Probe fürchten, so doch spätestens bei der zweiten oder dritten. Ich kann da hundertmal sagen, dass es nicht schlimm ist, wenn etwas nicht gelingt, glaubhaft ist das nicht. Ich fühle mich abscheulich, denn ich lüge. Selbstverständlich macht es einen Unterschied – einen bedeutenden, einen lebensentscheidenden. Die Kinder spüren genau, dass hier ihr Lebensweg vorgezeichnet wird. Ihre Eltern schärfen ihnen zu Hause ein, was alles von diesen Proben abhängt. Da kann man die Situation schönreden, wie man will: Noten wären eine Grundlage für individuelle Förderung oder Kinder wollten Noten – Noten sind ein Urteil und noch dazu ein sehr schwerwiegendes. In Bayern erhalten die Kinder nach der vierten Klasse – wie es so schön heißt – eine Empfehlung, ob sie für den Besuch des Gymnasiums, der Realschule oder der Hauptschule geeignet sind. Ausschlaggebend für diese Empfehlung und damit für den Übertritt sind einzig die Noten in den Fächern Mathematik, Deutsch sowie Heimat- und Sachunterricht (HSU). Von diesen Noten hängt der weitere Lebensweg ab. Das wissen auch die Kinder – oft schon in der ersten Klasse.

Endlich ist es still in der Klasse. In der heutigen Probe sollen die Kinder Wörter mithilfe der Anlauttabelle schreiben oder auch Wörter lesen und mit dem richtigen Bild verbinden. Ich weiß eigentlich schon jetzt, wer wie abschneiden wird, wer welche Aufgabe lösen wird. Ich kenne meine Kinder und weiß, was jeder Einzelne von ihnen als Nächstes bräuchte, was jeder von ihnen zu diesem Zeitpunkt kann. Ich weiß auch, dass kaum einer auf diesem Blatt Papier tatsächlich zeigen wird, was er schon alles vermag, die meisten Kinder können in Wirklichkeit viel mehr. Es hängt von so vielen Dingen ab, ob es Steffi und Jörg heute gelingt, das „z" in „Herz" zu hören, ob sie in den kommenden Jahren die Sachaufgabe richtig erfassen oder Auskunft über die Wahlbedingungen bei Gemeinderatswahlen geben können.

Welches Wetter ist heute, hat es gerade geschneit oder ist Föhn? Hatten sie heute Morgen Ärger mit der Mama oder haben sie einen toten Igel auf der Straße gesehen und das Gesehene lässt sie nicht los? Ist der Stift, mit dem sie schreiben möchten, weil er so schön lila ist, gerade nicht zu finden? Haben sie für die Pause heute Brot mit Cremekäse dabei, den sie gar nicht mögen? Oder ist es nur einer der ganz offensichtlichen Gründe, die dafür verantwortlich sind, dass Kinder jetzt und in späteren Jahren nicht auf ihr Wissen zugreifen können? Etwa weil Kinder vieles können, aber noch nicht fähig sind, das schriftlich auszudrücken? Weil sie die Fragestellung nicht lesen können oder nicht verstehen? Weil sie Angst haben? Weil sie in Stress geraten? Weil sie innerlich blockiert sind? Weil ihnen einfach nichts einfallen will? Weil sie schon ahnen, dass es Ärger mit den Eltern gibt, wenn sie nur die halbe Punktzahl nach Hause bringen? Weil sie unsicher werden und allein deshalb Fehler machen?

Maria blickt mich mit fragenden Augen an, doch ich darf ihr nicht helfen. Bei Jose merke ich, dass er kreuz und quer arbeitet und dadurch Aufgaben auslässt. Philipp hält den Stift krampfhaft und ist den Tränen nahe. Fast beneidet man die Kinder, die noch verträumt aus dem Fenster schauen, nach zehn Minuten gerade mal die erste Aufgabe bearbeitet haben und lieber noch Bildchen ausmalen. Lange werden sie sich diese Ruhe nicht bewahren können.

Nach fünfundzwanzig Minuten ist Abgabe.

Bei der Korrektur bestätigen sich meine Vermutungen: Maike hat die Aufgaben in wenigen Minuten gelöst, sie kennt die Buchstaben ja schon und muss nicht mühsam in der Tabelle nachsehen. Dass sie die Buchstaben im falschen Bewegungsablauf schreibt, spielt bei dieser Probe keine Rolle, die Bewertungskriterien sind andere. Sie kann sich über die volle Punktzahl freuen. Paul dagegen muss jeden Buchstaben mühsam in der Anlauttabelle suchen. Diejenigen, die wir durchgenommen haben, kennt er gut, aber er soll ja auch unbekannte schreiben. Daheim gibt es niemanden, der mit ihm täglich zwei, drei Wörter anhand der Tabelle übt. So ist er mit der Vielzahl der Buchstaben und Bilder überfordert. Das fünfte Bild lautierend, hat er vergessen, welchen Buchstaben er ursprünglich gesucht hat. Er konnte nur die Hälfte der Aufgaben bearbeiten. Anja geht es da besser. Ihre Mama muss nicht arbeiten und nimmt sich am Nachmittag Zeit. Durch die regelmäßige Übung findet Anja die Buchstaben inzwischen recht schnell. Lars besucht jetzt schon eine Hausaufgabenbetreuung, seine Eltern können es sich leisten und so bekommt er am Nachmittag noch mal alles pädagogisch aufbereitet erklärt. Aufgewachsen mit Schränken voller Bücher und einer täglichen Gutenachtgeschichte von Oma tut er sich sowieso leicht. Dominik überhört noch einige Buchstaben oder spricht diese falsch aus. Er schreibt „Ost" statt „Ast" und „Rosn" statt „ Rose", wie es der schöne bayerische Dialekt nun mal hergibt. Als Fehler muss ich es werten, obgleich er eigentlich die Buchstaben richtig gehört hat – nur eben bayerisch und nicht hochdeutsch. Da nützt mir all mein Verständnis für die Situation nichts, eine individuelle Bewertung ist hier nicht vorgesehen.

Zwei Tage später gebe ich die Probe zurück, am nächsten Tag sollen die Kinder sie unterschrieben wieder mit in die Schule bringen. Maike springt wie erwartet vor Freude in die Luft. „Ich habe volle Punktzahl", ruft sie. „Ich kann alles!" Das mit der flüssigen Handschrift wird sowohl ihr als auch ihren Eltern in den nächsten Jahren unwichtig sein. Dominik sieht die vielen roten Korrekturen und fängt an zu weinen. Sicher, ich habe auch probiert, in Lila und in Grün zu korrigieren, da Rot doch etwas aggressiv und heftig ist – es macht aber nicht wirklich einen Unterschied. Dass Dominik wie üblich sehr darauf geachtet hat, alles ordentlich zu machen, und sich müht, jeden Buchstaben wie gedruckt in die Zeilen zu schreiben, findet nur in meiner Bemerkung unter der Probe einen Widerhall. Ebenso, dass ich seinen bayerischen Dialekt sehr schön finde. An der Anzahl der erreichten Punkte ändert es nichts. Natürlich versuche ich als Lehrerin aufzufangen, wenn Kinder die Fragen nicht beantworten konnten. Sage ihnen, dass das nicht schlimm sei, dass sie das noch lernen werden. Da setzt sich Chloé auf meinen Schoß, zeigt mir ihre acht von dreizehn Punkten, schaut mich an und fragt mich: „Hast du mich jetzt noch lieb?" Markus trägt seine vier Punkte mit Gelassenheit. „Ich weiß schon, dass ich auf die Hauptschule gehen werde", sagt er. „Mein Papa war da auch und der sagt, das ist ganz gut für mich."

Wenn die Kinder am nächsten Tag die Probe unterschrieben zurückbringen, liegt der einen oder anderen ein Zettel bei. Manche Eltern erkundigen sich jetzt schon nach der Punkteverteilung – wohlgemerkt nach der Punkteverteilung, nicht danach, was ihr Kind kann oder nicht kann –, andere bitten um einen Termin in der Sprechstunde: Was sie denn tun könnten?! Eric war das fünfte Kind dieses Jahr, das mir nach dem Umsetzen der Kinder auf andere Plätze einen entsetzten Blick zuwarf, beinahe zu weinen begann, mir am nächsten Morgen einen Brief entgegenstreckte und sagte: „Von meiner Mami, soll ich dir geben." In dem Brief steht dann so etwas wie: „Sehr geehrte Lehrerin, Ihr Schüler Eric ist seit zwei/drei/vier Jahren bei mir in Behandlung, er leidet unter einer auditiven Wahrnehmungs- störung. Aus ärztlicher Sicht ist dringend angeraten, ihn nur in der ersten Reihe sitzen zu lassen." So viele privilegierte Plätze, wie ich bräuchte – vorn bei mir und nahe an der Tafel –, habe ich gar nicht …

Der Grund des Übels: Proben statt Lernzielkontrollen

Noch vor wenigen Jahren wurden in der ersten und zweiten Klasse keine Proben geschrieben. Damals gab es Lernzielkon- trollen. Im Sommer 2005 änderte sich das in Bayern mit der Wiedereinführung der Noten für die Schüler der zweiten Klas- sen. In anderen Bundesländern passiert Ähnliches früher oder später, die „Proben" werden auch überall unterschiedlich be- nannt. Aufgrund der deutschlandweit gültigen Vorgaben der Kultusministerkonferenz (KMK) für die Notengebung spielt sich aber überall in Deutschland prinzipiell das Gleiche ab. Die Ausführungen in diesem Buch sind lediglich deshalb auf Bay- ern bezogen, weil ich eben hier an der Schule arbeite.

Ich kann mich noch erinnern, wie damals in einer Lehrer- konferenz eher in einem Nebensatz darauf hingewiesen wur- de, dass man ab jetzt nicht mehr „Lernzielkontrolle", sondern „Probe" auf die Testblätter zu schreiben habe. Welchen gra- vierenden inhaltlichen Unterschied diese „Umformulierung" brachte, erfuhr ich erst auf einer Fortbildung: Eine Lernziel- kontrolle prüft, ob Kinder ein Lernziel erreicht haben, ob sie also das, was im Unterricht behandelt wurde, verstanden ha- ben. Das konnten durchaus auch schwierige Aufgaben sein oder auch solche, bei denen die Kinder gewisse selbstständige Denkprozesse durchführen mussten. Das erhoffte und erwar- tete Ergebnis blieb aber, dass möglichst alle Kinder alle Aufgaben lösen konnten und damit zeigten, dass sie die erarbeiteten Lernziele erreicht und die Inhalte verstanden hatten. Bei einer Lernzielkontrolle konnte ich deshalb gut ablesen, welches Kind tatsächlich noch Schwierigkeiten hatte und welches Kind besondere Hilfe benötigte. Auch für mich persönlich war das Ergebnis eine wichtige Rückmeldung: Ich erfuhr so, ob ich meinen Unterricht erfolgreich gestaltet hatte oder inwieweit ich mein Vorgehen verändern musste.

In der Regel beherrschten fast alle Kinder die Inhalte, hatten sich die geübten und angestrebten Fähigkeiten und Fertigkeiten erworben und freuten sich über das positive Ergebnis in Form voller Punktzahl. Erfahrungsgemäß gab es maximal ein oder zwei Kinder, die relevante Fehler gemacht hatten und denen ein paar Punkte fehlten. Doch aufgrund der Aufgabenstellung war es möglich, die Ursache schnell zu erkennen und die Lücken daraufhin rasch zu schließen.

Ganz anders bei einer Probe. Sie muss bestimmten anderen Kriterien genügen. Sie soll die Vorgaben der Kultusministerkonferenz für die Benotung von Schülerleistungen umsetzen, die diese für alle Bundesländer beschlossen hat. Diese legen fest, dass ein Schüler, dessen Leistung den Anforderungen entspricht, die Note „Vier" erhält. Wer kleinere, aber behebbare Mängel in seinen Kenntnissen aufweist, erhält die Note „Fünf". Die Note „Sechs" wird gegeben, wenn nicht mehr davon auszugehen ist, dass ein Schüler in einem überschaubaren Zeitraum seine Defizite ausgleichen kann. Wer eine bessere Note als eine Vier erreichen möchte, dessen Leistung muss die Anforderungen entsprechend besser erfüllen, für eine Eins gar „in besonderem Maße" (siehe auch Informationskapitel „Noten" ab Seite 285). Uns Lehrern der ersten und zweiten Klassen, die an das Erstellen von Lernzielkontrollen gewöhnt waren, wurde nun nahegelegt, uns an den bereits 1970 veröffentlichten Anforderungsstufen des Deutschen Bildungsrats zu orientieren, der zur Notenvergabe im Sinne der Kultusministerkonferenz ein System von Schwierigkeitsstufen entworfen hat, um herauszufinden, welche Schülerleistungen die Anforderungen in welchem Maße erfüllen.[1]

Eine Probe muss demnach Aufgaben folgender vier Schwierigkeitsstufen enthalten: Aufgaben der Reproduktion, der Reorganisation, des Transfers und des problemlösenden Denkens. Reproduktionsaufgaben sind Aufgaben, die genau so im Unterricht behandelt worden sind, wie sie auch in der Probe auftauchen. Bei allen weiteren Aufgaben wird in zunehmendem Maße erwartet, dass ein Kind Gelerntes kombiniert, auf Neues überträgt, auch selbstständig schöpferische Leistungen erbringt oder Aufgaben mithilfe selbst entwickelter Strategien löst. Die Reproduktionsaufgaben werden in der Regel als Mindestanforderung angesehen und sollten etwa vierzig Prozent der Aufgaben in einer Probe ausmachen. Schüler, die die entsprechende Anzahl an Punkten in der Probe erzielen konnten, erhalten die Note „Vier". Um eine Eins oder Zwei zu erhalten, sollen nun alle beziehungsweise fast alle Aufgaben sämtlicher Schwierigkeitsstufen in dieser Probe richtig gelöst werden. Etwas überspitzt formuliert ist also dieselbe Leistung, die bei den Lernzielkontrollen eine Eins war, bei der nun geforderten Probenstellung nur noch eine Vier.

In der ersten Klasse gibt es weiterhin keine Noten. Doch werfen die ab der zweiten Klasse obligatorischen Proben ihre Schatten voraus: Denn wer sollte den Eltern plausibel machen, dass den Leistungsnachweisen zwischen der ersten und zweiten Klasse leider völlig unterschiedliche Bewertungsstrukturen zugrunde liegen? In der ersten Klasse würden sich Kinder und Eltern daran gewöhnen, dass ich durchaus auch anspruchsvolle Aufgaben für die Lernzielkontrollen wähle, die aus dem Unterricht erwachsen und daher – das ist ja das Ziel meines Unterrichts – auch von möglichst allen Kindern beantwortet werden können, sodass eigentlich alle die volle Punktzahl erreichen.

In der zweiten Klasse muss ich dann jedoch plötzlich Proben konzipieren, die darauf abzielen, herauszufiltern, welche wenigen Kinder Leistungen erbringen, die den Anforderungen in ganz besonderem Maße entsprechen, sodass die meisten Kinder **nicht mehr** die volle Punktzahl erhalten werden.

Würde ich das tun, dann würden sich die Eltern zu Recht sehr wundern – und es gäbe Ärger. Aus diesem Grund schreibt man also mehr oder weniger von Anfang an „Proben" – zunächst nur mit Punkten bewertet, ab der zweiten Klasse zudem mit „richtigen" Noten.

Der KMK-Vorgabe zur Notengebung unterliegen alle Bundesländer, sodass sich einzelne Bundesländer zwar in der Ausführung, der Art der Umsetzung oder in Bezeichnungen unterscheiden können, das Prinzip ist aber überall das Gleiche. In allen Bundesländern erhalten Kinder, deren Leistungen den Anforderungen noch entsprechen, die Note „Vier".

Früher ging das Benotungsdilemma mit all seinen Konsequenzen hier in Bayern erst in der dritten Klasse los. Eltern wussten ein Lied zu singen vom Übergang aus der zweiten in die dritte Klasse: Mit den Noten wurde plötzlich alles ganz anders. Wie viele Kinder hatten statt der gewohnten vollen Punktzahl nun in den Proben nur noch die Hälfte der Punkte und damit eine schlechte Note! Vorher schnitt fast die ganze Klasse gut ab, nun verteilte sich schlagartig oder manchmal auch schleichend das Ergebnis über sechs Notenstufen.

In meiner ersten Klasse führt das nun dazu, dass ich mir Aufgaben überlegen muss, die sozusagen deutlich machen, welche Kinder Leistungen zeigen, die den Anforderungen schon in ganz besonderem Maße entsprechen. Das, was im Unterricht geübt und gelernt wurde, ist nach den Vorgaben ja reproduzierend oder im besten Fall mit minimalen Abwandlungen reorganisierend. Solche Aufgaben sollen aber nur gerade zu etwa vierzig Prozent in der Probe vorhanden sein. Der Lehrer muss sich beim Erstellen der Probe also nun nicht mehr fragen: Was müssten alle Kinder jetzt eigentlich wissen und können? Sondern: Was könnten sie vielleicht möglicherweise können, welche Aufgaben könnten sie eventuell lösen?

Die Kinder haben dann zum Beispiel die Aufgabe, nicht nur das Wort „Ast", sondern auch das Wort „Herz" mithilfe der Anlauttabelle zu schreiben. Sie müssen sich dafür das Wort gut vorsprechen, die einzelnen Laute hören und dann den zugehörigen Buchstaben auf der Anlauttabelle finden. Bei „A-s-t" hört man jeden Buchstaben problemlos, aber viele Kinder schreiben „Herz" mit „s". Der Buchstabe ist ihnen vertrauter als das „z" und wenn sie sich „z" vorsprechen, den Laut dann bis zum Erkennen lange vor sich hin summen, hören sie eben „S" wie „Sonne". Das gibt schon mal einen Punkt weniger und an dieser Stelle zeigt sich, wer den Anforderungen nicht in besonderem Maße entspricht. Auch das „e" klingt nicht rein und das „r" wird oft überhört, weil es ja mit dem „e" regelrecht verschmilzt. Wer von den Kleinen aber jetzt schon so genau hinhören kann? Ähnlich verhält es sich dann bei Wörtern wie „Wald" oder „Iglu". Und darüber, dass der Anfangsbuchstabe von Namenwörtern groß, alle Buchstaben im Wort aber klein geschrieben werden, haben wir im Unterricht ebenfalls schon gesprochen. Auch dass jeder Buchstabe einen bestimmten Platz innerhalb der Lineatur hat, könnten die Kinder wissen, immerhin sind sie schon acht Wochen in der Schule.

Im Prinzip ist in einer Probe also keine Aufgabe dabei, die nicht generell lösbar wäre. Und doch gibt es mehrere Aufgaben, bei denen ich schon von vornherein weiß, dass viele Kinder sie falsch oder gar nicht bearbeiten werden. Und: Ich weiß auch schon vorher, welche Kinder die Aufgaben richtig beantworten werden. Nämlich meist jene, die aus einem bildungsnahen und oft auch finanziell besser gestellten Elternhaus kommen, die schon eine Zeit lang lesen können, die mit den Buchstaben vertrauter und die der Aufgabe gewachsen sind – durch ein bereits vorhandenes Sprachgefühl –, Wörter so genau zu lautieren, dass sie jetzt schon jeden Buchstaben heraushören.

Der Unterschied zwischen den beiden Leistungsmessungsbeziehungsweise Beurteilungsarten, also der Unterschied zwischen Lernzielkontrollen und den nun geforderten Proben mit Notengebung, ist gravierend und höchst fatal. Die Entscheidung für eine Beurteilung nach dem eben beschriebenen Prinzip einer Probe, notwendig zur Selektion im deutschen Schulsystem, ist meines Erachtens dafür verantwortlich, dass die Vereinten Nationen (UN) Deutschland schon 2007 zu Recht anklagten, ein diskriminierendes und sozial auslesendes Schulsystem zu haben, bei dem keine Chancengleichheit besteht.[2] Dieses System ist meiner Meinung nach dafür verantwortlich, dass die Kindheit zunehmend schon mit dem Eintritt in die Schule endet, Kinder richtiggehend krank gemacht werden und der Familienfriede beeinträchtigt wird. Dieses System ist dafür verantwortlich, dass unsere Kinder nicht nachhaltig lernen, nicht in ihrer ganzheitlichen Entwicklung gefördert werden und oft ein völlig falsches Selbstbild aufbauen. Es ist dafür verantwortlich, dass das kooperative Lernen an unseren Schulen Makulatur bleibt und nicht zu echter Team- und Beziehungsfähigkeit führt.

Aber mit dieser Art der selektierenden Beurteilung wird die Mehrgliedrigkeit unseres Schulsystems begründet und ein diskriminierendes System aufrechterhalten, das allen Kindern und der Gesellschaft insgesamt schadet. Obwohl sogar nach den Vorgaben der Kultusministerkonferenz alle Kinder bis Note „Vier" die Anforderungen erfüllen, ja selbst die Note „Fünf" nur relativ leicht behebbare Mängel aufzeigt, schließen wir in Bayern ab einem Notendurchschnitt von 2,33 in den Hauptfächern Viertklässler von der gymnasialen Laufbahn aus. Ab einem Durchschnitt von 2,66 dürfen sie auch nicht auf die Realschule übertreten.

Würden wir wenigstens jene Kinder „aussortieren" – was ich ebenfalls für fragwürdig hielte –, die die Lernziele tatsächlich nicht erreicht haben, wäre das ja noch verständlich. **Aber wir selektieren in einem Bereich, in dem alle Kinder die Lernziele erreicht haben!**

Kein Wunder, dass der Kampf um die wenigen Plätze an den weiterführenden Schulen immer zeitiger und immer verbissener beginnt, kein Wunder, dass Kinder demoralisiert werden, weil sie sich aufgrund dieser Beurteilungsform für dumm halten, kein Wunder, dass es für immer mehr Menschen darum geht, formalen Kriterien zu genügen, statt freudvoll und nachhaltig zu lernen. Kein Wunder, dass kleine Defizite zu großen Problemen werden und Individualität keinen Platz mehr hat. Dabei ist die Form der Beurteilung völlig unerheblich, es macht keinen Unterschied, ob Ziffernoten, Wortgutachten oder Beurteilungen durch Punktesysteme gegeben werden, solange diese Bewertungen auf der Basis der genannten Vorgaben und mit der Zielsetzung der Selektion erstellt werden müssen.

Wie unser Schulsystem Kinder krank macht und den Familienfrieden zerstört

Eltern sind oft einfach sehr hilflos. In den vier Jahren vor dem Übertritt sind viele ihrer Handlungen verzweifelte Versuche, mit allen Mitteln die Weichen richtig zu stellen. Selbst wenn Eltern von Kindern in der ersten Klasse noch ruhig bleiben, hält dieser Zustand selten bis zum Ende der Grundschulzeit an. Spätestens dann, wenn sich die Mathematiknote des Kindes ohne ersichtlichen Grund von einer Zwei in der zweiten Klasse auf eine Drei in der dritten Klasse und schließlich eine Vier in der vierten Klasse verschlechtert, ist die Ruhe dahin. Eltern werden nervös, wenn ihre Kinder etwas nicht können. Nicht weil ihre Kinder das noch nicht können, sondern weil sie es **jetzt noch nicht** können. Immerhin sind die Proben ausschlaggebend und damit der Zeitpunkt, wann diese Proben geschrieben werden. Zeit bekommt plötzlich eine ganz andere Dimension: „**Jetzt** musst du es können.", „Warum kannst du das denn noch nicht?" „Nun stell dich doch nicht so an!", „Das ist doch ganz einfach, das muss man doch kapieren!", „So blöd kann man doch gar nicht sein!" In den Familien spielen sich Dramen ab. Nicht wenige Eltern sitzen viele Stunden mit ihren Kindern an den Hausaufgaben oder lernen zusätzlich noch stundenlang mit ihnen. Schule ist in vielen Familien das Streitthema Nummer eins und macht häufig auch vor der Ehe der Eltern nicht halt. Oft hat ein Vater, der abends nach Hause kommt und während der Woche wenig vom Alltag seines Kindes miterlebt, kein Verständnis dafür, dass seine Frau es einfach nicht hinbekommt, dass der Bursche lernt. Warum die Hausaufgaben nicht vollständig seien oder ob sie nicht einmal diese einfachen Rechenaufgaben richtig erklären könne? Es müsse mehr geübt werden, jetzt gäbe es erst einmal Fernsehverbot und außerdem dürfe Julius nur noch einmal die Woche mit den anderen Kindern draußen spielen. Sarah wird vom Sportunterricht abgemeldet und Joschka geht nun zur Nachhilfe statt zum Geigenunterricht. Viele Fähigkeiten und Werte verlieren in dieser Zeit an Bedeutung. Wichtig ist allein, ob die Punktzahl in der Probe stimmt. Mit welcher Muße ein Kind arbeitet, kann sogar kontraproduktiv sein, es kostet zu viel Zeit. Ob Maike die Buchstaben richtig schreiben lernt und eine flüssige Handschrift entwickelt, ist irrelevant. Wie Stefan mit seinen Klassenkameraden umgeht, interessiert im Wesentlichen auch niemanden mehr. Wichtig sind ganz bestimmte Fertigkeiten zu einem ganz bestimmten Zeitpunkt, die den Kindern antrainiert werden können – und auch werden. Zumindest wird der Versuch unternommen.

Kommt das Gespräch darauf und erzählen Kinder von dem schlimmsten Satz, den die Mutter oder der Vater einmal zu ihnen gesagt hat, verschlägt es einem den Atem. Wenn das Kind nicht aus einem wirklich desolaten Elternhaus kommt, in dem es schon früh zu hören bekam, dass es nicht erwünscht ist, haben die meisten schlimmen Sätze mit der Schule zu tun: „Du bist das dümmste Kind, das ich je gesehen habe!", „Bald kommst du ins Internat oder ins Kinderheim, das Theater mit dir mache ich nicht mehr lange mit!", „Schon wieder eine Vier, du taugst ja zu gar nichts …"

Eltern verzweifeln an ihren Kindern, die einfach nicht den schulischen Anforderungen genügen. Oh stopp … den Anforderungen genügen sie ja eigentlich schon, wenn sie die Note „Vier" haben – warum versteht das nur keiner? Warum freut sich nicht jeder, wenn das Kind eine Vier bekommt? Warum können Kinder wie Eltern nicht verstehen, dass ein Kind mit der Note „Drei" ja schon zusätzliche Qualifikationen erfüllt und dass man eben nicht von allen Schülern dieses „Mehr" erwarten kann? Dabei wird auf den Elternabenden doch extra darauf hingewiesen. Ich kann mich noch gut daran erinnern, wie ich sogar überprüft wurde, ob ich genau diese Information auch an die Eltern der mir anvertrauten Kinder weitergab: Wer den Stoff des Unterrichts beherrscht und die Hefteinträge gelernt hat, erfüllt die Mindestanforderung und bekommt die Note „Vier". Für bessere Noten müssten zusätzliche Leistungen erbracht werden.

Vielleicht liegt das Unverständnis darin, dass ein Kind mindestens einen Schnitt von 2,66 braucht, um auf eine höhere

Schule zu gehen? Dass es also einfach nicht genügt, den Anforderungen zu genügen? Vielleicht auch daran, dass eine Drei oder Vier als Note „schöngeredet" werden kann, so oft man will, aber dass es einfach keine guten Noten sind?

Ist es dann nicht verständlich, dass Eltern nicht einfach ruhig zusehen, was mit ihren Kindern passiert, sondern alles tun, um ihnen einen guten Schulabschluss und damit eine aussichtsreiche Zukunft zu ermöglichen? Denn Eltern ist bewusst, dass in unserem Schulsystem eine schwerwiegende Entscheidung über die Möglichkeit zu diesem Abschluss fällt, wenn die Kinder gerade mal neun Jahre alt sind.

Von Angst getrieben: die falsch verstandene „Förderung"

Es geht den Eltern meist gar nicht darum, unbedingt einen Akademiker zu „züchten". Aber wer schon einmal eine Anzeige gelesen hat, in der eine normale Einzelhandelskauffrau als Kassenkraft gesucht wird, die als Voraussetzung das Abitur mitbringen muss, oder wer im Bekanntenkreis erlebt hat, wie schwer es Jugendlichen fällt, die stark eingeschränkte Auswahl an Berufen zu akzeptieren, die ihnen mit ihrem Hauptschulabschluss noch zur Verfügung steht, der kann verstehen, warum es Eltern so wichtig ist, dass ihr Kind auf das Gymnasium oder wenigstens auf die Realschule kommt. Eltern wissen intuitiv schon lange, was Wissenschaftler unlängst belegt haben: Längerer Schulbesuch führt eindeutig zu einer prestigeträchtigeren Beschäftigung, zu mehr Anerkennung, sozialer Interaktion und zu besseren Bedingungen am Arbeitsplatz. Zudem sind Gebildete im Schnitt gesünder, seltener in psychiatrischer Behandlung und weniger häufig geschieden. Und mehr noch: Der höhere Bildungsgrad wirkt sich bis in die nächste Generation aus. Gebildetere haben gesündere, schulisch erfolgreichere Kinder, die ihrerseits die besseren Jobs bekommen.[3] Deutlich spürbar in den Elterngesprächen ist daher stets: Die Hauptschule gilt es zu vermeiden! Sie steht gleichbedeutend mit sozialem Abstieg, da der zweite Bildungsweg im Anschluss an die Hauptschule sehr schwierig zu bewältigen ist. Zudem ist den meisten Jugendlichen nach den vielen, für sie oft schrecklichen Schuljahren das verdiente Geld lieber als noch weitere Jahre auf der Schulbank, für die sie oft auch nicht mehr die notwendige Motivation und Anstrengungsbereitschaft aufbringen können.

Auch befürchten viele Eltern, dass ihr Kind sich in einem Umfeld von demotivierten, oft schon resignierten Kindern negativ entwickelt, und würden es lieber in einer „besseren" Umgebung sehen. Verständlich – denn die Veränderung in der Grundhaltung mancher Kinder zwischen der ersten und den höheren Klassen ist enorm. Ich habe schon oft mit Trauer festgestellt, wie sehr sie sich charakterlich verändert haben. Wo sind die leuchtenden Augen, wo die Sorgfalt, mit der sie Arbeiten ausführen, wo das Bemühen um gutes Benehmen? Und woher kommt diese Null-Bock-Stimmung, woher die Aggressivität?

Für viele Eltern zählt also, ihr Kind möglichst auf das Gymnasium zu hieven, denn ist es erst einmal dort, ist die Wahrscheinlichkeit recht groß, dass es sich dort halten wird oder höchstens auf die Realschule wechselt. Und ob es am Gymnasium mit einer Zwei oder Vier abschließt, ist weniger wichtig – Hauptsache, es hat Abitur und damit viele Möglichkeiten. Eine gegenläufige Entwicklung ist erst in den letzten Jahren zu beobachten, weil das Ziel Abitur nun auch auf anderem Weg leichter erreicht werden kann. Manche Eltern geben ihr Kind nun bewusst nicht aufs Gymnasium, aus Furcht, ihre Kinder könnten dem Stress nicht standhalten, dem sie nach der Einführung der verkürzten Gymnasialzeit dort ausgesetzt sind. Das G8 schreckt zunehmend ab, die dort vorherrschende Atmosphäre wird zynisch schon „Hydraulische Pädagogik" genannt, weil Kinder dort unter so starkem Druck lernen. Ein wenig Kindheit – so heißt es – wolle man seinen Kindern doch noch gönnen und es sei ja noch nichts verloren. Über die FOS (Fachoberschule) lässt sich in Bayern auch nach dem Realschulabschluss das Abitur erwerben. Um individuelle Förderung, um die Entwicklung der eigenen Persönlichkeit geht es bei alldem schon lange nicht mehr – es geht schlicht darum, den chancenreichsten Abschluss zu erlangen. Es geht um die reine Existenz.

Kein Wunder also, dass Eltern immer früher beginnen, alles dafür zu tun, dass die Weichen auch richtig gestellt werden. Noten in der zweiten Klasse wurden beispielsweise mit der Begründung wieder eingeführt, die Eltern wollten diese Bewertungen. Dieses Argument ist nicht ganz falsch, nur man sollte fragen: Warum wollen die Eltern Noten? Eigentlich wollen auch Eltern nur gute Noten. Schlechte Noten will niemand. Und so geht es für sie hauptsächlich darum, so früh wie möglich zu erfahren, wo ihr Kind auf der Notenskala steht, um daran gegebenenfalls noch etwas ändern zu können. In der vierten Klasse ist es für Maßnahmen, die auf Notenverbesserungen abzielen, schon viel zu spät, eigentlich sogar schon in der dritten. Denn jede Therapie dauert eine gewisse Zeit, und meist muss man allein mehrere Monate auf einen Termin für die Diagnose, dann auf die Genehmigung und schließlich auf einen Platz warten. Die Terminkalender der Schulpsychologen sind häufig randvoll mit Tests und Gesprächen mit Kindern aus den ersten und zweiten Klassen sowie deren Eltern. Inzwischen wird ja bereits im Kindergarten „diagnostiziert". Zugleich fordern Eltern diese Urteile oft geradezu ein. Wie vielen Eltern wird schon in dieser Phase, wenn auch unbeabsichtigt, Angst vor der Schule gemacht! Das Kind hätte hier Schwierigkeiten, dort könne es dieses und jenes nicht, hier bestehe Förder- und dort sogar dringendster Handlungsbedarf. Eltern erfahren schon in diesem Stadium, dass ihr Kind später wohl eher nicht aufs Gymnasium gehen wird – das Kind ist da gerade mal vier Jahre alt –, denn es könne sich ja einfachste Reime nicht merken, damit wäre es nicht einmal für eine normale Grundschule geeignet. Wie viele Eltern sitzen in der ersten Klasse in meiner Sprechstunde und erzählen mir, was ihr Kind während der letzten paar Jahre schon mitmachen musste, um gefördert zu werden. Welche Untersuchungen es durchlaufen, welche Therapien es bereits hinter sich hat und welche Diagnosen von Ärzten gestellt wurden. Wie viele Kinder erhalten bereits im Kindergartenalter Ergotherapie oder Logotherapie! Niemand möchte etwas versäumen. Hut ab vor den Eltern, die hier Ruhe bewahren, ihrem Kind erst einmal Zeit geben sich zu entwickeln und ganz genau schauen, welche zusätzliche Förderung es wirklich braucht und welche dem Kind nur aus einer Angst heraus übergestülpt würde, etwas zu versäumen. Niemand will später dem Vorwurf ausgesetzt sein, nicht alles zum Wohle des Kindes getan zu haben.

Dieses „Alles für das Kind tun", der Zwang, um jeden Preis zu „fördern", zieht natürlich seine Kreise. Auch als Lehrer gerät man unter Druck und möchte nichts versäumen. Und nimmt dabei in Kauf, dass dadurch fast unweigerlich und nur allzu leicht der Fokus von Anfang an darauf gelegt wird, was alles noch nicht klappt, anstatt die Entwicklung eines Kindes mit Zuversicht und Ruhe zu begleiten und dem Kind Zeit zu geben. So bekommt immer mehr Gewicht, was ein Kind alles nicht kann – in der Schule wird das durch entsprechende Korrekturen der Arbeiten, aber auch in Gesprächen deutlich gemacht. Die Eltern daheim sollen ja sehen, was sie mit ihrem Kind noch üben müssen, sie sollen wissen, dass die Hausaufgaben unvollständig waren oder zum wiederholten Mal die Schere fehlte. Denn ein Kind, das sich nicht organisieren kann, ist vielleicht eher nicht fürs Gymnasium geeignet. Seitenweise Schülerbeobachtungen müssen verfasst werden, die möglichst mit Datum und genauer Situation bis ins Detail das Verhalten und Vermögen des Schülers dokumentieren. Ungeheuer vieles muss inzwischen schriftlich festgehalten werden, als Lehrer entkommt man dem einfach gar nicht mehr. Insbesondere wenn potenziell Ärger aufgrund schulischer Probleme in der Zukunft vermutet wird. Die Aufzeichnungen sollen dann belegen, dass man rechtzeitig und umfassend informiert, die Schwächen und Defizite des Kindes erkannt und genau dargelegt hat und welche Unterstützungsmaßnahmen eingeleitet wurden.

So war es wohl auch im Sinne der Schule, die Noten in der zweiten Klasse wieder einzuführen, und deshalb werden wohl auch keine Lernzielkontrollen, sondern eben Proben geschrieben, damit wirklich alle Eltern frühzeitig wissen, wo ihr Kind „steht". Für die Benotung gab es dann auch ganz klare Anweisungen. Als Lehrerin einer zweiten Klasse wurde meinen Kollegen und mir vonseiten der damaligen Schulleitung deutlich gesagt, wir sollten doch die Notenskala ausschöpfen: Wir hätten auch in den unteren Klassen alle Noten von Eins bis Sechs zu vergeben. Es dürfe nicht sein, dass der Lehrer, der die Klasse ab dem dritten Schuljahr übernehmen würde, der Buhmann sei und dann die Probleme mit den Eltern habe, wenn die Noten dann plötzlich schlechter werden würden. Vielmehr müsse es auch in der zweiten Klasse schon schlechte Noten geben, damit die Eltern jetzt schon über das „Leistungsvermögen" ihres Kindes informiert wären. Eltern würden ihre Kinder oft überschätzen oder Potenzial in ihnen sehen, das einfach nicht vorhanden sei. Deshalb solle man schon möglichst früh die Grenzen des Kindes aufzeigen und über Probleme und Schwierigkeiten informieren. Eltern bräuchten Zeit, um sich an den Gedanken zu „gewöhnen", welche Schule für ihr Kind richtig sei. Dieser oft nicht reibungslos ablaufende Vorgang dürfe nicht allein jenem Lehrer zugemutet werden, der später die Kinder in der vierten Klasse als Klassenleiter begleite. Es gäbe weniger Schwierigkeiten mit Eltern, wenn schon in den Vorjahren klare Worte gesprochen würden. Und das geht eben nun weiter und weiter bis in die frühe Kindheit, bis in die erste Klasse und sogar schon in den Kindergarten, auch dort will sich niemand nachsagen lassen, er hätte nicht rechtzeitig informiert.

Auch die Schule an sich will sich nichts vorwerfen lassen. Förderkurse werden eingerichtet, um Kindern mit Schwächen die Gelegenheit zu geben, sich in einer Kleingruppe ein weiteres Mal mit Inhalten auseinanderzusetzen. Absichern heißt die Devise. Sorgfältig wird notiert, welches Kind den Kurs besucht hat, Eltern müssen sich schriftlich erklären, wenn sie ihr Kind nicht am Förderkurs teilnehmen lassen wollen, der Vermerk kommt in die Schülerakte. Individuelle, teils hochtrabende Förderpläne werden erstellt, dabei müssten manche Kinder einfach nur regelmäßig laut vorlesen. Dass dieser Förderunterricht meist lediglich einmal wöchentlich in der sechsten Stunde stattfindet, in der die Kinder schon nicht mehr aufnahmefähig sind, oder am Nachmittag, wenn endlich mal Spielen angesagt wäre und die Kinder allein deshalb recht lustlos oder gar widerwillig daran teilnehmen, oder gar zeitgleich zum normalen Unterricht, sodass die Kinder dadurch anderen Stoff versäumen, den es dann wieder nachzuholen gilt, steht nicht in der Schülerakte.

Ebenso wenig wird vermerkt, dass häufig bis zu zwanzig Kinder mehrerer Parallelklassen oder sogar jahrgangsübergreifend an so einem Förderkurs teilnehmen und die unterrichtende Lehrkraft die Kinder gar nicht kennt. Ein individuelles Fördern ist daher erneut nicht substanziell sinnvoll möglich.

All diese Bedingungen, unter denen diese Art „Förderung" stattfindet, sind später auch nicht mehr ablesbar, wenn dann im Zeugnis steht: „Trotz Förderunterricht konnte Stefan seine Leistungen nicht verbessern." Aber was solch eine Bemerkung wohl mit Stefan macht?

Dabei könnte individuelle Förderung von Kindern in vielen Fällen weit effektiver und weniger schmachvoll innerhalb einer Klasse stattfinden, wenn der Unterricht freier gestaltet werden könnte und der Lehrer mehr Zeit zur Verfügung hätte.

Aber nicht nur in der Schule versucht man, die Kinder zu fördern, sondern auch daheim. Falls jemand daheim ist. Viele Kinder haben dieses Glück nicht. Da arbeiten beide Eltern tagsüber und kommen erst abends erschöpft nach Hause. Oft ist nicht einmal Zeit und Muße für ein gutes Gespräch. Und wenn doch, gleitet dieses nicht selten in einen Streit über Hausaufgaben und Noten ab oder die wenige verbleibende gemeinsame Zeit wird genützt, um schulische Inhalte für die kommende Probe zu erklären und zu üben. Diesen Kindern bleibt vieles selbst überlassen, womit sie oft einfach überfordert sind. Manche haben wenigstens einen der begehrten Hortplätze ergattert. Dort beaufsichtigen zwei Betreuer zwanzig Kinder. Ein zusätzliches individuelles und nötiges Üben und Wiederholen geschweige denn ein intensives Lernen ist allerdings kaum möglich, so liebevoll und herzlich die Erzieherinnen auch mit den Kindern umgehen und so sehr sie sich bemühen, den Hort oder die Mittagsbetreuung neben den Hausaufgaben attraktiv zu gestalten. Im Hort ist man manchmal schon froh, wenn die Kinder ihre Hausaufgaben zumindest einigermaßen erledigt haben. **Wie** diese erledigt werden, ist fast zweitrangig, Hauptsache, sie sind gemacht und es gibt am nächsten Tag in der Schule keinen Strich für fehlende und unvollständige Hausaufgaben und keine Beschwerden von den Eltern – mehr kann unter den gegebenen personellen Bedingungen häufig nicht geleistet werden. Eltern lassen sich einfach nicht wirklich ersetzen. Eine Eins-zu-eins-Situation mit einem vertrauten Menschen, die bei der derzeitigen Schulsituation nahezu alle Kinder brauchen, um die Inhalte noch einmal ganz intensiv und in einem geschützten, persönlichen Rahmen zu wiederholen, lässt sich im Hort nicht realisieren. Je jünger ein Kind ist, umso wichtiger ist es, dass es jederzeit auf einen Ansprechpartner zurückgreifen kann und zumindest zeitweise am Tag jemanden für sich allein hat, der sich situativ und direkt um es kümmert.

Aber genau das ist in unserem derzeitigen Schulsystem nicht gegeben. Und aufgrund unserer sich verändernden Gesellschaftsstruktur kann dies zunehmend in immer weniger, meist nur in privilegierten Elternhäusern ermöglicht werden. Inwieweit die gesellschaftlichen Strukturen geändert werden können, um jedem Kind wieder seine Grundbedürfnisse nach Familienleben und stabilen, vertrauensvollen Beziehungen zu den Eltern zu erfüllen, kann hier nicht diskutiert werden. Fraglos aber sollte das schulische Lernen in der Schule stattfinden und keine Aufgabe sein, die das Elternhaus mehr oder weniger notgedrungen übernehmen muss, wenn Eltern nicht dabei zusehen möchten, wie ihr Kind ohne die aufwendige häusliche Unterstützung in schulischen Bereichen scheitert.

Egal wie viel oder wenig Zeit Eltern derzeit unter den gegebenen Umständen für ihr Kind haben: Dies sollte persönliche Zeit bleiben dürfen, die Kinder mit ihren Eltern genießen können. Zeit, in der Erziehung und Familienleben stattfinden dürfen. Aber diese kostbare Zeit wird in der aktuellen Situation in unserem Land nahezu komplett von der Schule und den damit verbundenen Problemen aufgesogen.

Familien in einem Sisyphus-Kampf

Da der Anspruch des „außerschulischen Lernens" weder durch den Hort noch durch Eltern zu erfüllen ist, basiert auf dieser Not inzwischen eine ganze Branche: Wie viele Schulkinder in Deutschland haben wohl schon einmal bezahlte Nachhilfe bekommen? Der Nachhilfesektor boomt. Jährlich geben Eltern

Millionen dafür aus. Und das schon ab der ersten Klasse, wenngleich dort oft noch Eltern, ältere Geschwister oder Großeltern das Kind unterstützend begleiten. Dafür gibt es in manchen Orten bereits „Elternschulen", in denen die Eltern am Abend den Grundschulstoff lernen, um dann ihren Kindern wenigstens mit den Grundlagen helfen zu können. Wichtig ist ja nicht mehr, in den ersten Schuljahren einfach nur Rechnen, Schreiben und Lesen zu lernen. Vielmehr gibt es die eigenartigsten Aufgabenstellungen, Darstellungsformen, Begriffe und viele Details – welche Lehrern zwar vertraut sind, die man als Mutter oder Vater aber erst einmal nachvollziehen muss, um seinem Kind überhaupt helfen zu können. Rechenaufgaben beispielsweise werden in Zahlenräder, Zielscheiben, Blumen, Mauern, Marsmännchen und noch viele andere grafische Formen verpackt, das Einmaleins wird nicht mehr direkt, sondern über ausgewählte Aufgaben und deren Nachbaraufgaben gelehrt. Neue Rechenverfahren wurden eingeführt, beispielsweise beim schriftlichen Subtrahieren, und auch bei Sachaufgaben ist nicht vorrangig die Lösung wichtig, sondern die konsequente und inhaltlich vollständige Einhaltung der Darstellungsweise einer Vielzahl von Lösungsschritten. Manche Eltern organisieren sich zur Entlastung auch in Lernworkshops, sodass eine Mutter immer gleichzeitig mit drei oder vier Kindern den Unterrichtsstoff wiederholt und vertieft.

Viele Eltern stellen eine Gymnasialisierung der Grundschule fest, zunehmend müssen Inhalte auswendig gelernt und regelrecht gepaukt werden. Darüber hinaus genügt es nicht mehr zu wissen, was grundsätzlich gerade in der Schule durchgenommen wurde, sondern man muss alles sehr detailliert beherrschen, mit Einzel- und Besonderheiten sowie vielen abstrakten Begriffen und vielen Kenntnissen über alles Mögliche, was mit dem Themengebiet zusammenhängen könnte, um potenziell die Anforderungen für eine Eins oder Zwei zu erfüllen. Das schaffen inzwischen auch die „guten" Schüler nicht mehr ohne Hilfe.

Allein die Fülle des in den Proben abgefragten Stoffes würde aber bereits ausreichen, die Hausaufgaben und das Üben zum Problem zu machen: Viele der Eltern, die die Zeit haben, mit ihrem Kind zu üben, erzählen, dass sie teilweise stundenlang die Aufgaben durchgehen oder zumindest den Stoff wiederholen, den das Kind im Unterricht nicht verstanden oder zu wenig geübt hat. So sitzen Kinder in der dritten Klasse manchmal schon mehrere Stunden täglich zu Hause beim Lernen. Eine Zwei muss es mindestens sein, eine Drei in den Hauptfächern würde in der vierten Klasse für den Übertritt nicht reichen. Der Druck ist wahnsinnig.

Da ist Svenja, fast täglich erzählte sie mir, wie ihre Mutter sie wieder angeschrien hatte, und zeigte mir, wie viel sie üben musste. Hier zwei Diktate, dort noch ein paar Rechenaufgaben. Wenn ich das überschlage, hat sie mindestens zwei Stunden täglich zusätzlich zu der Stunde Hausaufgaben über ihren Schulthemen gebrütet, Zeit für ein Treffen mit Freunden bleibt da nicht.

Und dort ist der Vater, der nahezu jedes Wochenende die Themen, die in der Schule durchgenommen wurde, zunächst für sich selbst per Internet recherchiert und daraus dann einige Übungsproben erstellt, die seine Tochter durcharbeitet. Nur so sei es überhaupt möglich, sagt er, eventuell einige dieser Fragen vorab besprochen zu haben, die in der Probe als Einser- und Zweierbremse gestellt werden, deren Beantwortung also zeigen soll, dass ein Kind die Anforderungen „in ganz besonderem Maße" erfüllt. Seine Tochter könne das allein nie schaffen. Im Unterricht, meint der Vater, würden die Inhalte eher oberflächlich durchgenommen, auch aus den Hefteinträgen würde nicht viel hervorgehen. Würde die Tochter allein lernen, bekäme sie nie etwas Besseres als eine Vier oder maximal eine Drei. Woher sollte sie auch all die vielen Dinge oder Details wissen, die zu einem Thema noch dazugehören könnten, wenn ihr das Thema an sich bislang völlig unbekannt ist? Aber genau das seien die Inhalte, die eine gute Note ausmachten, es genüge nicht, das zu wissen, was im Unterricht durchgenommen und was im Heft oder im Buch stehen würde. Immerhin: So schaffte es seine Tochter schließlich auf eine höhere Schule, doch auch weiterhin sind die Wochenenden fürs Lernen reserviert. Im Prinzip findet also Homeschooling in Deutschland heute schon statt. Und manchen Eltern wäre es lieber, wenn ihre Kinder alles daheim lernen könnten und nicht noch „zusätzlich" in die Schule gehen müssten.

Eine Mutter fühlt sich zunehmend als überforderte Managerin, sie hat drei Kinder. Mit der Kleinsten muss sie Lesen und Schreiben üben. Auch beim Rechnen ist Maja noch nicht schnell genug, sagt die Lehrerin, in der letzten Probe bekam Maja nur sieben von fünfzehn Punkten. Wohl auch, weil sie nicht erkannt hat, dass die Aufgabenstellung die gleiche war wie vorher im Unterricht geübt, die Zahlen aber in gezeichneten Steinen statt in den ihr bisher bekannten Mauern vorgegeben waren. Mit der Mittleren paukt die Mutter täglich die Hefteinträge des Heimat- und Sachunterrichts, hilft ihr bei den Aufsätzen und erstellt mit ihr Lernplakate. Dem Ältesten kann sie kaum noch helfen, hier sucht sie im Internet nach Aufgaben mit Lösungen. Allerdings unterstützt sie ihn bei seinem Referat, erstellt die Präsentation und schaut seine Portfoliomappe auf Rechtschreibfehler durch. Allein würden ihre Kinder die schulischen Themen nicht bewältigen. Es ist einfach zu viel. Und für alles gibt es Noten, alles wird bewertet. Nur dass unser Schulsystem weder das Bemühen des einzelnen Kindes noch individuelle Lernfortschritte honoriert, sondern Ergebnisse beurteilt, egal wie diese zustande gekommen sind.

Zusätzlich muss diese Mutter aber zu verschiedenen Zeitpunkten kochen, da die Kinder zu unterschiedlichen Zeiten Unterrichtsschluss haben. Außerdem soll wenigstens jedes der Kinder ein Instrument lernen und ein wenig Sport treiben, ein bisschen Freizeit und Zeit für eigene Interessen sollten auch noch vorhanden sein. Ein Bus fährt nicht, mit dem Rad ist es zu weit – also muss die Mutter fahren. Ruhe und Muße gibt es den ganzen Nachmittag nicht, auch nicht für die Kinder. Es geht immer nur um Schule, immer nur darum, alles zu erledigen, alles irgendwie zu schaffen. Dabei vergessen wir oft, dass der Tag für Kinder meist schon um achtzehn Uhr vorbei ist, danach gibt es Essen und es geht ins Bett. Wenn Kinder von der Schule nach Hause kommen, bleiben ihnen also ohnehin nur drei oder vier Stunden.

Wie unsinnige Vorgaben die Stress-Schraube weiter anziehen

Bei alldem handelt es sich nicht um kleine Details, die nicht stimmen, sondern um ein System, das nicht stimmt. Dies zeigt sich auch, sobald man versucht, das System zu erhalten und Kleinigkeiten zu verbessern: Es bringt nichts. Keine der Reformen hat wirklich etwas gebracht, weil eben nicht grundlegend reformiert wurde. Ein Beispiel: Bis vor Kurzem war es so, dass Proben nicht angekündigt wurden. Und zwar aus dem Grund, weil die Kinder zeigen sollten, welche Fähigkeiten und welches Wissen sie durch den Unterricht verinnerlicht hatten. Kaum ein Elternteil vertraute natürlich – angesichts der zukunftsentscheidenden Auswirkungen, insbesondere in der vierten Klasse – gelassen darauf, dass das ausreicht. Dadurch standen Eltern eigentlich ständig unter der Anspannung, dass möglicherweise die nächste Probe bald geschrieben würde. Da man sich so nicht gezielt daheim auf eine Probe vorbereiten konnte, wurde also für verschiedene Fächer auf einmal gepaukt, statt die Gartenparty zu genießen oder gemeinsame Zeit bei einem Familienspiel zu verbringen. So sagte dann manch ein Papa stolz und freudig: „**Wir** haben in Mathe eine Zwei geschrieben!"

Nachdem die Klagen über den Übertrittsdruck immer vehementer wurden und die Berichte über gesundheitliche und psychische Beschwerden der Kinder zunahmen, wurden die Bestimmungen zum Übertritt verändert. Jetzt wurde für die vierten Klassen in Bayern beispielsweise beschlossen, wie viele Proben in jedem Fach abgehalten werden – Richtwerte, an die sich jede Schule halten soll. Die Lehrerkonferenz legt zu Beginn des Schuljahres prüfungsfreie Phasen, vier Wochen pro Halbjahr, in denen keine Probe geschrieben wird, fest. Die Proben selbst werden spätestens eine Woche vor dem Probentermin angekündigt. Damit sollte ein kindgerechtes Übertrittsverfahren geschaffen werden. Doch die neuen Übertrittsregelungen sind nicht weniger stressig. Die probenfreien Zeiträume dürfen für jedes Fach individuell festgelegt werden, sodass es in der Praxis weiterhin kaum tatsächlich probenfreie Wochen gibt. Meist werden sie zudem in die Woche nach den Schulferien gelegt, also in eine Zeit, in der bislang auch selten Proben geschrieben wurden. Die Proben stauen sich vor den Ferien und gerade in der Vorweihnachtszeit also weiterhin, und weiterhin muss auf mehrere Fächer gleichzeitig gepaukt werden. Die Zeiträume zwischen den Proben sind immer noch klein und Unterricht findet nach wie vor unter Zeitdruck statt.

Mit der Neuerung, die Proben anzukündigen, verband das Kultusministerium gleichzeitig die Erklärung: „Dies schult Arbeitstechniken, die in Jahrgangsstufe 5 vorausgesetzt werden …" Außerdem: „… sollen die Schülerinnen und Schüler die Möglichkeit erhalten, sich sinnvoll vorzubereiten."[4] In der Praxis heißt das noch verstärkt zu pauken, weil es jetzt keinen Grund mehr gibt, warum die Hefteinträge und die Begrifflichkeiten nicht sicher beherrscht werden könnten. Eltern berichten im persönlichen Gespräch, dass seitdem die Anforderungen in den Proben noch weiter gestiegen seien, die Ergebnisse der Kinder sich aber nicht verbessert hätten. Wenngleich die Eltern die Ankündigung der Proben an sich schätzen, wird die gemeinsame Zeit mit dem Kind immer noch mit Lernen verbracht, die Gartenparty wird weiterhin nicht genossen, Zeit für ein Familienspiel gibt es immer noch nicht. Und manch ein Kind verbringt die Nacht vor der Probe schlaflos und mit Magenschmerzen. Der Übertrittsdruck wurde durch keine dieser Maßnahmen wirklich dezimiert.

Wie auch – die Auslese erfolgt unweigerlich, jede Schulart muss bedient werden und damit ist von vornherein absehbar, dass der Kampf um die wenigen Plätze an den weiterführenden Schulen stattfinden wird. Ja, teilweise gar unerbittlich geführt wird: Eltern feilschen um Punkte, belagern die Lehrer, vergleichen die Proben verschiedener Schulen, kopieren Probearbeiten, überprüfen bis ins Detail die Vorgaben im Lehrplan, informieren sich ausführlich über ihre Rechte und drohen mit Rechtsanwalt und juristischen Schritten – diese Aufzählung ließe sich fortführen. Geändert hat sich durch die neuen Bestimmungen auch nicht, dass wir gerade die Kinder an diesem Scheideweg verlieren, die von zu Hause aus sowieso schon benachteiligt sind. Es gibt kein kindgerechtes Übertrittsverfahren, da der Übertritt an sich nicht kindgerecht ist.

Wie auch immer man also versucht, Details zu optimieren: Es ändert einfach nichts an dem Grundübel, dass unsere Schule eine Prüfschule ist. Eine Prüfschule mit dem Ziel der Selektion. Schon in der dritten Klasse, da sind die Kinder gerade etwa acht Jahre alt, werden in den sechzehn Wochen bis Notenschluss zum Halbjahreszeugnis in der Regel mindestens jeweils drei Proben geschrieben in Mathematik, Heimat- und Sachunterricht, Grammatik, Rechtschreibung, Lesen und Geschichtenschreiben. Häufig kommen noch einige in Musik, in Kunsterziehung und in Religion beziehungsweise Ethik dazu, die allerdings teilweise auch durch mündliche oder praktische Leistungen erzielt werden. Selbst die Leistungen im Sport werden ab der zweiten Klasse benotet: Laufen, Werfen, Geräteturnen – dabei sind die Kinder in diesem Alter häufig körperlich noch gar nicht ausreichend weit entwickelt und wollen sich einfach nur bewegen und miteinander spielen, anstatt alle paar Wochen für eine Note vorturnen zu müssen. Generell dürfen und sollten auch in den Hauptfächern mündliche und praktische Noten gemacht werden, das setzt aber voraus, dass für jedes Kind eine vergleichbare Prüfungssituation geschaffen wird, in der es sein Können beweisen kann – was in der Praxis wegen der Vielzahl der Schüler und des Zeitmangels kaum adäquat möglich ist. Oft werden stattdessen die Mitarbeit, die Heftführung oder das Betragen als mündliche oder praktische Note eingetragen, dabei sehen die Vorgaben vor, die reine inhaltliche Leistung, das reine Können zu bewerten. Mindestens drei Noten pro Fach und Halbjahr braucht man deshalb, weil es ja sein könnte, dass ein Kind einmal einen schlechten Tag hat und dann noch die Chance haben soll, diese verhauene Note auszumerzen – auch ein berechtigter Anspruch bei den folgenschweren Konsequenzen, den viele Schulleiter einfordern aus Absicherung vor den Eltern, wenngleich auch diese Vorgabe nicht verbindlich amtlich gegeben ist. Insgesamt sind das über zwanzig Probearbeiten in knapp sechzehn Wochen.

Sehr fatal ist es für ein Kind, wenn es erkrankt und dadurch Unterricht versäumt. Der Stoff ist kaum nachzuholen und alles, was im Unterricht besprochen und eventuell in den Proben abgefragt wird, fehlt völlig. Es geht ja oft auch nicht darum, was ein Kind tatsächlich kann, sondern eben darum, ob es das kann, was im Unterricht durchgenommen wurde und ob es den ausgewählten Kriterien genügt, ob es also teilweise wortwörtlich wiedergeben kann, was die Lehrerin gesagt hat.

So entstehen abstruse Situationen: Eltern schicken ihr Kind beispielsweise krank zur Schule, mit der Bitte doch anzurufen, wenn es gar nicht mehr ginge. Andererseits behalten sie dann ihr Kind auch schon mal zu Hause, wenn eine Probe ansteht und sich das Kind nicht absolut fit fühlt. Denn wie es einem Kind im Moment der Probe geht, ob die Erkrankung einen Einfluss auf die Leistungsfähigkeit hatte, das spielt bei der Benotung keine Rolle. Oder aber Eltern schicken ihr Kind sogar in die Schule, wenn es ernsthaft krank ist – nämlich dann, wenn das Kind in der ersten Probe eine schlechte Note geschrieben hat, die es ansonsten rein rechnerisch schon nicht mehr ausgleichen könnte: Bekam es zum Beispiel in der ersten Probe in Mathematik eine Vier, dann sollte das Kind danach wenigstens noch zwei Zweier schreiben, um den Übertritt zu sichern. Denn es ist ja auch nicht entscheidend, welche Fähigkeiten ein Kind am Ende des Schuljahres hat, sondern lediglich, welche Durchschnittsnote sich aus allen Proben errechnet.

In der Probe selbst kann nur bedingt Rücksicht genommen werden auf Kinder, die den Unterricht versäumt haben. Als Lehrer tut man gut daran, die Inhalte wenigstens noch einmal in den Tagen vor der Probe anzusprechen und zu wiederholen und auch am Elternabend deutlich zu machen, dass die Kinder selbst für vollständige Hefteinträge und die Nacharbeit verantwortlich sind – so ist man rechtlich abgesichert, unabhängig davon, ob das Kind den Unterrichtsinhalt nun verstanden hat oder nicht. Denn ansonsten wird es heikel: Wie gewichtet man was, welche Frage zählt, welche nicht? Oder sollte man es sich gar antun, wegen eines Schülers noch einmal einige Stunden lang eine Probe zu entwerfen, ebenfalls auf die Gefahr hin, dass sich jemand beschwert, diese sei einfacher oder schwieriger gewesen, nur weil jedes Kind gleich viele Noten haben soll, damit alles gerecht bleibt?

Aus dem gleichen Grund kann es passieren, dass eine Mutter, die ihr Kind für eine Beerdigung telefonisch vom Unterricht befreien möchte, da ein naher Verwandter gestorben ist, nicht zuerst einmal Anteilnahme erfährt, sondern die Frage hört: „Schreibt ihr Kind denn an diesem Tag eine Probe? Oder am nächsten?" Noten sind zu einem Selbstläufer geworden.

Der freudlose Kampf um ein „Besser als ..." statt ein „Gut"

So wird immer früher begonnen – Mozart durch Kopfhörer an den Babybauch, Therapien ab dem Kindergarten, Frühenglisch, Nachhilfe, Lerncamps, Elternschulen, stundenlanges Lernen am Nachmittag, an den Wochenenden, in den Ferien –, nur um gute Noten zu bekommen. Ums Lernen an sich, ums Erleben, ums Erfahren in seiner Vielfalt, in seiner Faszination, in seiner Unendlichkeit mit Kreativität und Eigensinn, Eigenheit und Lebendigkeit, mit unterschiedlichsten Menschen, am und mit dem Leben geht es dabei nicht. Zunehmend vergleichen die Eltern ihre Kinder mit anderen und sind erleichtert, wenn ihres ein paar Punkte mehr hat. Anfang der ersten Klasse hatten sie solche Allüren noch nicht, da ging es ihnen darum, dass ihr Kind gut lernt und sich wohlfühlt, dass die Klasse eine gute Gemeinschaft bildet und alle Kinder vielfältige und bereichernde Lernerfahrungen haben. Anfang der ersten Klasse haben viele ihren Kindern auch noch Zeit gegeben zu reifen, haben in Ruhe abgewartet, bis ihre Kinder einen weiteren Entwicklungssprung gemacht haben. Aber jetzt geht es darum, „mehr" zu können, „mehr" zu wissen, „mehr" der gestellten Kriterien zu erfüllen, „besser" als jemand anders zu sein.

Wäre es nicht viel sinnvoller, würde es nicht so viel mehr Ruhe schenken, wenn es genügen würde, das zu können, was man gelernt hat, anstatt immer mehr als das wissen zu müssen? Wäre es nicht schön, wenn Kinder ihr Heft zuschlagen und sich anderen Dingen widmen könnten, sobald sie etwas verstanden hätten, anstatt weiter und immer weiter zu pauken – da man einfach nie weiß, welche Fragen für eine Eins oder Zwei beantwortet werden müssen und die Vergabe dieser Noten daher in gewisser Weise in den Bereich der Willkür und Beliebigkeit fällt?

Es wird heute immer bizarrer, was Eltern tun, damit ihre Kinder gute Noten haben. Eine Mutter fälschte schon in der ersten Klasse die Proben und forderte weitere Punkte ein, schrieb Spickzettel für die Rechenaufgaben und beantwortete nachts für ihren Sohn die Fragen in einem Internet-Leseförderprogramm, dessen Ergebnis in die, im Prinzip noch nicht relevante, Zeugnisbemerkung einfloss. Sie wusste, dass der Eindruck, den Lehrer von einem Kind gewinnen, die Notengebung beeinflusst und dass die einmal gefällten Urteile oft nicht mehr revidiert werden.

Ich kann mich auch noch gut an einen kleinen Erstklässler erinnern, übrigens kein Einzelfall, der noch sehr kindlich war und rasch ermüdete. Auch er hätte – zumindest meines Erachtens – einfach nur noch etwas Zeit gebraucht, um reifer zu werden, zu wachsen, obgleich er bereits zu den Älteren gehörte. Seine Mutter kam eines Tages in die Sprechstunde und forderte von mir, ich solle dafür sorgen, dass ihr Sohn unter die besten fünf der Klasse käme. Sie war selbst Lehrerin und so konnte ich durchaus verstehen, warum gerade sie diesen Anspruch hatte. Es geht in unserem Schulsystem nicht darum, gut zu sein, es ist nur wichtig, besser zu sein als andere.

Nun, ich antwortete dieser Mutter, dass ich mich zwar um dieses Kind weiterhin liebevoll kümmern, es bestmöglich fördern und betreuen würde, ich aber ihrem Wunsch wohl nicht entsprechen könne. Wie sollte ich es schaffen, dass ihr kleiner Junge, der noch schnell ermüdete, leistungsmäßig besser wurde als einige Kinder, die zu diesem Zeitpunkt schon kraftvoll in der Welt standen und die Mühen des Schulalltags einfach besser aushielten? Dieses Kind war nicht dümmer, es war nur einfach noch nicht so weit entwickelt. Alles, was es gebraucht hätte, wäre Zeit gewesen. Zeit, die man in diesem Schulsystem nicht hat. Zwei Wochen später erhielt ich ein Schreiben von einem Arzt und einen sechsseitigen Fragebogen, den ich auszufüllen hatte. Die Fragen in solchen Bögen sind nur sehr relativ und subjektiv zu beantworten. Zum anderen sind sie so gestellt, dass man bei jedem Kind genügend Punkte ankreuzen kann: Bewegt sich das Kind hin und wieder unruhig auf seinem

Platz? Träumt es manchmal vor sich hin? Ehrlich gesagt bin ich sogar froh darum, dass die meisten Kinder das tun, so weiß ich wenigstens, dass ich noch Kinder vor mir habe und nicht schon angepasste Mustermenschen. Wie auch immer, weitere zwei Wochen später stand die Diagnose ADS für diesen zarten Jungen fest und er bekam von nun an täglich Ritalin.

Jetzt wurde er nicht mehr so rasch müde und die Buchstaben schrieb er auch ordentlicher in die Zeilen, die Mutter strahlte. Ich bin kein Arzt und kann daher dieses Vorgehen nicht beurteilen. Ich möchte mich auch nicht an der Diskussion beteiligen, ob ADS/ADHS möglicherweise eine mehr oder weniger „erfundene" Krankheit ist, damit sich die entsprechenden Medikamente gut verkaufen. Ebenso wenig kann ich beweisen, dass das auffällige Verhalten bestimmter Kinder nicht andere, eher gesellschaftliche Aspekte zur Ursache hat, die dadurch eigentlich ins Blickfeld rücken und behoben werden sollten. Die kontroverse Berichterstattung erschwert zudem eine kompetente Beurteilung; es scheint ja nicht einmal zweifelsfrei belegbar, dass es überhaupt einen Test zum Nachweis des Dopaminmangels im Hirn gibt, der ursächlich für ADS/ADHS sein soll (siehe auch Informationskapitel „ADHS" ab Seite 65). Möglicherweise ist die Diagnose bei diesem Jungen doch eher aufgrund meiner Einschätzung im Fragebogen und aufgrund anderer Symptome erstellt worden.

Vielleicht darf ich mich aber zumindest wundern, warum in den letzten Jahren immer mehr Kinder Ritalin bekommen. Vielleicht darf ich auch den Kopf schütteln, wenn ich in Artikeln lese, wie viele Erwachsene ihren Beruf nur noch erfolgreich ausüben können, indem sie Psychopharmaka einnehmen. Was sagt es über unsere Gesellschaft, dass sie nur noch so zu funktionieren scheint? Vielleicht sollte ich aber auch an mir zweifeln, weil ich einfach nur der Meinung bin, dass Kinder allgemein und dieser Junge im Besonderen Zeit zum Entwickeln bräuchten.

Heulen hätte ich können, als ich an diesem Tag nach Hause ging. Was tun wir unseren Kindern an? Und alles nur wegen dieser Noten. Noten, die laut mehrerer Expertisen und Untersuchungen weder die Motivation steigern noch Auskunft über das tatsächliche Können geben, noch die individuelle Förderung unterstützen. Vielleicht braucht sie manch ein Lehrer zur Disziplinierung, aber eigentlich dienen sie ausschließlich der Selektion. Diese wiederum wird eben durch die Noten begründet: Die Leistungsunterschiede der Kinder seien doch so groß – das sähe man doch an den Noten! Was für ein Unsinn. Fatal auch deshalb, weil viele Menschen, gerade auch Lehrer, nur noch in diesen Dimensionen denken. Man sieht gar nicht mehr die einzelnen Kinder, man sieht nur noch die Unterschiede der Kinder: zu einem bestimmten Zeitpunkt und bestimmte Kriterien betreffend. Fällt irgendjemandem auf, dass in der zweiten Klasse alle Kinder lesen und schreiben können, auch diejenigen, die „Wald" in der ersten Klasse noch nicht schreiben konnten? Dass das Mädchen, das in der Einmaleins-Probe eine Fünf geschrieben hat, wenige Wochen später alle Einmaleinsfolgen dennoch beherrscht, dass der Unterschied in den Proben auf die Nichtbeantwortung einiger weniger, zudem oft abstruser Fragen zurückzuführen ist? Dass es oft in den Proben ein reines Zeitproblem ist, dass Kinder, die langsamer oder sogar wesentlich genauer arbeiten oder verträumter sind, einfach nicht fertig werden und dadurch weniger Punkte erzielen? Dass Kindern teilweise nur wenige Minuten Bearbeitungszeit fehlen, die jedoch im Ergebnis einen Unterschied von mehreren Notenstufen ausmachen? Es ist eine folgenschwere Sichtweise, die wir uns hier angeeignet haben.

Schwierig wird es allerdings, wenn all diese teilweise verzweifelten Maßnahmen – Nachhilfe, Förderkurse und selbst Ritalin – nicht greifen. Wenn einfach alles Üben nichts hilft und das Kind immer noch Vierer, Fünfer oder gar Sechser nach Hause bringt, dann tritt oft eine gewisse Resignation ein. So langsam gewöhnen sich die Eltern dann an den Gedanken, dass sie „eben einfach kein kluges Kind haben". Viele geben auf. Und: Ja, Kinder merken das. Wie eine Erlösung wirkt es dann manchmal, wenn das Kind eine Leserechtschreibschwäche (LRS) oder Rechenschwäche (Dyskalkulie) von der Schulpsychologin anerkannt bekommt, auf deren nächsten freien

Termin man sehnlichst gewartet hat. „Es liegt nicht an uns",
sagen dann viele Eltern. „Unser Kind kann auch nichts dafür.
Es ist einfach so." Das ist ein Moment, in dem manchmal wieder etwas Frieden in die Elternhäuser einkehrt, weil man die
Schuld dann nicht mehr beim eigenen Kind, beim Lehrer oder
im eigenen Fehlverhalten sucht. In manchen Familien ist das
der erste Moment seit Jahren, in dem Eltern ihr Kind wieder
liebevoll in den Arm nehmen können.

Viele Eltern geben nach meiner Erfahrung schon nach den
ersten Schuljahren ihr Bemühen auf, sich um schulische Be-
lange ihres Kindes zu kümmern. Einerseits machen sie die Erfahrung, dass es wenig bringt, der Aufwand meist umsonst ist
und kein positives Ergebnis in Form besserer Noten zeigt. Andererseits sind sie es leid, in vielen Fällen von den oft ebenso
hilflosen und wohlmeinenden Lehrern statt Hilfe, Unterstützung und Verständnis nur Anweisungen, Vorwürfe und häufig
persönliche Urteile über sich als Eltern hinnehmen zu müssen.
Eltern haben ein wundervolles Kind auf die Welt gebracht, das
sie sehr lieben. Doch sie müssen sich in der Schule allzu oft nur
Negatives anhören: Was ihr Kind hier wieder getan hat, was es
dort noch nicht kann, was da verbessert werden muss, was sie
selbst alles falsch machen, was sie stattdessen alles tun müssten – ohne Rücksicht auf ihre persönliche Situation. Zeitgleich
werden ihnen nicht selten die Kompetenz und das Kennen
ihres Kindes abgesprochen.

Wenngleich es mehr als beklagenswert ist, dass viele Eltern
sich dann nicht mehr gesprächsbereit zeigen, deutet meiner
Meinung nach vieles darauf hin, dass Schule dafür oft selbst
verantwortlich ist.

Die Phänomene ADS/ADHS und ihre Behandlungsmöglichkeiten[1]

Was ist ADS/ADHS?

Mit ADS (Aufmerksamkeitsdefizit-Syndrom) beziehungsweise ADHS (zusätzliche Hyperaktivitätsstörung, motorische Unruhe) werden Störungen bei Kindern und Jugendlichen bezeichnet, die hauptsächlich in drei Bereichen auftreten:
• Aufmerksamkeits- und Konzentrationsmangel
• Ausgeprägte körperliche Unruhe und starker Bewegungsdrang (Hyperaktivität)
• Impulsives und unüberlegtes Handeln

ADS: Davon sind in der Überzahl Mädchen betroffen. Sie sind oft verträumt, in sich gekehrt, können sich schlecht etwas merken, lesen, schreiben und rechnen langsam und wirken oft geistesabwesend.

ADHS: Vorwiegend Jungen leiden unter Hyperaktivität, die sie motorisch ständig in Bewegung hält. Sie zappeln herum, können selten ruhig sein, stören häufig, sind ungeduldig, suchen Aufmerksamkeit. Sie neigen aber auch dazu, sich rasch zu langweilen, wirken manchmal dominant und ichbezogen, sind launisch bis reizbar oder aggressiv bis hin zu Wutanfällen.

Allen betroffenen Kindern gemeinsam ist eine eigene Erlebniswelt, sie nehmen oft einen sozialen Außenseiterstatus ein, haben Probleme mit Struktur, Ordnung und Planung oder ganz allgemein Leistungsprobleme. Ihre vielen positiven Eigenschaften, wie zum Beispiel Spontanität, Kreativität und Einfühlungsvermögen, werden oft übersehen.

Daraus entsteht leicht ein Teufelskreis, denn hyperaktive Kinder finden trotz enormer Bemühungen keine Anerkennung und bekommen oft die Rückmeldung, störend und unmöglich zu sein. Eltern und Erzieher sind überfordert, finden keinen Zugang zum Kind. Um einen geregelten Unterricht gewährleisten zu können, verlangen Lehrer häufig vehement von den Eltern, das Kind behandeln zu lassen. Und auch die Eltern von Mitschülern setzen sich für ungestörten Unterricht ein. Da also die Störung des Sozialverhaltens eine häufige Begleiterscheinung von ADS/ADHS darstellt, muss man den Kindern unbedingt helfen.

ADS und ADHS werden häufig zusammengefasst. Allein das zeigt schon, dass ganz verschiedene Auffälligkeiten als eine bestimmte „Störung" definiert werden und all diesen unterschiedlichen Symptomen die gleichen Ursachen zugrunde gelegt werden. Die beschriebenen Verhaltensmerkmale sind eine Aufzählung von Verhaltensweisen eines Kindes, die nicht der von den Erwachsenen erwarteten Norm entsprechen. Von frühester Kindheit an wird Kindern von Eltern, Kindergarten und Schule ein ganz bestimmtes Verhaltensschema antrainiert. Benehmen sich Kinder später nicht wie geplant, wird dies von der Gesellschaft als Fehlverhalten interpretiert.[2]

Einigkeit besteht darüber, dass die Verhaltensstörungen das Leben der betroffenen Kinder, ihrer Familien und der Schule beeinträchtigen, Uneinigkeit herrscht jedoch über die Ursache und über die Möglichkeiten, die Symptome zu mildern oder gar zu heilen.

Die Geschichte einer „Krankheit"[3]

Das Problem verhaltensauffälliger, unruhiger Kinder ist schon lange bekannt und wurde bereits 1844 als Zappelphilipp im Struwwelpeter thematisiert. Unter verschiedenen Namen wurden diese Auffälligkeiten immer wieder von Kinderärzten und Psychiatern beschrieben und dafür sehr unterschiedliche Ursachen genannt, von Vererbung (1878) bis zu falschen Erziehungsmethoden (1929). Nach dem Zweiten Weltkrieg legte man den Fokus zunehmend auf biologische Ursachen. 1944 synthetisierte der Chemiker Leandro Panizzon das Stimulans Methylphenidat, kurz darauf entdeckte man seine beruhigende Wirkung auf Kinder. Das Mittel wurde 1954 zugelassen und kam unter dem Namen Ritalin auf den Markt. Fast zeitgleich entwickelte sich der Begriff des hyperkinetischen Syndroms, dessen Ursache hirnorganisch lokalisiert wurde. Die Bezeichnungen der Störung wechselten mehrmals.

Die Weltgesundheitsorganisation (WHO) nahm 1974 die Symptome in ihren Kriterienkatalog für Krankheiten ICD-8 auf. ICD (International Statistical Classification of Diseases and Related Health Problems) ist ein international anerkanntes und eingesetztes statistisches Klassifikationssystem für Krankheiten und Gesundheitsprobleme. Die Weltgesundheitsorganisation gibt dieses System heraus und aktualisiert es immer wieder entsprechend.

1981 verband die American Psychiatric Association in ihren Leitlinien DSM-III (Diagnostic and Statistical Manual of Mental Disorders) Hyperaktivität mit Aufmerksamkeitsstörung, die neue Krankheit bekam die Bezeichnung ADHD (Attention Deficit Hyperactivity Disorder). Von beiden Institutionen wurden die Kriterien in zeitlichen Abständen immer wieder geändert und dabei willkürlich immer weitläufiger gefasst, sodass die genannten Verhaltensauffälligkeiten heute bei immer mehr Kindern und Jugendlichen als Krankheit eingestuft werden (derzeit gültig: DSM-IV von 1994 in der neuesten Fassung von 2007 und ICD-10 von 1991 in der neuesten Überarbeitung von 2009). Diesen Ansatz übernahmen sehr rasch Kinderärzte und Psychiater in allen Ländern. Ende der 1990er-Jahre stellte man in Deutschland erstmals die Diagnose ADHS in der Kinderpsychiatrie, allmählich verbreitete sie sich. Erst 2001 wurde sie über das Ärzteblatt auch anderen Medizinern bekannt. Seitdem die Symptome als Krankheit anerkannt sind, können die Behandlungskosten über die Krankenkassen abgerechnet werden.

Häufigkeit der Störungen

In einer explosionsartigen Welle wurde diese Störung seither bei erschreckend vielen Kindern diagnostiziert. In Deutschland bekamen 2005 nach ICD-10 3 bis 5 Prozent aller Schulkinder (also 300 000 bis 500 000 Kinder!) die Diagnose ADHS.[4]

Wie in anderen Ländern ist der Verbrauch von Psychostimulanzien auch bei uns in den letzten Jahren sprunghaft angestiegen. Das belegen die aktuellen Zahlen des Bundesinstituts für Arzneimittel und Medizinprodukte: Wurden 1993 von den Apotheken in Deutschland noch 34 Kilogramm Methylphenidat in Form von Fertigarzneimitteln erworben, waren es 2009 bereits 1735 Kilogramm, also etwa 51-mal so viel wie 16 Jahre vorher![5] Dies lässt sich nicht mit einer normalen Häufung der Krankheit ADS/ADHS erklären. Schon 2002 – in dem Jahr bestellten die deutschen Apotheken 628 Kilogramm Medikamente mit dem Stoff Methylphenidat – fand das Bundesgesundheitsministerium den damaligen Anstieg besorgniserregend.[6]

In den USA sind die Quoten noch erheblich höher, da hier die wesentlich weiter gefassten Leitlinien von DSM-IV angewendet werden. Die Zahl der Kinder, die entsprechende Medikamente erhielten, stieg gemäß einer Studie des National Institute of Health (Washington) stark an.[7] Ritalin ist eines der am weitesten verbreiteten Medikamente in den USA für ADHS.

Es wird geschätzt, dass weltweit 80 Millionen Kinder und Jugendliche aufgrund der Diagnose ADHS mit Psychostimulanzien behandelt werden.[8]

Ursachen von ADS/ADHS

• Welche Ursachen die unter dem Begriff ADS/ADHS zusammengefassten Symptome haben könnten, konnte man bisher nicht ausreichend klären. Ohne stichhaltige Beweise erklären Ärzte, Psychologen, Pädagogen und die Pharmaindustrie genetisch bedingte Hirnfunktionsstörungen zur Ursache.[9] Dabei vertreten und übernehmen sie Thesen, die nur sehr vage erklärt werden: Man führt Vererbung allgemein an, die durch Zwillingsstudien bewiesen sei, häufig auch die Dysregulation von zwei Botenstoffen, nämlich Dopamin und Noradrenalin.[10] Weitere Ursachen, die genannt werden: Besonderheit der Rezeptoren für Dopamin, Verkleinerung der Basalganglien (bestimmter Hirnareale), schlechte Durchblutung der Stirnlappen und Ähnliches.[11] Die Erkenntnisse der Säuglings-, Gen- und Hirnforschung in den letzten Jahrzehnten, die belegen, dass das Gehirn jedes Menschen durch seine Erfahrungen geprägt und verändert wird, werden in all diesen Begründungen kaum wahrgenommen.[12]

• Die Verhaltensauffälligkeiten selbst, die laut Diagnosekriterien mindestens seit einem halben Jahr bestehen müssen, hinterlassen Spuren im Gehirn, sodass man bei einer Untersuchung nicht mit Sicherheit sagen kann, ob die gefundenen Abweichungen die Ursachen oder bereits die Folgen der Störungen sind.[13] Da man die wahren Gründe nicht kennt, werden aus der Wirkung der Psychostimulanzien, mit denen die Krankheit behandelt wird, Rückschlüsse auf die Ursache gezogen. Diese Substanzen verändern jedoch nachweislich das Gehirn, sodass auch hier bei Befunden zwischen Ursache und Wirkung nicht unterschieden werden kann. So ist es leicht, die falschen Schlüsse zu ziehen. Der Kinderarzt und Psychotherapeut Hans von Lüpke hat eingehend die Frage erörtert, warum die Annahme einer genetischen Bedingtheit nicht stimmen kann. Die entsprechenden Quellen sind in seinen Aufsätzen zu finden.[14]

• Die meisten Veröffentlichungen, auch von offizieller Seite wie der Bundesärztekammer[15], der Bundeszentrale für gesundheitliche Aufklärung[16] und dem Ärzteblatt[17], gehen davon aus, dass ererbte biologische Faktoren eine Rolle spielen, räumen aber auch Umwelteinflüsse ein.[18]

• Einige Psychologen, Pädagogen und vor allem Neurobiologen dagegen betonen, dass es keinerlei Beweise für eine angeborene Stoffwechselstörung im Gehirn als Ursache für ADHS gibt[19] (Amft, Bergmann, Bonath, Bonney, Dammasch, Hüther, Leuzinger-Bohleber, von Lüpke, Mattner, Wenke und andere). Einige Aspekte, die für diese Ausführungen sprechen: Genetisch bedingte Krankheiten treten in der Regel relativ konstant auf. Das heißt, ein Anstieg der Diagnosefälle auf das etwa 50-Fache innerhalb von etwa einem Jahrzehnt[20], wie im Fall ADS/ADHS, aber auch schon auf das Doppelte, ist unter der Voraussetzung, sie seien genetisch bedingt, durch kein wissenschaftliches Modell plausibel zu erklären. Die Zahl der betroffenen Kinder müsste konstant bleiben oder sich angesichts des Geburtenrückgangs sogar verringern.[21] Echte Erbkrankheiten sind zudem äußerst selten.[22] Auch wenn man eine extreme Unterversorgung im Jahr 1989 annimmt, also nur neun von zehn der behandlungsbedürftigen Kinder kein Methylphenidat erhalten hätten, so wäre maximal eine Erhöhung um den Faktor 10 medizinisch gerechtfertigt.[23]

• Die gleiche Gruppe von Experten geht davon aus, dass die Symptome aufgrund bisheriger Erlebnisse und Lebenserfahrungen des Kindes entstanden sind. Diese Erfahrungen haben sich im kindlichen Gehirn eingeschrieben wie jeder andere Lernvorgang (siehe auch Informationskapitel „Gehirn" ab Seite 190). Die im Gehirn entstandenen Präsentationen und Verschaltungen kann man aber wieder korrigieren, indem man ebendiese Bedingungen verändert. Dadurch klingen auch die Symptome – also die entsprechenden Verhaltensstörungen – wieder ab. Die entsprechenden Areale im Frontalbereich der Großhirnrinde, die beispielsweise für adäquates und soziales Verhalten, Hemmung von Aggression und Umgang mit Frust zuständig sind, bauen sich bei Kindern immer noch auf, die Ausreifung des dopaminergen Systems ist also noch gar nicht abgeschlossen.[24] Diese Vorgänge sind abhängig von den Erfahrungen, die das Kind macht. Alle Lernprozesse, ob die für normales oder die für auffälliges Verhalten, zeigen sich in Veränderungen des Gehirns. Es ist längst erwiesen, dass nicht bestimmte Gene das Verhalten steuern, sondern ganz im Gegenteil: Beziehungen und Lebensstil wirken auf die Gene ein.[25] Biologische Strukturen, also Veränderungen im Nervensystem, sind nicht die Ursache, sondern das Ergebnis von Handlungsmustern ... Und sie können durch veränderte Umweltbedingungen, stabilere Beziehungen und den Aufbau von Vertrauen immer wieder verändert werden, auf jeden Fall bei Kindern.

• Vermutlich löst vielmehr das Zusammenwirken mehrerer negativer Einflüsse die beschriebenen Verhaltensauffälligkeiten aus. Folgende „Lebenserfahrungen" können zu ADS/ADHS-Symptomen führen:[26] ungünstige Familienverhältnisse, Beziehungsprobleme, Arbeitslosigkeit der Eltern, Abwesenheit eines oder beider Elternteile, Vernachlässigung, Gewalt, Traumatisierungen, Trauer, Depression, eine unzureichende Mutter-Kind-Beziehung, Entwicklungsverzögerungen, Kommunikationsdefizite, mangelndes Sicherheitsgefühl, inkonsequenter Erziehungsstil, unstrukturierter Tagesablauf, Reizüberflutung im Alltag (etwa durch zu starken Medienkonsum[27], zu viel Lärm, Über- beziehungsweise Unterforderung des Kindes, Umwelteinflüsse wie beispielsweise Elektrosmog) oder bestimmte Bestandteile in Nahrungsmitteln.[28]

Diagnose von ADS/ADHS

Üblicherweise diagnostiziert ein Arzt, indem er eine Anamnese durchführt. Er erhebt die Symptomatik, untersucht das Kind körperlich und beobachtet möglicherweise schon direkt die oben beschriebenen Kriterien. Außerdem befragt er die Eltern, Erzieher und Lehrer mithilfe von Checklisten und Fragebögen. Dass hierzu die Kriterien von DSM-IV beziehungsweise ICD-10 befolgt werden sollen, ist lediglich eine Empfehlung.[29] Damit der Arzt sicher die Diagnose ADS mit oder ohne Hyperaktivität stellen kann, muss laut der Leitlinien der Weltgesundheitsorganisation das Verhalten seit mindestens einem halben Jahr und bereits vor dem siebenten Lebensjahr des Kindes aufgetreten sein. Und die Schwierigkeiten müssen sich in mehreren Bereichen zeigen: in der Familie, in der Schule, in der Freizeit mit Freunden ... Zudem muss der Arzt ausschließen können, dass die Symptome durch eine andere Störung oder Krankheit hervorgerufen werden.

Kritische Anmerkungen zur Diagnose

• Für ADS/ADHS gibt es **keine objektiven Nachweise, keinen Bluttest, kein bildgebendes Verfahren** (EEG, Ultraschall), womit die „Krankheit" eindeutig nachzuweisen wäre. Bei einer hirnorganischen Störung, als die ADHS von vielen Seiten eingestuft wird, wäre die einzig sinnvolle Diagnosemöglichkeit eine Untersuchung des Gehirns. Doch hier entsteht die Frage, wonach man eigentlich suchen soll, da die genaue Ursache für ADS/ADHS auch den Befürwortern dieser Theorie nach wie vor nicht bekannt ist. Zudem müsste man dann unbedingt auch entscheiden, ob ein Befund als Ursache oder Folge der Störung zu bewerten ist. Selbst wenn man die Ursache kennen würde, wären solche breit angelegten Untersuchungen jedoch kaum finanzierbar.

• Die Diagnose hängt einzig vom beurteilenden Arzt ab und gibt seinen **subjektiven** Eindruck wieder. Die Fragestellungen nach DSM-IV beziehungsweise ICD-10, die der Diagnose zugrunde liegen, sind sehr vage in folgende Kategorien unterteilt: häufig – längere Zeit – leicht – oft. Diese Symptome stellen aber die alleinige Grundlage der Diagnose dar. Es gibt also keine objektiven Richtlinien und keinen definierten Entwicklungsstand, den ein Kind in einem bestimmten Alter erreicht haben muss. Doch jedes Kind entwickelt sich anders. Wie ist da zu beurteilen, in welchem Maß sein Verhalten vom „Normalzustand" abweicht, wenn dieser gar nicht genau definiert ist? Jedes Kind durchlebt wenigstens einmal eine Phase, in der es einige ADS/ADHS-Symptome zeigt. Je nach Bewertung dieser Symptome könnte dann also jedes Kind und jeder Erwachsene von der „Krankheit" betroffen sein.

• Die Diagnose sollte offiziell nur von Kinder- und Jugendpsychiatern oder speziell ausgebildeten Kinderärzten gestellt werden. Die Praxis sieht leider ganz anders aus, selbst Zahnärzte und Gynäkologen verschreiben mangels präziser Vorschriften[30] zur Behandlung von AHDS Medikamente, die dem Betäubungsmittelgesetz unterliegen und deshalb nur als BTM-Rezept (also ein spezielles Rezept für Betäubungsmittel) ausgestellt werden dürfen.

• Die Praxis zeigt zudem, dass Ärzte oft bereits nach einer einzigen, manchmal sehr kurzen Konsultation die Medikamente verschreiben. Verweigert ein Arzt die gewünschte Medikation, suchen die Eltern mit dem Kind eben einen anderen auf.

Therapiemöglichkeiten und ihre Beurteilung

Aus den unterschiedlichen Theorien über die Ursachen von ADHS ergeben sich folgerichtig unterschiedliche Therapieansätze.

• Schulmediziner gehen oft davon aus, die Störung beruhe auf einer genetisch bedingten biologischen Hirnstoffwechsel-Funktionsstörung, und setzen in erster Linie auf eine Behandlung mit Psychostimulanzien, die den Dopaminhaushalt regulieren sollen. Die **Medikamentengabe bekämpft allein die Symptome, die Ursache kann dadurch nicht behoben werden**. Dies geben auch die verschreibenden Ärzte zu. Eine Besserung tritt nur vorübergehend ein, solange das Medikament wirkt (das sind je nach Präparat 3 bis 24 Stunden), danach ist eine erneute Gabe nötig. Psycho- oder Verhaltenstherapien werden lediglich nachrangig als Begleitung der Medikation angesehen. Psychotherapeutische Maßnahmen waren im Jahr 2000 nur bei rund 50 Prozent der Kinder mit ADHS-Diagnose dokumentiert, 66 Prozent dieser Kinder erhielten gleichzeitig Medikamente.[31] So wächst die Gefahr, dass durch die Ruhigstellung des Kindes die tatsächlichen Ursachen weder untersucht noch behoben werden. Man nimmt dem Kind dadurch eine dringend wichtige Entwicklungschance. Durch die alleinige „Schuld" wird das Kind stigmatisiert, es wird ihm suggeriert, es sei krank und funktioniere allein mit Pillen. Die Botschaft an das Kind lautet, dass es nur erträglich ist, wenn es Medikamente nimmt. Zudem erfährt das Kind so, dass man Probleme mithilfe von Tabletten lösen kann und nicht für das eigene Tun verantwortlich ist, da man ja krank ist. Dadurch wird die gesunde Identitätsentwicklung nachhaltig gestört.

• Die andere Annahme geht davon aus, dass die Verhaltensstörungen auf Erlebnisse und Lebenserfahrungen des Kindes zurückgehen. Diese Verhaltensweisen können aber auch wieder korrigiert werden, indem man die Lebensbedingungen entsprechend verändert, woraufhin auch die Symptome schließlich abklingen. Im Vordergrund der Therapie stehen deshalb folgende Maßnahmen: Die Eltern, Bezugspersonen und Lehrer werden beraten, das Kind bekommt eine Psycho- oder Verhaltenstherapie, Lebensbedingungen wie Ernährung und mögliche Reizüberflutung werden verändert, Eltern führen feste Regeln und einen geregelten Tagesablauf ein, die dem Kind Halt bieten, möglicherweise unterstützen auch homöopathische Mittel die Therapie. Nur in besonders schwierigen Fällen können zu Beginn der Therapie in Ausnahmefällen auch Psychostimulanzien gegeben werden, um den Teufelskreis zu durchbrechen, in dem sich das Kind befindet. Diese gesamte Vorgehensweise verlangt vor allem von den erwachsenen Bezugspersonen des Kindes die Bereitschaft, eigenes Fehlverhalten zu erkennen, um es dann zu verändern.

• Neuere Forschungen in Australien und Europa belegen, dass eine Versorgung mit (hoch dosierten) Omega-3-Fettsäuren, die ein Haupt-bestandteil des Gehirns sind, aber vom Körper selbst nicht herge-stellt werden können, nach etwa einem halben Jahr zu einer deut-lichen Besserung der Symptome von ADHS führen kann.[32] Eine noch laufende Studie (EFA) am Transferzentrum für Neurowissenschaften und Lernen in Ulm soll diese Erkenntnisse bestätigen.[33]

Medikation mit Psychostimulanzien und deren Wirkung

Unterschiedliche Produkte stehen zur Verfügung, die hauptsäch-lich den Wirkstoff Methylphenidat (Ritalin, Medikinet, Concerta) oder Atomoxetin (Strattera) enthalten, das nicht zu der Gruppe der Psychostimulanzien gehört, sondern in seiner Struktur einem Anti-depressivum ähnelt.

• Die Wirkungsweise von Methylphenidat ist bisher weder vollstän-dig geklärt noch genau nachgewiesen. Das stellt die Fachinforma-tion von Novartis Pharma, dem Unternehmen, das Ritalin herstellt und vertreibt, fest. Man nimmt jedoch an, dass dieser eine kortikale Stimulierung und eventuell eine Aktivierung des retikulären Systems zugrunde liegen.[34]

• Die Wirkung tritt etwa 30 bis 60 Minuten nach der Einnahme ein und hält je nach Präparat 3 bis 4, 6 oder 24 Stunden an. Die Konzentrati-onsfähigkeit steigt. Weitere Effekte sind, dass sich die Produktivität und Genauigkeit bei schulischen Leistungen sowie der Interaktion des Kindes mit Eltern und Lehrer im Unterricht verbessert und sich das hyperkinetische, impulsive und aggressive Verhalten des Kindes verringert. Kurz: Die Kinder werden angepasst und fügsamer. Bei etwa 85 Prozent der Kinder bewirkt die Einnahme von Methylphe-nidat eine deutliche Verminderung der genannten Symptome. Aber **auch bei gesunden** Kindern erhöhen diese Mittel die Aufmerksam-keit und Leistungsfähigkeit.[35]

• Eben weil Medikamente mit Methylphenidat auch bei Gesunden diese Wirkung hervorbringen, werden sie in vielen Bevölkerungsschichten, vor allem bei Studenten, unkontrolliert eingenommen, sodass man schon von einem Medikamentenmissbrauch sprechen kann: Erwachsene nehmen immer häufiger entsprechende Medikamente ein, um während eines anstrengenden Tages im Beruf ihre Leistung zu steigern und die Konzentrationsfähigkeit aufrechtzuerhalten. Meist tun sie das, ohne sich über die langfristigen Folgen Gedanken zu machen.[36]

Akute Nebenwirkungen und Kontraindikationen

• Der Wirkung dieser Medikamente steht eine beträchtliche Zahl möglicher Nebenwirkungen gegenüber, die zum Beispiel in der Produktbeschreibung der Firma Novartis für Ritalin aufgeführt werden. Um nur einige zu nennen: Sehr häufig können demnach Schlafstörungen, erhöhte Reizbarkeit, Appetitlosigkeit auftreten. Häufig auch eine Veränderung der Herzfrequenz, Unruhe, Übererregbarkeit bis hin zu aggressiven Verhaltensweisen. Außerdem kann Ritalin Selbstüberschätzung und die Bereitschaft Risiken einzugehen hervorrufen. Als Kontraindikationen werden in derselben Produktbeschreibung unter anderem angegeben: Magersucht, schwere Depressionen, Bluthochdruck, Schilddrüsenüberfunktion oder Angina pectoris.[37]
• Berichte über zum Teil schwere unerwünschte Wirkungen von Methylphenidat führten dazu, dass im Juni 2007 auf Antrag der Europäischen Kommission ein europäisches Risikobewertungsverfahren für methylphenidathaltige Arzneimittel eingeleitet wurde.[38]
• Für das Arzneimittel Strattera wurden in der Datenbank des Bundesinstituts für Arzneimittel und Medizinprodukte seit der Zulassung bei Kindern und Jugendlichen insgesamt 234 Berichte über Verdachtsfälle von Nebenwirkungen jeglicher Art erfasst, darunter sind zwei Berichte über Nebenwirkungen mit tödlichem Verlauf, einer davon über einen vollzogenen Suizid.[39]

Langzeitwirkung der Medikamente

• Selbst die Herstellerfirma Novartis hat zugegeben, dass die Wirkung von Ritalin auf den Menschen noch nicht vollständig erforscht ist und es bei Überdosierung ein hohes psychisches und körperliches Abhängigkeitspotenzial gibt.[40]

• Über die Langzeitwirkung wurde bisher wenig geforscht beziehungsweise veröffentlicht, obwohl manche Mittel seit über 50 Jahren auf dem Markt sind. Allerdings mehren sich Meldungen über schwere Herzerkrankungen[41], Todesfälle[42], steigende Suizidgefahr[43], das Risiko einer höheren Suchtanfälligkeit im Erwachsenenalter[44] und die Gefahr, später an Parkinson zu erkranken[45], die mit der Einnahme von Psychostimulanzien in Zusammenhang gebracht werden.

• Eine amerikanische Studie, die vom Bundesgesundheitsinstitut (National Institute of Health) in Washington finanziert wurde und seit mehr als zehn Jahren läuft (MTA-Multimodal Treatment Study of Children with Attention Deficit Hyperactivity Disorder),[46] belegt nun, dass **eine Langzeitbehandlung mit Ritalin sinnlos ist**: Zunächst zeigt sich zwar eine deutlich positive Wirkung durch die Medikamente, **diese beginnt aber nach etwa einem Jahr abzuklingen**. Die Symptome verbessern sich schließlich gar nicht mehr, wenn das Medikament drei Jahre lang genommen wurde. Kinder, die die Präparate drei Jahre lang einnahmen, waren im Schnitt 2 Zentimeter kleiner und wogen 3 Kilogramm weniger als Kinder, die eine andere Therapie bekamen.

• Gerade die Wachstumsstörungen und das niedrigere Gewicht zeigen deutlich, dass die Psychostimulanzien in den sensiblen Hormonhaushalt des Gehirns eingreifen. Andere Auswirkungen auf die Reifung des Gehirns, die im Schulalter noch voll im Gange ist (siehe auch Informationskapitel „Gehirn" ab Seite 190 in diesem Buch), sind noch gar nicht abzuschätzen. Forscher und Therapeuten haben beobachtet, dass diese Medikamente Kinder und Jugendliche in ihrer emotionalen Entwicklung behindern.[47] Denn Kinder, die permanent unter Drogen gesetzt werden, können sich kaum mit ihrer wahren Persönlichkeit auseinandersetzen, was zu emotionalen Defiziten führen kann.

Gefahren von Psychostimulanzien
• Präparate mit Methylphenidat unterliegen in Deutschland seit 1971 wegen Suchtgefahr dem Betäubungsmittelgesetz, da sie amphetaminähnliche Substanzen enthalten.[48]
• Die amerikanische Rauschgiftbehörde DEA (Drug Enforcement Administration) hat Ritalin, ebenso wie Kokain, als Droge der Kategorie 2 eingestuft und auch darauf verwiesen, dass die Einnahme von

Methylphenidat das Risiko birgt, von Drogen und Alkohol abhängig zu werden.[49]

• Die internationale Rauschgiftkontrollkommission der Vereinten Nationen INCB (International Narcotics Control Board) hat vor dem wachsenden weltweiten Missbrauch von Methylphenidat als „Freizeitdroge" gewarnt.[50]

• Das Bundesinstitut für Arzneimittel und Medizinprodukte (BfArM) hat mit Wirkung zum 1. September 2009 die Zulassung von Arzneimitteln mit dem Wirkstoff Methylphenidat (zum Beispiel Ritalin) geändert.[51] Es schreibt nun unter anderem, neben einer strengeren Diagnosestellung, vor, dass Methylphenidat im Rahmen einer therapeutischen multimodalen Gesamtstrategie erst dann verschrieben werden darf, wenn sich andere therapeutische Maßnahmen allein als unzureichend erwiesen haben. Außerdem muss ein Spezialist für Verhaltensstörungen bei Kindern die Behandlung beaufsichtigen.

Was können Eltern tun?

Eltern sind mitverantwortlich dafür, dass Kinder inzwischen so häufig Psychostimulanzien bekommen. Aber die Lage der Eltern ist schwierig. Wenn sich ihr Kind zu Hause, in der Schule oder bei Freunden ständig auffällig benimmt und damit aneckt, steht der unausgesprochene Vorwurf im Raum, dass die Eltern nicht fähig oder nicht gewillt sind, ihr Kind „ordentlich" zu erziehen. Es kann für sie wie eine Erlösung wirken, wenn das Kind die Diagnose ADHS erhält, wenn sich durch die Medikamente das Verhalten des Kindes schlagartig bessert und der Friede in der Familie damit wenigstens oberflächlich wiederhergestellt wird. Natürlich ist dieser Weg für Eltern einfacher, als zusammen mit einem Therapeuten zu klären, welche Ursachen das Verhalten ihres Kindes hat und ob man diese ändern kann.

Dass es jedoch gar nicht immer am Willen der Eltern und ihren Erziehungsmethoden liegt, ob Kinder Verhaltensstörungen zeigen, macht eine Studie aus Schweden deutlich, die erst in diesem Jahr veröffentlicht wurde.[52] Kinder von Alleinerziehenden bekamen zu 54 Prozent häufiger die Diagnose ADHS als Kinder, die mit beiden Elternteilen zusammenwohnen. Bezog die Familie Sozialhilfe, erhöhte sich die Wahrscheinlichkeit einer ADHS-Medikation um 135 Prozent. Diesen Familien beziehungsweise Alleinerziehenden fehlt es vor allem an Geld, Zeit und sozialer Unterstützung. Familienkonflikte durch Trennung, Scheidung und Abwesenheit eines Elternteils sorgen für Stress, den das Kind nicht bewältigen kann.

Eine ebenfalls neue Studie zeigt, dass die meisten Eltern Medikamente bevorzugen, wenn sie nach der Diagnose von ADHS für ihr Kind eine Wahl der Behandlung haben. Empfiehlt ein Arzt zunächst eine Verhaltenstherapie, dann suchen 95 Prozent der Eltern mit ihren Kindern einen entsprechenden Therapeuten auf. Wenn der Arzt ein Rezept für Medikamente ausstellt und gleichzeitig eine Verhaltenstherapie nahelegt, verzichten 75 Prozent der Eltern auf die Therapie für ihr Kind.[53] Da die Medikamente in den meisten Fällen das Verhalten des Kindes schnell spürbar verbessern, ist für die Eltern dann oft das Problem gelöst. Ebenso für den Arzt, der vor allem helfen will, die Symptome zu beseitigen. Die positiven Rückmeldungen der Eltern bestätigen seine Maßnahmen.

Studien haben gezeigt, dass mehr als die Hälfte der mit Methylphenidat medikamentierten Kinder falsch diagnostiziert sind und deshalb gar kein Methylphenidat verschrieben bekommen dürften.[54] Selbst wenn die Diagnose korrekt nach den Richtlinien gestellt wurde, braucht nur jedes dritte Kind Medikamente.[55] Nicht-medikamentöse Behandlungsmethoden wie Psychotherapie und psychoedukativ-systemische Maßnahmen weisen mittelfristig die gleichen Heilerfolge auf wie eine jahrelange Medikamentierung.[56]

Dabei klären Ärzte und Psychiater die Eltern oft nur ungenügend auf: Die Eltern erfahren beispielsweise nicht, worin die „Krankheit" besteht, aufgrund welcher Voraussetzungen die Diagnose gestellt wird, wie subjektiv und damit unzuverlässig sie ist und welche Risiken mit der Einnahme von Psychostimulanzien verbunden sind. Und die Kinder selbst werden so gut wie nie nach ihrem Einverständnis gefragt, bevor sie mit Psychostimulanzien behandelt werden – und schon gar nicht über die Problematik informiert.

Eltern sollten sich unbedingt eingehend selbst informieren und auch Meinungen nachlesen, die dem vorherrschenden Trend widersprechen und wissenschaftlich andere Ursachen für die Verhaltensauffälligkeiten von Kindern belegen. Es gibt unzählige Veröffentlichungen über die Thematik, von denen die meisten selbstverständlich und kommentarlos voraussetzen, dass ADHS eine hirnorganische Krankheit ist. Von diesem Ansatz ausgehend beschreibt man in den Veröffentlichungen dann verschiedene Behandlungsmethoden. Forschen Sie als Eltern genau nach, um reflektierte und fundierte Aussagen zu finden.

Wie unser Schulsystem individuelles und nachhaltiges Lernen behindert

Der Zwang zur ständigen Beurteilung und Bewertung verändert auch den Unterricht in vielerlei Hinsicht: Anstatt mit der Zeit zu lernen, wird gegen die Zeit gelernt – und auch unterrichtet. Der Schwerpunkt der Unterrichtsinhalte verlagert sich auf abfragbares Wissen und der Lehrer wird zum Richter. Immer öfter treten Verhaltensauffälligkeiten und Disziplinprobleme auf. Die vertrauensvolle und wichtige Zusammenarbeit mit den Eltern wird untergraben. Der Zwang, sich gegen die Einwände der Eltern abzusichern, nötigt die Lehrer zur Gleichmacherei. Lernen findet im Gleichschritt statt.

Die Vorgaben der Vorgesetzten, eine bestimmte Anzahl von Proben in jedem Fach zu schreiben, erfordert eine gute Planung. Auch der Lehrplan muss eingehalten werden, viel abzufragender Stoff in zu wenig Zeit. In der Praxis werden daher oft die Probentermine festgelegt und danach, welche Inhalte bis zur Probe vermittelt werden müssen, denn diese Inhalte gibt der Lehrplan verbindlich vor. Die Probe bestimmt damit nicht selten den Unterricht, statt einfach sinnvoll am Ende einer Lerneinheit zu stehen. Wichtig ist oft auch, genügend Stoff zu vermitteln, der gut abgefragt werden kann. Die Vorgaben fordern auch, dass jede Probe etwa das gleiche Anforderungsniveau hat. Denn wenn bis zur Probe nicht genügend abzufragender Stoff zusammenkommt, ist die eine Probe einfacher als die andere und die Beschwerden der Kinder und Eltern bezüglich einer unfairen Gewichtung sind vorprogrammiert.

Theorie und Praxis – meilenweit voneinander entfernt

Ich kann mich gut daran erinnern, wie ich in einer sechsten Klasse eine Doppelstunde PCB – Physik, Chemie, Biologie – unterrichten sollte. Es war eine sehr anstrengende und laute Klasse, wie es sie heute sehr häufig gibt, mit sechs verhaltensauffälligen Kindern. PCB war angesetzt in der fünften und sechsten Stunde nach der Pause und bis die Kinder wieder auf ihren Plätzen saßen, waren bereits fünfzehn Minuten verstrichen. Zudem sind Kinder nach vier Unterrichtseinheiten einfach schon recht erschöpft und nicht mehr sehr aufnahmebereit. Ich war froh, wenn ich neben dem ganzen Organisatorischen, wie dem Austeilen von Heften und Arbeitsblättern sowie all den erforderlichen disziplinarischen Maßnahmen eine halbe oder dreiviertel Stunde wirklich unterrichten konnte. Um noch genauer zu sein: Ich war froh, wenn es mir überhaupt gelang, eine solche Ruhe herzustellen, dass ich wenigstens den Stoff vorbringen konnte. Eine Arbeitsatmosphäre zu schaffen, in der die Kinder wirklich neugierig auf die Thematik sind, ich sie mit meiner Freude an der Sache anstecken, sie für die Inhalte begeistern konnte, gelang mir vielleicht ein- oder zweimal. Zu wenig Zeit, um wirklich eine Beziehung aufzubauen, zu wenig Zeit, um Zusammenhänge deutlich zu machen.

Ein Halbjahr hat etwa achtzehn Schulwochen, zwei bis drei Wochen vor dem Ende des Halbjahres ist Notenschluss, dreimal fiel die PCB-Stunde wegen innerschulischer Angelegenheiten, Theateraufführungen oder Projekten aus – so blieben zwölf Unterrichtseinheiten. Drei Noten musste ich in diesem Zeitraum, nach strikter Anweisung der Rektorin, pro Kind vorweisen, also schrieb ich drei Proben, denn jedes Kind mündlich abzufragen oder gar für jeden eine praktische Prüfung durchzuführen war zeitlich undenkbar, zudem für neunundzwanzig Kinder kaum zu organisieren. Blieben neun tatsächliche Unterrichtseinheiten, in denen der ganze Stoff für die Prüfungen durchgenommen werden musste. Nach drei Unterrichtseinheiten folgte also jeweils eine Probe. Dabei sollte natürlich der Lehrplan eingehalten werden, der gut zehn Themen für das Schuljahr vorsieht. Und das sind Themen wie „Strom" oder „das Skelett des Menschen" – mit denen allein man sich wochenlang beschäftigen könnte. So aber werden die Inhalte jedes einzelnen Themas in drei bis vier Wochen mit jeweils einer Doppelstunde durchgezogen. Ob das sinnvoll ist, interessiert nicht. Wichtig ist, dass die Noten erstellt sind. Wichtig ist, dass der Unterricht über das entsprechende Stoffgebiet nachgewiesen werden kann. Wichtig ist, dass die Hefteinträge oder Arbeitsblätter als Nachweis vorliegen. Eltern könnten sich sonst beschweren. Notfalls hat das Kind eben nicht aufgepasst oder daheim zu wenig gelernt – in der Schule wurde ja alles besprochen oder es steht auf einem Arbeitsblatt oder im Schulbuch, das daheim als Hausaufgabe gelesen werden sollte.

Ich bereitete die Stunden akribisch vor, damit ich das für die Proben notwendige abfragbare Wissen komprimieren und Zeit für wenigstens ein bisschen anregende Versuche und Experimente rausschlagen konnte – großer Aufwand für im Endeffekt wenig Nutzen. Denn nur weil ich irgendeinen Versuch noch mit in die Stunde hineinpresse, diesen unter ständiger Strafandrohung wegen des hohen Lärmpegels durchführe, entwickelt sich doch kein Interesse an der Thematik. Eigentlich sollten Kinder selbst und mehrfach Versuche durchführen! Dafür müsste den Klassen dann aber gleich ein Vielfaches der Zeit zur Verfügung stehen, die man heute hat, und in der Regel auch eine deutlich bessere materielle und technische Ausstattung.

An den Besuch einer Ausstellung oder einer Forschungseinrichtung ist sowieso nicht zu denken, immerhin habe ich die Kinder nur zwei Schulstunden an diesem Tag und bin selbst die anderen vier Stunden in anderen Klassen eingesetzt. Bei diesem engen Zeitrahmen bleibt höchstens die Möglichkeit für einen Unterrichtsgang draußen im Freien in der Nähe der Schule. Aber auch das ist fast undenkbar, zu wenig abfragbares Wissen in, relativ gesehen, zu viel Zeit. Oder sollte man die Gelegenheit nutzen, um sich eine Aufgabenstellung in der freien Natur einfallen zu lassen und bei jedem der neunundzwanzig Schüler in dieser denkbar knappen Zeit gleich eine praktische Note abzunehmen?

Doch auch als Klassenlehrerin in der Grundschule hat man ähnliche Probleme. Sicher: Man hat mehr Unterrichtsstunden in der Klasse und dadurch ab und an die Gelegenheit, Inhalte hin und her zu schieben. Man versucht die Zeit herauszuarbeiten, um ein wenig intensiver das eine oder das andere bearbeiten zu können, oder man nutzt die Kunststunde vor der morgigen Mathematikprobe noch einmal zum Üben. Häufig beschweren sich dann aber – an sich auch zu Recht – wieder die Eltern, dass man diese wertvollen musischen Stunden ausfallen lässt oder an einem Tag ein Fach bespricht, an dem dieses gar nicht im Stundenplan steht. Dabei ist das oft die einzige Möglichkeit, in Fächern, die nicht jeden Tag unterrichtet werden, wie eben beispielsweise HSU oder Musik, Stoff zu intensivieren.

Man versucht, durch Arbeitsblätter mit unterschiedlichen Aufgabenstellungen jedem Kind gerecht zu werden, empfiehlt, daheim gut zu lernen, gibt Hausaufgaben auf, die die Inhalte vertiefen. Zeit für den einzelnen Schüler bleibt wenig, ihm das noch einmal erklären – das würde man gern, aber wann? Nächste Woche ist die Probe, und nicht nur die, sondern auch noch die in HSU – und das Diktat. Für alles müsste man noch üben. Irgendwann findet man sich notgedrungen damit ab, dass es Kinder gibt, die das nicht verstehen. Es gibt eben nun mal dumme Kinder, heißt es dann. Der Blick darauf, dass das vielleicht nur eine Frage der Zeit und der Art der Vermittlung ist, wird einem in diesem Schulsystem völlig verstellt.

Eine Probe sollte als eine Grundlage zur individuellen Förderung betrachtet werden, damit man erfährt, wo Defizite und Schwächen liegen. Das klingt gut. Doch nach der Probe geht es weiter zum nächsten Stoffgebiet, für das wieder nur ein paar Unterrichtsstunden bis zur nächsten Probe bleiben. Und um das Aufarbeiten der in der vorhergehenden Probe sichtbar gewordenen Schwächen müssen sich häufig die Eltern kümmern. Es wundert mich nicht, dass Kinder teilweise in der zweiten oder dritten Klasse schon deutliche Lücken in ihrem grundlegenden Wissen haben, die aufgrund des fortlaufenden abzufragenden Stoffes auch oft bis in die höheren Schuljahre nicht mehr geschlossen werden können. Auch wundert mich nicht, dass gerade in Brennpunktschulen Kinder oftmals schlechte Schulleistungen haben, wenn das Einhalten des Lehrplans wichtiger sein muss, als mit den Kindern auf dem Stand zu lernen, auf dem sie gerade stehen. Mich wundert es auch nicht, dass es Schulabgänger gibt, die das schriftliche Dividieren nicht beherrschen, geschweige denn das Bruch- oder Prozentrechnen. All das ist lernbar, aber nicht, wenn Kinder ständig aus ihrem Lernprozess gerissen und auf immer neue und andere Inhalte ausgerichtet werden.

Der Zeitmangel ist tatsächlich eines der größten Probleme. Wenn ich einem Kind das Wort abschneide, anstatt mich um es zu kümmern, es nicht aufrufe, obwohl ich merke, dass es eine Frage hat, einen Streit nicht schlichte, beim Suchen eines Stiftes nicht helfe, den Eltern lediglich im Mitteilungsheft notiere, dass die Hausaufgaben vergessen wurden oder ein Hefteintrag nicht vollständig ist, damit keine Beschwerden bei der Probe kommen können, dann tue ich es deshalb, weil ich in Zeitnot gerate. Wichtig sind die Inhalte, wichtig sind die Proben. Wichtig ist, dass alles Nachweisbare, alles Schriftliche stimmt.

Unterricht zwischen Resignation und Zeitnot

Manche Kinder kommen schon frustriert oder bedrückt durch häusliche Probleme in die Schule. Das könnte Schule vielfach auffangen – wenn unsere Schule anders wäre. So aber gibt es bereits in der zweiten Klasse Kinder, die sich komplett verweigern. Die einfach keine Lust mehr haben, sich weiter und weiter als Versager zu erleben. Spätestens ab diesem Zeitpunkt wird unser Schulsystem zu einem Selbstläufer: Diese Kinder bekommen ständig vor Augen geführt, dass sie nicht genügen. Sie erleben es als Niederlage, wenn sie die Hälfte der Aufgaben nicht lösen können. Und noch mehr, wenn sie dann laufend Dreier, Vierer oder noch schlechtere Noten mit nach Hause bringen, selbst wenn sie sich mit der Zeit daran gewöhnen (müssen). Diese Kinder bocken, verweigern jede Arbeit, stören, sie sind laut, sie schlagen andere Kinder, sie sind aggressiv oder aber sie sacken in sich zusammen und verbringen den ganzen Schultag in demonstrativer Verweigerungshaltung oder Resignation auf ihrem Platz. Wissenschaftliche Untersuchungen erklären dieses Verhalten: Nicht nur körperlicher Schmerz, sondern insbesondere auch soziale Ausgrenzung und Ablehnung lösen Aggressivität aus. Und Kinder erleben schlechte Noten und negative Rückmeldungen als Ablehnung und Ausgrenzung.

Schon eines dieser lauten, provozierenden Kinder, aber auf jeden Fall zwei oder drei in einer Klasse können das ganze Zusammensein sprengen. So ungern man es zugibt, da sind oft die Stillen angenehmer, die innerlich quittiert und sich damit abgefunden haben, scheinbar Versager zu sein. In manchen Klassen ist man nämlich nur noch mit diesen lauten Kindern beschäftigt, um irgendeine Lösung zu finden, damit man überhaupt unterrichten und Lernen gestalten kann. Spätestens jetzt hat auch der Lehrer ein Problem. Und so sehr er sich um diese Kinder kümmern möchte, so sehr sie ihm am Herzen liegen, sein oberstes Ziel wird irgendwann sein, dass Ruhe einkehrt. Ruhe, damit er seinen Stoff durchbringt, Ruhe, die seine Nerven schont. Seine Aufgabe ist es doch, zu unterrichten – die Eltern sind für die Erziehung zuständig! Meist ist das der Anfang einer regen „Brieffreundschaft", in der den Eltern mitgeteilt wird, was ihr Kind heute wieder alles gemacht oder nicht gemacht hat, mit der Bitte, die Eltern mögen sich darum kümmern. Häufig wird dann die Frage nach Verantwortlichkeit und Schuld zwischen Lehrern und Eltern hin und her geschoben. Dass die Eltern dem auch hilflos gegenüberstehen und dass all die teilweise verzweifelten Maßnahmen, die dann oft eingeleitet werden, sicher nicht dazu beitragen, dass sich das Kind von seinen Eltern geliebt fühlt und sich auch wieder für den Unterricht begeistern kann, weicht der Notwendigkeit, dass endlich wieder in Ruhe gearbeitet werden kann. Im nächsten Schritt werden dann Psychologen, der sonderpädagogische Dienst oder andere Fachleute eingeschaltet, das Kind wird eventuell stundenweise aus der Klasse genommen, vielleicht sogar ganz an eine andere Schule überwiesen. Was das wohl mit diesen Kindern macht? Welches Selbstbild sie entwickeln?

Als Klassenlehrer habe ich noch Möglichkeiten, dem ein Stück weit zu begegnen, kann therapeutisch wirken, kann die Klassengemeinschaft nutzen, um eine Verhaltensänderung zu bewirken, kann meine Stunden schieben, Zeit für Gespräche rausschlagen – zumindest zu einem gewissen Teil. Als Fachlehrer, der nur ein oder zwei Stunden pro Woche in der Klasse unterrichtet, vermag ich das nicht. Der Lehrplan muss erfüllt, Proben müssen geschrieben werden. Das sind Bedingungen, an denen man nicht vorbeikommt. Leise muss es sein oder man arbeitet über den Lärm hinweg. Oder man lässt die Kinder still arbeiten, Hauptsache, man hat seine Vorgaben erfüllt. An denen wird man als Lehrer gemessen, diese werden eingefordert – von Vorgesetzten, aber auch von Eltern. Dann überlegt man sich disziplinarische Maßnahmen: Es gibt Zusatzaufgaben oder Klassendienste, die Kinder müssen nachsitzen. Oder man resigniert und es ist einem irgendwann egal, ob alle Kinder die Hefteinträge und die Hausaufgaben gemacht haben, denn es ist organisatorisch und zeitlich nicht zu schaffen allem hinterherzulaufen. Die Zeit drängt! Der Probentermin ist auch nach Absprache mit den anderen Fachlehrern und dem Klassenlehrer festgelegt, Proben lassen sich deshalb nur schwer nachträglich noch verschieben. Auch sollen ja maximal zwei Proben pro Woche geschrieben werden, da wird es dann schon mal eng.

Vielleicht wird jetzt verständlich, warum Lehrer manchmal gar nicht anders können, als ohne Rücksicht auf Störer oder Störungen ihren Stoff durchzunehmen, und keine Gespräche führen, die durchaus sinnvoll wären. Warum Lehrer eher wenig praktisch arbeiten, sondern vor allem zeitsparend und kontrollierbar frontal. Warum sie oft mit allen Mitteln für ein Minimum an Arbeitsruhe sorgen müssen und dennoch viel liegen bleibt, was von den Kindern daheim gelernt werden muss: Nur weil man Inhalte einmal angesprochen oder einen Hefteintrag dazu verfasst hat, haben Kinder diese ja noch nicht gelernt. Mehrfach müsste man sie wiederholen, in Zusammenhänge betten, Zeit zum Verinnerlichen, zum Verknüpfen mit vorhandenem Wissen geben – aber diese Zeit ist nicht da. Aufgrund der Rahmenbedingungen kann man sich nicht mehr dafür verantwortlich fühlen, ob jeder die Inhalte versteht, sondern nur noch gewährleisten, dass jedem die Inhalte präsentiert wurden. Für mich waren es die schrecklichsten Erlebnisse überhaupt, dass auch ich mich in manchen Situationen genötigt sah, nur noch den Stoff durchzupressen, Teile davon als Hausaufgabe zum Lesen aufzugeben, damit die fälligen Proben geschrieben werden konnten. Wissend, dass die Kinder die Inhalte so gar nicht aufnehmen können. Wissend, dass es ihnen auf diese Art keinen Spaß machen kann. Wissend, dass ich im Prinzip jedes Kind mit seinen individuellen Bedürfnissen übergehen muss. Wissend auch, dass meist nur jene Schüler, deren Eltern daheim mit ihnen lernen oder sie zumindest zum Üben anhalten, den Stoff bei der nächsten Probe beherrschen und die besseren Noten erhalten. Wissend, dass anhand dieser Noten am Ende das Leistungsvermögen eines Kindes beurteilt und eine Aussage über das Kind gemacht wird. Wissend, dass diese Aussage nicht den Fähigkeiten des Kindes entspricht. Wissend, dass ich so bei den Kindern die Freude am Lernen zerstöre.

Dabei wäre es an sich kein Problem, allen Kindern die schulischen Inhalte nahezubringen, wenn ich mir die Zeit frei einteilen und meine Methoden frei wählen könnte. Wenn die Zeitfenster, in denen ein bestimmter Inhalt vermittelt werden muss, nicht durch die zahlreichen Proben so klein gehalten werden würden. Und wenn man nicht aufgrund der Eile immer wieder Kinder auf dem Weg verlieren würde. In den höheren Klassen müsste ich erst einmal den Boden bereiten, dass diese Kinder, die sich teilweise schon jahrelang anhören mussten, sie seien unfähig oder faul, die lange nur für Proben und nicht aus eigenem Interesse gelernt haben, überhaupt wieder Lust bekommen. Es gibt so viele Kinder, die vor lauter „Lernenmüssen" schon vergessen haben, dass sie **„lernen wollen"**. Aber das geht nur mithilfe von Zeit, über eine persönliche Beziehung und dadurch, dass ich Dinge ermögliche, die für Kinder tatsächlich interessant sind. Bloße Begriffe und Definitionen interessieren und begeistern Kinder herzlich wenig. Doch die Rahmenbedingungen zwingen mich zu einem völlig anderen Verhalten. Immerhin habe ich nach einem derartigen Unterricht fast die Garantie, dass es schlechte Noten geben wird: Ich muss einfach nur Fragen aus dem Heft und dem Buch stellen und werde dennoch genug Arbeiten von den Kindern erhalten, die nicht die volle Punktzahl bekommen.

Gute Ideen im falschen System

Gleichwohl wollen unsere Schulen fortschrittlich sein. Es soll nach den modernsten Methoden unterrichtet werden. Hanebüchen ist es, was dann teilweise abläuft: Viele der entsprechenden Anweisungen, die wir Lehrer umsetzen sollen, sind einfach nicht gründlich durchdacht. Zum einen wird das Kontroll-, Leistungsmessungs- und Absicherungsnetz immer beengender und arbeitsintensiver, zum anderen schaut man sich bei alternativen Schulkonzepten lediglich Begrifflichkeiten und Teilkonzepte ab, die dann halbherzig auf die Regelschule übertragen werden. Dabei müsste man von den Schulen, die beweisen, dass alle Kinder gut lernen können, das Wesentliche übernehmen – nämlich dass Kinder dann am besten lernen, wenn sie angst- und stressfrei sind, eine gesunde Beziehung zu ihrem Lehrer und den anderen Schülern haben, Raum und Zeit bekommen sich zu entwickeln und der Lehrer nicht die Rolle des Beurteilers innehat, sondern kraft- und freudvoll als authentischer, sie liebevoll begleitender Mensch bei ihnen steht. Entscheidend wäre, schnellstmöglich die grundlegenden Bedingungen so zu verändern, dass individuelles und nachhaltiges Lernen wahrhaft möglich ist.

Doch was geschieht tatsächlich? Die behindernden Strukturen werden beibehalten und es wird versucht, in diesem nicht passenden Rahmen Teilaspekte zu verwirklichen. „Freiarbeit" ist solch ein Schlagwort oder auch „Werkstatt- und Wochenplanarbeit". Diese Methoden stehen für die Geheimnisse eines guten Unterrichts an den Alternativschulen und sollten deshalb von den Lehrern an der Regelschule auch übernommen werden. Man ist ja fortschrittlich. Frontalunterricht ist out. Dass die Bedingungen an den Regelschulen vielfach gar nicht in der Form gegeben sind, um diese an sich so wertvollen und wunderbaren Arbeitsformen sinnvoll umzusetzen, sondern eventuell sogar noch zu größerem Nachteil dienen und diese Methoden damit zum Scheitern verurteilt sind, darüber scheint sich niemand Gedanken zu machen.

Damit Kinder wirklich frei arbeiten können, ist eine gut ausgestattete Lernumgebung nötig, die die Kinder anregt und sie einlädt, die Welt zu erforschen. Außerdem muss die Zeit dafür da sein, dass jedes Kind für sich selbst seinen Weg findet. An den Regelschulen mit all ihrem Geldmangel führt das dazu, dass Lehrer, teilweise unterstützt von ihren Familien, stunden- und tagelang dasitzen und Freiarbeitsmaterial herstellen, liebevoll Bilder ausmalen, alles laminieren, ausschneiden – in den allermeisten Fällen auch noch von ihrem eigenen Geld. Freiarbeitsmaterial bedeutet dann trotzdem oft lediglich, dass die Kinder mit Papierkarten arbeiten, bei denen beispielsweise jeweils auf der Vorderseite eine Aufgabe, auf der Rückseite die Lösung zu finden ist, sodass die Kinder sich selbst kontrollieren können. Mehr erwarten die Schulräte dann auch schon fast gar nicht bei ihren Besuchen in Klassenzimmern vorzufinden. Dass nur wenige Lehrer so viel privates Geld opfern können, wie für den im Lehrplan angedachten Forschertisch mit Materialien, Büchern und Geräten für jedes der vielen Themen nötig wäre, scheint selbst ihnen klar zu sein. Manchmal liegen auch stapelweise Arbeitsblätter aus, die die Kinder selbstständig bearbeiten können. Wie lange haben Kinder wohl Freude an so einer Arbeit? Wie viel hat das alles noch mit einem Unterricht zu tun, in dem Kinder frei die Welt entdecken und sich aus eigenem Interesse mit Inhalten beschäftigen?

De facto ist es so, dass dennoch nach wenigen Wochen die Probe folgt, die ein ganz bestimmtes Wissen objektiv und juristisch einwandfrei abprüfen wird. Das dafür notwendige Wissen müssten sich die Kinder bis dahin selbst erarbeitet haben. Viele Kinder sind damit einfach überfordert, allein schon mit den ganzen organisatorischen Dingen. Der Grundgedanke von Freiarbeit ist: „Ich lasse dir Zeit für deine Entwicklung und du bist der Meister deines Lernprozesses." Und nicht: „Ich prüfe nach wenigen Wochen ab, was du dir von dem, was ich dir vorgebe, allein beibringen konntest."

Viele Eltern sind zutiefst verunsichert – was muss mein Kind denn nun eigentlich für die Probe können und wissen? Tatsächlich handelt es sich auch gar nicht um eine „richtige" Freiarbeit, denn das, was die Kinder erarbeiten sollen, ist ja im Grunde festgelegt. Aber im Gegensatz zum normalen Unterricht, in dem der Lehrer wenigstens noch erklärt und Hefteinträge machen lässt, anhand derer die Eltern sich daheim noch ungefähr auf die zu erwartenden Kriterien der Probe einstellen können, bleiben die Kinder sich bei dieser „Freiarbeit" oft selbst überlassen. Da hilft auch die Zusammenarbeit mit anderen Kindern wenig. Aber: Bei der Visitation kann der kontrollierende Vorgesetzte den Punkt „Setzt Freiarbeit ein" abhaken. Wichtig ist nur, dass sie gemacht wird, nicht, inwieweit sie wirklich sinnvoll und zielführend für die Kinder ist.

Ein vielleicht noch besseres Beispiel: Portfolios. In vielen Alternativschulen erstellen die Kinder Portfolios, teilweise schon in den Kindergärten. Das heißt, alles, was sie so interessiert, mit was sie sich beschäftigt oder was sie sich erarbeitet haben, wird in einer Mappe zusammengeheftet, die sich Portfolio nennt. Mit zunehmendem Alter gestaltet sich dieses Portfolio immer strukturierter. Für Kinder ist es natürlich schön und wichtig zu sehen, was sie alles gemacht haben, und sie blicken auch gern zurück. In der Regelschule werden diese Portfolios benotet. Wenn schon kein gebundener Unterricht stattfindet mit anschließender Probe, müssen die Noten ja anders entstehen.

An Alternativschulen bemüht man sich, das Lernen wieder viel mehr mit dem Leben zu verknüpfen beziehungsweise diese Verbindung beim Eintritt in die Schule nicht abreißen zu lassen. Denn Leben heißt Lernen und Lernen findet eben nicht nur in der Schule statt. Während es aber an solchen alternativen Schulen erwünscht ist, dass Kinder sich frei mit Themen beschäftigen, einfach weil sie Freude daran haben und sich dafür interessieren, darüber mit anderen ins Gespräch kommen und Informationen mit in die Schule bringen, wird genau das in den Regelschulen unterbunden. Warum? Weil man sonst auf die Portfolios keine Noten geben kann, da man ja nicht weiß, ob nicht Eltern mitgeholfen haben – die das natürlich auch nach ihren Möglichkeiten tun würden, immerhin entscheidet die Note über die Zukunft ihres Kindes. Das aber dürfte ja nicht benotet werden. Gerechtigkeit muss herrschen und auch die Kinder aus sozial benachteiligten Familien sollen die gleichen Chancen haben, so lautet nun hier plötzlich das Argument, das eigenartigerweise ansonsten nie auftaucht. Also wurde uns beispielsweise in einer Fortbildung deutlich gesagt, dass die Kinder ihre Portfolios nicht mit nach Hause nehmen dürfen, bevor diese benotet wurden. Das bedeutet konkret: Die Kinder sollen – ausgestattet meist nur mit weißem Papier oder ihren Schreibblöcken, den wenigen Büchern, die der Lehrer aus eigener Tasche finanziert zur Verfügung stellen kann, weil es keine Schulbücherei gibt, und den Materialien, die er meist selbst hergestellt hat – selbstständig während einer recht kurzen Periode in der Schulzeit an einer Thematik arbeiten und die Ergebnisse dann vorlegen. Ach, immerhin gibt es ja in den meisten Klassenzimmern jetzt ein oder zwei Computer – dumm nur, dass oft an diese kein Drucker angeschlossen ist, die Tinte wäre nämlich auf Dauer zu teuer. So wird auch hier durch den Benotungszwang eine an sich schöne Idee ad absurdum geführt.

Nun wurde selbstverständlich versucht adäquate Konzepte zu entwickeln, um in diesen freien Unterrichtsformen die Leistung messen zu können. Nur: Die eigentliche „Leistung" in solch modernen Unterrichtsformen liegt zum großen Teil in der Entwicklung des Kindes und nicht in abrechenbaren Ergebnissen, wie es für die an Regelschulen obligatorische Leistungsmessung nötig wäre. Das bedeutet: Solange es diesen Notenzwang gibt, sind alle Versuche, den Unterricht freier und innovativer zu gestalten, vergebliche Liebesmüh.

Bei Proben kann sich der Lehrer schützen, da die Probe mit den Fehlern vorliegt und er zudem Korrekturfahne und Notenschlüssel aufzeigen kann. Bei der Bewertung in freien Arbeitsformen kann er das nicht, alles, was versucht, die Entwicklungsleistungen eines Kindes zu objektivieren, ist angreifbar. Man kann sich sicher gut vorstellen, wie erfreulich und vertrauensvoll Elterngespräche dann ablaufen, wenn es um Noten und Selektion geht. Und wenn doch wieder das Ergebnis zählt, stellen Eltern zu Recht die Frage, warum man als Lehrer ihrem Kind nicht geholfen hätte, dafür sei man schließlich da. Und tatsächlich ist auch das ein Problem: Welches Kind bekommt wie viel Hilfe in der wenigen Zeit, die zur Verfügung steht? Bei jedem Kind weiß man, was es bräuchte, aber wenn man die Zeit Georg widmet, kann Sarah ihre Frage nicht stellen, also hat entweder Georg bessere Ergebnisse oder Sarah, je nachdem, für wen man sich entscheidet. Gerechterweise müssten die Kinder dann wirklich ganz alleingelassen arbeiten, dann könnte man den Eltern wenigstens unangreifbar sagen: Alle hatten die gleichen Bedingungen.

Es zählen Formalitäten, nicht die Inhalte

Noch fataler ist aber eine andere Wirkung, die unsere Leistungsmessung hat. Aufgrund der existenziellen Auswirkungen suchen Eltern in jeder Probe nach Punkten, die ihr Kind doch noch bekommen könnte. Manche kommen gar in letzter Not mit dem Rechtsanwalt, sodass vor Gericht dann über die Formulierung einer Frage innerhalb der Probe gestritten wird. So geschehen zum Beispiel im Fall einer Lehrerin, die in der Probe fragte, woher die Gemeinde ihr Geld bekäme – eine Formulierung, die Kinder aus dem Unterrichtsgeschehen heraus durchaus verstehen. Die Eltern klagten, dass das Wort „woher" einen örtlichen Bezug abfragt, aber keinen funktionalen. Ein halber Punkt in einer Probe kann aber rein theoretisch letztendlich über den Übertritt an eine weiterführende Schule entscheiden. Ein ganz wichtiger Aspekt beim Erstellen einer Probe ist daher, dass sie juristisch nicht angreifbar ist. Auf Fragestellungen, die keine eindeutig richtige oder falsche Antwort erlauben, verzichtet man daher lieber. Fragen, die frei beantwortet werden können, sind ebenfalls gefährlich: Welche Antwort wird wie gewertet, wofür gibt es noch einen halben Punkt, wofür nicht?

Um Diskussionen mit den Eltern zu vermeiden, versucht man die Bewertung möglichst eindeutig und unangreifbar zu gestalten. Oft führt das dann dazu, dass es eben nicht wichtig ist, ob ein Kind Inhalte verstanden hat, sondern ob es auch genau die Worte und Begriffe gewählt hat, die im Hefteintrag oder im Unterricht verwendet wurden. Andere Formulierungen gelten dann schon nicht mehr oder sie werden nur mit einem Teil der Gesamtpunktzahl abgegolten. Vielen interessanten und schönen Themen wird damit ihr eigentlicher Gehalt genommen. In der Korrekturfahne einer schriftlichen Probe legt der Lehrer eindeutig fest, welche Antwort wie viele Punkte ergibt. Ebenso wie er mit dem Notenschlüssel festlegt, für welche Punktzahl welche Note gegeben wird. Beides geschieht manchmal auch erst im Nachhinein, das ändert aber nichts an der absichernden und schützenden Wirkung. Die Notengebung ist an sich inzwischen fast ein rein bürokratischer Akt. Zunehmend wird die Arbeit mit den Kindern daher unter dem juristischen und nicht mehr dem pädagogischen Blickwinkel betrachtet, da die Auseinandersetzungen mit Eltern für Lehrer sehr belastend und oft kaum mehr auszuhalten sind.

Als Lehrer fühlt man sich da oft wie in einem Dreifrontenkrieg: Hier der Anspruch der Behörden auf Selektion, dort der Anspruch der Eltern auf eine bestmögliche Schulkarriere ihres Kindes und da der Anspruch der Kinder auf Lernen und Freude daran. Vor allem Letzterem kann der Lehrer unter diesen Umständen eigentlich nicht mehr gerecht werden.

Aufgrund der stets lauernden Gefahr von Vorwürfen ändert sich auch der Unterricht. Viele Dinge, die kein greifbares Ergebnis hervorbringen, werden einfach nicht durchgeführt. Freie Arbeitsformen, in denen gerade Sozial- und Selbstkompetenz erworben werden könnten, fallen dem vielfach zum Opfer. Eltern beschweren sich auch gerne, dass die Zeit mit so „unwichtigen Dingen" verplempert wurde, anstatt konzentriert auf die Probe vorzubereiten. Wichtig ist, was hinterher zweifelsfrei abgeprüft werden kann, und wichtig ist, alles so nachweisbar und objektiv wie möglich zu gestalten.

Das Erleben eines Inhaltes weicht so der Besprechung des Inhaltes. Im Fach Musik ist also beispielsweise nicht das Hören wichtig, das Fühlen, das Empfinden, das gemeinsame Musizieren – wichtig sind Jahreszahlen, Fakten, Begriffe und schließlich auch, dass jeder einzeln vorsingt oder vorspielt, ob er mag oder nicht. Es geht auch nur am Rande darum, grundlegende und auch praktisch anwendbare Erfahrungen mit Magnetismus oder Strom zu machen, entscheidend sind die korrekten technischen Zeichen, Bezeichnungen und Formeln. Nicht dass im Lehrplan das Erleben nicht gewünscht wäre – aber für beides, also für Probenvorbereitung und für das Erleben, ist einfach keine Zeit. Fatal ist das insbesondere auch beim Sachrechnen, also wenn Kinder beispielsweise mit Gewichten, Längen oder Volumeneinheiten rechnen. Ihnen fehlt jegliche Erfahrung mit diesen Größen, sie müssten mehrfach mit tatsächlichen Gewichten hantiert, mit Längen über Zentimeter und Millimeter hinaus real gemessen haben. Stattdessen werden oft nur die Bezeichnungen und Begriffe durchgenommen und mit diesen

Größen gerechnet – das ist gut abprüfbar – aber den Kindern fehlt jede Vorstellung und damit die Fähigkeit zur praktischen Anwendung.

Auch bei nicht schriftlichen Noten läuft es ähnlich: Welcher Aufwand wird betrieben, um beispielsweise die Benotung eines Referates abzusichern. Alles, was daheim erledigt wurde, darf an sich nicht benotet werden, insofern zählt hauptsächlich die Präsentation. Um mögliche Fragen der Eltern nach der Bewertung des Referates standhalten zu können, stellt man einen Kriterienkatalog auf, der den Eindruck einer möglichst umfassenden Sicht erzeugt, objektiv wirkt und festlegt, welche Kriterien für welche Note erfüllt werden müssen: Wie oft hat sich der Schüler bei seinem Vortrag versprochen, wie oft hat er abgelesen, wo verlief das Erzählen und das Erläutern am Anschauungsmaterial nicht synchron?

Das Erlebnis, ein Referat vor der Klasse zu halten, sollte an sich insbesondere emotional eine positive Erfahrung sein, um dem Kind Mut zu machen und sein Selbstbewusstsein zu stärken, weiterhin vor einer großen Gruppe zu sprechen. Aber dieser grundlegende Anspruch weicht auch bei den Achtjährigen schon der Notwendigkeit, eine Note über mehr oder weniger stichhaltige Vorgaben zu erhalten. Noten, die sich ebenfalls auf alle Notenstufen verteilen, weil auch hier ein Schüler, dessen Leistungen den Anforderungen entsprechen, die Note „Vier" erhält. Kein Wunder, dass manche Kinder bereits mit Powerpoint-Präsentationen, aufwendig gestalteten Anschauungsmaterialien, Folien und Bildern aufwarten und die gesprochenen Texte dazu natürlich auswendig beherrschen.

Auch das passiert zu Hause – denn innerhalb des Unterrichts gibt es für die Schüler in der Regel keine Möglichkeit, den Vortrag eines Referates vorzubereiten und in der Klasse zu üben – dafür ist zu wenig Zeit. Selbst ein Zehnminutenreferat benötigt mit dem Herrichten und Wegräumen der Materialien sowie einer sinnvollen, ausführlichen Rückmeldung gut eine Schulstunde, insbesondere wenn auch die anderen Kinder zu Wort kommen sollen. Wollte man jedem wenigstens eine Übungsmöglichkeit und ein Referat mit der nötigen Vor- und Nachbereitung zugestehen, wären dafür also in einer Klasse von fünfundzwanzig Kindern etwa fünfzig Schulstunden nötig. Selbst bei den Kriterien also, die besonders darauf abzielen, dass Kinder etwas allein ohne Hilfe des Elternhauses präsentieren, spielt dieses bei der Beurteilung erneut eine große Rolle. Denn von ihrem häuslichen Hintergrund hängt ab, ob die Kinder für solche Präsentationen dort üben können, ob sie von Eltern und Geschwistern Tipps und Hilfe dazu bekommen.

Gleichmacherei statt Raum für Individualität

Um sich gegen mögliche Beschwerden der Eltern abzusichern, werden in vielen Schulen die gleichen Probearbeiten in den Jahrgangsklassen nun parallel geschrieben. Das mag auf den ersten Blick sinnvoll erscheinen, bringt aber viele Nachteile: Die Lehrer geraten noch mehr in Zeitnot, denn die Proben müssen alle am gleichen Tag und zur gleichen Uhrzeit geschrieben werden. Sich nach den Bedürfnissen der Klasse zu richten, ist kaum mehr möglich. Rollenspiele über Pausenstreitereien, Gespräche für einen gerade neu zugezogenen Schüler, das Aufgreifen von Themen, die sich die Kinder gewünscht haben, oder irgendetwas anderes, was Zeit kostet, wie Theaterspielen, Projekte oder Ausflüge, wird auf ein Minimum begrenzt werden müssen. Ansonsten wären die Kinder in dieser Klasse ja gegenüber denen aus den Parallelklassen benachteiligt. In dem Aspekt der „Gerechtigkeit zwischen den Klassen" gibt es ohnehin schon genug Beschwerdepotenzial: Die eine Klasse hätte das mehr geübt, die andere weniger, hier hätte die Antwort auf die Frage im Heft gestanden, bei den Kindern der anderen Klasse nicht. Das führt dazu, dass es in vielen Schulen nun die Vorgaben gibt, insbesondere in der dritten und vierten Jahrgangsstufe, alle Hefteinträge und Arbeitsblätter in der gesamten Jahrgangsstufe einheitlich zu machen.

An einigen Schulen ist es auch so, dass sogar der Wochenplan gemeinsam festgelegt wird, also welcher Inhalt an welchem Tag in welcher Stunde durchgenommen wird, und man sich teilweise sogar auch über das absprechen muss, was mündlich im Unterricht durchgenommen wird. Jeder Elternbeschwerde kann man nun entgegentreten, alle Kinder hätten die gleichen Bedingungen, die Kriterien für die Probe wären festgelegt, die Korrekturen und die Notenverteilung in allen Klassen gleich, das Kind hätte die erhaltene Note verdient. Gegen diese Mauer kommen auch Rechtsanwälte kaum mehr an. Was auch hier auf den ersten Blick vielleicht nachvollziehbar, gerecht und sinnvoll wirkt, hat die katastrophalsten Auswirkungen. Denn wenn sogar einzelne Stunden festgelegt sind, wird der Klassenleiterunterricht immer mehr zu einem Fachunterricht, der nahezu keinen Raum lässt. Die ganzheitliche Entwicklung der Kinder wird damit immer mehr in den Hintergrund gerückt. Eltern vergleichen oft die täglichen Hefteinträge, da kann man sich nicht erlauben, hinterherzuzuckeln. Die eine Klasse hätte ja nun mehr Zeit zum Lernen gehabt als die andere und wäre dadurch in den Proben im Vorteil. Wichtig ist dann nur noch, dass alles Äußerliche, das Formale, seine Richtigkeit hat. Solch ein Unterricht entspricht keinem der Kinder.

Das Lernen und Wiederholen an sich muss aufgrund des knappen Zeitrasters in der Schule bis zur nächsten Probe sowieso häufig daheim erfolgen. Eine oft gehörte Begründung für eine schlechte Note ist: Der oder die hätte nicht genug gelernt, er oder sie hätte eben mehr üben müssen. Aus Lehrersicht ist dieser Vorwurf oft begründet und nachvollziehbar, wie sollte man das auch noch in der Schule schaffen? Manch ein Elternteil fragt sich dennoch, ob das Lernen nicht eigentlich in der Schule stattfinden sollte – zu Recht, denn dafür ist Schule schließlich da. So erzählt eine Mutter, sie habe den Eindruck, als ob in der Schule eigentlich nur noch angeordnet würde, was das Kind und die Eltern dann zu lernen hätten: Einmal wird es erklärt, einmal ins Heft geschrieben, der Rest liegt in der Verantwortung des Elternhauses. Womit erneut die Benachteiligung der Kinder deutlich wird, deren Eltern nicht die Zeit und die Möglichkeiten für ein permanentes außerschulisches Lernen haben und auch nicht die finanziellen Mittel, um Nachhilfelehrer zu bezahlen.

Das zugrunde liegende Problem ist, dass Schule heutzutage nicht für eine individuelle Betreuung jedes Kindes sorgt und bislang in den Regelschulen nicht einmal den notwendigen Rahmen dafür hat. Kinder im Grundschulalter brauchen noch Bezugspersonen, die sich in einer Eins-zu-eins-Situation um sie kümmern. Gerade in den Schulanfangsjahren erkennt man oft nur in solchen Situationen, welches Detail ein Kind möglicherweise noch nicht verstanden hat, wo ein inneres Bild ergänzt, welcher Teilaspekt noch geübt werden muss, um einen vollständigen Erwerb der Kulturtechniken zu gewährleisten. Gerade auch beim Lesenlernen führt nichts daran vorbei, dass ein Kind das laute Lesen täglich und über einen Zeitraum von mehreren Minuten mit einer anderen Person übt, sich über die Inhalte unterhält, Fragen zum Text im Gespräch beantwortet, die Bedeutung des Lesens wertschätzen lernt und Lob für die erbrachte Leseleistung erhält. Damit alle Kinder gut lernen, muss dafür gesorgt sein, dass jedes Kind die Möglichkeit hat, mit einer erwachsenen Bezugsperson oder auch einem weit älteren Schüler zu arbeiten, um bei individuellen Lernvorgängen begleitet zu werden. Ein Lernen in Gruppen, selbst in Kleingruppen ist hier keine adäquate Alternative, hier muss Schule umgestaltet werden. Das kann geschehen, indem freieres Arbeiten möglich wird, mehrere Lehrer in einer Klasse gemeinsam unterrichten oder eine andere außerschulische Betreuung ermöglicht wird, in welcher Form auch immer. Erst mit Beginn der Pubertät bewegen sich Kinder zunehmend selbstständig, gleichwohl sind auch ältere Schüler dankbar für individuelle Betreuung, wenn sie diese benötigen.

In der gesamten Situation, in der Schule heute stattfindet, geschieht auch noch etwas anderes: Die individuelle Persönlichkeit des Lehrers bekommt keinen Raum, das, was ihn als Mensch besonders macht. Genau das aber ist bedeutsam für die Beziehung, die er zu den Kindern in seiner Klasse aufbaut, und schlussendlich ausschlaggebend für den Lernerfolg der Kinder. Seine individuelle Art zu unterrichten, seine Liebe zur Musik, zur Kunst, zur Mathematik – alles weicht der Vorgabe, einen Stoff in einer bestimmten Stunde zu behandeln. In Japan wurde vor Kurzem ein Roboter als Lehrerin eingesetzt – wäre das nicht die Lösung? Immer mehr wird der Lehrer zu einem Ausführenden, zu jemandem, der ersetzt werden kann. Wenn ein Lehrer erkrankt – so die Erklärung der Vorgesetzten für die Anweisung, auf die beschriebene Art „zusammenzuarbeiten" –, können die Kinder problemlos aufgeteilt werden und in den Parallelklassen mitlernen, da ja alle den gleichen Stand und die gleichen Materialien haben und weiterhin die Proben gemeinsam schreiben – das ist wichtig! Das Ganze wird mit dem Wort „Teamen" überschrieben und erhält damit eine sehr positive Bewertung, die es nicht verdient hat. Teamen bedeutet hier in erster Linie Gleichmacherei, zum Schutz vor Eltern, die nicht tatenlos zusehen wollen, wie ihr Kind aussortiert wird. Teamen heißt hier, aus diesem Grund die gleichen Materialien zu erstellen, sich auf gleiche Inhalte und Formulierungen festzulegen – anstatt gewinnbringend die Vielfalt der unterschiedlichen Lehrercharaktere zu nutzen, um über Schüler, Methoden und Ideen zu sprechen, sich einzufühlen und individuelle Lösungen zu finden. Leider fordern auch immer mehr Eltern diese Gleichmacherei! Letztens wollte ein Vater sogar, dass die Vergabe von Smileys unter Hefteinträgen, die nun wirklich keine weitere Bedeutung haben, an der ganzen Schule einheitlich geregelt ist. Dabei ist das für den Lehrer eine der wenigen verbleibenden Möglichkeiten, individuell bezogene Rückmeldungen zu geben. Wenn wir uns nur noch nach Kriterien richten, geht uns der Mensch verloren.

Nicht bedacht ist auch, wie viel Zeit die Absprachen zwischen den Lehrern kosten. Je genauer man sich bespricht, umso länger dauern die Treffen – allein aus diesem Grund werden oft einfach nur Arbeitsblätter ausgetauscht und schnell Kompromisse eingegangen. Wenn man sich als Lehrer hier nicht eingliedert, erhält man schnell das Prädikat, teamunfähig oder unkollegial zu sein. Der Druck durch Vorgesetzte und Behörden ist enorm, auch der zwischenmenschliche Druck unter den Kollegen. Was die einzelnen Kinder bräuchten, muss dadurch nebensächlich werden. Man hat als Lehrer nicht mehr die Freiheit, den Unterricht auf die Klasse zuzuschneiden, deren Kinder man individuell betreuen möchte. Ich leite inzwischen zum fünften Mal eine erste und zweite Klasse als Klassenlehrerin und kann nur betonen, dass der Unterricht nie der Gleiche ist. Jede Klasse ist anders, jede Klasse braucht etwas anderes. Sicher, manche Arbeitsblätter benutze ich in einer neuen ersten Klasse zwei Jahre später vielleicht wieder. Aber vieles erstelle ich komplett neu. Und selbst wenn ich mal gleiche Arbeitsblätter wieder verwende, ist der begleitende Unterricht oft völlig anders. Die Arbeit mit Kindern einer Klasse ist eine sehr feine Arbeit, bei der scheinbare Kleinigkeiten oft maßgeblich für den Lernerfolg sind. Selbst vieles, was ich bereits für meine Klasse vorbereitet habe, gestalte ich noch am Tag vor dieser Einheit um oder sogar noch spontan in der Stunde selbst, weil es in diesem Moment einfach doch nicht das Richtige ist. Als Lehrer spürt man, was für die Kinder gerade möglich ist, was sie gerade aufnehmen können, was eine Über-, was eine Unterforderung darstellt, welche Vorgehensweise, welche Methode passend ist. Die Intuition ist ein so wertvoller Begleiter. Aber all das ist nicht mehr möglich, wenn festgelegt ist, was ich in einer bestimmten Stunde wie tun muss. Der kleine Rest Flexibilität, der mir dann noch bleibt, mal eine Einheit hierhin und die andere dahin zu schieben, genügt einfach nicht.

Dazu kommt, dass die in den Gleichschritt gezwungenen „Lehrerteams" sich ja nicht freiwillig gefunden haben – die Lehrer einer Jahrgangsstufe müssen einfach zusammenarbeiten, egal wie sinnvoll oder schwierig das ist. Allein vier Menschen regelmäßig an einen Tisch zu bringen und die gesamte Planung abzusprechen ist eine Herausforderung. Um jedem Einzelnen dann auch noch gerecht zu werden, wären jede Woche Stunden des Besprechens und Diskutierens nötig, schnell einigt man sich dann nach meiner Erfahrung oft auf einen ziemlich kleinen gemeinsamen Nenner. Sicher entlastet diese Teamarbeit bei der Materialerstellung, mal bringt der eine ein Arbeitsblatt ein, mal der andere, mal erstellt der eine die Probe, mal der andere. Aber zu welchem Preis? Auch darf man nicht vergessen, welche Charaktere da zusammenkommen. Häufig trifft eine Junglehrerin auf bereits ältere Pädagogen. Da trifft dann innovativer Geist auf Erfahrung. Beide Parteien brauchen hier sehr viel Kompromissbereitschaft, um miteinander etwas zu gestalten. Wie viel geht dabei verloren! Es erfordert schon sehr viel Offenheit, um darin immer eine Bereicherung zu sehen. Denn eine Bereicherung ist es nur, wenn man wählen kann, ob man diese oder jene Aspekte mit aufnehmen möchte. Aber in dieser Konstellation muss man sich jede Woche aufs Neue auf eine einheitliche Vorgehensweise, auf konkrete Inhalte, Materialien und Methoden, ja teilweise sogar darauf, was im Unterricht gesagt wird, einigen. Und „müssen" ist einfach ganz etwas anderes als „können" und „dürfen". Zudem trifft man manchmal auch auf Kollegen, denen es tatsächlich genügt, in den Pausen Arbeitsblätter relativ beliebig zu kopieren, die in den folgenden Wochen mit den Kindern einfach abgearbeitet werden. Bei denen kein Interesse vorhanden ist an irgendetwas darüber hinaus – da kann man als Lehrer, der sich um seine Kinder kümmern möchte, schon verzweifeln, wenn hier ein Gleichklang gefordert wird.

Dabei sind Lehren und Lernen individuelle Prozesse. Der Lehrer wirkt hauptsächlich durch seine Person, seine Persönlichkeit, durch die individuelle Art, wie er lehrt, durch die Beziehung, die er mit jedem Kind aufbaut. Das „Paket" Lehrer-Schüler-Sache muss stimmig sein. Jeder Lehrer muss hier seinen Weg finden und finden dürfen. Kinder sollen immer freier arbeiten und individueller gefördert werden, der Lehrer aber wird zunehmend zum Gegenteil genötigt, muss immer eingeengter arbeiten, immer umfassender kontrollieren und protokollieren und fortlaufend mehr seiner Individualität und seiner Authentizität aufgeben. Er verfügt zunehmend nicht mehr über den Freiraum und die Verantwortung, die er benötigen würde, um die ihm anvertrauten Kinder gut auszubilden und auf ihrem persönlichen Weg zu begleiten. Ein individuelles Arbeiten mit den Kindern seiner Klasse ist einfach nicht möglich, wenn er sich vorher mit den Parallelklassen auf gleiche Inhalte und Vorgehensweisen verständigen musste. Die beispielsweise dort beschlossene augenscheinliche Differenzierung von Aufgabenstellungen in drei Schwierigkeitsgrade entspricht in keinster Weise der individuellen Förderung, die unsere Kinder verdienen. Doch der Vorwurf, Lehrer seien Einzelkämpfer, setzt manch einen unter hohen emotionalen Druck – wer lässt sich so etwas schon gern vorhalten? Dabei sollte gesehen werden, dass der Lehrer schlussendlich allein mit seinen Kindern arbeitet und somit allein entscheiden muss. Nur er kann im jeweiligen Moment spüren, was zu tun ist – denn er ist allein! Und das ist oft auch gut so, denn zu viele Köche verderben den Brei. Was für ein Unsinn ist es dann, Teamarbeit zu fordern, die in dieser Form kontraproduktiv ist. Dieses Vorgehen führt immer weiter dahin, dass nur noch das Fachliche wichtig ist, die Beziehung zwischen Lehrer und Kindern immer weniger Raum, immer weniger Bedeutung bekommt. Man muss darum schon geradezu kämpfen. Dass ich regelmäßig einen Morgenkreis mache, wurde gerade noch geduldet, dass dieser aber eine ganze Schulstunde dauert, mit Begrüßen, viel Singen und Musizieren, Besprechen organisatorischer Angelegenheiten, Gesprächen, Klärung von Schwierigkeiten, Zuhören, aufeinander Bezug nehmen ... das wurde mir untersagt. So viel Zeit dürfe ich nicht mit so etwas verplempern, in der Stundentafel stände ja Mathematik und ich müsse mit den Kollegen gleichauf sein.

Wie in unserem Schulsystem Kinder entsprechend ihrer Herkunft sozial diskriminiert werden

Die Hauptgründe, warum gerade Kinder aus sozial schlechter gestellten Familien und Kinder mit Migrationshintergrund benachteiligt sind, lassen sich relativ einfach darstellen. Das Hauptproblem bei der sozialen Diskriminierung liegt nicht so sehr im Lernen an sich, sondern darin, dass alle Kinder zum gleichen Zeitpunkt das Gleiche können müssen. An diesem Anspruch orientiert sich die Beurteilung, die Notengebung und damit auch die weitere schulische Laufbahn. Hier sind die genannten Gruppen einfach benachteiligt. Dabei sind sie weder dümmer noch weniger begabt oder fauler als die anderen Kinder, sie stehen einfach an einem anderen Punkt ihrer Entwicklung, weil sie vielleicht noch nicht so viele Erfahrungen sammeln konnten und oft noch weniger schulisch sozialisiert sind.

In eine ähnliche Richtung gehen auch die Gründe, die nach meiner Erfahrung verantwortlich dafür sind, dass oft auch Jungen, zeitiger eingeschulte Kinder, Frühchen (also zu früh Geborene) oder teilweise auch erstgeborene Kinder Nachteile haben, auch wenn hier noch weitere Aspekte dazukommen. Jungen bräuchten beispielsweise zudem einen Unterricht, der ihnen mehr Bewegung ermöglicht. Außerdem geht es Jungen beim inhaltlichen Arbeiten mehr um grundlegende Prinzipien, sie arbeiten tendenziell in gröberen Strukturen und nicht so detailgetreu wie Mädchen. Zeitiger eingeschulte Kinder und Frühchen haben meist Entwicklungsrückstände, Erstgeborenen fehlt der Vorteil, schulisches Lernen und insbesondere Probeaufgaben bei den älteren Geschwistern schon miterleben und davon profitieren zu können.

Kinder kommen mit Entwicklungsunterschieden von etwa zwei bis drei Jahren in die Schule, obgleich sie in etwa das gleiche Alter haben. Diese Entwicklungsunterschiede sollte man sich genauer anschauen: Wenn ich als Lehrerin vor meiner ersten Klasse stehe, fällt mir auf, dass durchaus jedes Kind in verschiedenen Bereichen noch entwicklungsbedürftig ist, das eine im motorischen, das andere im sprachlichen, das nächste im sozialen. Die Entwicklungsunterschiede sind vielfältig. Manche dieser Unterschiede würden sich ausgleichen lassen, indem man ein Kind einfach später einschult. Zu oft jedoch lassen sich Eltern und Lehrer darüber hinwegtäuschen, dass das Kind innerlich noch nicht reif für die Schule ist, weil es vielleicht schon ein wenig rechnen oder gar lesen kann. Viele Entwicklungsunterschiede lösen sich aber erst mit der Zeit auf – mit der Zeit und durch beständige Begleitung, teilweise über Jahre hinweg.

Entwicklungsunterschiede zeigen sich auch in Erfahrungsunterschieden. Ayshe kann sich zum Beispiel im Deutschen schon sehr gut ausdrücken, aber es wird noch dauern, bis sie die Feinheiten der Grammatik erfasst hat. Das lässt sich auch nicht wirklich „schulisch" lernen. Sie wird in Deutschland aufwachsen und viel Deutsch sprechen, bis sie zunehmend und oft eher unbewusst die grammatikalischen Strukturen verinnerlicht hat. Paul hält den Stift noch sehr verkrampft, ihm könnte weniger Anspannung bei der Bearbeitung der Aufgaben helfen: Würde man hin und wieder ein paar spezielle Übungen mit ihm durchführen, würde sich das Angespannte mit der Zeit von allein geben. Maike hat einen Schritt übersprungen, sie kann lesen und schreiben. Aber wie? Bei ihr sollte man Wert legen auf den korrekten Bewegungsablauf beim Erlernen der Schreibschrift. Für diesen Prozess bräuchte sie dann wahrscheinlich doppelt so viel Zeit wie die anderen Kinder beim Schreibenlernen. Josef wirkt völlig eingeschüchtert, später erfahre ich, dass er einen sehr dominanten Vater hat, der sowohl ihn als auch seine Frau regelmäßig anbrüllt, wenn er von seinen Lkw-Touren nach Hause kommt. Ruhe hat zu herrschen, und so sitzt Josef oft vor dem Fernseher, niemand beschäftigt sich mit ihm. Josef braucht ein zuverlässiges, gutes Miteinander, um Vertrauen zu fassen und aufzutauen, er braucht viele Sinneserfahrungen, um seinen Körper kennenzulernen, Zuwendung, Gespräche und viele bunte Erlebnisse. Bis er innerlich gefestigt und aufgerichtet ist, wird es Jahre dauern. Mona rechnet „2 + 2" noch mit den Fingern. Ihr fehlt eine innere Vorstellung über Mengen. Vielleicht wurde daheim nie mit ihr gezählt, nie ein Würfelspiel mit ihr gespielt. Wahrscheinlich hat sie relativ viel Zeit in einer eher dumpfen Umgebung verbracht, wahrscheinlich lief auch der Fernseher die meiste Zeit. Sie benötigt Anschauungsmaterial und: Zeit.

Zeit. Zeit, die man in unserem Schulsystem nicht hat. Schon die ersten Proben legen auf wenige ausgewählte Fähigkeiten Wert und vernachlässigen andere völlig. Nur in der Theorie dienen diese Proben der Diagnose von Lernschwierigkeiten, um die Grundlage einer Förderung zu sein. In der Regel sind sie ein Urteil.

Von den Ergebnissen in den Proben auf das Leistungspotenzial eines Kindes zu schließen ist fatal – aber die Regel. In diesen Proben, die ja in der vierten Klasse relevant für den Übertritt auf die weiterführenden Schulen sind, wird die Leistung bewertet, die ein Kind in den Bereichen Deutsch, Mathematik sowie Heimat- und Sachunterricht zeigt. Dabei wird übersehen, dass ein Kind Fähigkeiten und Kompetenzen besitzen muss, die es als Grundlage benötigt, um zu diesen Leistungen zu kommen. Und genau das ist der entscheidende Punkt: Für viele fachliche Inhalte benötigt ein Kind maßgeblich das persönliche Erleben, die direkte Erfahrung. Zudem muss es über eine innere Struktur verfügen, um neu erworbenes Wissen gut an vorhandenes anknüpfen zu können und um später wieder darauf zugreifen und es abrufen zu können. Der Austausch mit der Außenwelt erfolgt vielfach über Sprache. Wir reden, schreiben und lesen, verwenden Begriffe – all das kann nur der, der die Sprache beherrscht. Und zu guter Letzt sind noch der Wille und die Fähigkeit zur Ausrichtung auf ein Ziel und auf Genauigkeit notwendig.

Erleben. Struktur. Sprache. Genauigkeit. Kinder aus einem sozial benachteiligten Elternhaus haben nach meiner Erfahrung häufig gerade in diesen vier Bereichen Defizite, teilweise sehr große. Einem Lehrer in der ersten und zweiten Klasse fällt das deshalb so auf, weil man bei den ersten drei Zeugnissen keine Noten schreibt, sondern Wortgutachten anfertigt. Diese geben nicht nur das Ergebnis wieder, sondern deuten zumindest noch teilweise an, welche Probleme hinter den Ergebnissen stehen. In diesen Wortgutachten nimmt man zu jedem Fach Stellung. So heißt es dann beispielsweise, hier stark verkürzt dargestellt: „Markus sieht oft noch verträumt aus dem Fenster, häufig findet er seine Arbeitsmaterialien nicht. Die Hausaufgaben sind unvollständig. In Mathematik liest er die Aufgabenstellung nicht genau. Im Heimat- und Sachunterricht drückt er sich nicht präzise genug aus. In Geschichten schreibt er einfache Sätze in unsauberer Schrift." Bedauerlich, dass aktuelle Wesensmerkmale und Lernerfolge oft als zwei getrennte Felder gesehen werden, obgleich meines Erachtens das eine die Folge aus dem anderen ist.

Kindern aus benachteiligten Familien fehlt es am allermeisten an Struktur, an innerer und äußerer. Wann wird was wie getan? Wo gehört was hin? Welche logische Folge hat dieses und jenes Tun? Diese Kinder haben oft wenig Rituale und feste Zeiten erlebt. Sie sind eher sich selbst überlassen, es fehlen eingängige Regeln, Strafe und Lob folgen häufig keiner für die

Kinder nachvollziehbaren Logik. Viele dieser Kinder haben nie Gesellschaftsspiele mit ihren Eltern gespielt und dabei gelernt, sich an Folgen und Regeln zu halten, auch das Spiel mit Gleichaltrigen ist häufig durch den Fernseher ersetzt worden. In diesen Elternhäusern werden oft viel weniger Gespräche geführt, diese auch meist in eher reduzierter Sprache und nicht gleichberechtigt. Mit Alkohol, Zigaretten und ungesunder Ernährung sind diese Kinder oft deutlich stärker konfrontiert als andere. Einem Kind aus einem solchen Milieu fehlen häufig primäre Erfahrungen, Eindrücke und Erlebnisse, unter anderem auch, weil für vieles das Geld fehlt. Und meist fehlt auch ein Mensch, der sich regelmäßig liebevoll und mit Muße einzig diesem Kind zuwendet.

Es ist einfach nicht so, dass Kinder aus sozial benachteiligten Elternhäusern unfähig oder ungeeignet wären. Es trifft auch nicht zu, dass sie nicht leistungsfähig und intelligent wären. Ganz im Gegenteil, oft lernen sie verhältnismäßig sogar mehr als privilegierte Kinder – das fällt nur bei der gängigen Leistungsmessung oft nicht auf. Um an der Regelschule in der geforderten Weise erfolgreich teilnehmen zu können, fehlen ihnen aber noch die dafür notwendigen Grundlagen: Erleben. Struktur. Sprache. Genauigkeit.

Sie haben diese wesentlichen Qualitäten noch nicht ausreichend ausbilden können. Es wäre Aufgabe der Schule, sich darum zu kümmern und ihnen die Zeit dafür zu geben, diese neben dem fachlichen Lernen stetig weiterentwickeln zu können. Das wäre durchaus möglich, wenn man den Kindern über Jahre hinweg eine niveau- und anspruchsvolle Umgebung bietet. Aber genau das passiert nicht. Immer früher werden die Kinder getestet, das Ergebnis wird bewertet, Kinder werden aussortiert. Damit überhaupt jedes Kind eine Chance hat, müsste Schule anders gestaltet werden. Insbesondere müsste die Schule eben jedem Kind Zeit geben. Zeit, damit diese Kinder ihre Rückstände aufholen und einen Leistungsanspruch an sich selbst entwickeln können. Ansonsten könnte man auch noch früher selektieren, um die Weihnachtszeit herum in der ersten Klasse beispielsweise oder auch schon im Kindergarten.

Aber die Zeit bekommen sie nicht. Im Prinzip werden also an unseren Schulen Entwicklungsstände beurteilt und die Kinder werden nach Entwicklungsständen sortiert. Hier sind privilegierte Kinder klar im Vorteil. Sie können auf viele primäre Erfahrungen zurückgreifen, haben ein durchweg ansprechenderes Umfeld, meist mit vielen verschiedenen Spielsachen und Erfahrungsräumen um sich. Eltern, die gebildet sind, sich für Bücher und das Zeitgeschehen interessieren. Eltern, die gute Gespräche führen. Eltern, die die Ruhe und die Zeit haben, sich mit Themen und mit ihrem Kind auseinanderzusetzen. Kinder, die aus solchen Elternhäusern kommen, sind in der Regel besser entwickelt, stehen anders im Leben. Und genau das spiegelt sich in den Schulnoten wider.

Betrachtet man jetzt noch Unterricht und Proben genauer, wird klar, warum Kinder aus sozial benachteiligten Familien in unserem Schulsystem kaum eine Chance auf höhere Bildung haben, warum sie weit seltener weiterführende Schulen besuchen. Sie schaffen den Übertritt gar nicht und erzielen auch sonst eher schlechte Noten. Denn der Unterricht an unseren Schulen setzt Erfahrungen weitgehend voraus und vermittelt diese nicht. Unsere Schule ist eine Paukschule, in der abfragbare Begriffe wichtiger sind als erlebte Erfahrungen. Schon in der ersten Klasse wird ein bestimmter Zeitraum vorgegeben, in dem Kinder bestimmte Inhalte lernen sollen, dann folgt die Probe. Ob Kinder die erforderlichen Voraussetzungen und Erfahrungen mitbringen, ist für die Beurteilung irrelevant. Mona, die vielleicht nach ein paar Wochen schon ohne an den Fingern abzuzählen bis zehn rechnet, erfährt bald, dass das nicht genügt. Die Klasse hat nämlich dann bereits Platzhalteraufgaben durchgenommen.

Bei den Proben wird alles noch deutlicher: Kinder aus sozial benachteiligten Familien sind oft froh, wenn sie in der Grundschule den Stoff erfasst haben, der im Unterricht durchgenommen wurde. Sie haben beispielsweise verstanden, wie Adjektive gesteigert werden: „groß – größer – am größten". Schon die Bezeichnungen „Grundstufe – Höherstufe – Höchststufe" bereiten ihnen Schwierigkeiten, oft haben sie noch nicht erfahren, wie entscheidend es häufig ist, sich präzise auszudrücken. Oft sind ihnen auch die Bezeichnungen sprachlich zu komplex, zudem fehlt ihnen der Einblick, warum bestimmte Begriffe überhaupt wichtig sind. Selten ist in diesen Familien ein Elternteil daheim, das diese Begriffe mit ihnen lernt, sodass die Kinder sie begreifen und dann auch wiedergeben und anwenden können. In der Schule werden die Begriffe ins Heft geschrieben, einige Male bei Übungen verwendet – und in der nächsten Probe abgefragt. In der Probe muss aber nun nicht nur die Steigerung des Wortes „groß" gefunden werden, sondern als Reorganisationsaufgabe auch die des Wortes „alt". Das gelingt vielen auch noch. Dann aber wird die Steigerungsform von „grün" und auch noch von „viel" abgefragt, zudem noch „tot" – denn es muss ja Aufgaben geben, die deutlich machen, welche Kinder die Anforderungen in besonderem Maße erfüllen. An diesen Aufgaben scheitern nicht privilegierte Kinder dann meistens. Sie arbeiten nicht genau genug, sie verfügen nicht über den notwendigen Wortschatz. Daheim wird oft kein korrektes, lupenreines Deutsch gesprochen: „Grün – grüner – am grünsten" wird umgangssprachlich sehr wohl formuliert, ist aber in der Probe falsch. Bei Farben gibt es keine Steigerung, Unterschiede werden mit Zusätzen deutlich gemacht: „hellgrün, maigrün, tannengrün". „Viel – mehr – am meisten" muss ein Kind aus seiner Sprachkompetenz schöpfen. Wirklich in besonderem Maße die Aufgaben erfüllen die Kinder, die bereits wissen, dass „tot" oder „rund" absolute Zustände sind, die nicht gesteigert werden. Sie können lediglich verdeutlicht oder überspitzt werden, beispielsweise durch Worte wie „mausetot" oder „kreisrund". Die Kinder sind übrigens etwa acht oder neun Jahre alt, wenn sie diese Probe schreiben. Ob es für das gemeinsame Lernen wirklich hinderlich ist, wenn manche Kinder diese grammatikalischen Feinheiten nicht kennen?

Und die Komplexität der Inhalte ist dabei noch gar nicht mal das Problem. Diese Regeln müssten den Kindern einfach begegnen, sie müssten sie vermittelt bekommen und in Übungen vielfältig anwenden. Dann könnten sie das auch bald. Aber gerade das geschieht nicht, weil das ja sonst für die Proben auch nur wieder Reproduktionsaufgaben wären. Für die Einser und die Zweier braucht es eben Aufgaben, die deutlich machen, wer „Mehr" kann. Und dieses „mehr" können eben hauptsächlich Kinder aus privilegierten Familien. Diese Kinder bringen vieles schon mit, werden zu Hause unterstützt und können damit die gelernten Inhalte in der Schule ganz anders verinnerlichen als die Kinder, die noch nicht über ein Wissens- und Strukturnetz verfügen. Bei Kindern aus sozial benachteiligten Familien fehlen häufig nicht nur die Voraussetzungen, sondern auch die beständige Unterstützung für schulische Themen im Alltag. So prüft oft niemand die Hausaufgaben nach, und selbst wenn, werden die teilweise komplex formulierten Aufgabenstellungen und Inhalte nicht verstanden, häufig werden die Hausaufgaben unvollständig, ungenau oder fehlerhaft erledigt.

Die Heftkorrekturen des Lehrers bringen wenig – die meisten Kinder schauen sie sich nicht noch mal an. Auch bei der gemeinsamen Verbesserung in der Schule ist den Kindern oft nicht bewusst, wie wichtig Genauigkeit ist, ihnen genügt es zunächst, Grundprinzipien verstanden zu haben. Das würde für das weitere Lernen an sich auch genügen – aber eben nicht für gute Noten in den Proben. Im Unterricht fällt mir zudem öfter auf, dass benachteiligte Kinder die Inhalte in den diversen Fächern sehr gut verstehen, beispielsweise naturwissenschaftliche Themen, in Proben scheitern sie jedoch, weil sie sich nicht adäquat ausdrücken können oder bestimmte Begriffe nicht kennen. Die grundlegenden Probleme, die diese Kinder mitbringen – nämlich Defizite in der Sprache, beim Strukturieren und Kategorisieren –, wirken sich in allen anderen Bereichen gravierend aus. Das verstellt den Blick darauf, dass diese Kinder ansonsten ebenso interessiert, intelligent und verstehend am Unterricht teilnehmen wie die anderen.

Woran Kinderträume zerbrechen

Ein weiteres Problem ist, dass oft auch die Eltern dieser Kinder Vierer und Fünfer im Zeugnis hatten, und sie sehen den Lebensweg ihres Kindes ähnlich. „Aus mir ist auch was geworden", sagen sie. Die Akzeptanz geringer Bildung für ihre

Kinder ist für Eltern aus diesen Schichten oft normal. Dementsprechend begnügen sich auch die Kinder damit und trauen sich selbst dadurch häufig gar nichts mehr zu. Sie sind doppelt benachteiligt, durch ihre Herkunft und durch die Schule. Wenn hier nicht eine Instanz dagegenhält, ist der Lebensweg der Kinder vorgezeichnet.

Schule müsste sich zum Ziel setzen, gerade diese Kinder trotz der widrigen Startbedingungen zu hoher Schulbildung zu führen und Eltern und Kinder davon zu überzeugen, dass alle Kinder lernen und Leistung bringen können. Unsere Schule aber sortiert diese Kinder durch den aufgezeigten Mechanismus aus und leistet von Anfang an Überzeugungsarbeit, dass diese Kinder einfach nicht so fähig sind wie andere. Diese Kinder seien eher „praktisch begabt", heißt es dann. Dabei bräuchten diese Kinder nur Hilfe und Zeit, um grundlegende innere Haltungen zu erwerben. Dann wären sie ebenfalls dazu in der Lage, hohe Leistungen zu erbringen.

Bildung entsteht durch Lernen und Üben, benötigt Zutrauen und Zeit. Bildungsgerechtigkeit würde bedeuten, dass die benachteiligten Kinder gegebenenfalls länger zur Schule gehen dürfen, um die gleiche hohe Bildung zu erhalten. Das Gegenteil ist der Fall. Diese Kinder verlassen oft nach neun Jahren das Schulsystem, während Kinder am Gymnasium drei, früher gar vier Jahre länger und kostenfrei lernen dürfen.

Es ist bezeichnend, dass Kinder bei uns bereits im Alter von sieben, acht oder neun Jahren wissen, ob sie später das Abitur machen werden. Für Kinder aus privilegierten Elternhäusern ist das einfach selbstverständlich, wie bei Anna, die das große Ziel „Abi" ja bereits bei der Einschulung auf dem T-Shirt trug.

Als ich in einer dritten Klasse einmal fragte, wer später welchen Beruf ergreifen wolle, strahlte mich Martha mit ihren Zahnlücken an: „Ich möchte Tierärztin werden! Ich will mich so gern um Tiere kümmern und sie gesundoperieren!" Kurze Stille, dann ein sehr klarer, desillusionierter Blick: „Aber nein, das ist nur ein Traum, mit meinen Noten komme ich auf die Hauptschule, werde Hartz-IV-Empfänger wie meine Eltern und werde bei anderen putzen."

Gerade Kinder aus nicht privilegierten Schichten müsste man nicht nur dort abholen, wo sie stehen, sondern auch dorthin führen, wo sie hinkönnten.

Die deutsche Sprache – ein komplexes Gebilde

Bei Kindern mit Migrationshintergrund muss man stärker differenzieren. Nach meiner Erfahrung hängt es auch hier weit mehr davon ab, in welcher sozialen Schicht die Kinder aufwachsen. Dennoch haben es Kinder mit Migrationshintergrund, selbst wenn sie aus einer gehobenen sozialen Schicht kommen, meist schwerer als deutsche Kinder. Im Unterricht und beim Lernen zeigen sich bei vergleichbaren Kindern keine Unterschiede. Beide Gruppen arbeiten gut, können neu Erlerntes gut einbinden und darauf zugreifen. Die Erfahrungswelt von Kindern einer sozialen Schicht ist in etwa ähnlich, teilweise haben die Kinder mit Migrationshintergrund hier aufgrund der Erfahrungen in verschiedenen Kulturkreisen sogar Vorteile. In den Proben schneiden sie dennoch häufig schlechter ab, wenn sie die deutsche Sprache nicht so perfekt beherrschen wie ihre Klassenkameraden. Die Notwendigkeit Aufgaben zu stellen, die herausfiltern, welche Kinder die Anforderungen in besonderem Maße erfüllen, bringt es mit sich, dass oft Sprache als Mittel zur Selektion eingesetzt wird. So finden sich komplexere sprachliche Formulierungen, es werden Wörter verwendet, die nicht im alltäglichen Sprachgebrauch vorkommen, die einwandfreie Sprache in Rechtschreibung und Wortwahl wird bewertet. Kinder mit Migrationshintergrund verfügen oft über einen kleineren Wortschatz im Deutschen. Sie verstehen Texte daher teilweise weniger gut oder können sich nicht so präzise und gewandt ausdrücken. Da die Kriterien und die Verteilung der Punkte bei Proben aber sehr genau festgelegt sind, erzielen diese Kinder weniger Punkte und so schlechtere Noten. Damit gelingt auch der Übertritt auf eine weiterführende Schule seltener, da der nötige Notenschnitt nicht erreicht wird. Durchforstet man Probenstellungen verschiedener Jahrgangsstufen, wird man schnell fündig. Ein Beispiel zur Verdeutlichung (Aufgabe aus einer Deutschprobe, am Anfang der zweiten Klassenstufe):

Wähle das passende Wort. Schreibe dann in korrekter Schreibweise: WIR GAREN ALLE/AALE.
Richtige Antwort: Wir garen Aale.

Welche Kinder wissen wohl, was das Wort „garen" bedeutet? Welche Kinder können die Worte „Aale" und „alle" vom Wortbild ausgehend richtig aussprechen und die Bedeutung erkennen? Aber diese Aufgabe liefert die zwei Punkte, die für die Note „Eins" nötig sind, eine weitere ähnliche sichert die Zwei. Die Drei genügt aber für den Übertritt aufs Gymnasium schon nicht mehr.

Wissen sollte man auch, dass Kinder mit Migrationshintergrund nur mit Schwierigkeiten von der Benotung freigestellt werden. Selbst wenn ein Kind aus dem Ausland neu zuzieht, wird eine Befreiung meist nur für wenige Monate von der Lehrerkonferenz beschlossen. Kindern, die schon länger in Deutschland leben, wird diese Sonderregelung oft nicht mehr zugestanden. In der Regel gilt die Befreiung zudem auch nur für das Fach Deutsch. Dabei haben Feinheiten der deutschen Sprache auch in allen anderen Fächern entscheidenden Einfluss. Kinder, die die deutsche Sprache nicht sehr gut beherrschen, haben große Nachteile in unserem Schulsystem. Nicht im Unterricht, aber in den Prüfungen. Das gilt auch für deutsche Kinder. Die Lese- und Schreibkompetenz ist in allen Fächern ein entscheidendes Kriterium, dabei ist Deutsch bekannt als eine sehr schwer zu erlernende Sprache mit großem Wortschatz und zahlreichen komplexen grammatikalischen Strukturen. Man denke nur daran, dass Artikel, Adjektive ebenso wie Personalpronomen je nach Kasus und Geschlecht verändert werden, im Englischen beispielsweise bleibt diese Form immer gleich.

In unseren Schulen wird der komplexen Struktur unserer Muttersprache jedoch absolut nicht Rechnung getragen. Statt Kindern ausreichend Zeit und Gelegenheit zu geben, sich im Unterricht umfassend mit Sprache auseinanderzusetzen und sich in dieses System einzufühlen, wird das Beherrschen der Sprache weitestgehend vorausgesetzt und zum wesentlichen Kriterium für die weitere Schullaufbahn.

> *Bürokraten handeln aufgrund starrer Regeln, die auf statistischen*
> *Daten basieren, nicht in spontaner Reaktion auf die vor ihnen stehenden*
> *Personen. (…) Der Bürokrat fürchtet persönliche Verantwortung und sucht*
> *hinter seinen Vorschriften Zuflucht. Was ihm Sicherheit und Stolz gibt,*
> *ist seine Loyalität gegenüber den Gesetzen, nicht seine*
> *Loyalität gegenüber den Geboten der Menschlichkeit.*
>
> *Erich Fromm*

Kinder haben keine Lobby

„Schule ist für die Kinder da", müsste keine leere Worthülse bleiben, wenn man individuelle Lösungen möglich machen würde – für die Kinder, für die Lehrer, aber auch für ganze Schulen. Doch genau das Gegenteil ist der Fall: Gerechtigkeit wird zur Gleichmacherei degradiert, Vorschriften müssen starr eingehalten werden und am allerwichtigsten im Schulalltag scheint inzwischen die Absicherung vor eventuellen Klagen zu sein, wofür viele Nachteile in Kauf genommen werden. Am meisten leiden darunter unsere Kinder. Kinder, die Freiraum und Vertrauen benötigen und stattdessen Kontrolle, Zwang und Enge erhalten. An falscher Stelle spart man, um das Geld bei besser „vorzeigbaren" Themen teilweise völlig unnötig auszugeben. Manchmal erhält man den Eindruck, dass Kinder, aber auch Lehrer nur noch als „Nummern" gesehen werden, die verwaltet werden und sich in die vorgegebenen Raster und Vorgaben einfügen müssen.

Das beginnt schon bei ganz grundlegenden Dingen, der Stundentafel beispielsweise: Während es für die Studenten an der Uni meist zwischen zwei neunzigminütigen Seminaren eine halbe Stunde Pause gibt, haben die Kinder in der Schule in der Regel neunzig Minuten Unterricht und dann lediglich zwanzig Minuten Pause, danach wieder neunzig Minuten Unterricht, zehn Minuten Pause und dann noch einmal neunzig Minuten Unterricht.

Teilweise geht es danach noch weiter, Sport-, Förder- und Ethikunterricht, aber auch Arbeitsgemeinschaften finden selbst schon in der Grundschule am Nachmittag statt. Dazwischen haben die Kinder immerhin eine Stunde Pause, in der das Mittagessen eingenommen werden kann, falls es die Kinder schaffen, in dieser Zeit nach Hause zu gehen, schnell zu essen, um dann wieder in der Schule zu erscheinen. Die Zehn-Minuten-Pause am Vormittag ist zu kurz, um an die frische Luft zu gehen, und selbst von der Zwanzig-Minuten-Pause bleiben nur wenige Minuten. Der Rest der Pausenzeit vergeht beim An- und Ausziehen und für die Wege. Wie viele Mütter klagen, dass ihre Kinder während des gesamten Schultages nichts gegessen oder getrunken haben. Kein Wunder, die Kinder wollen wenigstens einmal laufen, sich bewegen, spielen! Da vergessen viele die Brotzeit, manche vergessen sogar, auf die Toilette zu gehen. Ich hatte einmal ein Kind in der Klasse, das sogar „groß" in die Hose gemacht hatte, ohne es zu bemerken. Viel zu viel müssen die Schüler bewältigen, da bleibt kein Raum mehr sich selbst zu spüren und seine Bedürfnisse wahrzunehmen. Und natürlich, auch hier versuchen Lehrer den Kindern entgegenzukommen. Die zwanzigminütige Pause dauert tatsächlich meist dreißig Minuten und nachdem die Kinder wieder auf ihren Plätzen sitzen, an Stationen weiterarbeiten oder sich für den Sport umgezogen haben, hat man für die eigentliche Unterrichtsstunde nach der Pause dann nur noch fünfundzwanzig bis dreißig Minuten Zeit.

Als Klassenleiter kann man dieser Stundentafel ein wenig Rechnung tragen. In die fünfte und sechste Stunde legt man dann beispielsweise die musischen Fächer, die Kinder sind erschöpft, viel aufnehmen können sie zu dieser Zeit nicht mehr. Als Fachlehrer hat man jedoch das Nachsehen. Der Stoff und die Probenanforderungen ändern sich ja nicht, nur weil man in den letzten Stunden oder nach den etwas längeren Pausen unterrichten muss. Also geht es oft nur noch darum, etwas „durchgenommen" und einen Nachweis dafür im Heft zu haben, anstatt darum, dass alle Kinder verstanden haben und aktiv dabei sind.

Zusätzlich muss im Unterricht aber oft noch Zeit aufgebracht werden, die nirgendwo eingerechnet ist. Für Verkehrserziehung beispielsweise: In der vierten Klasse haben die Kinder hierfür knapp zehn Stunden Praxis und etwa noch einmal genauso viele Stunden Theorie, die sie auch mit einer Prüfung abschließen. Im Lehrplan steht, dass die benötigte Zeit von anderen Fächern in ausgewogenem Verhältnis abgezweigt werden soll. Der Stoff für diese Fächer wird aber nicht weniger, ganz im Gegenteil. Nur die dafür vorgesehene Zeit wird immer weiter eingeschränkt – so wurden beispielsweise in den letzten Jahren neuen Fächern wie Englisch Stunden vom vorhandenen Zeitbudget zugesprochen, ohne einen entsprechenden Ausgleich dafür zu schaffen. Dabei können viele Kinder noch nicht einmal richtig Deutsch, sollen jetzt aber nach der vierten Klasse vierhundert englische Wörter beherrschen, wie in einer Lehrerkonferenz mitgeteilt wurde – Kinder sollen also die gleiche Menge Stoff wie bisher oder sogar noch mehr in immer weniger Zeit bewältigen.

In manchen Schulen wird daher nun inzwischen die „Vorviertelstunde" als Lernzeit genutzt: Kinder haben dafür möglichst schon um Viertel vor acht in der Schule zu sein und bearbeiten dann oft Lernwerkstätten oder Wochenpläne. Solange das dazu dient, den Kindern ein ruhiges Ankommen zu ermöglichen, ist das durchaus sinnvoll, doch teilweise werden hier auch schon verbindliche Aufgaben gestellt, die dann von jenen Kindern später nachzuarbeiten sind, die die Aufgabe nicht geschafft haben. Immerhin werden so pro Woche fünfundsiebzig Minuten, also fast zwei Schulstunden, gewonnen. Dabei müssen viele Kinder sowieso schon sehr früh aufstehen. Da inzwischen nämlich kleine Ortsschulen geschlossen wurden, sind die Kinder gezwungen, teilweise längere Strecken mit dem nicht selten völlig überfüllten Bus zu fahren, der sie bisweilen schon um sieben Uhr abholt. Viele Kinder müssen also bereits um sechs Uhr aufstehen, manche gar noch zeitiger. Bei Kindern dauert vieles noch etwas länger als bei Erwachsenen, etwa das Anziehen und Waschen, und auch das Frühstück soll ja in Ruhe eingenommen werden, bevor sie sich auf den Weg zur Haltestelle machen. Auch die Rückkehr von der Schule verzögert sich durch die längeren Wege, sodass einige Kinder erst gegen vierzehn Uhr oder später zu Hause ankommen, zu Mittag essen, dann Hausaufgaben machen, ein wenig spielen und sich gegen achtzehn Uhr wieder aufs Abendessen und aufs Zubettgehen vorbereiten. Ab dem Eintritt in die fünfte Klasse kommen Kinder oft erst gegen siebzehn oder achtzehn Uhr nach Hause und müssen sich danach noch an die Hausaufgaben setzen. Teilweise werden für den Busverkehr aber keine speziellen Schulbusse eingesetzt, die Kinder müssen mit den öffentlichen Verkehrsmitteln fahren, deren Fahrplan nicht auf die Unterrichtszeiten abgestimmt ist. An manchen Schulen dürfen diese Kinder daher den Unterricht ein paar Minuten vor Unterrichtsende verlassen, weil die Wartezeit auf den nächsten Bus einfach zu lang wäre. Diese nötigen Sonderreglungen stören natürlich auch wieder das gesamte Miteinander in der Klasse.

Eines der Probleme: beengtes Lernen
Könnte der Unterricht etwas freier gestaltet werden, würde das wohl nicht so auffallen. Doch dagegen sprechen vielfach schon die Räumlichkeiten: Die Klassenzimmer sind zu klein, sie sind dafür konzipiert, dass dreißig oder mehr Kinder in Reihen sitzen, aber nicht, dass sie sich auch bewegen. Große Klassen sind immer noch häufig. Dabei wäre es gerade bei den jüngeren Kindern wichtig, in kleineren Gruppen zu arbeiten, damit sich der Lehrer intensiver um einzelne Kinder kümmern kann. Gerade jüngere Kinder brauchen einen vertrauten Menschen, der sich um sie kümmert. Doch die Realität sieht anders aus: Beim Lesenlernen in der Klasse könnte wohl jedes Kind in einer Schulstunde gerade mal einen Satz lesen. Wenn Kinder im Morgenkreis erzählen, vergeht schnell eine Stunde. Mit einem Kind auch mal allein arbeiten – Fehlanzeige. Nach meiner Erfahrung ist eine Klassenstärke von vierundzwanzig Kindern die absolute Obergrenze, um in den vorhandenen Räumen noch einigermaßen gut arbeiten und die Kinder adäquat betreuen zu können. Deutlich besser wären kleine Klassen mit sechzehn bis achtzehn Kindern. Wenn nur frontal über die Köpfe der Kinder

hinweg unterrichtet würde, wäre die Anzahl der Kinder wohl relativ gleichgültig – abgesehen von den Korrekturen, bei denen man den zusätzlich notwendigen Zeitaufwand mit jedem Schüler mehr deutlich spürt. Möchte man sich aber um die Kinder gut kümmern, individuelle Lernarrangements betreuen und jedem Schüler weiterführende persönliche Rückmeldungen geben, braucht man einfach Zeit für jedes Kind. Sind mehr als vierundzwanzig Kinder in der Klasse, merkt man das allein schon durch den zusätzlichen Tisch, der eine weitere Reihe notwendig macht. Kinder an Gruppentischen sitzen zu lassen oder in Hufeisenform traut man sich immer seltener, sofort kommt dann Kritik der Eltern, ihr Kind würde Haltungsschäden bekommen oder sei benachteiligt beim Blick auf die Tafel. Stellt man die Reihen enger zusammen, kann man vielleicht gerade noch Platz für einen Sitzkreis oder gar einen Gruppentisch herausschinden. An die im Lehrplan geforderten Forschertische zu den einzelnen Fächern mit den unterschiedlichsten Forschermaterialien ist jedoch gar nicht zu denken.

Stark einschränkend wirkt die Raum- und Ausstattungsnot in vielerlei Hinsicht, beispielsweise auch im Kunstunterricht: Eine Stunde Kunstunterricht gibt es pro Woche. Können Kinder in der wenigen Zeit, die ihnen nach dem Herrichten der Malutensilien bleibt, die innere Muße finden und sich aufs Malen einlassen, wenn sie schon bald dazu aufgefordert werden, mit dem Aufräumen zu beginnen? Es müssen ja alle neunundzwanzig Kinder vor dem Gong schaffen, ihre Malsachen an dem einzigen kleinen Waschbecken zu reinigen, das im Klassenzimmer zur Verfügung steht. Unter solchen und ähnlichen Bedingungen lassen sich die gewünschten Lernziele in den verschiedenen Fächern nicht erfolgreich umsetzen.

Dafür müssen jetzt mindestens zwei Computer in jedem Klassenzimmer stehen, auch in einer ersten Klasse. Dabei interessiert es wenig, dass für die Computertische der für die Zusammenarbeit der Kinder so wertvolle Gruppentisch weichen musste. Keine Frage: Medienerziehung ist in der heutigen Zeit sehr wichtig. Aber im Stundenplan ist dafür keine einzige Stunde vorgesehen. Fernsehen, Computer, Internet – mit all dem sollen die Kinder ja umgehen können, auch wenn sie noch gar nicht lesen, geschweige denn tippen können. Zwei Computer: Wenn jedes Kind nur fünf Minuten daran arbeitet, vergehen schon etwa sechzig Minuten. Mit der Zeit, die für die Erklärungen zwischendurch, für diverse Platzwechsel und Ähnliches nötig ist, sind das ohne Weiteres zwei Schulstunden. Auch das Anmeldesystem schluckt Zeit, denn dabei muss sich jedes Kind mit einem eigenen Kennwort einloggen – Datenschutz persönlicher Schriftstücke bereits in der ersten Klasse. Das Kennwort soll dabei bestimmten Kriterien genügen und aus Buchstaben, Zeichen und Zahlen zusammengesetzt sein. Die meiste Zeit verbringe ich als Lehrer damit, den Kindern beim Einloggen zu helfen oder falsch eingegebene Passwörter zurückzusetzen. Wie viel ein Kind wohl in gerade mal fünf Minuten am Computer lernen kann?

Auf dem Computer gibt es natürlich auch eine Kindersicherung, an sich eine durchaus sinnvolle Einrichtung. Wenn nicht dadurch nahezu alle Seiten gesperrt wären. Suchen die Kinder unter Bildern nach „Schmetterling", sind achtzehn von zwanzig Bildern für sie nicht abrufbar. Auf diese Art können die Kinder nicht wirklich frei arbeiten, zudem ist es für sie sehr frustrierend, kaum eine Seite aufrufen zu können, weil ständig das „Gesperrt"-Zeichen erscheint. Andererseits zeigt dieses Sicherheitsnetz dann wieder erschreckende Lücken und erweist sich als unzuverlässig: In einer vierten Klasse arbeiteten die Kinder am Projekt Deutschland und sollten sich über Bundesländer, Städte, Flüsse und dergleichen im Internet informieren. Zusätzlich durften sie sich notwendiges Wissen mithilfe von Lernspielen aneignen. Plötzlich ein Schrei. Zwei Jungen, ihre Hände abdeckend vor den Bildschirm haltend, hatten nur nach Karten und Spiel gesucht und es prangte eine nackte Frau auf dem Bildschirm. Im Gegensatz dazu ist uns jedoch der Zugriff auf zahlreiche völlig seriöse Seiten, die ich vorab extra daheim herausgesucht hatte, verweigert worden. Mit dieser vierten Klasse saß ich im Computerraum der Schule, von der Größe her etwa ein halbes Klassenzimmer, der achtzehn Computer beherbergte, von denen sieben defekt waren. Die Verbindung zum Drucker funktionierte nur etwa bei der Hälfte der Computer. Wie alt all diese Geräte bereits waren, möchte ich gar nicht wissen.

Dringend notwendig, um wirklich gut selbstständig arbeiten zu können, wäre zudem eine gut sortierte Schulbücherei, doch gibt es die an den meisten Schulen nicht. Zur Gemeindebücherei außerhalb des Schulgeländes dürfen Kinder während der Schulzeit selbstverständlich allein nicht gehen, mit der Existenz derselben wird aber oft begründet, warum keine schulinterne Bücherei nötig ist. Die Möglichkeit, ständig in Büchern recherchieren zu können, ist aber eine Grundvoraussetzung für das freie Arbeiten. Viele Lehrer bauen sich daher mit der Zeit eine eigene Klassenbücherei auf – von ihrem eigenen privaten Geld.

Gerade beim freien Arbeiten, beim Entdecken und beim Forschen bräuchten die Kinder vielfältige Materialien, doch die gibt es an den Schulen oft einfach nicht. Für die Präsentation von Ergebnissen sollten wenigstens großes Tonpapier und Eddingstifte zur Verfügung stehen, doch auch darum muss sich meist der Lehrer selbst kümmern. Aber es fehlt ja sogar der Stauraum, um das bislang Erarbeitete gut aufzubewahren – außer es handelt sich ausschließlich um Blätter im Din-A4-Format, die in einer Mappe verwahrt werden können.

Der Widerspruch zwischen Theorie und Praxis
Manch eine gute Idee kommt von oben, scheitert jedoch an den Vorgaben oder an den realen Gegebenheiten. Die folgenden Beispiele mögen exemplarisch für zahlreiche andere stehen. So sollte im Rahmen der Aktion „Schulobst" Kindern in der Pause Obst angeboten werden, um zu einer gesünderen Ernährung beizutragen. Jedes Kind sollte regelmäßig hundert Gramm Obst erhalten, die Schule stand in der Pflicht, das nachzuweisen. Um eine genaue Abrechnung zu ermöglichen, hätten Listen geführt werden müssen, welche Kinder an welchem Tag krank waren, zudem war vorgesehen, dass Kinder vor und nach dem Obstimbiss einen Fragebogen ausfüllen. Der Lehrer sollte ein didaktisches Konzept zur Weiterarbeit im Unterricht erarbeiten und durchführen. Warum ist es nicht möglich, den Kindern einfach nur Obst anzubieten, ohne daraus gleich wie-

der eine wissenschaftliche Abhandlung zu machen und unnötig Zeit zu binden?

Die Aktionen „Voll in Form" oder „Bewegte Grundschule" sind eine Reaktion auf die Tatsache, dass unsere Kinder sich zu wenig bewegen und zunehmend übergewichtig sind. Deshalb sollen an jedem Schultag, an dem keine Sportstunde stattfindet, zwanzig Minuten Sport im Klassenzimmer gemacht werden. Abgesehen davon, dass sich Sport im Klassenzimmer ungefähr darauf beschränkt, mit den Kindern Arme zu kreisen, die Hüften hin und her zu schwingen oder Therabänder mit Armen und Beinen zu dehnen, ist auch dafür in der Stundentafel keine einzige Minute vorgesehen!

Sportunterricht haben die Kinder in den unteren Jahrgangsstufen zweimal wöchentlich eine Stunde – an zwei verschiedenen Tagen, damit die Kinder öfter turnen. Dass man mit dem Umziehen der Kinder und den Wegen zur und von der Turnhalle oft nur knappe zwanzig bis dreißig Minuten Sport hat (und wenn die Stunde nach einer Pause stattfindet, gar noch weniger) und dass allein der Auf- und Abbau von Geräten mit den Kleinen genauso viel Zeit kostet – daran scheinen Schulbehörden und andere Gremien nicht zu denken. Dass die Zeit an anderer Stelle wieder fehlt, wenn die Kinder sich schon in der vorhergehenden Stunde umziehen dürfen und nach der Sportstunde eine Trinkpause genehmigt bekommen, wird auch nicht berücksichtigt. Oft ist die Turnhalle außerdem nahezu permanent belegt. Eine vierzügige Grundschule hat sechzehn Klassen, die jeweils zwei bis drei Stunden Sport pro Woche haben, eine Woche hat dreißig Vormittagsstunden. Meist gibt es nur eine Einfachturnhalle und so müssen vor allem die jüngeren Klassen oft in einen etwa acht Schritt breiten und ebenso langen Gymnastikraum ausweichen, in dem sie die nächsten zwei Jahre Sportunterricht haben. Pech, wenn der Rektor auch noch der Meinung ist, drei schon recht verschlissene Softbälle würden, neben einem Korb voller uralter und inzwischen hart gewordener Gymnastikbälle als Sportgeräte völlig ausreichen, es gäbe schließlich noch ein paar Matten und man könne auch einen Bock nutzen – ob ein Anlauf von fünf Metern genügt?

Dass unter diesen Umständen teilweise mehrere Kinder in einer Sportstunde aneinanderlaufen und sich wehtun, manche Kinder schon gar nicht mehr laufen, sondern sich bei Spielen nur noch vorsichtig gehend bewegen, wird als „mimosenhaft" abgetan.

Und wie geht es den Kindern, wenn gleichzeitig von einem einzigen Lehrer neunundzwanzig Schüler im Schwimmen unterrichtet werden müssen, darunter auch sechs Nichtschwimmer? Vierzehntägig bin ich für eine Doppelstunde zu dem fünfundzwanzig mal zwölf Meter großen Becken gefahren. Wenn man Fahrzeit und Umkleiden, das Duschen und das Haaretrocknen bei neunundzwanzig Kindern an drei Fönen abzieht, blieben kurze fünfundvierzig Minuten tatsächliche Schwimmzeit zur Verfügung. Ein wenig Wassergewöhnung und Spiel am Ende sollte drin sein, so bleiben fürs tatsächliche Üben wieder nur knapp fünfunddreißig Minuten. Die Kinder können aufgrund der Größe des Bades aber nur in Gruppen schwimmen, alle paar Minuten muss eine Gruppe aussetzen – und frieren. Damit der Lehrer neue Übungen vorstellen kann, müssen die Kinder aus dem Wasser kommen, denn selbst durch das ruhige Geplätscher von neunundzwanzig Kindern, die sich lediglich am Rand des Beckens festhalten, könnten nur wenige Kinder den Lehrer akustisch verstehen, die anderen sind zu weit weg.

Am Ende des Jahres, in dem ich wohlwollend gerechnet insgesamt fünfzehn solcher Einheiten gehalten hatte, sollte ich alle Kinder im Brust-, Rücken- und Kraulschwimmen sowie im Startsprung und im Tauchen benotet haben. Wichtig ist selbstverständlich auch hier, dass Noten „adäquat" gegeben werden, das heißt, jedes Kind muss vorschwimmen und vom Lehrer einzeln begutachtet werden – wobei aus sicherheitstechnischen Gründen dann kein anderes Kind im Wasser sein darf. Man kann zwar eine Mutter zur Aufsicht mitnehmen, die Verantwortung trägt man jedoch allein. Für das Erlernen und Üben einer Disziplin und die anschließende Prüfung hat man also bei neunundzwanzig Kindern knapp drei Schwimmstunden mit einer Schwimmzeit von jeweils einer guten halben Stunde Zeit: Brust-Beine, Brust-Arme, Atmung und Koordination sowie die einzelne Prüfung jedes der neunundzwanzig Kinder in etwas mehr als neunzig Minuten. Respekt, wer das schafft.

Wundert es, dass die Nichtschwimmer auch im zweiten Jahr eines solchen Unterrichts das Schwimmen nicht erlernt haben? Wundert es, dass diese Kinder Schwimmen nicht mögen und vielleicht schon denken, sie seien einfach unfähig, schwimmen zu lernen? Spricht man dann einem Vorgesetzten gegenüber aus, dass man unter diesen Umständen gar nicht wirklich unterrichten könne und dass zumindest die Nichtschwimmer doch eine besondere Betreuung bräuchten, allein schon damit sie keine Angst entwickeln, die anderen dann aber viel zu lange draußen sitzen und frieren würden, so bekommt man nur zu hören, dass das seit Jahren gängige Praxis an dieser Schule sei. Das mag sein, aber geht es nicht darum, dass Kinder etwas lernen und es ihnen Freude macht? Wie es mir als Lehrerin unter diesen Bedingungen mit der ständigen Angst geht, dass etwas passieren, vielleicht gar jemand ertrinken könnte, interessiert selbstredend auch nicht. Warum auch – geben die Bestimmungen des Kultusministeriums doch vor, dass eine Lehrkraft zum Unterrichten der neunundzwanzig Kinder genügt. Wichtig ist aber, dass ich die Tür zum Schwimmbad stets ordnungsgemäß abschließe, damit kein fremdes Kind ins Becken fällt, das sich verirrt hat. Offiziell auf dem Papier haben zum Schluss jedenfalls alle Kinder in dieser Klasse zwei Jahre Schwimmunterricht erhalten und alle haben Noten bekommen. Damit ist die Sache erledigt.

Sinn und Unsinn rund um die Kindersicherheit

Die Aufsichtspflicht wird als eine der wichtigsten Pflichten eingefordert, allerdings in meinen Augen oft weit übertrieben. Natürlich haben Eltern das Recht, ihre Kinder in guten Händen und beschützt zu wissen. Und natürlich müssen Lehrer auf die Kinder aufpassen und auf deren Sicherheit achten. Aber es wäre im Sinne der Kinder, wenn wir hier wieder ein gesundes Maß finden würden. Kinder dürfen nicht allein durchs Schulhaus laufen, sie müssen als Klasse vom Lehrer geführt werden. Kinder dürfen nicht ohne Lehrer in den nahe liegenden Materialraum gehen, weil sie sich an den Regalen stoßen könnten. Kinder dürfen nicht allein auf die Toilette gehen, weil sie vor Triebtätern geschützt werden müssen, die sich in den Toiletten verstecken könnten, obgleich viele Schulen inzwischen während der Schulzeit abgesperrt sind und von Fremden nicht betreten werden können. Ja, Kinder dürfen an manchen Schulen nicht einmal allein zur Pause auf den Schulhof oder am Ende des Schultages allein die Treppe hinuntergehen. Ich frage mich manchmal schon, wie diese Kinder selbstständig werden sollen, was beständig gefordert wird, wenn ihnen noch nicht einmal solche einfachen, im Regelfall gefahrlosen Aktionen zugetraut und ermöglicht werden. Ich kann mich noch gut an ein Mädchen in einer zweiten Klasse erinnern, das viel Zeit zum Umziehen benötigte. Sie schaffte es wirklich nicht schneller und ich hätte es auch falsch gefunden, sie jedes Mal anzuziehen. Die ganze Klasse musste in der Pause und nach der Schule immer auf sie warten, weil wir weder die Erlaubnis bekamen, dass die fertig angezogenen Kinder schon losgehen, noch, dass das einzelne Mädchen gegebenenfalls auch mit einer Freundin nachkommen durfte. Ich wurde zuerst angewiesen, dieses Mädchen gehörig unter Druck zu setzen, sie auch mal härter anzusprechen oder gar zu bestrafen. Dann wurde mir mitgeteilt, ich müsste den Unterricht zehn Minuten früher beenden, damit die Kinder rechtzeitig in die Pause beziehungsweise aus der Schule kämen, wenn wir auf dieses Mädchen warten müssten. Das wären pro Woche hundert Minuten weniger Unterricht für die ganze Klasse gewesen, und das nur, weil in diesem Fall ein Mädchen nicht allein eine ganz normale, ungefährliche Treppe hinuntergehen durfte! Es wäre wirklich nicht so schwer, individuelle Lösungen für Kinder zu finden, wenn man ab und an ein wenig vom Bürokratismus abweichen und etwas guten Willen zeigen würde.

So auch bei dem schwerhörigen Mädchen, das trotz Mikrofon kaum etwas hören konnte, weil der Raum akustisch völlig ungeeignet war. Ein Tausch des Zimmers schien aber organisatorisch nicht möglich. Oder bei dem Kind, das sich ein Bein gebrochen hatte. An dieser Schule war es sowohl Lehrern als auch Kindern verboten, den Aufzug zu benutzen. Da wurde auch für dieses Kind keine Ausnahme gemacht, es musste mit Krücken über die Stufen in die höheren Stockwerke humpeln.

Natürlich sind das Einzelbeispiele und es gibt überall viele Lehrer und Schulleiter, die sich um die ihnen anvertrauten Kinder kümmern. Dennoch: In vielen Schulen hält ein Geist der Bürokratie, der Kontrolle, der Absicherung Einzug, gegen den man sich aufgrund der Vorgaben und auch der eventuellen juristischen Folgen kaum schützen kann. Schulen müssen aber Lern- und Lebensorte sein, in denen Kinder sich wohlfühlen und spüren, dass das Wohlergehen eines jeden Einzelnen wichtig ist. Darüber hinaus sollte man Kindern gerade in Schulen einen gesunden Demokratiegedanken vermitteln. Demokratie heißt nämlich meines Erachtens nicht: Die Mehrheit setzt sich auf Kosten der Minderheit durch. Sondern: Das Leben wird so gestaltet, dass jeder einen guten Platz findet. Man könnte Kindern durchaus vorleben, wie man dafür sorgt, dass es jedem in der Gemeinschaft gut geht. Denn nur das, was man selbst erlebt hat, kann man selbst leben und später auch weitergeben. Stattdessen erleben Kinder oft, mit welchen Schwierigkeiten andere Kinder zu leben haben, ohne dass ihnen geholfen wird, ohne dass auch nur versucht wird, gute Lösungen zu finden.

Schulkinder sind rechtlos

Zur Mitbestimmung haben Kinder in den Schulen generell nicht viele Möglichkeiten. Klassensprecher werden ab der dritten Klasse gewählt, die Treffen der Klassensprecher finden maximal monatlich, oft nur zweimal im Jahr für eine Schulstunde statt. Aber selbst innerhalb der Klasse fehlt oft die Zeit, intensivere Gespräche über bestimmte Themen zu führen. Teilweise wird das Bestreben, für die Kinder demokratische Prozesse erfahrbar zu machen, sogar durch Vorgesetzte untergraben. So wurde an einer Schule eine Befragung über Mobbing an der Schule durchgeführt, nachdem einige Eltern der Schulleitung offensichtlich entsprechende Vorfälle angezeigt hatten. Als ich mir die ausgefüllten Zettel meiner Kinder aus Interesse kurz durchsah, wurden sie mir schon aus der Hand genommen. Die

Ergebnisse wurden klassenweise veröffentlicht, doch ganz offensichtlich hatten sich bei der Auswertung Fehler eingeschlichen: Die Schülerzahl meiner Klasse stimmte nicht, zudem entsprachen die Ergebnisse nicht der Meinung, die meine Klasse zu diesem Thema vertrat. Die Kinder waren entsetzt, wurden aber von der Schulleitung nicht zur Kenntnis genommen. Als ich um Anhörung der Kinder bat, hieß es, ich würde die Kinder aufhetzen. Schlussendlich schrieben die Kinder in einer Unterrichtsstunde bei einem anderen Lehrer einen Brief an den Rektor. Als Ergebnis wurde die Befragung in der Klasse wiederholt, allerdings verweigerte man erneut, die Auswertung vor den Augen der Kinder durchzuführen, und zudem sagte man deutlich, dass das jetzige Auszählungsergebnis irrelevant sei und nicht verwendet würde, sondern nur zur Beruhigung der Kinder diene. Bei einem Elternabend zu diesem Thema wurde dann explizit deutlich gemacht, dass man nicht über Einzelfälle sprechen wolle. Betroffenen Eltern wurde das Wort abgeschnitten mit der Frage, ob das den Großteil der Kinder in der Klasse betreffe, wenn nicht, sei es nur ein Einzelfall und damit nicht relevant. Und das beim Thema Mobbing, bei dem es an sich immer um Einzelfälle geht. Manchmal könnte man verzweifeln, wie unwichtig Kinder in diesem System teilweise sind – und sie haben einfach keine Lobby!

Dafür ist es wichtig, dass täglich die Hausaufgabe und gegebenenfalls per Strichliste auch die Nacharbeit derselben kontrolliert wird. Was ein Kind wirklich braucht, was ihm wirklich helfen würde, dem wird oft kein Raum gegeben. So sollte man besser auch nicht anzweifeln, ob es dienlich ist, den Förderunterricht parallel zum normalen Unterricht anzubieten. Als ich zum Beispiel einmal Bedenken äußerte, ob und wie das betreffende Kind jemals den durch die Abwesenheit im regulären Unterricht versäumten Stoff nachholen sollte, wurde mir nur entgegnet, dass solche Kinder eh so dumm seien, dass es egal wäre, ob sie in der Klasse säßen oder nicht. Oder ich möge doch in diesen zwei Stunden – die damit übrigens ein Achtel der wöchentlichen Unterrichtszeit des grundlegenden Unterrichts ausmachten – etwas mit den anderen Kindern tun, „was nicht so wichtig ist". Ein Schulrat, dem ich solche Begebenheiten schilderte, sah keine Veranlassung, sich einzuschalten, mit dem zynischen Hinweis, dass sich das Problem mit diesem alten Rektor „sowieso bald biologisch" löse. In jedem Fall müsste dieses Kind diesen Förderunterricht besuchen, sonst hätten vielleicht die Eltern später die Schuld für die schlechten Leistungen des Kindes der Schule geben können und man hätte dem nichts entgegenzusetzen gehabt. Außerdem müssten insgesamt acht Kinder in der Fördergruppe sein, sonst wäre diese Stunde gar nicht genehmigt worden. Aha. Förderunterricht also, um Kinder zu fördern oder um formale Vorgaben zu erfüllen? In jedem Fall habe ich massiven Ärger bekommen, als ich mich weigerte, dieses bestimmte Kind in den Förderunterricht zu geben, um ihm die Schmach zu ersparen, jedes Mal aus dem Unterricht geholt zu werden – und es noch dazu mit dem Problem alleinzulassen, wie es den dadurch versäumten Stoff nachholen sollte. Stattdessen lernte ich weiterhin wie schon im Vorjahr nach der Schule einzeln mit diesem Kind und arbeitete ihm für seine Zeit im Hort ein spezielles Übungsprogramm aus. Die offizielle Reaktion auf mein Verhalten war dann der Vorwurf, ich käme meiner Dienstpflicht nicht nach, sei nicht verantwortungsbewusst und verweigere Dienstanweisungen.

Auch bei anderen Förderungen scheint die Bürokratie stets wichtiger zu sein als das, was mit dem tatsächlich Kind geschieht: Wird Kindern spezieller sonderpädagogischer Förderbedarf attestiert, haben diese Kinder einmal in der Woche eine Einzelstunde mit der Lehrkraft vom Sonderpädagogischen Mobilen Dienst zu bekommen. Auch während der normalen Unterrichtszeit und auch nur, wenn diese nicht ausfällt, was leider oft passiert. Nach Abzug der Wegezeiten bleiben gerade dreißig Minuten zur gemeinsamen Arbeit pro Woche – dafür, dass ein Schüler den Stempel „Sonderpädagogischer Förderbedarf" mit sich herumträgt. So viel zum Thema Förderung.

Auch nicht sinnvoll: Unterricht um jeden Preis
Verständlicherweise setzen sich Eltern und auch Lehrer dafür ein, dass kein Unterricht ausfällt. Da aber einfach zu wenige

Lehrer vorhanden sind und auch nicht genug Vertretungslehrer, führt die Verpflichtung, keinen Unterricht ausfallen zu lassen, dazu, dass die Kinder auf verschiedene Klassen aufgeteilt werden. Sie sitzen dann entweder eng eingepfercht in Klassenzimmern, die nun aus allen Nähten platzen, oder auf dem Gang davor und bearbeiten in Stillarbeit Arbeitsblätter. Der Unterricht wird so oft auch für mehrere andere Klassen noch beeinträchtigt und gestört. Eine andere Alternative: Eine Lehrerin übernimmt zwei oder gar mehr Klassen auf einmal und betreut sie in der Turnhalle, in der Aula oder im Pausenhof. Aber immerhin: Niemand muss sich den Vorwurf gefallen lassen, es wäre Unterricht ausgefallen.

Aus dem gleichen Grund soll es auch kein „Hitzefrei" mehr geben. Dabei wird es in vielen Klassenzimmern schon am frühen Vormittag so heiß, dass in dieser schwitzenden Menschenansammlung kein Lernen mehr möglich ist. So eine Wettersituation ist für viele Kinder sehr belastend. Gerade jüngere Kinder können sich noch nicht so gut selbst beherrschen und fühlen sich durch die Wärme und Enge schnell gereizt, angestrengt und unwohl. Oft ist man als Lehrer an solchen Tagen dann nur damit beschäftigt dafür zu sorgen, dass die Kinder nicht ständig aneinandergeraten. Auch hier wird dann eher betreut als gelehrt, weil Letzteres einfach nicht möglich ist. Draußen im Schatten eines Baumes weiterzuarbeiten ist nur wenigen Klassen möglich, da aufgrund der Zusammenlegung von Schulen die Klassenzahl pro Schule inzwischen zu groß ist, als dass jede Klasse im Freien einen Platz zum Weiterarbeiten finden würde.

Dass die an manchen Schulen so zahlreichen wie unwichtigen Lautsprecherdurchsagen während des Unterrichts ebenso stören wie die ständig gurgelnde Heizung und die klappernde Tür, darüber spricht man schon gar nicht mehr. Auch dass laute Bauarbeiten scheinbar prinzipiell während der Unterrichtszeit durchgeführt werden, nimmt man einfach als gegeben hin und macht das Beste daraus. Dass man aber zunehmend keine Bilder mehr an die Wände kleben darf, weil sonst die Farbe abgeht und schon nach wenigen Jahren neu gestrichen werden müsste, gibt einem dann doch zu denken.

Lehreralltag: Unterwürfigkeit als Notwendigkeit

Eine Darstellung der Bedingungen, unter denen Lehrer teilweise arbeiten müssen, erscheint mir wichtig in einem Buch, in dem es um Grundschulkinder geht und um den Alltag an unseren Schulen. Eine im Jahr 2007 von McKinsey veröffentlichte Studie bringt es auf den Punkt: Um gelingendes Lernen zu ermöglichen, ist der wichtigste Faktor der Lehrer.[1] Neben seinen fachlichen Kompetenzen ist das Wertvollste an seiner Person meines Erachtens gerade für jüngere Schüler, mit welch innerer Beteiligung und Liebe er seine Arbeit ausführt und wie tief sein Wunsch ist, sich um jedes einzelne Kind zu kümmern, für jedes da zu sein, jedem Kind Raum zu geben. Die dafür notwendige Anstrengungsbereitschaft und Energie wird er aber nur aufbringen können, die begeisternde und ansteckende Ausstrahlung wird er nur haben, wenn er selbst an seiner Tätigkeit Freude hat und es ihm gut geht. Jedem Kind mit Respekt zu begegnen, jedem seinen Eigensinn zu lassen und dennoch ein gutes Miteinander zu ermöglichen, für jedes Kind individuelle Lösungen in der Gemeinschaft zu finden und zudem noch das erfolgreiche und freudvolle Lernen für alle Kinder der Klasse zu arrangieren, das erfordert eine geklärte, aufmerksame, in sich ruhende, lebensbejahende Persönlichkeit. Ein Lehrer braucht Muße und Kraft.

Vielleicht wird anhand der folgenden Ausführungen beispielhaft deutlich, warum man als Lehrer oft nicht so handeln kann, wie man gern würde. Und auch hier wage ich diese Verallgemeinerung, habe ich doch in so vielen Gesprächen mit Kollegen immer wieder gehört, dass sie sich eigentlich nichts anderes wünschen, als sich wirklich um die Kinder in ihrer Klasse kümmern zu können, aber genau das wird aufgrund der Rahmenbedingungen und Vorgaben in den Hintergrund gedrängt. Mit der Zeit resigniert wohl manch ein Lehrer innerlich oder kommt nach wenigen Jahren zu dem Schluss, sich auf das unter den Bedingungen Bestmögliche zu beschränken, ohne sich selbst aufzuarbeiten, wohl wissend, dass dieses „Bestmögliche" für die Kinder eben eigentlich nicht genügt. Und anstatt die Bedingungen so weit zu ändern, dass Lehrer das tun können, was sie von ganzem Herzen gern tun würden, wenn sie dürften – sich nämlich um jedes Kind zu kümmern –, gibt es immer wieder weitere Auflagen und Anforderungen, die erfüllt werden müssen, immer mehr, was Lehrer vorrangig tun müssen, anstatt sich ausschließlich den ihnen anvertrauten Kindern zu widmen. Und es wird übersehen, dass dabei oft der entscheidende Aspekt für das erfolgreiche Lernen verloren geht: der Lehrer mit seiner Motivation und seiner Vision.

Der Kampf um Gehör

Aus der Sicht eines Lehrers sieht vieles ganz anders aus, als es von außen erscheinen mag. Was für einen Außenstehenden wie eine Kleinigkeit wirkt, kann im Unterricht große Probleme bereiten. Betritt man als Lehrer heutzutage eine durchschnittliche Klasse, darf man nicht mehr davon ausgehen, dass die Kinder von selbst still werden und sich auf den bevorstehenden Unterricht einstellen. Die Lautstärke oder der teilweise ständige Hintergrundlärm über viele Stunden hinweg ist für viele Lehrer sehr belastend. Alle Maßnahmen, die ein Lehrer ergreifen kann, zeigen meist nur für wenige Minuten Wirkung. Lehrer sind oft einen nervenaufreibenden Großteil ihrer Zeit damit beschäftigt, überhaupt erst einmal die Voraussetzungen für Unterricht zu schaffen. Manchmal ist es, als müsse man fast schon dafür kämpfen, überhaupt Unterricht halten, überhaupt Lernen ermöglichen zu dürfen.

Hinzu kommt, dass Anweisungen oft mehrfach gegeben oder an bestehende Regeln zigfach erinnert werden muss, und selbst dann kommen manche Kinder den Aufforderungen nicht ohne Androhung von Konsequenzen nach. Immer mehr Kinder zeigen ein unzureichendes Arbeitsverhalten. Materialien wie Stifte, Kleber, Hefte und Bücher fehlen, sodass es dauernd zu Störungen kommt und manche Kinder sich gar nicht richtig am Unterricht beteiligen können. Da die Kinder ihr Material nicht beisammenhaben, können sie oft die nötigen Hefteinträge nicht erstellen. Arbeiten werden von Schülern häufig nur mit minimalem Aufwand ausgeführt. Auf die äußere Form legen viele

Kinder nicht von allein Wert, selbst beim Abschreiben von Texten achten viele nicht auf korrekte Schreibweise. Werden Hausaufgaben vergessen oder unvollständig erledigt, ist es heutzutage bei einigen Kindern nicht selbstverständlich, dass diese eigenständig nachgearbeitet werden. Da der Lehrer dennoch in der Verantwortung steht, verbringt er viel Zeit mit organisatorischen Dingen – erneutes Kopieren von Arbeitsblättern, Einträge in das Hausaufgabenheft für die Eltern, Strichlisten führen und tägliche Überprüfung der Nacharbeiten, um wenigstens eine gewisse Konsequenz zu zeigen. Das Einsammeln von Geld und den zahlreichen Informationszetteln, die von den Eltern unterschrieben werden sollen, zieht sich oft über Tage und Wochen hin. All diese Dinge sind nachweislich zu erledigen, sodass sie allein dadurch eine gewisse Priorität im Unterrichtsgeschehen erhalten. Leider stehen dem Lehrer kaum Maßnahmen zur Verfügung, Kinder und Eltern dazu zu bringen, ihre Aufgaben zuverlässiger zu erledigen. Er kann Gespräche führen, er kann Briefe schreiben, er kann Zusatzaufgaben geben, bei denen es wiederum ebenfalls keine Konsequenz gibt, wenn sie nicht erledigt werden. Er steht hier auf verlorenem Posten, denn selbst die härteren Sanktionen wie Verweis oder drei Tage Schulausschluss sind für manche Eltern und Kinder keine ernst zu nehmenden Maßnahmen. Gelingt es allerdings einem Kind in der Klasse, auf diese Weise durchzusetzen, keine Hausaufgaben zu machen, seine Mitarbeit im Unterricht zu verweigern oder sein unsoziales Verhalten beizubehalten, überträgt sich das schnell auf viele weitere Kinder und die Arbeitshaltung der ganzen Klasse entwickelt sich negativ. Man muss dann vieles mehrfach durchnehmen, die Zeit dafür ist aber gar nicht vorhanden, die Erfolge bleiben aus, weitere Disziplinprobleme sind die Folge, von Freude am Lernen und am Miteinander kann dann oft gar nicht mehr gesprochen werden. Um das ein wenig zu entspannen, halten viele Lehrer nun schon eigene Stifte, Scheren und Kleber bereit, die sie den Kindern leihen können, haben Ersatzblätter und -bücher parat, kleben selbst kopierte Hefteinträge in die Hefte dieser Schüler, damit sie wenigstens nicht dafür belangt werden können, dass dieses Kind aufgrund fehlender

Einträge nicht für die Probe habe lernen können, und überlegen sich Belohnungssysteme für die Erfüllung der eigentlich selbstverständlichen Schülerpflichten – die Sticker, Süßigkeiten oder sonstigen Belohnungen zahlen sie vom privaten Geld.

Mit ihrem Unterricht sehen sich manche Lehrer in Konkurrenz zum vielfältigen Angebot der Medien. Bei der Art Unterricht, die heute an den Schulen üblich ist, bleibt vieles für die Kinder per se uninteressant, langweilig oder auch einfach zu anstrengend. Kinder scheuen sich dann auch nicht durchaus lautstark zu äußern, dass sie darauf keine Lust haben oder dieses und jenes nicht machen werden. Insgesamt gesehen drücken sich Kinder und Jugendliche immer häufiger respektlos gegenüber Lehrern aus und verhalten sich provozierend. Gerade in höheren Klassen wird man dann auch schon mal unter dem Gelächter der ganzen Klasse als Schlampe oder Hure bezeichnet oder mit Gewalt bedroht.

Der einzige Ausweg aus diesem Dilemma liegt in der persönlichen Beziehung zwischen den Kindern und dem Lehrer und in einem Unterricht, der Angebotscharakter hat und damit dem Schüler wieder die Verantwortung für sein Handeln überträgt. Nur so lässt es sich erreichen, dass Kinder freudvoll mitarbeiten, anderen und dem Lehrer respektvoll begegnen, ihren Teil zu einem gelungenen Miteinander beitragen und selbst für ihr Verhalten und ihr Benehmen Sorge tragen.

Eltern: manchmal eine zusätzliche Front

Nicht weniger anstrengend sind für Lehrer auch häufig die Eltern. Im Gegensatz zu Lehrern, die stets mit einer Großgruppe von Kindern zu tun haben und im Laufe ihrer Berufsjahre Erfahrungen mit Hunderten von Kindern sammeln konnten, richtet sich der Blick von Eltern verständlicherweise vor allem auf das eigene Kind. Was gegebenenfalls für das Miteinander in der Gemeinschaft und für den gelingenden Gesamtlernprozess wichtig wäre, wird von vielen Eltern jedoch übersehen. Zudem wird oft nicht bedacht, dass der Lehrer mit einer Vielzahl von Eltern zu tun hat, die unterschiedliche Bedürfnisse und Erwartungen haben und dementsprechend unterschiedliche Forderungen an den Lehrer stellen. Als Lehrer kann man dem gar nicht mehr gerecht werden: Die einen wollen weniger Hausaufgaben, die anderen mehr, die einen wünschen einen Morgenkreis, die anderen nicht, die einen wollen jenes Arbeitsheft, die nächsten dieses. Und jeweils die Eltern, deren Wünsche nicht umgesetzt wurden, erklären den Lehrer dann für nicht gesprächsbereit oder unterstellen ihm, dass er etwas gegen ihr Kind hätte.

Wenn ein Lehrer gut und in Ruhe arbeiten soll, benötigt er das Vertrauen und den Raum, um für die ihm anvertrauten Kinder die notwendigen Entscheidungen zu treffen, ohne beständig kritisiert zu werden. Meist wird dem Lehrer allerdings nur der Unmut oder die Kritik entgegengebracht. Nur sehr wenige Eltern finden den Weg ins Klassenzimmer, um sich dazu zu äußern, was gut gelaufen ist – das wird häufig als selbstverständlich hingenommen. Und vor allem wenn Kinder schlechte Noten haben, machen Eltern gern den Lehrer und seine Methoden dafür verantwortlich. Wenn jedes Elternpaar auch nur ein Mal im Jahr Kritik äußert, sind das für den Lehrer dennoch neunundzwanzig Beanstandungen, mit denen er sich auseinandersetzen muss. Beanstandungen, bei denen er oft zwischen den Stühlen sitzt und wählen kann, von welcher Seite er nun Ärger bekommt. Gleichzeitig muss er aber weiterhin gute Laune haben, denn eine positive Atmosphäre ist die notwendigste Grundlage für gelingendes Lernen.

Das Einzige, was hilft, ist, auch mit den Eltern durch Gespräche eine Beziehung aufzubauen, sodass diese merken, wie sehr einem ihr Kind am Herzen liegt. Doch dafür ist viel zu wenig Zeit vorgesehen. Will ein Lehrer gute Elternarbeit leisten, so muss er das im Prinzip in seiner Freizeit tun. Die wenigen Minuten, die dem Lehrer für jedes Elternhaus von offizieller Seite aus in einem Schuljahr zur Verfügung stehen, reichen gerade aus, um die wichtigsten Informationen und Fakten über Betragen und Leistung auszutauschen, nicht aber, um sich intensiver über das Kind zu unterhalten, sich gegenseitig in familiäre und schulische Begebenheiten einzufühlen, Gesamtzusammenhänge zu verdeutlichen, individuelle Lösungen zu finden und einen engen Kontakt zu halten. Immer mehr Zeit kosten inzwischen auch die Gespräche mit Ämtern und Therapeuten, die in der Regel auch in der Freizeit des Lehrers stattfinden. Vorgesetzte verweisen ungeachtet der tatsächlich aufgewendeten Zeit gern darauf, dass all diese Aufgaben zur Dienstpflicht des Lehrers innerhalb seiner Arbeitszeit gehören und somit nie in der Freizeit des Lehrers stattfinden.

Halbe Tage und dauernd Ferien – wie viel Lehrer tatsächlich arbeiten

Über die Arbeitszeiten von Lehrern herrscht ohnehin ein völlig falsches Bild: Man sieht sie mittags nach Hause kommen und zudem haben sie ja ebenso viele Ferien wie die Kinder. Dieser Eindruck täuscht gewaltig! Lehrer müssen weit mehr tun, als lediglich Unterrichtsstoff zu vermitteln. Genügte es früher noch, dass der Lehrer der Klasse die Inhalte vortrug oder mit den Kindern zusammen bearbeitete, besteht heutzutage der Anspruch, dass die Inhalte abwechslungsreich aufbereitet sind, um den verschiedenen Lernzugängen der Kinder gerecht zu werden. Anschauungsmaterialien, Arbeitsblätter sowie Materialien für Werkstattarbeiten und freies Arbeiten, den Wochenplan und dergleichen stellt der Lehrer zum großen Teil für alle Kinder in der Klasse selbst her – die Ausstattung mit Materialien lässt an vielen Schulen zu wünschen übrig. Den Zeitaufwand für die Unterrichtsvorbereitung unterschätzen die meisten Menschen. Wie viele Stunden dauert es beispielsweise, für alle neunundzwanzig Kinder jeweils ein Memory oder ein anderes Lernspiel zu basteln oder die Materialien für Schülerversuche einzukaufen und zusammenzustellen. Eine Unterrichtsstunde vorzubereiten kostet oft mehrere Stunden, selbst wenn man schon Berufserfahrung hat und auf einen gewissen Fundus zurückgreifen kann. Viele Lehrer bekommen Unterstützung von ihren Partnern oder den eigenen Kindern: Diese helfen beim Erstellen der Unterrichtsmaterialien, malen, schneiden, laminieren, weil es für den Lehrer allein kaum mehr zu schaffen ist.

Immer komplexer werden die Vorbereitungen: Hat man im Musikunterricht früher einfach gesungen, so gilt es heute, ein möglichst selbst erstelltes szenisches Stück einzuüben, den

Kindern verschiedene Werke und Komponisten nahezubringen und Rhythmus- sowie Harmonielehre zu vermitteln. Wurde früher im Kunstunterricht einfach gemalt, gehören heute Bildbetrachtungen, die Begegnung mit bekannten Künstlern und Malern sowie die Farbenlehre zu den Unterrichtsinhalten. Auch um sich hierfür einzuarbeiten, den Unterricht adäquat vorzubereiten – und nicht nur irgendein Arbeitsblatt für die Kinder bereitzuhalten –, Materialien zu erstellen und zu besorgen, opfert der Lehrer hauptsächlich seine Freizeit. Die Arbeitszeit, die er tatsächlich bezahlt bekommt, ist bereits gefüllt mit einer extrem hohen Unterrichtsverpflichtung, dem ganzen aufwendigen Schriftwesen, insbesondere der umfangreichen Dokumentation von Schülerbeobachtungen und täglich mehreren Stunden Arbeit an Korrekturen von Schülerarbeiten und Proben. Der Einsatz heutiger Lehrer wird offensichtlich noch an den Zeiten gemessen, in denen es genügte, für die nächste Stunde die Aufgabe im Buch zu wählen oder eine Matrize abzuziehen und Eltern in einem zehnminütigen Gespräch die Noten des Kindes mitzuteilen.

Ich kenne in der Grundschule kaum mehr einen Lehrer, der bei Vollzeitbeschäftigung nicht durchschnittlich fünfzig bis sechzig Stunden pro Woche arbeitet. Studien bestätigen dies. Teilzeitkräfte arbeiten nicht wesentlich weniger, weil die Hauptarbeit des Lehrers eben **nicht** im Unterricht im Klassenzimmer liegt. Wohl nur Familien und Freunde von Grundschullehrern wissen, wie viel Arbeit dieser Beruf tatsächlich bedeutet und dass, ungesehen von der Gesellschaft, zahlreiche Lehrer an vielen Ferientagen, Wochenenden und meist bis spät in die Nacht hinein arbeiten, um den gestellten Anforderungen überhaupt noch gerecht werden zu können. Und genauso wenige Menschen können sich vorstellen, wie viel eigenes Geld ein Lehrer in seinen Beruf steckt, um beispielsweise das Klassenzimmer schöner zu gestalten, buntes Papier zum Basteln und Gestalten zur Verfügung zu stellen oder zum täglichen Musizieren eine Gitarre griffbereit zu haben. Viele Dinge, vom Rotstift über die Folien bis zum Lesesofa im Klassenzimmer, zahlt er privat, in den Schulen wird häufig nur weißes Papier und weiße Kreide gestellt. Lehrer zu sein bedeutet heutzutage multitaskingfähig und ein wahres Organisationstalent zu sein, vor allem aber: Idealist.

Belastend für viele Lehrer ist auch, wie wenig Anerkennung und Wertschätzung ihnen entgegengebracht werden: Lehrer gelten als faul, unmotiviert, nicht belastbar – und zudem haben sie ja nur einen Halbtagsjob, „spielen mit Kindern", haben zu viel Freizeit. Nicht selten werden Lehrer auch für die PISA-Misere verantwortlich gemacht. Neue Unterrichtsmethoden müssten her, wird dann gesagt, die Lehrer sollten sich fortbilden und schon vor dem Studium auf ihre Belastbarkeit geprüft werden! Anerkennung für die tatsächliche Leistung erhält man in der Regel höchstens von Eltern der Schüler. Wohl nur diese können einschätzen, was es bedeutet, mit immer schwieriger werdenden Kindern und Jugendlichen umzugehen und ihnen dabei noch Wissen zu vermitteln, dem diese zunehmend passiv gegenüberstehen. Und wohl nur diese Eltern sehen, wie viel Arbeit und Engagement vonseiten des Lehrers tatsächlich dahintersteckt, wenn das Lernen und Miteinander von neunundzwanzig Kindern gelingt, und mit welch vielfältigen Schwierigkeiten Lehrer zu kämpfen haben.

Für viele Lehrer, die ich kenne, ist es am bedrückendsten, dass sie so viel Zeit für Arbeiten aufbringen müssen, die wenig sinnvoll sind, und dass genau deshalb einfach keine Zeit mehr für die Themen bleibt, die gut und hilfreich für die Kinder wären. Es kann auch nicht die Lösung sein, dass Lehrer ständig bis in die Nacht hinein oder am Wochenende arbeiten, um diesen Missstand auszugleichen. Gerade der Papierkram hat in den letzten Jahren immens zugenommen. Vieles davon war ursprünglich freibleibend als Unterstützung gedacht, heutzutage aber muss dies oft um seiner selbst willen oder zum Zwecke der Absicherung ausgeführt werden.

Bestanden früher Zeugnisse in der Grundschule aus einigen aussagekräftigen Sätzen, sind sie inzwischen zwei Seiten lang. In jedem Fachbereich muss der Lehrer bis ins Detail Auskunft über Fähigkeiten und Schwächen geben, sodass oft die Gesamtaussage verloren geht und sich die Formulierungen ins Allgemeingültige verlieren. Dafür dauert das Erstellen solcher Zeugnisse gut zwei Stunden pro Kind, das sind dann während der Zeugniszeit mal gut fünfzig bis siebzig Stunden innerhalb von drei Wochen – zusätzlich zum normalen Unterricht und zu den üblichen Vorbereitungen und Korrekturen. Fatal daran ist, dass jede Aussage in diesem Dokument theoretisch belegbar sein muss. Nicht nur aus diesem Grund sind Lehrer verpflichtet, Schülerbeobachtungen zu führen, vielmehr soll sich auf diese Weise die Diagnosefähigkeit der Lehrer verbessern.

Vor einigen Jahren wurde in einer Lehrerkonferenz ein Konzept dazu vorgestellt. Betrachtete man diese Anweisung genauer, wurde deutlich, dass der Lehrer jeden Schüler zweimal im Monat auf über zweihundert Teilaspekte hin beobachten und diese Beobachtung unter Angabe von Datum, Uhrzeit und Beschreibung der Situation notieren sollte. Das sind pro Tag vier Kinder, macht achthundert Beobachtungen. Belustigt wurde unter den Lehrern hinter vorgehaltener Hand getuschelt, ob nun jeder auch eine eigene Sekretärin an die Hand bekommt die diese Beobachtungen während des Schulvormittags gleich mitnotierte, oder ob sich jeder Lehrer ein Diktiergerät um den Hals hängen müsse, in das er diese zahlreichen Beobachtungen fortwährend hineinmurmelt, um sie dann am Nachmittag und am Abend daheim abzutippen. In der Schule, an der ich zu der Zeit eingesetzt war, verständigte man sich schließlich darauf, Aspekte zusammenzufassen, Beobachtungen durch Ankreuzen von vorgegebenen Formulierungen festzuhalten und diese durch situative Beschreibungen zu ergänzen. Für viele Lehrer ist das dennoch eine Arbeit, die nur Zeit kostet: Sie kennen die Kinder, sie wissen, was diese brauchen – sie tätigen diese stundenlangen Arbeiten nur, um sie dem Schulrat beim Besuch vorlegen zu können, könnten diese Zeiten aber weit besser nutzen, für die Unterrichtsvorbereitung zum Beispiel.

Auch beim Korrigieren von Schülerarbeiten darf kein Unterschied gemacht werden, etwa zwischen mehr oder weniger sinnvollen Korrekturen, also solchen Anmerkungen, die Kindern tatsächlich nutzen, mit denen sie arbeiten können, und anderen Korrekturen, die man nur der Vollständigkeit halber tätigt. Oft wäre weniger mehr. Aber es muss alles korrigiert werden, der Lehrer soll möglichst auch noch unter jeden Hefteintrag ein oder zwei Sätze mit einer Rückmeldung an das Kind notieren. Kaum ein Kind schaut sich die Korrekturen tatsächlich an oder verbessert gar seine Werke daraufhin.

Rechnet man täglich mit durchschnittlich fünf schriftlichen Arbeiten, also beispielsweise Hefteinträge oder Übungen auf Arbeitsblättern, in der Schule sowie etwa zwei Hausaufgaben pro Kind, kann man erahnen, wie viele Stunden ein Lehrer täglich an den Korrekturen für die etwa dreißig Schüler seiner Klasse sitzt. Geht man von dreißig Sekunden pro Werk aus – das genügt gerade einmal, um die Vollständigkeit zu prüfen, einen groben Blick darüberzuwerfen und sein Namenszeichen zu setzen –, wären das schon mehr als anderthalb Stunden am Tag. Die täglichen acht Stunden Arbeitszeit sind dann fast schon ausgefüllt, da man vormittags mindestens von halb acht bis halb zwei in der Schule ist, unterrichtet, Aufsicht hat, kopiert, Tafelbilder vorbereitet oder Ähnliches. Wenn der Lehrer bei den Arbeiten, die er mit nach Hause nimmt, aufmerksam die Rechtschreibung korrigiert oder Rechenwege prüft und entsprechende Bemerkungen dazu schreibt, darf man von einem weit höheren Zeitaufwand ausgehen.

Und es geht weiter: Eine Probe zu erstellen, kostet gut zwei oder drei Stunden Zeit, zumindest, wenn man sich die Mühe macht, die Fragestellung sehr bewusst zu formulieren, Aufgabenarten variiert, Bilder einfügt und dieses dann auf dem Computer noch in eine ordentliche Form bringt. Für die Korrektur der Proben kann man in Mathematik in der vierten Klasse mindestens zwanzig Minuten pro Kind veranschlagen. Aufsätze zu korrigieren, dauert auch schon mal um die zwei Stunden pro Kind, da man für jedes Kind ja auch noch einen Absatz mit Anmerkungen, Hilfestellungen und Verbesserungsvorschlägen formuliert. Man muss ja nur einmal überschlagen, wie viel Zeit ein Lehrer allein für das Erstellen und Korrigieren aller Proben in der vierten Klassenstufe benötigt, wenn gut zwanzig Proben im Halbjahr geschrieben werden, dann kommt man automatisch ins Überlegen, ob diese Zeit nicht anders besser genutzt werden könnte. Aber das Leistungsmessungs- und „Vor-Eltern-beschwerden-Absicherungsnetz" wird immer enger und damit arbeitsintensiver und es bleibt immer weniger Zeit für das Wesentliche: für das Kind und für das Arrangieren einer ansprechenden Lernumgebung.

Schule als potemkinsches Dorf

Ich als Lehrerin fühle mich durch die beschriebene Arbeitssituation dazu angehalten, Äußerlichkeiten mehr Wert beizumessen als dem, was unsichtbar oder im Feinen wirkt. Und oft fühle ich mich sogar dazu angehalten, nach außen etwas anderes darzustellen, als es der Realität im Inneren entspricht. Wichtig für die gute Beurteilung eines Lehrers ist nicht, ob Katja sich endlich zutraut, vor der Klasse zu sprechen, ob Paul es schafft, nicht sofort einem Kameraden ans Schienbein zu treten, wenn der ihn einfach nur anschaut, ob Claudia von allein eine Aufgabe beginnt oder Steffi beim Geburtstagskuchenessen ein anderes Mädchen zuerst ihr Stück wählen lässt – nein, andere Dinge spielen eine Rolle. Das Wesentliche ist nämlich, dass der Schulrat oder der Schulleiter, der zur Visitation kommt, einfach einen Haken hinter jeden Punkt auf seiner Liste setzen kann. Zur Beurteilung ist er eine Stunde in der Klasse, weder Eltern noch Kinder werden gehört. Also muss man als Lehrer nachweisen, was alles gemacht wird und wie oft: „Wo ist Ihr Stationentraining für diese Woche, die Wochenplanarbeit, Werkstattarbeit, Gruppenarbeit, Partnerarbeit? Welche Projekte führen Sie durch? Wo sind die Freiarbeitsmaterialien? Wie sieht das Klassenzimmer aus? Wie ist die Teamarbeit mit den Kollegen? An welchen Arbeitsgruppen nehmen Sie teil? Welche Beiträge leisten Sie zum Schulleben, welche Feste und Veranstaltungen haben Sie organisiert und durchgeführt, welche Konzepte erarbeitet und umgesetzt? Wie bringen Sie sich außerschulisch ein? Welche Ehrenämter haben Sie inne? Welche Veröffentlichungen können Sie vorweisen? Welche Fortbildungen haben Sie gegeben, welche besucht?" Das sind die Themen, die zählen. Diese Situation führt immer mehr dazu, dass die Klassenzimmer eher Schaufenstern zur Weihnachtszeit gleichen und dort ungenutztes Freiarbeitsmaterial vorhanden ist – und zwar einzig für den Fall, dass der Schulrat unerwartet vor der Tür steht. Von allem und jedem werden inzwischen Fotos als Nachweis gemacht, alles wird möglichst sichtbar gehalten. Mein Klassenzimmer, mein Freiarbeitsmaterial, mein Projekt ... Unter Umständen bekommt man gar noch den Tipp, in den Wochenplan Dinge zu schreiben, die man gar nicht gemacht hat – nachprüfen könne und würde das sowieso keiner, aber der Schulrat würde seinen Haken setzen. Neben dem Wochenplan, bei dem im Voraus für jede Stunde festgelegt werden muss, was in dieser Zeit erarbeitet wird, muss man auch einen individuellen, auf die – bis dahin oft noch unbekannte – Klasse zugeschnittenen Jahresplan führen, der ebenfalls im Voraus, meist in den Sommerferien, erstellt wird. Jedes Jahr neu, mit allen Querverweisen auf den Lehrplan, um Fächerverbindungen deutlich zu machen. Da hinein gehören auch genaue Angaben über Materialien, Filme und Ähnliches. Auch das ist wieder eine Arbeit, die mehrere Tage Zeit kostet, aber in diesem Detailreichtum sinnlos ist, da bereits nach wenigen Wochen die Planung über den Haufen geworfen wird – die Absprachen in den wöchentlichen Teamsitzungen und der erzwungene Gleichschritt mit den Kollegen nötigen die Lehrer dazu.

Mit der Schaffung von Beförderungsämtern für die Grundschule wurde das alles noch auf die Spitze getrieben. Da soll nun ein Schulleiter aus seinem Kollegium, das er mit viel Mühe zu einer mehr oder weniger eingeschworenen Gemeinschaft geformt hat und in welchem sich zunehmend jeweils mehrere Lehrer auf ein gleiches Vorgehen einigen sollen, zwei oder drei Kollegen auswählen, die eine Beförderung verdienen. Wie soll ihm das gelingen, ohne dass es zu Zwistigkeiten im Kollegium kommt? Zudem ist nach meiner Erfahrung das Verhältnis genau anders herum: Die allermeisten Kollegen sind sehr fleißig, es gibt vielleicht gerade mal zwei oder drei Kollegen, die nicht so engagiert arbeiten. Am besten man hört einfach auf den Schulrat, der dafür eine geniale Lösung bereithält. Man möge auf die Auserwählten stolz sein, ihnen die höhere Vergütung gönnen und sein eigenes Engagement dafür aber nicht einschränken – wenn es nur so einfach wäre. Nein, absichern vor dem Vorwurf der Ungerechtigkeit und Vetternwirtschaft kann sich ein Rektor nur, wenn er plausibel und einleuchtend belegt, was die Auserwählten alles tun. Hier scheiden sich dann oft die Lehrer: Den einen wird die Karriere und das Geld wichtig und sie engagieren sich außerhalb der Klasse oder sammeln Äußerlichkeiten, die anderen schließen mit Karriere-Ambitionen für sich ab und sagen: „Mir sind die Kinder wichtig und vieles, was ich bei ihnen bewirke, findet eben im Stillen statt, vieles davon ist weder sofort sichtbar noch nachweisbar, aber all das könnte ich nicht tun, wenn ich meine Zeit anderen Dingen widmete."

Statt dieser Art „Zusatzzahlungen" sollte man anerkennen, dass Grund- und Hauptschullehrkräfte ebenso wertvolle Arbeit leisten wie Lehrer der Sekundarstufe. Das würde bedeuten, dass man alle Lehrer von Anfang an gleich besoldet. Die Leistung eines Lehrers – egal an welcher Schule – ist nicht messbar. Wie will man die Liebe eines Lehrers zu seinen Kindern messen, wie will man messen, wer sich wie kümmert, wie will man die scheinbar passive Zeit messen, die der Lehrer den Kindern für ihre behütete Entwicklung gibt? Versucht man es, wird das Wesentliche in den Hintergrund gedrängt und es geht nur noch darum, nachweisbaren Kriterien zu genügen. Dabei ist die Gesamtsituation entscheidend – insgesamt muss es passen, insgesamt muss es gut sein. Das Augenmerk wird aber auf nachweisbare Details gelegt. Das, was ich als Lehrer unsichtbar in der Klasse tue, welche Gedanken ich mir über den Unterricht und die einzelnen Kinder mache, die Gründe, warum ich hier kein Freiarbeitsmaterial gefertigt und dort kein Stationentraining durchgeführt habe, das alles fällt durch dieses Raster. Wichtig ist nur, was alles getan wurde. Dass manchmal viel wertvoller ist, was nicht gemacht wurde, wo Raum gelassen wurde, statt die Kinder mit Überflüssigem geradezu zuzumüllen, wird im besten Fall nicht gesehen oder aber sogar als Nachlässigkeit ausgelegt. Auch wird oft darüber geschwiegen, dass Klassen mit Strafandrohung dazu gebracht werden, vorbildliches Verhalten zu zeigen – denn vor dem Schulrat wirkt eine stille Klasse beeindruckender als eine, die sich natürlich verhält.

Die Vorgaben für die dienstliche Beurteilung von Lehrkräften tun ihr Übriges, dass immer weniger diejenigen Pädagogen befördert werden, denen es um das Wohl der Kinder geht und die allen Einsatz am Kind leisten. Es geht da den Lehrern wie den Schülern: Die beste Unterrichtsarbeit genügt gerade mal für eine mittlere Bewertung, man erhält die Stufe „Vier" von insgesamt sieben Stufen, das reicht maximal für den Einsatz als Konrektorin an einer kleinen Schule. Um eine bessere Beurteilungsstufe zu erhalten und damit eine Chance darauf zu haben, als Rektor oder gar in höheren Positionen, sogenannten Beförderungsämtern, eingesetzt zu werden, muss man Fortbildungen halten, Ehrenämter bekleiden, sich überregional verdient machen, publizieren und dergleichen. Hier steht man als Lehrer vor der Entscheidung, für wen man seine Zeit nutzt: für die Kinder oder für sein eigenes Fortkommen.

Entscheidend für eine gute Beurteilung und damit auch für eine Beförderung ist nach meiner Erfahrung aber vor allem, wie angepasst ein Lehrer ist. Lehrer, die Probleme ansprechen oder auch offen konstruktive Kritik äußern, haben meist schlechte Karten. Unter Lehrern erzählt man sich so einiges, was einem widerfahren ist. Einigen wird einfach ein Fehlverhalten angedichtet, andere werden richtiggehend schikaniert. Lange hält man so etwas kräftemäßig nicht aus.

Diese Erfahrung habe ich selbst immer wieder gemacht. So wurde mir beispielsweise gesagt, als ich einem visitierenden Schulrat das unangemessene Verhalten eines Rektors andeutete, dass ich mit jedem Rektor gut auskommen müsse, selbst wenn dieser fortlaufend alle Kollegen cholerisch anbrüllen würde, „das wäre nun mal seine individuelle Art der Personalführung". Zudem würde erwartet, dass ich Probleme selbstständig zu „handeln" habe, was als Aufforderung verstanden werden darf, diese nicht zur Sprache zu bringen. Konkret ging es hier um die Situation, dass der Rektor Kinder wiederholt unbegründet in der Eingangshalle angeschrien hatte; in einem anderen Fall, dass an einer Schule trotz wiederholter Bitten mehrerer Lehrkräfte keine Erste-Hilfe-Materialien angeschafft wurden, weil die Rektorin die Pflaster zu teuer fand.

Bei Unterrichtsbesuchen wurde mir fortan im Gegensatz zu früher eine schlechte Unterrichtsführung attestiert. Mein Schriftwesen – dies ist der offizielle Begriff für die gesamten Protokoll- und Schreibarbeiten – entsprach auf einmal nicht mehr der gewünschten Form, sodass ich es zeitaufwendig mehrfach neu arbeiten oder verändern musste. Oder es wurde unter anderem behauptet, ich hätte lediglich ein Arbeitsblatt mit den Kindern bearbeitet, wobei ich auf der Folie direkt die vorgegebenen Lücken gefüllt hätte und die Kinder nur abgeschrieben hätten. Dagegen wehren konnte ich mich nicht, denn was ein Vorgesetzter aufschreibt, wird nicht angezweifelt, selbst wenn es, wie in diesem Fall, nicht stimmt. War mir ein Antrag auf Nebentätigkeit ein paar Jahre zuvor noch genehmigt worden, wurde er nun abgelehnt, mit dem „Argument", ich würde meinen Dienstpflichten nicht nachkommen – ohne dass dies weiter begründet wurde. Von einigen anderen Lehrkräften kenne ich ähnliche Geschichten.

Wie Lehrer kleingehalten werden

Die Liste der Sanktionen gegen unbequeme Lehrer ist umfangreich: die Versetzung in andere Jahrgangsstufen oder Schulen, der gleichzeitige Einsatz an mehreren Schulen, in schwierigen Klassen oder Klassen mit Elternproblematik, vermehrter Nachmittagsunterricht, Absagen bei Bewilligungsanfragen, eine ungünstige Dienstplanung mit viel Leerlauf zwischen den zu haltenden Unterrichtsstunden, die Einteilung in spezielle Arbeitsgruppen, „Einladungen" zu Gesprächen mit höheren Dienstvorgesetzten, ja gar die Entsendung zur medizinischen Untersuchungsstelle, wo der Lehrer auf Diensttauglichkeit geprüft wird. All dies wird natürlich nur subjektiv als Strafe empfunden, offiziell aber rein aus organisatorischen Gründen oder gar aus der Fürsorgepflicht des Vorgesetzten heraus für den Lehrer zu seinem Wohl angeordnet. Rein rechtlich sind diese Maßnahmen alle abgedeckt, das wissen auch die Vorgesetzten.

Darf ich Erzählungen anderer Lehrer Glauben schenken, wurde nicht nur mir von Vorgesetzten deutlich gedroht, ich hätte zu schweigen: „Sie werden sonst nur persönliche Nachteile davon haben." Ich kann es nach all meinen Erfahrungen keinem Lehrer mehr verübeln, wenn er sich nicht mehr tatkräftig für das Wohl seiner Schüler einsetzt. Wissend, dass man niemals Unterstützung erhält, sind ab einem gewissen Punkt die Sanktionen einfach zu schmerzhaft. Hilfe darf man sich weder vom Schulamt noch vom Ministerium oder der Regierung erwarten. Möchte man ein Fehlverhalten anzeigen oder um Unterstützung bitten, muss der Dienstweg eingehalten werden. Das ist an sich schon absurd, weil die Remonstrationsbriefe – so heißen die Schreiben, mit denen man etwas anzeigt – dann ja eben als Erstes bei der Person vorliegen, über die man Beschwerde führen will oder bezüglich derer man die Anfrage stellt. Aber selbst wenn diese Briefe schließlich die eigentlichen Adressaten erreichen, wird man immer wieder an die unteren Stellen verwiesen und mit der Problematik alleingelassen.

Im ganzen System gibt es keine unabhängige, aber dennoch einflussreiche Stelle, an die man sich wenden könnte. So darf es nicht verwundern, dass mir nachdrücklich abgeraten wurde, juristische Schritte einzuleiten oder mich an höhere Dienststellen zu wenden. Ich würde höchstens ein Formschreiben erhalten, aber inhaltlich nichts erreichen. Ich solle doch lieber mit meinem Schulrat abends mal ausgehen, dann würde ich meine Situation mit Sicherheit eher verbessern. Nein, darauf habe ich dann doch verzichtet.

Was für Kinder wichtig ist, gerät in solchen Momenten noch weiter in den Hintergrund. Und wenn es nur ist, dass ein Kind die Brotzeit im Klassenzimmer vergessen hat oder auf die Toilette muss, aber die Schulleitung den Kindern jeden Zugang zum Schulhaus während der Pause verbietet. Lehrer befinden sich in einer ausgeprägten Machtlosigkeit. Sie haben Pflichten, aber kaum Rechte. Der Schulleiter ist laut Dienstordnung weisungsbefugt. So ist es manch einem Lehrer schlussendlich oft nur noch ein Bedürfnis, einfach in Ruhe gelassen zu werden. Der Beruf an sich ist fordernd genug, zudem braucht man pädagogischen Freiraum, um gut arbeiten zu können. Diesen Freiraum kann ein bürokratisch denkender Rektor aber blitzschnell zerstören. An einigen mir bekannten Schulen heißt es deshalb:

Einfach nur machen, was der Chef sagt, egal wie unsinnig oder kontraproduktiv die Anweisungen sind. Dabei wird in Kauf genommen, dass Kinder übergangen werden oder ihnen gar geschadet wird. Die Devise lautet leider oft: schweigen und dulden. Es übersteigt einfach die physischen und psychischen Kapazitäten eines Lehrers, sich auch damit noch auseinanderzusetzen. Zwar gibt es einen den einzelnen Schulen übergeordneten Personalrat, an den man sich rein theoretisch wenden kann. Doch besteht der oft auch zu großen Teilen aus Schulleitern, die wiederum dem Schulamt unterstellt sind und in vielen Bereichen, etwa bei der Zuteilung von Lehrern für eine Schule oder bei der Vergabe von Ersatzlehrern bei Erkrankungen, von dessen Gunst abhängen. So kann es durchaus geschehen, und ich berichte hier aus mehrfacher eigener Erfahrung, dass man auch aus diesen Reihen beraten wird, lieber zu schweigen und zu dulden, oder dass der Personalrat unsinnigen Anweisungen der Schulleitung stattgibt. Und ich habe es obendrein sogar erlebt, dass Inhalte aus vertraulichen Gesprächen zwischen mir und dem Personalrat an meine Vorgesetzten ausgeplaudert wurden – mit den zu erwartenden Konsequenzen.

Lehrer erwarten vonseiten der Behörden schon vielfach gar keine Wertschätzung ihrer Arbeit mehr. Manchmal erlebt man es noch, dass die Schulleitung die Arbeit der Lehrer anerkennt. Aber ansonsten ist man als Lehrer eher dadurch definiert, wie viele Wochenstunden man unterrichtet und welche Fächerkombination man studiert hat. Die Zuteilung an eine Schule erfolgt zum Beispiel nahezu ausschließlich unter dem Gesichtspunkt der unterrichteten Wochenstundenzahl. Nach eigenen Wünschen wird man höchst selten gefragt, meist können diese ohnehin nicht berücksichtigt werden. So kann es durchaus geschehen, dass ein Lehrer sich an seiner Schule sehr engagiert und Projekte begonnen hat, die er gern weiterführen und auch erfolgreich abschließen würde, dann aber zum Beispiel als Mobile Reserve zur Krankenvertretung eingesetzt wird und seine Schule verlassen muss. Nachhaltig und wertschätzend wird hier nicht gedacht. Auf persönliche Umstände wird selten Rücksicht genommen. Selbst dass eine Lehrerin ein behindertes

Kind daheim zu betreuen hat, hält die Vorgesetzten nicht davon ab, diese Lehrerin im Nachmittagsunterricht einzusetzen, obwohl sie nur Teilzeit arbeitet und es andere Möglichkeiten der Stundenplanung gegeben hätte.

Weitere Themen im Lehrerleben

Das Fortbildungsangebot wirkt sehr reichhaltig und vielfältig. Aber es gibt nur wenige tatsächlich qualifizierte Angebote. Die meisten Fortbildungen werden auf Landkreisebene angeboten und von normalen Lehrkräften gehalten. Wesentlich Neues erfährt man dort meist nicht. Und oft ist diesen Fortbildungen anzumerken, dass der Lehrer diese vor allem hält, um seine Beurteilungsstufe aufzubessern oder seine gute Beurteilung davon abhängig gemacht wurde – so erging es beispielsweise mir selbst.

Die wenigen Plätze bei externen Fortbildungen, die von wirklichen Fachkräften gehalten werden, sind heiß begehrt. Dort ergattert man aber aufgrund der starken Nachfrage nur selten einen Platz. Gerade die Wochenkurse, bei denen man sich intensiv mit einer Thematik beschäftigen könnte, genehmigen aber zudem die Vorgesetzten oft nicht, da in den Schulen keine Unterrichtsvertretung ermöglicht werden kann. Der gleiche Grund verhindert auch durchaus sinnvolle Vorhaben wie die kollegiale Hospitation, also das gegenseitige Besuchen des Unterrichts, um den eigenen Horizont etwas zu erweitern. Hat man das Glück, dass ein Zweitageskurs genehmigt wird, kann es dennoch sein, dass einem der Fortsetzungskurs untersagt wird mit der Begründung, in diesem Bereich hätte man doch schon eine Fortbildung gemacht, das würde genügen. Dass eine Vertiefung der Inhalte, bis sie der Lehrer verinnerlicht hat, oder gar das reine Interesse des Lehrers wichtige Gründe für die Genehmigung wären, wird aus bürokratischen Gesichtspunkten übergangen.

Für sehr bedauerlich halte ich auch eine weitere Entwicklung, die ich nur aus subjektiver Sicht wiedergeben kann. In den letzten Jahren habe ich mehrfach erlebt, dass gerade diejenigen Lehramtsanwärter eine schlechte Prüfungsnote erhielten oder sogar ihre bis dahin schon jahrelange Ausbildung ohne Abschluss abbrachen, die in meinen Augen eine sehr gute pädagogische Grundhaltung hatten. Sie scheiterten daran, dass die nachzuweisenden Schriftstücke nicht in perfekter Form vorlagen, oder wollten sich bewusst nicht zu einem Bürokraten verbiegen lassen. Sie wollten Lehrer sein im ursprünglichen Sinne des Wortes, fanden jedoch – so habe ich mehrfach in persönlichen Gesprächen erfahren – an den Schulen ganz andere Zustände vor.

Als Lehrer, der in diesem System schon länger tätig ist, fällt es einem oft gar nicht mehr so auf, wie weit man schon davon weg ist, die Kinder im Blick zu haben. Die ganze Bürokratie ist einfach so übermächtig und man kann sich ihrer gar nicht erwehren, allem voran der ewige Beurteilungs- und Benotungszwang mit all seinen Folgen. Besonders in diesem Aspekt liegt meiner Meinung nach die Ursache, warum es so oft scheint, als würden die falschen Menschen Lehrer werden. Unser Schulsystem ist ein System, in dem genau die Menschen weit leichter und erfolgreicher leben, die einfach nur ihre Dienstpflichten abarbeiten, als Menschen, die sich kümmern und mit einem idealistischen Anspruch ihrem Beruf nachgehen.

Ich hätte größte Befürchtung, dass sich durch die oft geforderte „Tauglichkeitsprüfung vor dem Studium" dieser Trend fortsetzt und noch mehr Menschen als Lehrer eingesetzt werden, die vor allem Formalien erfüllen können, statt welche, die sich der engagierten Begleitung von Kindern verschrieben haben. Die Situation wird sich erst ändern, wenn die Schulen selbst ihr Personal wählen dürfen, wenn der Lehrberuf wieder ein Ehrenberuf ist und es nicht mehr hauptsächlich um das Erfüllen vorgegebener Aufgaben geht, sondern um den notwendigen Idealismus, um ein von innen heraus erwachsendes Engagement und um die Bereitschaft, sich als ganzer Mensch zum Wohle der Kinder einzubringen.

Erst dann hätten auch die üblichen Evaluationen ihren Sinn. Derzeit kommt alle vier bis fünf Jahre ein Team, meist bestehend aus gut beurteilten Lehrkräften und Rektoren, in andere Schulen, um wiederum diese zu beurteilen. Es gibt regelrechte

„Kataloge", was die einzelnen Schulen leisten und vorweisen müssen. Qualitätsmanagement und Sicherstellung von Standards sind an sich keine schlechte Sache, wenn es eben nicht wieder hauptsächlich um die Wahrung des äußeren Scheins ginge, sondern in erster Linie um den Geist, der in einer Schule lebt, und ob sich Schüler und Lehrer dort wohlfühlen.

In einer Schule, in der der Besuch eines Evaluationsteams angekündigt war, musste ich zum Beispiel zunächst unzählige Seiten an Fragebögen zu meinem Unterricht ausfüllen. Dann sollten wir alles fotografieren, was sich irgendwie zum „Herzeigen" eignete, und Berichte darüber schreiben. All das wurde in dicken Ordnern abgeheftet, die belegen sollten, wie viel Projekte, Freiarbeit, Wochenplanarbeit, Medienerziehung, Sport im Klassenzimmer und dergleichen Aktivitäten absolviert werden. Fortan fanden (teilweise mehrfach wöchentlich) stundenlange Lehrerkonferenzen oder Arbeitsgruppensitzungen statt. Auf die Schnelle musste ein Schulprofil erstellt werden. Dabei sollten wir unbedingt die Schülerbeteiligung deutlich machen, das würden die vom Evaluationsteam sehen wollen. Dass diese an dieser Schule so gut wie gar nicht oder nur pro forma vorhanden war …? Egal! Binnen weniger Wochen musste ein Schullogo gefunden und ein pädagogisches Konzept erarbeitet werden. Eine Homepage wurde erstellt, für diese von zahlreichen anderen Schulwebsites abgeschrieben. Und für die Besuchstage wurden Codewörter vereinbart, damit jeder wusste, wo sich die Beurteiler gerade aufhielten, um sich dementsprechend verhalten zu können.

Aber an diese Vorspiegelung hat man sich als Lehrer fast schon gewöhnt. Selten nennt jemand etwas beim Namen und findet gute, nachhaltige Lösungen, lieber wird mit schönen Worten über die Situation hinweggetäuscht, gerade auch auf politischer Ebene. Eine Befragung von circa sechshundert Lehrkräften kam beispielsweise zu dem Ergebnis, dass ein Großteil der Lehrer in den vorgeschlagenen Maßnahmen der Hauptschulinitiative keine Lösung der aktuellen Probleme an den Schulen sieht.[2] In einer Reaktion auf diese Befragung betitelt das Kultusministerium seine Pressemitteilung Nr. 324 vom

23. Oktober 2008 dennoch mit der Überschrift: „Viele Lehrkräfte erkennen bereits positive Auswirkungen der Hauptschulinitiative für die Schüler".[3] Der Druck des „Aussortierens" in der vierten Klasse wird ebenso regelmäßig kleingeredet wie die Belastungen im G8. Neue Lernmethoden werden entworfen, ohne dass die entsprechenden Rahmenbedingungen gegeben sind. Dann wieder werden große Verbesserungen angekündigt und angepriesen, die sich rasch als Mogelpackung erweisen, wie der Elternwille beim Übertritt, der lediglich bei einem schlechten Abschneiden im Probeunterricht an einer einzigen Stelle greift, oder die Mittelschule, die im Prinzip nichts anderes ist als das Sicherstellen der Dreigliedrigkeit trotz des Aussterbens der Hauptschulen, aber zudem regional fatale Begleiterscheinungen hat. Was soll das ganze Lobgerede auf die individuelle Förderung von Kindern, obgleich das Schulsystem durch die für die Selektion unabdingbare Gleichzeitigkeit der Leistungsmessung und die dafür notwendige unangemessene Unterrichtsführung gerade diese verhindert?

Will man uns Lehrer nicht wahrnehmen? Wieso wird nicht erkannt, dass die ganzen Forderungen – kleinere Klassen, weniger Unterricht, mehr Zeit und dergleichen – von Lehrern um der Kinder willen erhoben werden? Jeder Lehrer, der für sich kämpft, kämpft eigentlich um seine Kinder. Heutzutage kann man durchaus mit wenig Aufwand Lehrer sein, indem man allen vorzeigbaren Faktoren irgendwie genügt, diese Lehrer jammern nicht. Kaum ein engagierter Lehrer wird aber weniger arbeiten, nur weil die Bedingungen besser werden. Aber erst veränderte Bedingungen ermöglichen, dass die Energie, die der Lehrer in den Unterricht einbringt, nicht zu großen Teilen verpufft, sondern tatsächlich Wirkung zeigt. Zudem könnten Lehrer ihren Beruf dann wieder engagiert ausüben, ohne irgendwann gesundheitliche Probleme zu bekommen. Zumindest rein statistisch wurde dieses Problem ja bereinigt: Ging vor einigen Jahren nach Auskunft des Lehrerverbandes noch jeder Lehrer durchschnittlich elf Jahre vor Erreichen des Rentenalters gesundheitsbedingt in Frühpension, sind es jetzt nur noch knapp zwei Jahre. Hat man sich etwa um die Lehrergesundheit bemüht und die vielfältigen, stets zunehmenden Belastungen des Lehrberufs adäquat vermindert? Nein. Man hat die finanziellen Einbußen, die ein vorzeitiger Ruhestand mit sich bringt, so drastisch erhöht, dass sich viele die Rücksicht auf ihre Erkrankung einfach nicht mehr leisten können. Die meisten retten sich nur durch die Möglichkeit der Altersteilzeit bis in den Ruhestand. Wer nun zu dem Schluss kommt, dann könne vorher ja alles nicht so schlimm gewesen sein, denkt zu kurz: Auf wessen Kosten geht es im Endeffekt, wenn ein Lehrer weiterhin in der Klasse steht, obgleich er körperlich und psychisch schon gar nicht mehr dazu in der Lage ist?

Oder drückt sich Wertschätzung und der Wunsch, engagierte und kraftvolle Lehrer zu haben, darin aus, dass zahlreiche neu ausgebildete Lehrkräfte nur einen Angestelltenvertrag erhalten – der allerdings erst im September oder gar noch später geschlossen und im Juli über die Ferien wieder aufgekündigt wird? Werden sich diese Lehrer wirklich mit ganzem Herzen und ganzem Einsatz um ihre Kinder kümmern können? Werden sie von ihrem geringen Gehalt dann auch noch die ganzen Unterrichtsmaterialien kaufen, die zwar benötigt, aber nicht zur Verfügung gestellt werden? Und wenn ja – wie lange werden sie das tun, da sie doch sehr bald spüren, dass sie eigentlich nur ausgenutzt werden?

Der Mangel an Hauptschullehrern veranlasste das Ministerium, die gesetzlichen Grundlagen für den Einsatz von Lehrkräften an anderen Schularten kurzerhand und unbemerkt zu ändern: Um die Lücken zu füllen, setzt man nun dort Grundschullehrkräfte ein, obgleich diesen die Ausbildung dafür fehlt. Nicht nur fachlich, sondern insbesondere auch pädagogisch, denn jede Altersstufe braucht ein anderes Lehrer-Gegenüber, eine andere Didaktik und Methodik. Diese Praxis verschleiert immerhin, dass einfach zu wenig Lehrer eingestellt werden, beziehungsweise auch dass zu wenig getan wird, um den Lehrerberuf wieder zu einem erstrebenswerten Beruf zu machen. Üblicherweise erfährt man gerade noch rechtzeitig am letzten Ferientag vor Schuljahresbeginn von seinem Glück, teilweise völlig unbekannte Fächer in einer unbekannten Jahrgangsstufe unterrichten zu dürfen. Weder gibt es eine spezielle Vergütung noch Anrechnungsstunden für die besonders aufwendige Vorbereitung. Ein Kräfteverschleiß sondergleichen – aber dass die Gesundheit und Motivation der Lehrkräfte nicht wirklich im Blickfeld der Politik stehen, ist nichts Neues.

Auch ich war mehrfach neben meiner Arbeit an der Grundschule noch in der Hauptschule eingesetzt. Obwohl ich den Unterricht in meiner ersten Klasse immer etwas früher beendete, kam ich doch nie pünktlich in der Hauptschule an. Die Zehn-Minuten-Pause – die damit wie die meisten anderen für Lehrer eigentlich keine ist – genügte nicht, um hier noch den Reißverschluss von Biancas Jacke zuzumachen, dort noch ein paar Tränen zu trocknen, weil sich Julius den Kopf angestoßen hat, meine Sachen zu packen, durch die Schule zum Auto zu rennen, an die Hauptschule zu fahren und dort wieder durch die Schule ins Klassenzimmer zu eilen – bepackt mit Kisten, die das gesamte Unterrichtsmaterial enthalten –, um dann dort erst einmal in der Klasse, die inzwischen schon eine Weile unbeaufsichtigt war, mit größter Mühe wieder Ruhe einkehren zu lassen. Sich in so einer Situation überhaupt den Respekt der Schüler zu erarbeiten, ist sehr anstrengend und scheint oft schier unmöglich.

Vielleicht kann man sich vorstellen, dass manch ein Lehrer irgendwann einfach nur froh ist, wenn er das Schulhaus hinter sich gelassen hat. Ein fataler Zustand, wenn man bedenkt, dass viele Lehrer mit viel Enthusiasmus und großer Einsatzbereitschaft ihre Ausbildung begonnen haben. Aber meist dauert es nur wenige Jahre, bis die Wirklichkeit sie eingeholt hat und sie erkennen, dass sie nicht einmal einen Bruchteil dessen umsetzen können, was sie einst dazu bewogen hat, diesen Beruf zu ergreifen. Es gehört als Lehrer schon wirklich sehr viel Idealismus dazu, sich trotz alldem die Freude an seinem Beruf zu bewahren und sich auch nach Jahren noch für die Kinder einzusetzen. „Ich tue es für die Kinder …" ist dann oft auch die einzig bleibende Erklärung gegenüber Freunden, Verwandten oder anderen Menschen, die gar nicht verstehen, warum man sich immer noch so engagiert.

Warum das Schulsystem die Persönlichkeitsentwicklung unserer Kinder behindert

```
denkopfvollhaben
denkopf    haben
denko        ben
denk          en
denk          en
denk          en
denk          en
```

Detlef Teich

Fragt man Vorschulkinder heute, ob sie sich auf die Schule freuen, schauen sie oft unsicher und schwenken den Blick fragend zur Mutter. Aber selbst wenn einem noch ein begeistertes „Jaaa!" entgegenschallt – häufig verlieren die Kinder, in der Schule angekommen, die Freude am Lernen schneller als ihre Milchzähne. Schule ist für viele Kinder heutzutage nicht mehr ein Ort, der ihnen etwas gibt, sondern ein Ort, der etwas von ihnen fordert und an dem nicht auf ihre Bedürfnisse geachtet wird. Denn dieses Fordern ist nicht Fördern mit liebevollem Blick auf das Kind, sondern es ist ein „Fordern – und wer's nicht packt, verliert eben".

Kinder sind von Natur aus neugierige und wissbegierige Wesen. Sie leben noch völlig im gegenwärtigen Moment, sie erfassen die Dinge mit allen Sinnen. Sie haben noch ein natürliches Gewissen, sind ehrlich und auch direkt. Sie reagieren aus kindlicher Unschuld heraus und haben doch Zugang zum Wissen um die Dinge, um die Menschen. Wenn ein anderes Kind weint, trösten sie. Wenn etwas runterfällt und zerbricht, erstarren sie. Sie weinen für einen Moment, wenn sie sich wehgetan haben – doch schon Sekunden später ist das vergessen und sie hüpfen fröhlich weiter. Und Kinder brauchen Zeiten mit sich allein, in denen sie nicht fremdbestimmt werden.

Manchmal sieht man sie mit abwesendem Blick irgendwo sitzen oder völlig vertieft in ein Spiel. Sie benötigen diese Phasen, um innerlich zu wachsen. Zunehmend wird ihnen aber dieser Raum nicht mehr gegeben. Schon im Kindergarten wird mit Blick auf die Einschulung und die Selektion in der vierten Klasse an den Kindern herumgedoktert. Unseren Kindern wird die Kindheit genommen. Der Blick auf das Kind findet immer häufiger durch die „Schul-Brille" statt: „Bist du so, dass du die Schule schaffst? Wie ist deine Feinmotorik? Kannst du still sitzen? Hältst du es bis zur Pause aus, um aufs Klo zu gehen, oder müssen wir deshalb zum Arzt? Kannst du dich auch etwas länger konzentrieren?"

Natürlich sind all diese Dinge irgendwo auch wichtig. Aber es ist doch ein großer Unterschied, ob man zuallererst diese Aspekte im Fokus hat oder ob man einem Kind mit freundlichem Blick zu verstehen gibt: „Ich liebe dich, mein Kind. Ich bin so glücklich, dass es dich gibt. Ich sorge für dich. Was brauchst du, damit du gesund und glücklich groß wirst?"

Schule greift heutzutage mit ihren Anforderungen massiv in das Familienleben ein und ist zum großen Teil mitverantwortlich für gestörte Eltern-Kind-Beziehungen – dabei ist eine gesunde, tragfähige Beziehung zu den Eltern einer der wichtigsten Aspekte im Leben eines Kindes. Unser Schulsystem schafft es immer häufiger, dass Eltern an ihren Kindern verzweifeln, dass die Liebe und Zuneigung zu ihren Kindern in die Abhängigkeit von deren schulischen Leistungen und den erzielten Noten gerät. Wie viel Streit es allein morgens schon gibt, weil manch ein Kind nicht mehr in die Schule gehen will! Wie viel Streit wegen der Hausaufgaben, wie viel wegen der Noten! Eltern treffen viele Maßnahmen nicht mehr in erster Linie, weil ihr Kind diese für sich braucht, sondern weil es für das Kind im Hinblick auf die Schule notwendig ist.

Negative Überzeugungen

Und natürlich macht das etwas mit unseren Kindern. Sie merken, dass es nicht wirklich um sie geht, sondern darum, dass sie irgendwo hineinpassen sollen. Das geschieht natürlich zu ihrem Besten, doch der Blick liegt nicht mehr auf dem Kind. Der Blick liegt darauf, wo das Kind hinsoll.

Die Punkte auf der Probe werden das entscheidende Kriterium dafür, ob man „taugt" oder nicht. Kinder identifizieren sich mit ihren Schulnoten. Eine schlechte Note trifft ein Kind deshalb ins Mark und verletzt sein Selbstbewusstsein. Kinder bauen ihr Selbstbild darauf auf, wie ihnen begegnet wird, was die Umwelt von ihnen denkt und über sie sagt. Im Prinzip könnte man das wunderbar auf eine positive Art nutzen. Das, was man Kindern sagt, was man über sie denkt, wie man ihnen begegnet, das glauben sie und das werden sie. Es ist, als ob sie in meinem Blick sehen würden, was in ihnen steckt, was sie erreichen können. In den letzten Jahren haben Wissenschaftler viel über die sogenannten Spiegelneurone herausgefunden und können diese Vorgänge nun tatsächlich fundiert belegen (siehe Informationskapitel „Gehirn" ab Seite 190). Schade nur, dass wir vielen Kindern in der Schule stets ein negatives Feedback geben – geben müssen. Noch fataler aber, dass ein Kind gerade von der Lehrerin, die in ihren Blicken und Worten stets eine Vision für dieses Kind hat, die in diesem Kind das ganze Potenzial sieht, über die Probe eine gänzlich andere Rückmeldung erhält: Du genügst nicht. Ein Kind vertraut sich an. Und statt Visionen erfährt es Schmach. Was das wohl mit der Beziehungsfähigkeit des Kindes macht – Eltern, die von Liebe sprechen, aber das Kind verbiegen, Lehrer, die Potenziale offenbaren und sie gleichzeitig vernichten, eine Welt, die nur bestimmte Anteile des Kindes wertschätzt, aber nicht das Kind an sich? Ein Kind sieht die Vier oder Fünf auf seinem Blatt Papier und wird dabei regelrecht zu einer Vier oder einer Fünf. Nie werde ich vergessen, wie Jan, ein Schüler, mir wie selbstverständlich erzählte, er sei ein schlechter Mensch. Auf meine Nachfrage, wie er denn darauf käme, antwortete er nur: „Ich hab doch ständig Fünfer, ich tauge doch zu nichts und kann nichts." Jan war da gerade acht Jahre alt.

Kinder können sehr wohl sehen, in welchen Bereichen sie sich bislang ein wenig schwerer tun und was ihnen dafür schon sehr gut gelingt. Aber wenn diese Note vor ihnen prangt, sind sie nicht in der Lage, sich davon zu distanzieren. Das ist ein Urteil, das von außen kommt, und die urteilenden (erwachsenen) Menschen müssen recht haben. Man kennt das aus verschiedenen Bereichen, dass Kinder die Ansichten der Erwachsenen übernehmen. Ein Kind bezieht alles auf sich: Wenn seine Eltern sich trennen, ist es schuld daran, weil es böse war. Wenn es missbraucht worden ist, hat es das offensichtlich verdient. Wird es geschlagen, wird das schon richtig sein. Und wenn es eine Fünf bekommt, ist es ein schlechter und dummer Mensch. Selbst eine Drei gibt einem Kind lediglich das Gefühl, so einigermaßen okay zu sein. Um ein gesundes Selbstbewusstsein und Selbstwertgefühl zu entwickeln, müssen aber alle Kinder das Gefühl bekommen dürfen, toll zu sein. Wie eine **Eins** zu sein. Nur dann entwickeln sie sich gut.

Es geht dabei auch gar nicht darum, einem Kind alles schönzureden oder es ausschließlich zu loben. Vielmehr muss man berücksichtigen, dass Kinder bis in die Pubertät hinein den Bezugspunkt für Bewertungen bei sich selbst sehen. Erst später ist es ihnen wirklich möglich, ihre Leistung, die von ihnen erzielten Ergebnisse in Bezug zu einer außenstehenden Norm oder anderen Menschen zu setzen, ohne eine Bewertung auf sich als ganzer Mensch zu beziehen. Eine Rückmeldung an ein Kind hat nur dann einen förderlichen Sinn, wenn sie an der Wahrnehmung des Kindes anknüpft, die in diesem Alter eben nur auf sich selbst gerichtet ist.

Es gibt einen bedeutenden Unterschied zwischen der eigenen Wahrnehmung von Kindern, die als momentan und situativ erlebt wird, und den Urteilen von außen. Diese Urteile nämlich vermitteln einem Kind eine allumfassende Objektivität und ein „So ist es – so bist du". Wenn Kinder um die Wette laufen, jubelt der Schnellere, vielleicht fragt der Langsamere nach einer Revanche, aber dann ist es auch schon wieder gut – es ist einfach so. Wer welche Stärken hat, zeigt sich aus der Situation selbst heraus, ohne Bewertung durch einen anderen und ohne weitere Konsequenzen. „Maja rechnet bei uns am schnellsten", sagen die Kinder, „und Fabian liest schon ganz toll." Kinder können das ohne Neid anerkennen – solange diese Aussage von ihnen kommt und sie das Gefühl haben, selbst auch so okay zu sein, wie sie sind. Solange sie durch diese Einschätzungen eben nicht abgewertet werden. Durch die Noten und sogar schon durch Aufgaben, die Unterschiede zwischen den Kindern bewusst verdeutlichen, passiert aber genau das. Die dabei gefällten „Urteile" werden als wesentlich allumfassender, die ganze Person betreffend erlebt, als festgeschrieben, nahezu unabänderlich.

Selbst Jugendlichen und Erwachsenen fällt es noch schwer, sich von einem negativen Urteil zu distanzieren. Bei sich wiederholenden negativen Urteilen brauchen auch wir Großen ein besonders dickes Fell. Dabei haben Erwachsene ja deutlich andere Möglichkeiten: Arbeitnehmer können den Job wechseln – Schüler können der Schule nicht entfliehen.

Ältere Schüler versuchen sich bei schlechten Noten gegebenenfalls in Begründungen zu retten oder die Beschämung zu überspielen mit Aussagen wie: „Ich habe dafür nicht gelernt." Oder: „Das interessiert mich einfach nicht." Vielleicht auch: „Ich hatte einfach einen schlechten Tag." Oder: „Der Prüfer war unfair." Sie versuchen dem Urteil zu entkommen, das jedoch auch sie in der Regel sehr niederschmettert. Die jüngeren Schüler jedoch akzeptieren jede gegebene Note, sie würden nie infrage stellen, dass etwas an der Benotung oder der Probe selbst nicht stimmt, sondern sie beziehen das Ergebnis auf sich: Sie selbst sind ungenügend.

Kleine Kinder beziehen die Note sicher auch deshalb vollständig auf ihre gesamte Person, weil sie noch gar nicht so bewusst lernen und sich noch nicht selbstständig anhand von Büchern und Hefteinträgen auf Prüfungen vorbereiten können. Sie schreiben bei einer Probe also das auf, was sie in sich tragen. Vielem liegt hier ein Entwicklungsprozess zugrunde und selbst das Aufpassen und die Aufmerksamkeit in der Schule können sie nur sehr bedingt selbst steuern. Sie bekommen ein Urteil über sich, das eigentlich durch die Umstände bedingt ist, die sie in diesem Alter noch gar nicht beeinflussen oder gar ändern können. Diese Umstände müssten Eltern und Lehrer verändern, anstatt zu urteilen und das Kind dafür abzustrafen. Der Lernerfolg eines jüngeren Kindes hängt sehr davon ab, ob es

Menschen gibt, die etwas gemeinsam mit ihm tun, die an es glauben und es unterstützen, die sein Leben so gestalten, dass vielfältige Erfahrungen möglich sind, die mit ihm die Inhalte vertiefen oder die Voraussetzungen dafür geschaffen haben, dass diese gut im Gedächtnis bleiben können – aber das ist Kindern nicht bewusst. Sie beziehen alles auf sich.

In den dritten und vierten Klassen gibt es dann schon zunehmend diese Kinder, die sich nicht mehr intensiver mit Inhalten beschäftigen, die Hausaufgaben zur Übung nicht fertigen, daheim die Unterrichtsthemen nicht wiederholen, üben oder Hefteinträge lernen – ganz bewusst. Einzig um hinterher sagen zu können: „Die schlechte Note liegt daran, dass ich nicht gelernt habe." So haben sie einen Grund, der vor ihrer Person steht. Ansonsten müssten sie für sich akzeptieren, dass sie unfähig sind – wenn alles Lernen, alle Hilfe nichts nützt und sie erneut Vierer oder Fünfer kassieren. Im Prinzip ist das nur ein gesunder Selbstschutz, doch zugleich der Start in einen fatalen Teufelskreis. Hier beginnt oft eine Laufbahn als Risikoschüler, als einer der Schüler, die im Jugendalter nicht über die Lese- und Rechenkompetenz eines Grundschülers hinauskommen.

Gerade in der Grundschulzeit entwickeln und verfestigen sich Glaubenssätze, die Kinder oft ihr Leben lang mit sich herumtragen: „Ich kann nicht rechnen", „Ich bin schlecht im Schreiben", „Ich kann nicht singen". All diese Überzeugungen entstehen aufgrund von Rückmeldungen anhand von Noten und Urteilen anderer. Urteile, die sich in einen Menschen einbrennen und ihn oft davon abhalten, jemals wieder in diesem Bereich Anstrengungen zu unternehmen. Urteile, die häufig nicht differenzieren. Urteile, die meist die Rahmenbedingungen nicht miteinbeziehen, den größeren Zusammenhang nicht sehen, sondern sich über die Dinge stellen. Kinder brauchen Rückmeldungen über ihren individuellen Lernzuwachs, die all diese Faktoren berücksichtigen, ohne den ständigen Vergleich, der sich noch dazu an ganz wenigen, ausgewählten Fähigkeiten festmacht. Nur so kann die Motivation aufrechterhalten werden, sich auch nach Fehlschlägen weiter zu bemühen. Und nur so wird eine ganzheitliche Entwicklung möglich. Anstrengungsbereitschaft entsteht, wenn Kinder erlebt haben, dass sie Ziele erreichen. Das aber muss in der Schule ermöglicht werden – und gerade dann, wenn es nicht von Anfang an problemlos gelingt. Stattdessen werden durch die Noten und den ständigen Zwang zur Beurteilung viele Kinder von derlei Erfahrungen ab der frühen Kindheit ausgeschlossen.

Ich kann mich gut daran erinnern, wie ich eines dieser Buchstabenhefte vor mir liegen hatte, in dem jedes Kind nach dem Beispiel der von mir vorgeschriebenen Buchstaben die Zeilen füllen soll. Die „O", die zu schreiben waren, sahen in diesem Heft viel zu klein und zu krakelig aus. Ich wollte das gerade mit rotem Stift verbessern, da steht dieser kleine Junge neben mir, schaut mich mit seinen mandelbraunen Augen ganz erwartungsvoll an und sagt: „Schau mal, wie gut mir das gelungen ist – ich habe mir solche Mühe gegeben." Was tue ich diesem Kind an, wenn ich nicht sein Bemühen sehe, sondern nur nach absoluten Maßstäben urteile? Es wird die Freude verlieren, und zwar bald. Ein Kind kann nicht mehr tun, als sich zu bemühen – auch wenn es noch nicht auf Anhieb klappt.

Dass viele Kinder teilweise minimale schulische Anforderungen nicht mehr erfüllen können, nicht mehr fundiert Rechnen, Schreiben und Lesen lernen, liegt nicht daran, dass sie das nicht könnten, sondern dass ihnen durch die ständigen Verweise auf Fehler und Defizite eingebläut wird unfähig zu sein und sie es irgendwann glauben. Bereits in der zweiten Klasse, da sind die Kinder gerade sieben Jahre alt, sind einige von ihnen fest davon überzeugt, dass sie nicht rechnen oder lesen können und das auch niemals lernen werden.

Viele Eltern müssen erleben, wie sich ihr Kind während der Schulzeit verändert. Aus den kleinen neugierigen Zwacks, die strahlend lächeln, werden aggressive, missmutige oder völlig in sich gekehrte Kinder. Sie haben bereits durch die allerersten schulischen Urteile erfahren: Ihr ganzes Bemühen, diese vielen Bögen und Linien als Buchstaben zu erkennen und sie zu Lauten und Worten zu formen, wird damit quittiert, nicht zu genügen. Sie bekommen stets die Rückmeldung, nicht gut genug zu sein, nicht so gut zu sein wie andere, nicht fähig zu sein – selbst wenn die Lehrerin sehr bemüht ist und beständig versucht, jedes Kind für Gelungenes zu loben. Aber die meisten Kinder können in der achten Schulwoche das Wort „Herz" einfach noch nicht richtig schreiben und auch nach drei Monaten das Wort „Ritter" nicht, ebenso wenig wie ein Erwachsener ohne Vorkenntnisse nach wenigen Wochen arabisch fehlerfrei schreiben könnte. Vieles würde sich fügen – aber die Zeit dafür wird nicht gegeben.

Eine Mutter beschreibt solch eine Entwicklung schmerzhaft treffend: „Mein Sohn Mike war ein sehr lebenslustiger Junge, bevor er in die Schule kam, er war interessiert an so ziemlich allem. Er hat mit seinem Vater immer Modellflugzeuge gebaut, kannte die ganzen verschiedenen Namen, konnte schon erklären, wie ein Motor funktioniert. Als er in die Schule kam, brachte er die ersten Proben mit recht wenigen Punkten zurück. Er hatte Buchstaben nicht ordentlich in die Linien geschrieben, das gab Punktabzug, und er hat manchmal einen Buchstaben nicht gehört, wenn er sich ein Wort allein vorsprach. Die Lehrerin meinte, wir sollten viel üben, das haben wir auch getan. Eigentlich haben wir nur noch geübt. Ich fand auch, dass er tatsächlich besser wurde – nur die Proben wurden nicht besser, später bekam er dann immer Vierer und Fünfer. Mein Mann und ich waren schon der Verzweiflung nahe. Wir sind von Pontius zu Pilatus gelaufen, haben uns Hilfe geholt. Mike wurde getestet, dann waren wir bei der Kinderpsychologin. Am schlimmsten war, dass wir zu Hause immer öfter gestritten haben. Ich war verzweifelt, wenn er wieder eine schlechte Note mit nach Hause brachte. Und ja, auch ich habe mich hinreißen lassen, ihn zu beschimpfen, ihm vorzuhalten, wie dumm er ist, warum er das da in der Probe nicht gekonnt und dieses dort einfach falsch hingeschrieben hatte. Es gab eigentlich täglich Streit. Ich wollte mit ihm üben, er wollte nur raus zum Spielen. Manchmal ging das Theater schon morgens los, er wollte einfach nicht mehr in die Schule. Stand eine Probe an, konnte er nächtelang nicht schlafen, hatte Angst, zweimal hat er sogar wieder ins Bett eingenässt. Oft saß er dann wohl vor seinem Blatt Papier und es fiel ihm nichts mehr ein. Wie wenn alles weg wäre, was er jemals gelernt hatte. Wir haben wirklich viel geübt, wir dachten auch immer, er könne es, aber in den Proben hatte er dennoch immer Vierer und Fünfer. Mike hatte dann auch keine Lust mehr zum Lernen. ‚Es bringt ja doch nichts', sagte er, oder: ‚Ich weiß doch, dass ich dumm bin.' Die Lehrerin sagte uns dann, dass er es halt einfach nicht besser könne. Wir seien vielleicht zu ehrgeizig, wir sollten ihn nicht so unter Druck setzen. Alle Eltern wollten, dass ihr Kind aufs Gymnasium gehe, aber es gäbe halt nicht nur kluge Kinder. Die Hauptschule wäre wohl angemessen für ihn. Ich wollte doch mein Kind nicht unter Druck setzen, ich wollte ihm eigentlich helfen. Für mich war es sehr schwer, zu akzeptieren, dass dieses interessierte, wache Kind, das ich einmal hatte, so dumm sein sollte. Sein Verhalten änderte sich sehr, er wurde immer stiller. Zu nichts mehr hatte er Lust, am liebsten wollte er nur noch fernsehen und am Computer spielen. Irgendwann hatten wir uns in der Familie aufgerieben, auch zwischen mir und meinem Mann kam es immer öfter zum Streit. Es war eine grauenhafte Zeit. Ich glaube, wir haben einfach irgendwann kapituliert. Mike geht jetzt auf die Hauptschule, schreibt weiterhin so seine Vierer und Fünfer. Ich habe den Kontakt zu meinem Sohn irgendwie verloren, er hängt mit Freunden rum und ich habe oft Angst, dass er nicht nur Zigaretten raucht. Lernen interessiert ihn nicht, ich bin froh, wenn er seine Hausaufgaben wenigstens einigermaßen macht. Es tut mir weh zu sehen, dass er immer noch nicht flüssig lesen kann – aber er war und ist einfach nicht mehr dazu zu bewegen, zu lesen. ‚Lesen ist toll', hat er immer gesagt. Doch als er zweimal eine Vier in der Leseprobe hatte, hörte er auf zu lesen. ‚Ich dachte, ich kann wenigstens lesen', sagte er damals, ‚aber nicht einmal das kann ich.' Auch beim Rechnen hapert's. Dabei hat er, als er noch klein war, doch immer schon mit seinem Vater ausgerechnet, wie viel er noch für ein neues Modellflugzeug sparen muss – damals konnte er noch rechnen. Ich bin so unendlich traurig, aber ich weiß mir keinen Rat."

Ähnliche Geschichten hört man von vielen Eltern. Auch ich hatte solche Vierer- und Fünferkinder in der Klasse. Man erkennt sie relativ schnell, sobald man eine Klasse betritt: Entweder sind es die Kinder, die in sich zusammengesunken dasitzen, oder die, die auffallen, aggressiv sind, ständig stören, unangemessenes, oft provozierendes Verhalten zeigen und denen oft im zarten Alter von acht oder neun Jahren schon alles egal ist – was sie dann teilweise auch sehr lautstark und in unflätiger Sprache kundtun. Sind diese Kinder wirklich so, wie sie sich geben? Schaut man sie sich genauer an – ohne pauschalisieren zu wollen –, fehlt ihnen die Freude, fehlt ihnen die Achtsamkeit, fehlen sie sich irgendwie selbst. Die Kinder glauben nicht mehr an sich, sie haben resigniert oder verstecken sich gerade noch hinter einem großen „Ich bin der Tollste und der Coolste" mit den entsprechenden Verhaltensweisen, um ihre Selbstachtung nicht völlig zu verlieren.

Mir scheint oft, dass diese Kinder mehr damit beschäftigt sind, sich gegen das Bild zu wehren, das von ihnen gezeichnet und über sie drübergelegt wird, oder einen unnahbaren Schutzwall um sich herum aufzubauen, als Raum und Ruhe zu haben, sich mit Lerninhalten auseinanderzusetzen und sich in ein gutes gemeinschaftliches Miteinander einzubringen. Wie wären wohl all diese Kinder, wenn ihnen all diese Erlebnisse erspart geblieben wären?

Die falsche Ausrichtung – fehlendes Selbstgefühl

Noch etwas anderes geschieht durch die Noten. Noten werden per Definition auf eine Leistung gegeben, die bestimmten Kriterien genügt. Kein Wunder, dass die erste Frage vieler Eltern an die Lehrkraft in deren Sprechstunde ist: „Was ist Ihnen denn wichtig?" Diese Eltern haben verstanden, dass der Lehrer die Kriterien setzt. Oft bin ich mir als Lehrerin nicht einmal bewusst, dass es keinen objektiven Maßstab gibt, sondern walte in bester Absicht und in der Überzeugung, dass meine Kriterien maßgeblich sind und mein Urteil richtig ist. Natürlich übe ich mein Hoheitsrecht der Notengebung verantwortungsbewusst aus, bin überzeugt davon, dass ich – gerade auch aufgrund meiner Erfahrung – den richtigen Unterricht abhalte und die passenden Fragen für die Proben wähle, die ich auch gerecht bewerte und gewichte. Wie schwierig ist es, sich da ein Stück weit selbst zurückzustellen und sich einzugestehen, dass alle meine Einschätzungen von einem anderen Menschen völlig anders gesehen werden können und dass ich, egal wie verantwortungsbewusst und durchdacht ich Noten vergebe, niemals über ein subjektives Urteil hinauskomme?

Wir erziehen Kinder damit dahin gehend, sich nach anderen Menschen zu richten und fremden Anforderungen zu genügen. Und so, wie viele Kinder daraus ihr Selbstbild entwickeln, nicht zu genügen und damit auch „nicht liebenswert zu sein", entwickeln oft die „guten" Kinder das Gefühl, nur liebenswert zu sein, wenn sie eine gute Note haben und die Anforderungen erfüllen. Der dänische Familientherapeut und Autor Jesper Juul beschreibt den wesentlichen Unterschied in seinem Buch „Das kompetente Kind" sehr genau:

„Selbstgefühl ist unser Wissen und Erleben davon, wer wir sind. Selbstgefühl handelt davon, wie gut wir uns selbst kennen und wie wir uns zu dem verhalten, was wir wissen. Bildlich gesprochen läßt sich Selbstgefühl als eine Art innerer Säule, als Zentrum oder Kern beschreiben. Wir kennen das gesunde, gut ausgeprägte Selbstgefühl als ein Gefühl des In-sich-Ruhens, Sich-Wohlfühlens. Geringes Selbstgefühl wird als konstantes Gefühl von Unsicherheit, Selbstkritik und Schuld erlebt. Das Fundament des Selbstgefühls läßt sich vielleicht am besten kurz mit dem Erleben beschreiben, das die meisten frischgebackenen Eltern hatten, wenn sie zum ersten Mal ihr schlafendes Baby betrachteten: das Gefühl, daß dieser neue Mensch etwas Wunderbares und Wertvolles ist, und zwar ganz allein deshalb, weil er ist! (…) Von innen heraus beschrieben spricht das gesunde Selbstgefühl: ‚Ich bin in Ordnung und wertvoll, ganz allein deshalb, weil ich bin!' Selbstgefühl ist, ob ausgeprägt oder gering, eine existentielle Qualität. Es ist der Grundton in unserer psychischen Existenz (…) Selbstvertrauen handelt von dem, was wir können, worin wir gut und tüchtig sind oder dumm und schlecht – das, was wir leisten können."[1]

Weiter führt Jesper Juul in diesem Buch aus: „Selbstvertrauen und Selbstgefühl sind von ganz unterschiedlicher Natur. Sie lassen sich nicht unmittelbar miteinander vergleichen, und sie können nicht eines an die Stelle des anderen treten. Aber auf eine Weise hängen sie zusammen: Wenn man ein gesundes Selbstgefühl hat, ist das Selbstvertrauen selten ein Problem. (Das gilt nicht für das Gegenteil!)."[2]

Nimmt sich zum Beispiel ein Erwachsener mit einem gesunden und gut entwickelten Selbstgefühl vor, Chinesisch zu lernen, wird er sachlich damit umgehen, wenn er entdeckt, dass seine sprachlichen Talente, die vorhandene Zeit, vielleicht auch die erste Begeisterung nicht ausreichen, um diese Sprache wirklich gut zu lernen, sie schließlich zu beherrschen. Sicher wird dieser Mensch traurig darüber sein, sich von einem Traum verabschieden zu müssen. Er wird jedoch sachlich feststellen: „Chinesisch ist wohl doch nichts für mich." Oder auch: „Mir fehlt die Zeit, das so gut zu lernen, wie ich es mir gewünscht hätte, und ich habe auch zu viele andere Interessen und Hobbys, die mir wichtiger sind." Wenn dieser Mensch jedoch nur ein geringes Selbstgefühl hat, wird er drastisch resümieren: „Ich bin zu gar nichts gut!" Nicht nur seine sprachlichen Fähigkeiten sind dann in seinen Augen begrenzt. Sondern er erlebt sich insgesamt als Versager.

Kurz: Mit einem intakten Selbstgefühl stellt dieser Mensch fest, dass es eben einzelne Bereiche gibt, in denen er nicht so talentiert ist. Mit einem geringen Selbstgefühl ist dieser Mensch überzeugt davon, dass ein absoluter Versager ist, dass dieses nicht vorhandene Talent nur ein weiterer Beweis dafür ist, wie schlecht, dumm und unbrauchbar er als Mensch insgesamt ist. Mit dieser Sicht auf sich selbst ist es natürlich auch ausgesprochen schwierig, überhaupt etwas zu lernen.

Oft versucht man jedoch sehr nachdrücklich das Selbstbewusstsein von Kindern zu stärken, dabei ist ihr tatsächliches Problem ein ungenügendes Selbstgefühl. Dies ist laut Juul an typischen Eigenschaften zu erkennen: „Ein geringes Selbstgefühl manifestiert sich auf vielfältige Weise: in Leistungsangst, Prahlerei, Lebensangst, Selbstlosigkeit, Grenzenlosigkeit, Unterordnung, Aufgeblasenheit, Schuldgefühl, als Drogen-, Medikamenten oder Alkoholmißbrauch, Gewaltbereitschaft, Eßstörungen und so weiter."[3]

Und gerade angesichts der zunehmenden Zahl schlimmer Verzweiflungstaten wie Amokläufen an Schulen sollten wir uns fragen, welchen Anteil unser Schulsystem daran hat. Teilweise erkennt man schon in den unteren Klassen Tendenzen im Verhalten und im Wesen eines Schülers, die auf eine absolute Entmutigung und mögliche spätere Schwierigkeiten hindeuten. Aber das, was diese Schüler so dringend bräuchten, bekommen sie nicht: Über Jahre hinweg erleben sie in der Regel statt Anerkennung Missbilligung, statt Erfolgserlebnissen Demoralisierung, statt bereichernder Freundschaften Ausgrenzung, statt der Ausbildung einer mit sich selbst zufriedenen Persönlichkeit die Entfremdung von sich selbst. Statt um sinnhaftes, sie bereicherndes Lernen und Visionen geht es darum, Kriterien zu erfüllen. Diese Kinder und Jugendlichen ziehen sich zurück, machen „auf cool" oder fügen sich und definieren sich über das erfolgreiche Erfüllen von Vorgaben. Sie selbst werden nicht gesehen. Kein Wunder, dass sie das irgendwann einfordern oder erzwingen. Und dann wird die Frage gestellt, warum das niemandem vorher aufgefallen ist, warum niemand etwas gemerkt hat. Diese Kinder haben überhaupt keine Chance bekommen, ein wertvolles Selbstbild aufzubauen. Vielleicht haben wir uns schon zu sehr daran gewöhnt, dass nicht wenige unserer Kinder derart verletzt aufwachsen (müssen). Ein Mensch mit einem gesunden Selbstgefühl und ausreichend Raum zum Sein begeht keinen Mord.

Selbstgefühl entwickelt sich laut Juul hauptsächlich durch zwei Aspekte positiv: Wenn mindestens ein Mensch, der in unserem Leben bedeutungsvoll ist, uns „sieht" und anerkennt, wie wir sind. Und wenn wir erleben, dass wir für andere Menschen, so, wie wir sind, wertvoll sind. Spürt ein Kind hingegen Besorgnis, so wird ihm vermittelt: „Ich rechne nicht damit, dass du zurechtkommst."

Wir erziehen Kindern durch das ständige Be- und Verurteilen die Fähigkeit ab, auf sich selbst zu hören, sich selbst, so, wie sie sind, als liebenswert und wunderbar zu erleben, sich für sich selbst organisch weiterzuentwickeln, sich in der Gemeinschaft als wertvoll wahrzunehmen und an Situationen zu wachsen.

Kinder in der Schule müssen von klein auf mehr oder weniger subjektiven Kriterien genügen. Da kann im Vorwort zum Lehrplan noch so deutlich drinstehen, dass die Ganzheit des Kindes gesehen werden muss. Letztendlich zählen nur ganz bestimmte Leistungen, die zu einem bestimmten Zeitpunkt erbracht wurden. Und für den Übertritt an die weiterführenden Schulen und damit für das Prädikat „intelligent" und „leistungsfähig" zählen nur die Noten in drei Fächern. Das Kind an sich, wer es ist, wie es ist, seine Träume, seine Hoffnungen, seine Wünsche, sein Potenzial, sein Wollen, seine Liebe, seine Fähigkeit, andere zu sehen und wahrzunehmen, sein Klang, seine Einzigartigkeit – all das ist unwichtig dafür, wie es mit dem Kind weitergeht, und wird dementsprechend auch immer mehr in den Hintergrund rücken.

Kinder, die ständig genötigt werden, die Kriterien anderer Menschen zu erfüllen, werden nur schwer eine Ich-Kompetenz entwickeln. Eine eigene Meinung bilden kann sich nur jemand, der für sich selbst eine Sicherheit gewonnen hat. Der den Mut hat, diese auf sich selbst auszurichten und nicht auf jemand anderen. Das „Ich" entwickelt sich am „Nein!" – und nicht an der Anpassung. Wer aber nur dann Chancen hat und nur dann vorankommt, wenn er sich in Schemen pressen lässt oder vorgegebenen Kriterien genügt, wird diese wichtige Fähigkeit nur schwer erwerben.

Es wäre für Kinder ganz entscheidend, dass wir nicht in erster Linie auf die Ergebnisse achten, die sie hervorbringen, sondern darauf, ob sie in einer guten Entwicklung sind. Dadurch, dass wir sie ständig zu einem Output zwingen, stören wir diese Entwicklung, dieses Wachstum, insbesondere, weil wir auf die Plateauphasen keine Rücksicht nehmen, jene Phasen, in denen äußerlich keine Entwicklung sichtbar ist, in denen aber häufig Entscheidendes im Kind passiert und denen meist ein Entwicklungssprung folgt. Dazu gehört auch, dass Kinder beschützt Fehler machen und Fehlentscheidungen treffen dürfen, um aus abgesicherten Konsequenzen lernen zu können. Der Vergleich mit anderen würde im Erwachsenenalter noch völlig genügen.

Alle Kinder erleben durch die Selektion, dass sie eben nicht so, wie sie sind, angenommen, akzeptiert und wertvoll sind und gerade durch ihre Individualität, ihren Eigensinn und ihre Eigenheiten einen bereichernden Beitrag zur Gesellschaft leisten. Mit Selektion ist dabei nicht nur die Verteilung auf die diversen Schulformen gemeint, sondern auch die auf die verschiedenen Notenstufen. Und dadurch entsteht Angst: Angst vor Aussonderung, Angst, so, wie man ist, nicht recht zu sein, Angst, als der Mensch, der man ist, nicht genügen zu können. Damit ist allen (!) Kindern der wichtigste Boden genommen – das Urvertrauen jedes Kindes, so, wie es ist, wunderbar zu sein. Kein einziger positiv anmutender Aspekt der Selektion kann diesen Schaden jemals wieder gutmachen oder aufwiegen.

Selektion als individuelle Förderung?

Ein weiterer Punkt ist von großer Bedeutung. Dieser Aspekt wird in Diskussionen um die Bildungspolitik häufig eingebracht, jedoch völlig unzureichend beleuchtet: Gerade die Befürworter des mehrgliedrigen Schulsystems meinen, durch die Selektion würden Kinder individuell gefördert. Genau das Gegenteil ist der Fall. Auf den ersten Blick mag es so wirken, dass drei oder gar fünf Schubladen der Verschiedenheit von Kindern besser gerecht werden als eine einzige gemeinsame. Nur dass diese gemeinsame Schule keine Schublade wäre, sondern eine große Wiese.

Wie sieht es in der Praxis aus? Die Mehrgliedrigkeit benötigt eine ständige Leistungsmessung, die einen vorgegebenen Maßstab zu einer bestimmten Zeit notwendig macht. Nur auf dieser Grundlage können Noten oder Urteile gegeben werden, nur auf dieser Grundlage kann selektiert werden. Damit verlagert sich der Schwerpunkt: Statt des Lernens und Bereicherns wird entscheidend, welches Ergebnis in den Leistungsmessungen erzielt wird. Leistungsmessungen, die meiner Meinung nach einen oft recht fragwürdigen Leistungsbegriff zugrunde legen. Es mag sein, dass es vor Jahrzehnten, als Wissen und Fakten nicht einfach mit einem Mausklick übers Internet abrufbar waren, eine wahre Leistung war, vieles davon auswendig zu wissen. Heute ist es einfach unnötig. Heute wären andere Dinge wichtig. Aber unsere Kinder lernen hauptsächlich auswendig oder eignen sich kurzfristig Fähigkeiten an für die nächste Probe, um sie danach gleich wieder abzulegen, da sie sie nicht integrieren können. In Fachkreisen nennt man das „Bulimie-Lernen": Alles reinstopfen, um es später auszukotzen, ohne dass es einen nährenden Effekt hätte, ohne dass etwas davon verdaut wird.

Viele unserer Kinder haben nach Abschluss der Schule auf dem Papier eine hohe Qualifikation, bleiben aber trotzdem unfähig, unflexibel und ungebildet. Dabei kostet das Büffeln für die Prüfungen extrem viel Zeit. In der Schule werden Stoff und Inhalte präsentiert, daheim werden stundenlang Hausaufgaben erledigt und dann wird noch gelernt. Dass das in drei verschiedenen Gleisen beziehungsweise Schularten stattfindet, ändert nichts an der Tatsache, dass innerhalb dieser alle Kinder das Gleiche lernen müssen und alle zur gleichen Zeit die gleichen Inhalte verstanden haben sollen. Von Individualität keine Spur. Per se gibt es in jeder Klasse etwa fünf besonders Begabte, die fünf Kinder, die die Note „Eins" vorweisen können. Eine besondere Förderung gibt es jedoch nicht. Diese Kinder können eine Klasse überspringen oder sogar auch zwei – aber ist das individuelle Förderung, wenn sie dann eben im Gleichschritt mit zwei Jahre älteren Kindern (und damit häufig in der völlig falschen Sozialisationsgruppe) mitmarschieren dürfen?

Besondere Begabungen werden im derzeitigen Schulsystem ja oft nicht einmal erkannt, weil der Freiraum fehlt, dass diese sich offenbaren können. Ganz im Gegenteil haben Kinder, die in einem Bereich besonders interessiert und talentiert sind, sogar im entsprechenden Fach teilweise schlechte Noten, weil sie sich dem Gleichklang widersetzen, im Unterricht gedanklich eigene Wege gehen oder ihre Zeit privat für ihre eigentlichen Interessen statt zum Pauken nutzen. So beispielsweise Janna, der ich im Aufsatz eine Fünf geben musste, weil sie die geforderten Kriterien nicht erfüllte. Sie liebte das Schreiben und schrieb wunderbare Geschichten. In ihrer Geschichte verwob sie gut fünf Handlungsstränge ineinander. Und Janna begann mit einem stilistischen Paukenschlag direkt in der Handlung. Da sie nur eine Stunde Zeit zum Schreiben hatte, wurde sie nicht fertig, die Geschichte war mittendrin abgebrochen, der Schluss fehlte. Die Kriterien, die die Aufsätze der Kinder erfüllen mussten, waren aber: eine Einleitung zu formulieren, langsam die Geschichte zu einem Höhepunkt hin aufzubauen, nur einen Handlungsstrang zu verfolgen sowie einen Schluss zu formulieren, der die Geschichte abrundet. Die geforderten zahlreichen Eigenschaftswörter hat Janna ebenso selten eingebaut wie die vorgeschriebene wörtliche Rede. Damit erhielt sie in nahezu allen Beurteilungskriterien keine Punkte – obgleich sie wirklich eine an sich wunderbare und für ihr Alter bereits hochliterarische Geschichte geschrieben hatte. Janna war da gerade neun Jahre alt. Ich konnte ihr nur noch unter ihren Text schreiben, wie sehr ich ihr wünsche, dass sie sich ihr Schreibtalent bis nach der Schule erhält und eine erfolgreiche Schriftstellerin wird – ehrlich gesagt wage ich aber zu bezweifeln, dass die Freude am Schreiben bleibt, wenn Janna sich für gute Noten ständig verbiegen muss. Wie wertvoll wäre es für diese Schülerin gewesen, individuelle und subjektive Rückmeldungen zu erhalten, sodass sie sich und ihr Schreibtalent hätte weiterentwickeln können?

Und selbst wenn ich im Schulalltag besondere Talente bemerke, habe ich als Lehrer oft gar nicht die Möglichkeit, diese zu fördern. Ich erinnere mich an ein kroatisches Mädchen, das nach dem gemeinsamen Besuch der „Zauberflöte" die Arie der Königin der Nacht in einer bezaubernden Klarheit und Schönheit beständig vor sich hin sang. Sie stammte aus einem sozial benachteiligten Elternhaus, dort hatte man nicht einmal das Geld, die Busfahrkarte für die Fahrt zum Kirchenchor zu zahlen. Die Schulen sind aufgrund der Strukturen aber nicht so frei, dass sie für dieses Mädchen und für viele andere Kinder mit vielfältigen Interessen individuelle Möglichkeiten und Lösungen finden können. Das Mädchen besucht derzeit die Hauptschule, ihr Talent verkümmert.

Wir haben ein völlig falsches Verständnis von individueller Förderung. Wirkliche individuelle Förderung heißt für mich zweierlei: Zum einen brauchen Kinder individuelle Unterstützung, um eine grundlegende, fundierte Bildung zu erreichen. Darüber hinaus benötigen alle Kinder aber auch Zeit, Raum, Möglichkeit und Unterstützung, um ihren eigenen Interessen nachgehen zu können.

In unseren Schulen bedeutet „individuelle Förderung" – im Sinne des ersten Aspekts – in der Regel allerdings, alle Kinder dahin gehend zu „fördern", dass sie zur gleichen Zeit den gleichen Anforderungen in den Proben begegnen können. Das wird meist nur mit dem Blick auf die nächste Prüfung, selten aber mit Weitblick und im Sinne einer echten grundlegenden Bildung praktiziert. Für den zweiten Aspekt einer guten individuellen Förderung jedoch ist in unseren Schulen so gut wie gar kein Raum. Im Unterricht sind die Kinder immer auf die gleichen Inhalte festgelegt, die dann ja auch in der Probe abgefragt werden. Dabei könnten an ein und demselben Thema viele Kinder Unterschiedliches lernen und erfahren. Und sie könnten sich selbst einbringen, sodass alle von der Vielfalt und dem Facettenreichtum profitieren.

Und selbst da, wo Kinder bereits über die klassischen schulischen Inhalte hinaus gefördert werden sollen, wird die Realität dem Aspekt der individuellen Förderung nicht gerecht: An derzeitigen Ganztagsschulen wählen die Kinder meist zwischen einigen wenigen Angeboten, die aber allein aufgrund der Rahmenbedingungen oft nicht sinnhaft sind – und sind dort zudem erneut fest eingebunden. So kann man sich beispielsweise zwischen den an sich wirklich tollen Angeboten Basketball, Theater und Fotolabor entscheiden. Aber die Basketballtruppe, die in einer kleinen Einfachturnhalle miteinander übt und spielt, besteht aus achtundzwanzig Kindern, die Körbe hängen auf Erwachsenenhöhe und damit viel zu hoch und es gibt davon sowieso nur zwei. Die Fotogruppe besuchen zwanzig Kinder: Es gibt dort zwei Fotoapparate und einen Laborarbeitsplatz. In der Theatergruppe treffen sich neunundzwanzig Kinder. Und alle Truppen werden von jeweils einer einzigen Lehrkraft betreut. Was aber, wenn sich das Kind weder für Basketball noch für Fotografie noch für Theater interessiert, sondern lieber malen, in einem Tanzprojekt mitwirken oder mit anderen Kindern physikalische Feldversuche durchführen möchte?

Noch entscheidender ist aber, dass unsere Kinder aufgrund des großen Zeitaufwandes fürs Pauken und Auswendiglernen kaum mehr Zeit haben, auch außerschulisch ihren Interessen nachzugehen. Wann sollten sie noch ein Musikinstrument lernen, wann Sport treiben? Wann sich ehrenamtlich in Kirche oder Gemeinde einbringen? Wann auch nur einfach mal ihren Gedanken nachhängen, um eventuell kreative Ideen zu entwickeln? All diese Zeit wird ihnen doch genommen – durch die Schule. So geht es schon den Kleinen in der Grundschule, wird aber noch weit schwerwiegender in den weiterführenden Schulen, derzeit gerade auch im G8. Und dabei ist diese Zeit nicht einmal effektiv genutzt. Kinder lernen nicht wirklich in der Zeit. Sie „lernen" auswendig. Sie pauken. Aber Lernen ist doch ganz etwas anderes. Wenn Vertreter des mehrgliedrigen Schulsystems laut schreien: „Wir wollen lernen!", und damit am bestehenden System festhalten wollen, sollte man ihnen entgegenschreien: „Dann lernt doch weiter auswendig – wir wollen uns bilden. Wir wollen Bildung für alle!" Bildung heißt für mich „bilden", das bedeutet in etwa: sich errichten, erschaffen, sich formen und ausbilden, sich ausprägen, Gestalt annehmen. Und dabei ist das Beherrschen von Faktenwissen einfach nur ein kleiner Teil, aber längst nicht der entscheidende. Zu guter Bildung gehört für mich, eine Selbstkompetenz zu entwickeln, also mit sich selbst klarzukommen, sich und seinen Körper zu kennen, vielfältige Bewegungserfahrungen, ganzheitliche und alle Sinne ansprechende Erlebnisse gemacht zu haben. Es heißt, eine Sozialkompetenz auszubilden, also zu lernen, eine gute Gemeinschaft mit anderen zu leben, Verantwortung für sich und die anderen zu übernehmen. Und es bedeutet, Demokratie zu leben beziehungsweise überhaupt erst einmal zu verstehen, was Demokratie heißt: dass man gemeinsam dafür sorgt, dass jeder einen guten Platz in der Gesellschaft hat und die Rechte und der Raum des Einzelnen gewahrt bleiben, nicht einfach nur, dass die Mehrheit bestimmt. Bildung beinhaltet für mich auch Beziehungsfähigkeit, das Respektieren des Gegenübers und seiner Lebenswelt. Und Bildung bedeutet natürlich auch den Erwerb diverser Qualifikationen und eines fundierten Grundwissens. Rechnen, Schreiben, Lesen und darüber hinaus natürlich auch Kompetenzen, die den Umgang, die Weiterverwendung und Weiterentwicklung von Wissen ermöglichen.

Aber wir reduzieren die Ausbildung unserer Kinder fast ausschließlich auf das Pauken und Wiedergeben von Faktenwissen, Rechenformeln und vorgegebenen Ansichten und begnügen uns mit einer oberflächlichen Ausprägung von Kernkompetenzen. Diese sind nämlich nicht gut abfrag- und bewertbar. Ganz im Gegenteil verhindert allein der Versuch einer Bewertung die Ausbildung dieser Qualitäten. Dafür nimmt die Schule mit ihrer Forderung, sich abfragbares Wissen einzutrichtern, so viel Zeit der Kinder in Anspruch, dass Kinder nicht einmal auf privater Basis die Möglichkeit haben, individuellen Interessen nachzugehen. Und dann spricht die Politik bei der Aufteilung auf drei Schularten davon, jedem Kind individuell gerecht zu werden, obgleich diese ja nur möglich ist, indem von allen Kindern das Gleiche gefordert wird.

Individuelle Förderung und Selektion schließen sich gegenseitig aus.

Individuelle Förderung braucht Freiraum und ein Lernen ohne starre Grenzen. Die Selektion dagegen beruht auf einem begrenzten Lernen im erzwungenen Gleichschritt.

Wie ich lernte und wie ich lehre

> *… alles Wissen und*
> *alle Vermehrung unsres Wissens*
> *endet nicht mit einem Schlußpunkt,*
> *sondern mit Fragezeichen.*
>
> Hermann Hesse

So wenig sich meine Vorgesetzten dafür interessiert haben, worauf ich mein Handeln und Wirken gründe, so oft wurde ich von anderen nach dem „Geheimnis meines Erfolges" gefragt: „Wie kann es sein, dass die Kinder in Ihrer Klasse so viel bessere Ergebnisse erzielen und mit Freude lernen? Was machen Sie anders als andere Lehrer?"

Mir ist an dieser Stelle sehr wichtig, dass es nicht einfach „die eine" richtige und gute Art zu unterrichten gibt. Es gibt so viele tolle und engagierte Lehrer und jeder hat sein eigenes Wesen und seine eigene Methodik. Und gerade darin, in der Authentizität und damit in der Individualität des Lehrers, liegt der Schlüssel für guten Unterricht. Jeder Lehrer ist anders. Jeder wird auf andere Weise zum Erfolg kommen – wenn er denn darf, wenn er den Raum dafür bekommt und wenn das zugrunde liegende System sein Engagement nicht konterkariert. Im Wesentlichen unterrichte ich nicht anders als andere Lehrer auch. Ich vermute jedoch, dass für das erfolgreiche Lernen der mir anvertrauten Kinder in den letzten Jahren zwei Dinge ausschlaggebend waren: Zum einen, dass ich jenen Raum, der für mich und meine Kinder nötig war, so gut es ging auch gegen heftigste Störfaktoren verteidigt, mich über manch unsinnige Anweisung hinweggesetzt und trotz verletzender Missbilligung meiner pädagogischen und methodischen Arbeit durch Vorgesetzte nicht resigniert habe. Zum anderen, dass ich durch viel Arbeit, teilweise über siebzig bis achtzig Wochenstunden, versucht habe, trotz des Drucks der Vorgesetzten und der mir auferlegten Auflagen, guten Unterricht zu ermöglichen und zu verhindern, dass meine Kinder den Schaden davontragen, den das System an allen Kindern anrichtet. Eine Arbeit, die völlig unnötig ist – mit normalem Arbeitsaufwand ist gute und erfolgreiche Schule möglich, wenn das System anders wäre.

In vielen Punkten bin ich auch lange nicht so erfolgreich wie manch ein Kollege. Beispielsweise gelingt es der Kollegin im Zimmer nebenan, aus jedem Kind sein Talent beim Malen und Zeichnen hervorzuzaubern. Das erreiche ich in dieser Ausprägung noch nicht. Eine frühere Kollegin war Tänzerin und ihre Kinder haben das Glück, sich unter fachkundiger Leitung in verschiedenen Tanzstilen ausprobieren zu können und insbesondere auch modern und zeitgenössisch tanzen zu dürfen. Auch das kann ich meinen Kindern noch nicht bieten – mir fehlt die Zeit, mich in diesem Bereich fortzubilden und mich so intensiv damit zu beschäftigen, dass ich diese Fähigkeiten zunächst bei mir selbst entfalten kann.

Das ist aber auch nicht das Entscheidende. Das Entscheidende ist, dass das Gesamtpaket stimmt, dass Kinder bereichert aus der gemeinsamen Zeit weitergehen, dass sie sich begeistern, sich entwickeln und lernen können. Diese Gesamtpakete können völlig unterschiedlich geschnürt sein und haben gerade dadurch ihren Wert. Insgesamt muss es gut sein.

Im Nachhinein empfinde ich meinen Werdegang als Entwicklung dahin, heute **in jedem Kind das volle Potenzial sehen zu können**. Auch ich bin in einer Gesellschaft aufgewachsen und habe Schulen besucht, die mir die Begrenztheit jedes Menschen vermitteln wollten und mich genötigt haben, mich damit abzufinden. Auch ich bin in dem Glauben aufgewachsen, dass es genetisch bedingt einfach „praktisch begabte" Menschen gibt, die sich nun mal mit dem Denken eher schwertun. Aber auch wenn nicht jeder Mensch sein volles Potenzial ausschöpfen wird, heißt das nicht, dass wir ihn schon von vornherein als begrenzt sehen müssen. Eine Grundvoraussetzung, um jedes Kind individuell, liebevoll und respektvoll auf seinem Weg begleiten zu können, ist meines Erachtens die Überzeugung, dass jedes Kind ein wundervoller Mensch ist, wenn auch mit ganz unterschiedlichen Fähigkeiten und Eigenschaften und geprägt von verschiedenartigen Erfahrungen und Erlebnissen, aber eben doch ausgestattet mit vollem Potenzial. Würde uns nicht das System eine derart folgenschwere Vorstellung über die uns anvertrauten Kinder aufdrängen, sondern uns ermutigen, in allen Kindern das volle Potenzial und die reichen individuellen Anlagen zu sehen, würden wir gerade in den unteren Klassen anders mit ihnen umgehen, anders mit ihnen arbeiten und damit die Entwicklung von Kindern anders beeinflussen, als wir es derzeit tun. Inzwischen bin ich fest davon überzeugt, dass alle Kinder gut lernen können und dass es keine dummen Kinder gibt. Aber wir produzieren Versager oder besser: Das System lässt uns Versager produzieren.

Wie ich lernte – eine Biografie meiner Entwicklung

Schon in sehr jungen Jahren habe ich begonnen, mich mit dem Lernen und Lehren zu beschäftigen. Aufgewachsen in einer Mathematiker-Familie und so schon früh von der Leidenschaft meines Vaters für Zahlenspiele und Knobeleien angesteckt, fielen mir das Rechnen und das logische Denken recht leicht – im Gegensatz zu manchen Mitschülern, die mich immer häufiger um das Erklären von Aufgaben baten oder einfach um die Erlaubnis, meine Hausaufgaben abzuschreiben. Später verdiente ich mir oft ein paar Mark mit Nachhilfe dazu. Mir wurde schnell klar, dass die wenigsten Probleme tatsächlich im Fachlichen lagen. Oft waren meine Altersgefährten schon so fest davon überzeugt, „das sowieso nicht zu können", dass sie gar nicht erst damit anfingen oder sich nicht die für die Aufgabe nötige Zeit nahmen und sehr schnell resignierten. Oft fehlte ihnen eine Struktur, eine Ordnung in ihrem Denken oder sie hatten die hinter der Aufgabe liegenden Prinzipien nicht verstanden, sodass sie nicht auf die notwendigen Bausteine zugreifen und damit arbeiten konnten.

Dieser innere Zustand gleicht einem Kinderzimmer, in dem alles durcheinanderliegt, statt aufgeräumt und griffbereit zu sein. Die Kinder verfügten über isoliertes Wissen und Kenntnisse, konnten diese aber nicht zusammenfügen. Oder es zeigte sich, dass nur Kleinigkeiten fehlten, um ein Verständnis zu ermöglichen. Es wirkte wie ein Puzzle, in dem ein Teil fehlt, oder so, als gäbe es eine zu große Stufe an einer Stelle, an der noch eine Zwischenstufe hätte eingebaut werden müssen. Meine Aufgabe als erklärende Helferin sah ich nun darin, diese Kinder zu beobachten, wahrzunehmen, wie sie vorgingen, um ein Gefühl dafür zu bekommen, wie sie dachten. Ich hatte so etwas wie eine innere mathematische Landkarte. Dadurch wusste ich, was wo hingehört, wie man wohin kommt, was für eine Lösung wichtig ist. Mathematik unterscheidet sich in dieser Hinsicht meines Erachtens nicht wesentlich von vielen anderen Fächern – aber das sollte mir erst viel später bewusst werden. Leider, denn sonst hätte ich selbst für viele Prüfungen sicher auch anders gelernt. Deutlich war mir in jedem Fall schon damals, wie wenig es brachte, einfach möglichst viele Aufgaben zu lösen, und schon gar nicht, die Kinder diese vielen Aufgaben allein rechnen zu lassen, solange nicht klar war, an welchem Punkt welche Abzweigung, welches Planquadrat, welches Detail auf der inneren Landkarte eines Schülers fehlte. Zuerst musste herausgefunden werden, wo er auf einen falschen Weg abbog, an welcher Stelle er vielleicht verständliche, aber doch falsche Schlussfolgerungen zog.

Auch in anderen Bereichen hatte ich als Jugendliche viel mit Kindern zu tun: Ich leitete Kindergruppen in der Kirche, organisierte und begleitete Kinderfreizeiten, trainierte Sportmannschaften und betreute Gruppen im Ferienprogramm. Ich habe früh Erfahrungen im sozialen Miteinander von und mit Kindern gemacht. Mit Lernen an sich hatte das einerseits sehr wenig zu tun und andererseits sehr viel. Denn in vielen Situationen wurde mir deutlich, dass das Wichtigste für Kinder ist, liebevoll gesehen zu werden. Ich erlebte, dass sie häufig erst dann offen dafür sind, sich mit Dingen zu beschäftigen, Regeln einzuhalten und mit den anderen Kindern ebenfalls achtsam umzugehen. Mir wurde bewusst, wie sehr das weitere Verhalten eines Kindes von meiner Reaktion abhing. Wie oft blickten sie zu mir, warteten: auf meine Wertung einer Situation, meine Reaktion. Es ist fast erschreckend, wie stark Kinder das übernehmen. Und es ist fast jederzeit zu beobachten. Schimpfe ich mit Peter, weil er dreimal vergeblich aufs Tor geschossen hat, obwohl ein anderer Spieler frei stand, werden die Kinder ziemlich sicher auch auf ihn schimpfen und Peter wird sich entweder gar nicht mehr trauen zu schießen oder gerade erst recht, um zu beweisen, dass er doch treffen kann. Sage ich aber: „Macht nichts, nicht so schlimm, das nächste Mal triffst du, aber schau dich doch auch mal um, vielleicht ist ja ein anderer frei, der noch günstiger steht", ist es ziemlich sicher, dass einerseits die anderen Kinder nicht böse auf Peter werden, Peter aber sich weiter trauen wird zu schießen, obgleich er jetzt sicher mehr auf andere achtet und den Ball auch mal abgibt. Die Frage ist immer: Welche Aussage fördert eine gewünschte Verhaltensänderung? Und mit welcher Aussage will ich einfach nur recht haben und maßregeln? Kinder wollen nicht ausgeschlossen werden, sondern ein Teil des Prozesses, ein Teil der Gemeinschaft sein. Im ersten Fall schließe ich Peter in gewisser Weise aus beziehungsweise nehme ihm seine Wahlmöglichkeit, im zweiten Fall hat er jetzt zwei Möglichkeiten, um der Mannschaft zu nutzen, und bleibt souverän.

Wenn Lena sich verletzt hat und weint und ich daraufhin nur beiläufig sage, das sei doch nicht so schlimm, kann man beobachten, dass sich andere Kinder auch zunehmend weniger kümmern, sondern mit solchen und ähnlichen banalen Sprüchen über Gefühle anderer hinweggehen. Wenn sich Lena aber zu mir setzen darf, ich sie tröste, ihr die Hand auf die verletzte Stelle auflege und ihr sage, dass sie so lange in meiner Nähe bleiben darf, wie sie möchte, ist der Schmerz oft schneller vorbei, als ich schauen kann: Sie springt auf, lacht und weg ist sie wieder. Kinder brauchen das Gefühl, dass jemand da ist. Dass sie wichtig sind. Haben sie dieses Gefühl ehrlich bekommen, genügen oft Sekunden und alles ist wieder gut.

Mein weiterer Weg des Lernens nach meinem Studium
Nach meinem Studium und meiner Zeit als Lehramtsanwärterin, beides in hohem Maß von Theorie und Strukturen geprägt, die nur sehr bedingt hilfreich waren, übernahm ich meine ers-

ten Erstklässler. Es war natürlich etwas ganz anderes, achtundzwanzig Kinder vor sich zu haben, als nur einem einzelnen bei den Hausaufgaben zu helfen. Lernprozesse müssen und können in solchen Gruppen ganz anders arrangiert werden. Hilfreich waren mir meine Erfahrungen dennoch, insbesondere das Wissen, wie viel vom Lehrer als Person abhängt. Hatte ich im Studium zumindest ein wenig Kenntnis über Didaktik und Methoden erfahren, wurde mir nun sehr schnell klar, dass ich selbst in allen Fächern zunächst einmal die Inhalte wirklich beherrschen und eine innere Landkarte entwickelt haben musste. Denn vieles, was einfach anmutet, entpuppt sich plötzlich als recht komplex, wenn man es einem anderen Menschen vermitteln möchte. Und je jünger die Schüler sind, umso weniger kann man auf Vorwissen zurückgreifen, umso mehr Grundlagen müssen erst geschaffen werden, damit die eigentlichen Inhalte überhaupt vermittelt werden können. Das ist oft eine echte Herausforderung. Wie baut man eine Zahlenvorstellung auf, sodass Rechnen gelingt? Wie kann ein Sprachgefühl entwickelt werden, damit Kinder richtig schreiben?

Um gut unterrichten zu können, muss ich die möglichen Stolperstellen kennen, die Fehlerquellen, die möglichen falschen Abzweigungen, die das Denken und Erfassen nehmen kann. Nur so kann ich den Weg vorbereiten und alle meine Kinder zum Ziel leiten. Wenn man weiß, dass man sich an einer Felswand entlanghangeln muss, trainiert man lange vorher die Armmuskeln. Und wenn man weiß, dass es für die nächsten drei Tage keine Hütte zum Übernachten gibt, packt man genug Proviant und einen Schlafsack ein. Der gesamte Weg, ja die ganze Umgebung muss mir bekannt sein – gerade auch, um Kinder allein laufen lassen zu können, ohne dass sie in Gefahr geraten. Und um sie an die Stellen zu führen, die für ihre Entwicklung langfristig gesehen wertvoll sind, selbst wenn diese nicht auf dem kürzesten Weg liegen. Auch ist es fürs Lernen natürlich motivierend, schon früh den Gipfel oder das angestrebte Ziel zu erblicken und so zu sehen, dass man auf etwas Größeres, Höheres hingeführt wird. So verwende ich immer viel Zeit darauf, mir die Inhalte unter diesen Aspekten anzueignen.

Ich besuchte auch Kurse zu verschiedenen Lehrmethoden, die mir oft weitere Mosaiksteinchen für meine pädagogische Arbeit lieferten. In einer TZI-Fortbildung (Themenzentrierte Interaktion) wurde vermittelt, dass Störungen immer Vorrang haben. Mir wurde dadurch bewusst, dass der Mensch immer wichtiger als die Sache ist. Ich muss ihn wenigstens mit einem Blick oder einem Satz würdigen, wenn es nicht sogar erforderlich ist, mich ihm intensiver zuzuwenden. Bei Kindern ist das ganz besonders wichtig. Ihnen Aufmerksamkeit zu schenken, oft schon bevor sie diese einfordern, ermöglicht, sie auf dem Weg mitzunehmen. Wenn ein Kind, aus welchem Grund auch immer, weint, würde ich die Atmosphäre völlig vergiften, wenn ich einfach mit meinem Unterricht weitermachen würde. Wenn etwas nicht stimmt, muss ich mich darum kümmern.

Ich nahm und nehme weiterhin an zahlreichen Fachveranstaltungen zu den einzelnen Lehrfächern teil, insbesondere auch an verschiedenen Musikkursen. Es gibt diverse Untersuchungen, die belegen, dass das aktive Singen und Musizieren das Gehirn anregt, verschaltet und trainiert wie fast nichts anderes. Die Angstzentren im Gehirn werden durch Musik ab-, die Zentren für Belohnung angeschaltet. Wachheit, Aufmerksamkeit und Freude sind die Folge. Mit meinen Kindern singe und musiziere ich auf Instrumenten täglich zwanzig bis dreißig Minuten, meist gleich zu Beginn des Tages, aber auch immer mal wieder zwischendurch. Von Anfang an singen wir Kanons oder musizieren mehrstimmig oder wir hören einfach Musik und bewegen uns dazu. Für mich fühlt sich das so an, als würde ich die Kinder damit sozusagen aufschließen, und erst danach sind sie wirklich offen und zugänglich für alles andere. Solange es Kindern gut geht, lernen sie leicht und verstehen Zusammenhänge oft mühelos. Daher ist eines meiner ersten Ziele, dass wir uns alle miteinander wohlfühlen, fröhlich sind und gemeinsam lachen.

Aus Interesse daran habe ich auch viel über die verschiedenen reformpädagogischen Ansätze wie Montessori, Freinet, Jenaplan, Rebecca Wild, Summerhill, Dewey und viele andere gelesen. Ich wollte erfahren, wie andere denken, was ihnen wichtig ist. Am meisten beeindruckte mich dabei, welche Haltung gegenüber den Kindern, welcher Respekt und welche Achtung vor ihrer Person, ihren unbekannten Aufgaben und Zielen im Leben und ihrer Individualität in dieser Literatur immer wieder zu spüren ist.

Was ich aus der Waldorfpädagogik mitnahm

Einen entscheidenden Einfluss hatte auch die Zusatzausbildung zur Waldorflehrerin auf mich, die ich recht bald nach meinem Studium begann, obwohl es nicht mein eigentliches Ziel war und ist, Lehrerin an einer Waldorfschule zu werden. Zu ideologisch schien es mir, zu „ver-steinert". Erstaunlich fand ich dennoch, welch gereifte Persönlichkeiten oft aus diesen Schulen kamen – irgendetwas lief dort wohl anders als in normalen Regelschulen. Ein Mensch, der sich als Persönlichkeit sozusagen selbst „be-griffen", sich aufgestellt hat, zeigt meist auch keine Schwierigkeiten beim Lernen. Und wenn doch, weiß er sich besser zu helfen. Er weiß, dass und wie es zu ändern oder damit umzugehen ist. Auch im Umgang mit anderen Menschen scheinen mir Waldorfschüler generell bewusster. Diese Kinder haben alle so etwas wie eine Selbstkompetenz, was man von vielen Kindern in der Regelschule nicht unbedingt behaupten kann. Allein an der Herkunft der Kinder kann das nicht liegen, da die Waldorfschulen sehr darauf achten, Kinder aus allen sozialen Schichten aufzunehmen, um das wertvolle bunte Miteinander zu gewährleisten. So nahm ich mir einige besondere Erfahrungen aus dieser Zeit mit: Lernen bedeutet an diesen Schulen nicht Pauken, und der gesamte Unterricht wird ganz anders vorbereitet. Denn Lernen soll ein Erleben sein, das die Persönlichkeit prägt. Allerdings meint Erleben nicht, möglichst viel Brimborium zu veranstalten, sondern jedem Menschen seinen eigenen freien, inneren Raum zu lassen, in dem eine ganz individuelle Auseinandersetzung mit den Dingen, Eindrücken und Gefühlen stattfindet.

In der Waldorfausbildung hatten wir beispielsweise einmal ein ganzes Wochenendseminar über Goethe. Vor diesem Seminar graute mir aufgrund meiner eigenen Regelschulerfahrungen sehr – Staubtrockenes erwartete ich, Zahlen, Fakten, Text-analysen. Doch es wurde zu einem unvergesslichen Erlebnis. Ich hatte einen wunderbaren Lehrer, dem es gelang, durch sein Erzählen den Menschen Goethe für mich lebendig werden zu lassen. Gebannt folgte ich der Geschichte über Goethes un-glückliche Liebe oder über seine Sehnsucht, die Urpflanze zu finden, die ihn schließlich bis nach Italien führte. Ich lernte die lebendige Methode des Erzählens kennen, mit der es gelingen kann, innere Bilder im Zuhörer zu erzeugen und ihn emotional mit den Inhalten zu verbinden. Ich kam hier meiner eigenen Suche danach, wie man „innere Landkarten" bei Kindern er-zeugen kann, ein gutes Stück näher: durch „richtiges" Erzäh-len, das ein wirkliches Erleben möglich macht. Spannend war auch für mich, wie sich das Erzählen je nach Alter der Zuhörer ändern muss, um erfolgreich zu sein. Erzählen ist eine wahre Kunst, die gut vorbereitet werden muss, und ich fühle mich im-mer wieder wie eine Anfängerin darin.

Wie fein und gründlich sich die Waldorfpädagogik mit der Menschenkunde auseinandergesetzt hat beziehungsweise sich an ihr orientiert, konnte ich bei der Umsetzung der in dieser Ausbildung erworbenen Erkenntnisse bei meinen Schulkin-dern oft bestätigt sehen. Die Fragen „Was ist ein Kind?" und „Was ist der Mensch?" durchdrangen jegliche Beschäftigung. Leider gab es in meinem Lehramtsstudium kaum Ansätze dazu, dabei sind das die Kernfragen, um die sich Erziehung und Pädagogik ranken sollten.

Vielleicht muss man manche Einsichten von der „Ideologie" trennen, aber das Wissen dahinter ist sehr wertvoll. „Die Welt ist gut" ist eine Grunderfahrung, die schon die Kleinsten zu-tiefst erleben sollten: Was bringt es, mit einem vierjährigen Kind zu schimpfen, wenn ihm ein Teller heruntergefallen und zerbrochen ist, obgleich es wahrscheinlich sowieso vor Schreck weint? Wie anders verläuft die Situation, wenn man das Kind stattdessen in die Arme nimmt, seine Tränen trocknet und ihm sagt: „Es ist nicht schlimm. Lass uns jetzt die Scherben aufhe-ben." Meiner Erfahrung nach empfinden Kinder auf diese Art eine beruhigende Sicherheit und achten danach eher mehr auf ihre Umgebung. Werden sie ständig ausgeschimpft, scheinen sie mir viel ängstlicher und oft passieren gerade dadurch erneut Missgeschicke.

Im Schulalter dann sind die wichtigen Grunderfahrungen „Die Welt ist schön" und in den Jugendjahren „Die Welt ist wahr". Erst jetzt wird wichtig, wie das Leben wirklich ist, mit Schmerz und Leid, mit Falschheit und Lüge, Gut und Böse. Im Jugendalter wollen Kinder wissen: Wer bist du? Was ist wahr? Es geht dabei weniger darum, über einen Menschen zu urteilen, als ihn zu demaskieren. Bist du echt? Die zahlreichen Provokationen von Jugendlichen gegenüber ihren Eltern oder Lehrern dienen nicht zuletzt vielfach dazu.

Es ist interessant, dass es in der Waldorfpädagogik weniger darum geht, sich mit äußeren Vorgängen zu beschäftigen, sondern vielmehr um die dahinterliegenden Bedürfnisse und die innere Entwicklung. Kinder leben in Qualitäten, also in Wesensmerkmalen – und auch wir Erwachsenen würden davon sehr profitieren. Begriffe sind notwendig, um sich verständigen zu können, fallen aber für Kinder weit hinter das „**Wie** etwas ist" zurück.

Ist eine direkte Erfahrung nicht möglich, kann man diese ein Stück weit durch gutes Erzählen ersetzen: Erzählt man Kindern eine Geschichte von einer Katze und lässt sie dabei buchstäblich das samtweiche Fell spüren oder das sanfte Schnurren hören, nehmen die Kinder schnell auf, welche Körperteile eine Katze hat, und können dieses Wissen verwenden. Auch wenn Erzählen das tatsächliche Erleben nicht ersetzen kann, so kann doch die Vorstellung, die durch eine gute Erzählung hervorgerufen wird, dem Erleben sehr nahe kommen. Gibt man Kindern dagegen stattdessen ein Arbeitsblatt, bespricht die Begriffe, benennt die Eigenschaften der einzelnen Teile, so sind viele Kinder nicht in der Lage, anschließend die Körperteile eines Tieres zu benennen. Der Zugang ist also über das – wenngleich in diesem Fall innere – Erleben des „Wie" zu suchen.

Besonders eingeprägt hat sich mir in diesem Zusammenhang auch der Begriff des „antipathischen Prozesses". Er bedeutet, dass es eine unbewusste innere Abwehrhaltung hervorruft, wenn man den Lernprozess von der Sache als solches loslöst und vom Kind nur abstrakt verlangt, „etwas zu lernen". Das Kind muss mit der Sache im Erleben verbunden sein, ja es sogar als zu seiner Welt gehörig empfinden, um auch die damit zusammenhängenden Begriffe zu verinnerlichen. Das erleben viele Eltern bei ihren Kindern: Diese verweigern das Lernen, weil es für sie nichts mit ihnen zu tun hat. Man kann oft regelrecht die Geste der Ablehnung spüren.

Auch die Aussage, dass ein Lehrer vor allem durch sein „Sein" wirkt, deckte sich mit meinen bisherigen Erfahrungen. In der Waldorfpädagogik ist es deshalb wichtig, Studierende und Schüler Erfahrungen machen zu lassen, die sie als Menschen prägen. Ich erinnere mich an eine Höhlenwanderung, bei der wir mit Seilen, Lampen und Spezialausrüstung gut fünfzig Meter in eine Höhle geklettert sind. Als wir dann alle in einem recht kleinen Hohlraum saßen, fühlte es sich an, als wären wir wirklich mitten in der Erde, geborgen und beschützt. Eine unersetzliche Erfahrung, die mit Sicherheit noch immer nach außen strahlt, mich hat das geprägt. Eine andere Erfahrung dieser Art war es, aus Ton zunächst einen Babykopf zu modellieren und ihn dann durch weitere Veränderungen nach und nach immer älter aussehen zu lassen, bis hin zum Greis. Es ist schier unbegreiflich, welches Wissen über den Menschen sich allein durch diese Tätigkeit vermittelt – wenn man sich auf diesen Prozess einlassen kann.

Für mich kristallisierte sich zunehmend heraus, dass ich selbst eine sehr alltägliche Frage zur Unterrichtsvorbereitung anders formulierte. Fortan fragte ich mich nicht mehr: Was mache ich morgen mit meinen Kindern? Sondern: Was macht das, was ich mit meinen Kindern tue, mit ihnen? Ist das, was ich mit ihnen tue, wirklich bereichernd für sie? Was muss ich anbieten, um ihnen ein bestimmtes Erleben, eine bestimmte Erfahrung zu ermöglichen? Welche Wirkung wird es auf ihre Persönlichkeit haben? Auch mein Verhalten ihnen gegenüber wurde bewusster: Was bewirkt die Art und Weise, in der ich mit ihnen spreche? Was die Art, wie ich korrigiere? Welchen Unterschied macht es, ob ich ihnen nur sage, was sie falsch machen, oder ob ich ihnen dabei auch eine bessere Alternative aufzeige? Mein Unterricht veränderte sich dadurch entscheidend. War mir vorher wichtig, was und mit welchem Material ich alles tat – dieses Arbeitsblatt, jener Hefteintrag –, so galt meine Aufmerksamkeit jetzt ganz der Wirkung auf die Kinder. Es sollte mir nur noch selten passieren, dass ich am Ende der Stunde schnell noch ein Arbeitsblatt „reinquetschte", nur damit es abgehandelt war, auch wenn dadurch die Kinder in Stress gerieten, die Inhalte am Ende nicht verstanden hatten und somit eher eine Abneigung gegenüber der Sache entwickelten, als an ihr zu gewinnen. Auch war es nun nicht mehr so einfach, den Kindern die Schuld daran zu geben, wenn etwas nicht geklappt hatte – vielmehr hatte wohl ich etwas falsch gemacht, wenn sie etwas nicht verstanden: Ich hatte in diesem Fall dann nicht das Richtige gefunden, das die Kinder annehmen und womit sie umgehen konnten.

Lernprobleme in großen Zusammenhängen sehen

Als meine Waldorfausbildung sich dem Ende zuneigte, besuchte ich eine Heilpraktikerschule. Ich glaube, Gesundheit hat viel mit gutem Unterricht zu tun und umgekehrt kann schlechter Unterricht richtiggehend krank machen. Das war mir auch schon in der Waldorfausbildung vermittelt worden. Die Berichte über zunehmende Erkrankungen bei Kindern machten mich nachdenklich, wurden sie doch häufig auch in den Zusammenhang mit Schule gebracht. Ich selbst hatte Biologie in der zehnten Klasse abgewählt, bis dahin zwar viel über Einzeller, aber wenig über den Menschen erfahren, und stieß schnell an meine Wissensgrenzen.

War die Heilpraktikerausbildung für mich auch viel zu theoretisch, bekam ich doch zumindest einige anregende Ideen, als ich anschließend verschiedene Alternativheilmethoden kennenlernte. In der Schule war und ist für mich jede Heilbehandlung tabu, ich bin Lehrerin und keine Heilerin. Aber das Wissen, das vielen alternativen Lehr- und Heilmethoden zugrunde liegt, und das Menschenbild können sehr hilfreich sein. Eine zentrale Aussage bestätigt sich immer wieder: Es gibt kein

Mittel für alles, es gibt nur die individuelle Zuwendung. Im Prinzip wäre das in der Schule genauso. Wir versuchen durch verschiedene Schulen so vielen Kindern wie möglich gerecht zu werden, selektieren, teilen sie auf und merken nicht, dass genau das aufgrund tief greifender Nebenwirkungen den Erfolg verhindert. Vielfalt und Unterschiedlichkeit sind wertvoll, sie sind eine Bereicherung für jeden von uns. Es ist gewissermaßen die Vielfältigkeit, die uns Menschen ausmacht. Hilfe für den Einzelnen gibt es ausschließlich, indem man sich individuell um den Menschen kümmert und immer wieder situativ individuelle Lösungen im Rahmen der Gemeinschaft findet.

Ich besuchte alle meine heilkundlichen Fortbildungen unter dem Gesichtspunkt, daraus etwas mitzunehmen, das mir hilfreich für meine Kinder ist. Wie könnten sie als junge Persönlichkeiten noch erfolgreicher lernen? Welches Wissen hilft mir als Lehrerin dafür weiter?

Besonders beeindruckend fand ich in diesem Zusammenhang einige Kinesiologieseminare. Eine entfernte Bekannte von mir, die seit ihrer Kindheit nicht flüssig lesen konnte, wurde im Rahmen des Ausbildungsseminars, an dem wir beide teilnahmen, mit kinesiologischen Methoden behandelt. Wir waren alle sehr erstaunt, am meisten sie selbst, als sie danach problemlos flüssig lesen konnte. Scheinbar hatte sie beim Anblick des Buchstaben „E" aufgrund einer Kopplung mit einem negativen Erlebnis eine Blockade entwickelt, die nun aufgelöst werden konnte. In einem anderen Seminar wurde einem Jungen, der eine Leserechtschreibschwäche diagnostiziert bekommen hatte und entsprechend stockend las, eine Farbbrille, also eine Brille mit beispielsweise grünen oder gelben Gläsern, aufgesetzt. Er las flüssig. Nahm er sie wieder ab, las er erneut stockend. Doch nachdem er einige Wochen mit der Farbbrille gelesen hatte, war seine Lesefähigkeit nicht nur stark verbessert, sondern insgesamt stabilisiert. Ich konnte zahlreiche ähnliche Vorgänge während meiner Ausbildung beobachten und auch an mir selbst erleben.

Mit der Zeit lernte ich die Wirkungsweise und die Grundlagen der Kinesiologie, einem Körperfeedbackverfahren, genauer kennen und konnte nachvollziehen, wie es zu solchen für mich zunächst außergewöhnlichen, ja fast unglaublichen Resultaten kam. Auch im systemischen Arbeiten, bei dem es darum geht, wie sich das Verhalten, das „Sein" eines Menschen je nach seiner Rolle innerhalb einer Gruppe verändert, zeigten sich ähnliche Vorgänge. Sehr deutlich wurde, welche Auswirkungen familiäre Bedingungen und Geschehnisse in der Vergangenheit auf das gegenwärtige Lernen eines Menschen haben. Danach scheint es beispielsweise für manche Kinder aus Arbeiterfamilien unbewusst so etwas wie ein Verrat an ihrer Herkunft zu sein, wenn sie erfolgreich die Schule durchlaufen und gar studieren würden, sodass sich ganz ohne ihr Zutun und Wissen aufgrund dieser inneren Haltung Lernschwierigkeiten manifestieren.

Beide Verfahren, Kinesiologie und systemische Arbeit, sind noch umstritten, wahrscheinlich, weil sie noch wenig bekannt sind und teilweise unheimlich anmuten. Für mich aber ist entscheidend, dass mit beiden Methoden etwas verändert werden kann, das anfangs als begrenzt, unabänderlich und einfach gegeben angesehen worden war. Es war lösbar: Die Lösung musste nur anderswo gesucht werden, als man es bisher getan hatte. Vom Zeitpunkt dieser Erkenntnis an konnte ich ein Kind, das Schwierigkeiten mit etwas hatte, nicht mehr einfach als schwach begabt, unfähig oder nicht intelligent genug sehen. Stattdessen stellte ich mir nun die Fragen: Was steht diesem Kind im Weg? Was verhindert, dass es verstehen, dass es lernen, dass es Gewünschtes ausführen kann? Ein weiteres Mal änderte sich mein Unterricht entscheidend.

Man urteilt und verurteilt nicht mehr so schnell, sobald man die Möglichkeit einräumt, dass in einer Wand eine Tür versteckt sein könnte. Wenn man einmal von der Existenz einer Tür überzeugt ist, sucht man nach ihr. Man sucht nach einer Lösung. Diese kann in verschiedenen Bereichen liegen, im Emotionalen, im Mentalen, im Körperlichen, aber auch im Zusammenhang mit Rahmenbedingungen und individuellen Haltungen und Vorstellungen. Es gibt inzwischen zahlreiche Bücher, Internetseiten und auch Fortbildungen, die mögliche zugrunde liegende Probleme und die verschiedensten Lösungsansätze schildern. Wenn man weiß, dass die Rechenfähigkeit eng mit der Auge-Hand-Koordination zusammenhängt, spielt man mit den Kindern viel Ball. Wenn man weiß, dass Rhythmusgefühl ebenfalls einen Beitrag dazu leistet, schenkt man dem Kind eher ein Springseil zu Weihnachten und eben kein Computerspiel. Den Hinweis, ausländische Eltern möchten zu Hause Deutsch mit ihrem Kind sprechen, lässt man schnell fallen, wenn man begriffen hat, dass das Beherrschen der Muttersprache eine notwendige Voraussetzung zum Erlernen einer Fremdsprache ist und Kinder so nur ein völlig falsches Deutsch lernen würden. Stattdessen empfiehlt man, solange die Eltern nicht auch einwandfrei Deutsch sprechen, in der Muttersprache miteinander zu reden, den Kindern jedoch gleichzeitig viel Kontakt zu deutschen Kindern zu ermöglichen und das Sprachenlernen außerdem mit deutschsprachigen Hörkassetten zu unterstützen. Hat man verstanden, dass Legasthenie sich häufig aufgrund der für dieses Kind falsch gewählten Leselernmethode entwickelt, bietet man ein breites Spektrum an Zugängen an, um jedes Kind zu erreichen.

Teilweise liegen Lernstörungen auch organische Störungen zugrunde. Oft genügt eine Untersuchung der Sinnesorgane, manchmal liegt die Ursache eines Problems in einem Mangel an einem bestimmten Vitamin oder Mineralstoff. Man kann nachlesen, welche Wirkung Farben auf das Gehirn haben, wie man die Zusammenarbeit der beiden Gehirnhälften unterstützen und somit die Lernleistung ganz organisch erhöhen kann. Das Gehirnforschungsinstitut Haffelder in Stuttgart beschäftigt sich intensiv mit der Ursache für Lernstörungen und hat beispielsweise herausgefunden, dass die trainier- und damit auch behebbare sogenannte Störung der Ordnungsschwelle im Gehirn absteigend vom Gymnasium bis hin zur Förderschule bei zunehmend mehr Kindern gefunden werden kann.[1]

Es gibt also nicht ein Patentrezept für alle Kinder, aber für jedes Kind gibt es Hilfe und Unterstützung bei individuellen Schwierigkeiten. Für so ziemlich jedes Problem gibt es inzwischen genug Material und zum Teil auch wirklich sehr gute

Diagnosemöglichkeiten, beispielsweise Lesekompetenztests, die eine klare Aussage über erworbene Kompetenzen und Defizite geben und darüber hinaus Unterstützungsmöglichkeiten vorstellen. Lernen kann so gestaltet werden, dass Kinder es als leicht empfinden – wenn die Zusammenhänge bekannt sind. Eine der wichtigsten Erkenntnisse: Der ganze Mensch, sein Körper und seine Gefühle, sind am Lernen beteiligt, nicht nur der Kopf. Wenn man Kindern mit Lernproblemen helfen will, muss man ihre gesamte Lebenssituation miteinbeziehen und ganzheitliche Ansätze finden.

Überzeugungen, die uns tragen oder hemmen

Sehr hilfreich bei der weiteren Suche nach Ursachen für Lernschwierigkeiten war für mich eine Darstellung von Dietrich Klinghardt[2], einem deutschen Allgemeinmediziner mit dem Schwerpunkt Schmerzbehandlung, der in den USA lehrt und praktiziert. In seinem Fünf-Ebenen-Modell versucht er, eine Vorstellung zu entwickeln, wo und wie Krankheit entstehen kann. Ich horchte auf, als er über die dritte Ebene, das mentale Feld, sprach. Auf dieser Ebene sind ihm zufolge alle Erlebnisse, alle Erfahrungen und alle gewonnenen Überzeugungen eines Menschen gespeichert und formen sein Weltbild. Diese Überzeugungen haben eine durchdringende Kraft – in gewisser Hinsicht fatal, da sie meist unbewusst wirken.

In den folgenden Wochen konnte ich gar nicht anders, als meine Kinder hinsichtlich ihrer Überzeugungen zu beobachten. Mir waren früher Sätze wie „Mathe kann ich eh nicht", „Ich kapiere das nie", „Ich bin ja sowieso doof" nur als Gejammer aufgefallen, nun schienen sie mir Bände zu sprechen. Wenn es tatsächlich so war, dass diese Überzeugungen so kraftvoll wirkten, vielleicht lag es dann an diesen Überzeugungen, wenn Kinder zu einer Leistung nicht fähig waren? Ich hatte sowieso nie verstanden, warum ein Kind nicht 22 + 7 rechnen können soll. Und doch begegneten mir solche Kinder immer wieder. Man konnte ihnen teilweise selbst einfache Aufgaben zigmal erklären, ohne Erfolg. Vielleicht lebte in ihnen also tatsächlich eine vielleicht sogar sehr tief sitzende, unbewusste Überzeugung, sozusagen ein für sie ehernes Gesetz, das besagte: „Ich kann das einfach nicht!"?

Wie kamen sie zu solchen Überzeugungen? Und was konnte man gegen diese Hemmnisse tun? Denn begünstigende Überzeugungen gibt es ja durchaus auch, so zum Beispiel bei Peter, der der festen Meinung ist, ein toller Torjäger zu sein, und das auch nicht sofort infrage stellt, wenn er zweimal danebenschießt. Als ich weiter darüber nachdachte, wurde mir bewusst, wie stark eine gewonnene Überzeugung das weitere Verhalten beeinflusst. Paolo ist der Überzeugung, dass er diese schwierige Aufgabe schon irgendwann lösen wird, Julie hält sich für zu dumm. Paolo beginnt und bleibt an der Aufgabe dran, Julie liest sie sich nicht einmal durch und starrt wie gelähmt vor sich hin. Sie braucht viel Zuspruch, und die Zeit, die sie zum Lösen der Aufgabe nach mehreren Ermunterungen noch hat, würde auch Paolo nicht reichen. Das Resultat: Die Aufgabe ist nicht zu schaffen – Julies Überzeugung hat sich einmal mehr bestätigt und umso unumstößlicher wird sie. Wie entsteht so etwas? Warum ist das eine Kind so, das andere so?

Überzeugungen bilden sich aus Erfahrungen. Also, so schloss ich daraus für mich, sollte man vermeiden, dass Kinder die Erfahrung machen, etwas nicht zu können. Stattdessen sollte man ihnen Erfahrungen ermöglichen, die ihnen die Bestätigung vermitteln, zu etwas fähig zu sein. Nicht nur im Kognitiven, sondern beispielsweise auch im Sozialen. Plötzlich wird sogar der Gedanke hinter einer Handlung wichtig. Was bedeutet es denn, wenn ich einem Kind sage: „Du brauchst Hilfe! Du musst in den Förderunterricht gehen." Vordergründig ist es ein entgegenkommendes Angebot, erst auf den zweiten Blick wird klar, dass ich eigentlich aussage: „Du kannst es nicht allein. Ich mache mir Sorgen – ich glaube, du schaffst es nicht." Das Beste, was man Kindern entgegenbringen kann, ist das Selbstverständnis, dass etwas klappen wird. Wenn nicht heute, dann morgen. Aus einem „Ich kann das nicht" wird ein „Ich kann das **noch** nicht" oder ein „Ich werde es bald können" und schließlich ein „Mit jedem Tag kann ich es besser". Es gilt hier für mich, meine eigenen Gedanken und Worte ganz genau zu prüfen: Wo begrenze ich mich und gleichzeitig dieses Kind dadurch, dass ich ihm nicht sein volles Potenzial zutraue oder nicht zumindest zeige, dass ich Veränderungen für möglich halte, die sein ganzes Können offensichtlich machen?

Faszinierend von Anfang an: unser Gehirn

Wenn man die Theorie von den Spiegelneuronen kennt (siehe Informationskapitel „Gehirn" ab Seite 190), bekommt alles noch eine weitere Bedeutung: Gedanken, Haltungen und Einstellungen eines Gegenübers werden von einem Menschen mithilfe der Spiegelneurone wahrgenommen. Das bedeutet, dass ich in erster Linie auf meine Gedanken achten muss – traue ich einem Kind etwas nicht zu, nimmt es das unbewusst wahr und blockiert. Sehe ich jedoch in ihm volles Potenzial, ermögliche ich es ihm vielleicht gerade dadurch, es auch zu nutzen. Meine Erwartungshaltung hat einen ganz entscheidenden Einfluss auf die Entwicklung eines Kindes. Es macht daher auch einen gravierenden Unterschied für das Arbeiten mit der Klasse, ob ich überzeugt bin, dass alle Kinder gut lernen können, oder ob ich davon ausgehe, dass ich nur ein paar wenige intelligente Kinder in der Klasse habe und ansonsten Kinder, denen das Lernen und Denken schwerfällt.

Ein weiteres Mal änderte sich mein Unterricht maßgeblich. Alles, was ich tat, prüfte ich vorab unter dem Gesichtspunkt, welche tiefen Überzeugungen Kinder dadurch über sich erhalten könnten. Gelingt es, dass alle Kinder positive Erfahrungen machen, um positive Überzeugungen zu gewinnen? Und oft ging es dann nur um die Entscheidung, manches eben nicht zu machen, etwas wegzulassen, eine Frage nicht zu stellen, um eine negative Überzeugung zu verhindern. Wie fatal wirken da die Proben und Noten, durch die vielen Kindern im Prinzip mehrmals wöchentlich mitgeteilt wird, dass sie nicht genügen, dass sie nicht fähig sind?

Wie ein Geschenk kam es mir da vor, was ich zeitgleich in mehreren Büchern las und in Vorträgen von Hirn- und Lernforschern hörte. Bislang hatte ja auch ich mit der Meinung gelebt, dass es einfach relativ unabänderlich einerseits intelligente und andererseits eher schwach begabte Menschen gibt. Doch das stimmt nicht. Intelligenz ist lernbar (siehe Informationskapitel „Gehirn" ab Seite 190)! Zudem ist Intelligenz nur zu einem relativ kleinen Teil beteiligt an der Leistungsfähigkeit. Leistungsfähigkeit ist ein Produkt aus Intelligenz sowie Wissen und Können, wobei die beiden Letzteren vorrangig sind. Intelligenz ist zudem veränderbar, positiv und negativ. Es ist eine von verschiedenen Faktoren abhängige Qualität, die sich entsprechend bestimmter Variablen ändern kann. Lernen macht intelligent! Und Lernen ist lebenslang möglich, das Gehirn ist lebenslang formbar! Wir machen es uns also zu leicht, wenn wir von einem dummen Kind sprechen. Es gibt keine dummen Kinder. Sie werden gemacht beziehungsweise wird zahlreichen Kindern nicht zu Intelligenz verholfen. Wohl auch, weil viele von höherer Bildung schon in jungen Jahren ausgeschlossen werden. Bildung ist nicht die Folge von Intelligenz, sondern von Lernen.

Rein neurobiologisch gesehen gibt es zumindest nicht den geringsten Ansatzpunkt, dass es Menschen geben muss, die uns „dumm" erscheinen. Jedes Baby, das auf die Welt kommt, trägt ein großes Potenzial in sich, jedes dieser Babys hat Millionen von Nervenzellen, die sich nun vernetzen. Natürlich lernen die Ungeborenen schon im Mutterleib und Kleinkinder in den ersten Jahren – aber das sollte uns vielleicht vor allem Motivation sein, dafür zu sorgen, dass alle werdenden Mütter ihre Schwangerschaft unter guten Bedingungen erleben können und anschließend auch die ersten Jahre für das Kind bereits förderlich verlaufen. Dennoch, die für die Gehirnentwicklung entscheidenden Jahre dauern an, bis Kinder erwachsen werden – hier liegt also die Verantwortung bei denen, die das System Schule gestalten.

Auch verschiedene Aufsätze über die Epigenetik – ein biologisches Spezialgebiet, das sich vor allem mit dem Spannungsfeld zwischen Abstammung und Umwelteinfluss beschäftigt – stimmten mich zuversichtlich. Die Abhandlungen, die ich las, bestätigten: Der Einfluss der Eltern ist zwar an sich prägend, doch wenn dieser ungünstig ist und das Kind nicht fördert, sondern im Gegenteil behindert, ist noch lange nichts verloren. Kinder saugen vielmehr wie ein Schwamm überall in ihrer Umgebung alles auf, was sie bereichert. Die Ich-Entwicklung ist nie ganz abgeschlossen und die besonders prägende Phase dauert mindestens bis ins Erwachsenenalter an. Das bedeutet: Selbst wenn Kinder vom Elternhaus negativ geprägt in die erste Klasse starten, ist sozusagen der Großteil der Prägezeit noch übrig. Auch wenn Schule nicht alles richten kann – einen entscheidenden Beitrag zur gesunden Entwicklung aller Schüler könnte sie leisten, wenn das System anders wäre. Der Kindergarten könnte hier unterstützend mitwirken. Derzeit verstärken sich jedoch in diesen Institutionen die negativen Eindrücke eher, die Kinder möglicherweise schon zu Hause gesammelt haben.

Rein theoretisch können also alle Kinder gut lernen. Für mich war diese Erkenntnis entscheidend, denn von nun an konnte ich mit tiefer Überzeugung tatsächlich in jedem Kind das volle Potenzial sehen.

Die jüngsten für mich interessanten Erkenntnisse entstammen den neuen Forschungen der Quantenphysik und der darauf basierenden Quantenphilosophie. Sie sagt, dass das Bewusstsein im Hier und Jetzt die entscheidende Rolle spielt. Mit dem, was wir momentan tun, welche Erfahrungen wir jetzt machen, können wir entscheidende Veränderungen bewirken. Es gibt inzwischen sogar Forschungen, die belegen, dass sich genetisches Erbgut durch die aktuellen Lebensumstände verändert und diese Veränderungen auch an die Nachkommen weitergegeben werden.

Ich bin keine Wissenschaftlerin. Ich kann nicht alles, was ich gelesen und erfahren habe, daraufhin überprüfen, wie diese Erkenntnisse entstanden und ob sie wissenschaftlich haltbar sind. Ich beobachte lediglich die mir anvertrauten Kinder in Bezug auf die gewonnenen Einsichten und suche auf dieser erweiterten Basis nach individuellen Lösungen für Probleme. Gerade die Erkenntnis, dass die Erfahrungen im Hier und Jetzt entscheidend sind und dass meine Erwartungshaltung einen grundlegenden Einfluss auf das Lernen der Kinder hat, lässt mich noch einmal ganz anders arbeiten. Negative Überzeugungen bei Kindern, die so oft vollkommen unbewusst wirken, kann man also kippen, indem man den Kindern andere Erfahrungen ermöglicht.

Ich stelle mir das so vor wie eine Skala. Wenn ein Kind auf seiner „Ich-kann-Mathe-Skala" bei minus dreißig liegt – aus welchem Grund auch immer –, muss es so lange bejahende, förderliche Erfahrungen machen, bis es wieder im positiven Bereich ist und sich dort festigen kann. Bis hier jedoch überhaupt etwas in Bewegung gerät, bis die negative Überzeugung erst einmal wackelt, ist die größte Arbeit zu leisten. Geduld, Zuversicht und Gelassenheit – eine innere Ausrichtung, eine innere Sicherheit: „Du wirst es können." Kein Aktionismus. So wie Schule heutzutage organisiert ist, war mein Bemühen oft nur darauf gerichtet, eine weitere negative Erfahrung zu verhindern. Eine einzige negative Erfahrung kann die Aufbauarbeit von vielen Monaten kaputt machen. Und so war und wird meine Arbeit weiterhin eine Suche sein: eine Suche nach Wegen, die hilfreich sind.

Die Arbeitsweise des Gehirns

Aufbau der Nervenzellen[1]

Das Gehirn eines Erwachsenen wiegt etwa 1,4 Kilogramm und besteht hauptsächlich aus Nervenzellen, den **Neuronen**, und aus Faserverbindungen zwischen diesen Neurone. Derzeit geht man von rund 100 Milliarden Nervenzellen aus. Neuronen bilden auch das Rückenmark. Sie sind zudem über den ganzen Körper verteilt, an manchen sensiblen Stellen sehr gehäuft, an weniger empfindlichen eher sparsam verteilt.

Jedes Neuron hat einen Zellkern, Eingangsorgane (**Dendriten**) und eine Ausgangsleitung (**Axon**). Dendriten verzweigen sich vom Zellkörper aus wie Äste eines Baumes. Sie funktionieren als Antennen und empfangen chemische oder elektrische Signale von Nachbarzellen. Ein Neuron kann bis zu 10 000 solcher ankommenden Fasern haben. Ihr Wachstum setzt ein, wenn ein Neuron zu Nachbarzellen Kontakt aufnimmt. Der Zeitpunkt und das Ausmaß dieser Veränderungen hängen sowohl von Reifungsprozessen als auch vom Anregungsgehalt der Umwelt ab. Dendriten können in einzelnen Regionen des Gehirns das ganze Leben lang wachsen, insgesamt finden aber die wichtigsten qualitativen Veränderungen in den ersten Lebensjahren eines Menschen statt.[2]

Nervenimpulse, die über Dendriten den Zellkörper erreicht haben, werden von dort an andere Neurone weitergeleitet. Diese Aufgabe kommt dem Axon zu. Axone gleichen Kabeln und sind in der Regel von **Myelin** umgeben, einer weißen, fettartigen Substanz, die eine Art Isolierschicht bildet. Stark myelinisierte Axone leiten Informationen bis zu 100-mal schneller weiter als gering isolierte. Die Myelinisierung beginnt im fünften Schwangerschaftsmonat und setzt sich in manchen Bereichen bis zum 60. Lebensjahr fort. Die stärksten Zuwächse geschehen bis Ende des zweiten Lebensjahres, im späteren Leben wird das Myelin teilweise wieder abgebaut. Nach Ansicht einiger Wissenschaftler hängt die Höhe der Intelligenz wesentlich vom Grad der Myelinisierung ab.[3]

Am Ende des Axons befinden sich die **Synapsen**, Endköpfchen, welche chemische Botenstoffe, sogenannte Neurotransmitter, enthalten. Die Synapsen fungieren als Sender: Sie übermitteln Signale

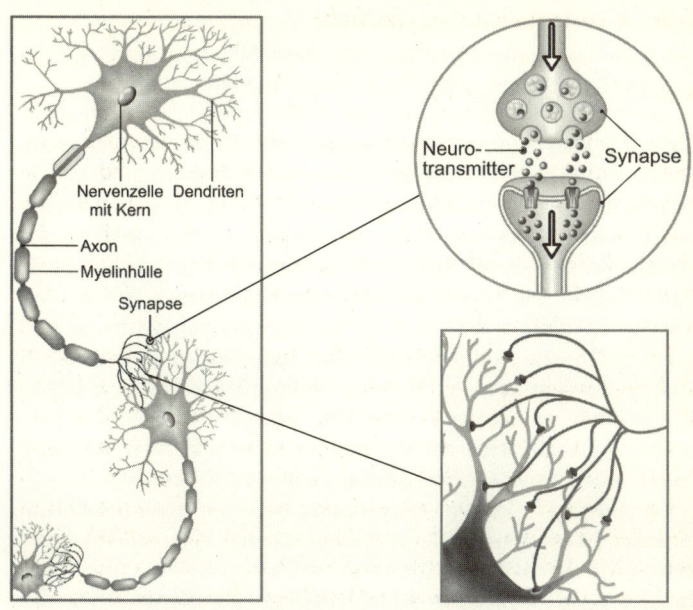

Nervenzelle mit Kern Dendriten

Axon

Myelinhülle

Synapse

Neurotransmitter Synapse

zwischen Neuronen, indem sie diese Botenstoffe ausschütten, die dann wiederum die Dendriten nachgeordneter Neurone erregen. Ohne Synapsen wäre keine gezielte Kommunikation zwischen Gehirnzellen möglich. Je häufiger Impulse an einer Synapse ankommen, umso größer wird ihre Kontaktfläche und umso effektiver kann die Ausschüttung der Botenstoffe und damit die Übermittlung der Information an das andere Neuron geschehen. Synapsen sind sehr klein, aber zahlreich, 1 Kubikmillimeter des Gehirns enthält 1 Milliarde Synapsen.[4] Im Gehirn hat ein Mensch ungefähr 1 Billiarde (10^{15}) Synapsen. Die Übertragung läuft innerhalb einer tausendstel Sekunde ab. Auch bei den Synapsen liegt die Phase des stärksten Wachstums am Anfang des Lebens.[5]

Wie entwickelt sich das Gehirn?

Etwa am Anfang der sechsten Schwangerschaftswoche beginnen sich die Grundlagen für Rückenmark und Gehirn zu bilden. Das obere

191

Ende des Rückenmarks mündet in den Gehirnstamm, daraus entfalten sich dann die weiteren Teile, Kleinhirn, Mittelhirn und Großhirn, die jeweils unterschiedliche Funktionen übernehmen.

Die Nervenzellen bilden sich durch Teilung (durchschnittlich entstehen in jeder Minute der Schwangerschaft 250 000 Nervenzellen). Bereits 16 Wochen nach der Befruchtung sind die meisten Nervenzellen entstanden.[6] Sie wandern an die verschiedenen, ihnen bestimmten Stellen im Rückenmark, im Gehirn oder als Sinneszellen in den ganzen Körper, gemäß der für Menschen typischen Anordnung der Nervenzellen. Die genetischen Anlagen legen dabei lediglich fest, welche Leistungen die Nervenzellen zu erbringen imstande sind, wenn sie in eine bestimmte Situation kommen. Wie jedoch die Situation aussieht, wird durch all das bestimmt, was vorher innerhalb des Embryos passiert ist: welche Zellen bereits entstanden sind, auf welche Weise sie sich in den verschiedenen Bereichen bereits spezialisiert haben, welche Rahmenbedingungen sie vorfinden.[7]

Sobald eine Anzahl von Nervenzellen nebeneinander gelagert ist, beginnen diese miteinander zu kommunizieren, indem sie Dendriten und Synapsen ausbilden. Zusätzlich beginnen sich die langen Axone jeder Nervenzelle mit einer Schicht Myelin zu überziehen. Spätestens ab diesem Zeitpunkt hat auch die Umwelt Einfluss auf die weitere Entwicklung, die allerdings durch das abgeschlossene System im Mutterleib für die meisten Babys sehr ähnliche Bedingungen bereitstellt. Es spielt jedoch eine große Rolle, wie sich die Mutter ernährt, ob sie Medikamente, Alkohol, Drogen nimmt, raucht, sich in einer sicheren, umsorgten oder in einer lebensbedrohlichen Situation befindet und ob sie sich auf das Kind freut.[8]

Der Aufbau der Faserverbindungen startet in der Großhirnrinde bereits in der siebten bis achten Woche. Zuallererst werden die Berührungswahrnehmung, der Gleichgewichtssinn und der Gehörsinn entwickelt. Die Sinnesorgane werden nicht nur in ihrer Struktur angelegt, genau wie alle anderen Organe, beispielsweise das Herz, nehmen sie gleichzeitig ihre Funktion auf, zunächst natürlich nur rudimentär, im Laufe der Entwicklung aber immer komplexer.[9]

Zum Zeitpunkt der Geburt sind die primären sensorischen und motorischen Areale myelinisiert, also jene Hirnrindenareale, die für die primäre Verarbeitung von Sehen, Hören und Tasten verantwortlich sind sowie zum Ausführen von Bewegungen gebraucht werden.

Damit kann der Säugling erste Erfahrungen machen, die Informationen jedoch noch nicht sehr intensiv verarbeiten.[10] Gleich nach der Geburt entwickelt sich das Gehirn, das gerade mal 20 Prozent seines Endgewichts hat, fast explosionsartig, angeregt durch die zahlreichen neuen Umweltreize, Erfahrungen und Lernvorgänge. Ein enormer Überschuss an Nervenzellen steht bereit, doch die allermeisten Faserverbindungen, Dendriten und Synapsen zwischen den Zellen müssen sich erst noch bilden und aufeinander abstimmen. Umwelteinflüsse ändern über Aktivierungsmuster sehr subtil den Strukturierungsprozess des sich entwickelnden Gehirns. Welche Fähigkeiten ein Kind wann beherrscht, geht einher mit der Myelinisierung des für die spezifische Fähigkeit zuständigen Gehirnareals.

Nach dem explosionsartigen Aufbau der neuronalen Verbindungen folgt etwa im zweiten Lebensjahr eine erste Phase der Selektion, in der häufig benutzte Verbindungen gefestigt und selten benutzte gekappt werden.[11] Bis Ende des zweiten Lebensjahres sterben in manchen Arealen bis zu 70 Prozent der Nervenzellen wieder ab. Diese Selektion geschieht, um das Gehirn effektiv zu halten und auch den enormen Energieverbrauch zu reduzieren.[12] Welche Verbindungen überleben und wachsen und welche verkümmern und absterben, wird in sehr hohem Maß von den Erfahrungen bestimmt, die das Kind in dieser frühen Zeit macht.[13] Werden Nervenzellen gleichzeitig aktiviert, bleiben die Verbindungen zwischen ihnen erhalten, sie verstärken sich sogar. Wenn das eine Neuron aktiviert wird, wird das andere Neuron höchstwahrscheinlich in Zukunft gleich mitaktiviert. Die Erfahrung, also die Umwelt des Kindes, entscheidet, wie sich das Gehirn dauerhaft für eine bestimmte Art des Denkens, Wahrnehmens oder Handelns verschaltet. Durch zunehmende Vernetzung der Nervenzellen und deren Myelinisierung durch häufiges Nutzen werden aus Feldwegen Autobahnen des Datentransports im Gehirn.

Sensible Phasen – Zeitfenster
Solange ein Überschuss an Synapsen da ist, bleibt das Gehirn in höchstem Maße formbar und kann sich in eine Vielzahl verschiedener Richtungen entwickeln. Ein Neugeborenes ist zum Beispiel sensibel auf alle etwa 70 Phoneme (kleinste lautliche Einheiten), die es in den insgesamt über 8 000 Sprachen der Welt gibt. Jedes Kind könnte in einer entsprechenden Umgebung mühelos Chinesisch lernen

und verstehen. Ein Kind, das Deutsch sprechen lernt, beschränkt sich dann auf etwa 40 Phoneme.[14]

Ist der Synapsenüberschuss erst einmal abgebaut, so sind die sensiblen Phasen für bestimmte Fähigkeiten, in erster Linie sensorische Reizwahrnehmungen und motorische Prozesse, beendet. In sensiblen Phasen erlernen Kinder bestimmte Fähigkeiten besonders effektiv und schnell, zum Beispiel das Sprechen oder Laufen. Man erkennt das sich öffnende „Zeitfenster" für den Erwerb einer bestimmten Fähigkeit daran, dass sich das Kind für das Thema zu interessieren beginnt, um das es jetzt in seiner Entwicklung geht und wofür sein Gehirn inzwischen gereift ist. Dann sollte es auch entsprechend angeregt und ermuntert werden. Sonst verkümmert diese Anlage. Ein späteres Lernen erfordert wesentlich mehr Mühe, da es dann über andere Gehirnstrukturen organisiert wird.

Die Reifung des Gehirns

Das Gehirn reift nicht in allen seinen Teilen gleichmäßig. Bis zur Pubertät folgen immer wieder Phasen des Abbaus von Verbindungen auf Phasen des Aufbaus in den einzelnen Arealen. Etwa ein Drittel der im ersten Lebensjahr im Überschuss bereitgestellten Nervenzellverknüpfungen geht dabei verloren, bei manchen Kindern deutlich mehr, bei anderen weniger. Diese Verluste, die schon vor Schuleintritt, aber noch bis zur Pubertät auftreten, entscheiden, wie gut ein Kind lernt. Das Ausmaß dieser Verluste hängt nach Meinung des Neurobiologen Gerald Hüther davon ab, ob und in welchem Umfang die grundlegenden Bedürfnisse gestillt werden können, mit denen Kinder auf die Welt kommen: das Bedürfnis nach Verbundenheit einerseits, die sich in Anerkennung, Geborgenheit und Wertschätzung ausdrückt, und das Bedürfnis nach Wachstum andererseits, also Autonomie, Entfaltung und Freiheit.[15] Erst spät, beginnend im Schulalter bis ins frühe Erwachsenenalter, werden die Verbindungen zu den Arealen im vorderen Teil der Großhirnrinde, dem **frontalen Kortex**, mit Myelin versehen und damit vollständig in die Informationsverarbeitung integriert.[16] Hier sind die höchsten geistigen Fähigkeiten des Menschen repräsentiert, das heißt, sogenannte Repräsentationen von hochstufigen Regeln, komplexen Zusammenhängen und Bewertungen gespeichert. Der frontale Kortex ist in die Informationsverarbeitung anderer Hirnteile auf ganz bestimmte Weise eingebunden, er steuert gleichsam die neuronale Aktivität einfacherer Areale. Im frontalen Kortex werden die Werte für Handlungen festgelegt und ermöglicht, zielgerichtet zu handeln oder triebhaftes Handeln zu hemmen. Er bildet zudem das Arbeitsgedächtnis, in ihm ist Information repräsentiert, die unmittelbar relevant ist für das, was jetzt und hier geschieht. Der frontale Kortex kann rasch auf Veränderungen reagieren, indem er von Augenblick zu Augenblick neue Erwartungen bildet und diese mit dem, was geschieht, vergleicht.

Das Gehirn ist nicht statisch, wie man noch vor wenigen Jahren glaubte, sondern es passt sich den Bedingungen und Gegebenheiten der Umgebung zeitlebens an.[17] Es ist die Lebenserfahrung eines jeden Menschen, die sein Gehirn zu etwas Einzigartigem macht.

Repräsentationen im Gehirn – Erinnerungsbilder

Eine Repräsentation[18] ist ein Neuron mit ganz bestimmten Synapsenstärken der eingehenden Verbindungen. Diese sorgen dafür, dass das Neuron nur dann aktiv wird, wenn ein bestimmtes Muster als Eingangssignal (Input) vorliegt. Das Gehirn ist voller Repräsentationen für die einzelnen Teile des Körpers – also fürs Sehen, Hören, Sprechen –, aber auch für einzelne Ereignisse, allgemeine Regeln, Sprache, Eigenschaften, Objekte ... Man kann sich solche Objekte mit geschlossenen Augen vorstellen, man kann sich an sie erinnern. An solchen Repräsentationen ist nicht nur ein Neuron beteiligt, sondern mehrere, um die Sicherheit des Erkennens zu erhöhen. Jede Wahrnehmung und jegliches Denken hinterlassen Repräsentationen im Gehirn. Die Repräsentation wird gebrauchsabhängig größer, je mehr man einen Körperteil trainiert, ihn stärkt, empfindlicher macht, ein Musikinstrument spielen lernt oder eine Aufgabe in vielen Varianten immer wieder übt. Immer mehr Nervenzellen werden dem Areal zugeschlagen. Je größer diese Repräsentationen sind, umso effektiver kann das Gehirn damit arbeiten, Bekanntes erkennen und assoziieren. Wer viel weiß, kann leicht Neues mit bekanntem Wissen verknüpfen. Wer dagegen wenig weiß und etwas Neues lernen will, muss jedes Mal wieder ganze Netzwerke zusammenschalten.[19]

Den frühen Erfahrungen im Leben kommt eine besondere Bedeutung zu, da sie die Verarbeitungskapazität festlegen. Durch neue Erfahrungen, Wahrnehmungen und Lerninhalte werden die Repräsentationen ständig umorganisiert.

Wie lernt das Gehirn?[20]

Das Gehirn lernt immer, es kann gar nicht anders. Es lernt bei allem, was man tut und was man durch die Sinne erfährt. Es ist deshalb entscheidend, womit man sich beschäftigt.

Jede Sekunde wird das Gehirn von zahlreichen Reizen geradezu überschwemmt. Aus der Flut der Informationen muss daher eine Auswahl getroffen werden, nur Wichtiges kann verarbeitet werden. Dazu bedient sich das Gehirn eines ganz bestimmten Mechanismus. Es vergleicht jede neue Wahrnehmung in seinem Netz der Repräsentationen mit bereits vorhandenen Verschaltungsmustern, die durch frühere Erfahrungen entstanden und entsprechend gebahnt sind. Das Gehirn prüft, ob deren Bild irgendwie zu dem Bild passt, das durch die neue Wahrnehmung entstanden ist. Kann ein altes Muster aktiviert werden, das mit dem neuen völlig übereinstimmt, muss es nicht weiter beachtet werden, denn der Inhalt ist ja bereits bekannt. Ist die neue Erfahrung dagegen völlig unbekannt und es wird keine auch nur entfernte Assoziation gefunden, wird die Information als völliger Unsinn bewertet und damit ignoriert. Findet sich jedoch eine abgespeicherte Repräsentation, die zumindest teilweise zu dem neuen Wahrnehmungsmuster passt, wird das alte Bild so lange erweitert und umgeformt, bis das neue Wahrnehmungsbild irgendwie in dieses Erinnerungsbild eingefügt werden kann. Man hat etwas dazugelernt.

Neues wird also im Gehirn nur verankert, wenn es mit etwas verbunden wird, das bereits vorhanden ist, das bereits vorher erlernt worden ist. Man kann einem Kind nur etwas Neues beibringen, wenn es bereits über entsprechendes Vorwissen oder Erfahrungen verfügt. Ein Kind muss beispielsweise die Sprache einigermaßen beherrschen, bevor man ihm Lesen und Schreiben beibringen kann.

Lernen ist immer mit Emotionen verbunden

Die Überprüfung, welche Information überhaupt gespeichert werden soll, wird vom limbischen System übernommen. Es bildet eine ringförmige Struktur, die unterhalb der Großhirnrinde liegt.[21] Im Zusammenhang mit Lernen und Gedächtnis sind der Hippocampus und die Amygdala (Mandelkern) die wichtigsten Teile dieses Systems, ohne sie würde niemand etwas lernen. Folgende Aufgaben übernehmen Amygdala und Hippocampus:

• Für den Fall, dass Gefahr droht, muss der Körper blitzschnell reagieren. Schätzt die Amygdala eine Information als negativ oder bedrohlich ein, sorgt sie dafür, dass Stresshormone freigesetzt werden. In der Folge steigen Puls und Blutdruck, die Muskeln spannen sich an. Handlungen oder Gedanken werden sofort unterbrochen. Der Mensch bereitet sich auf eine Reaktion vor, wie sie ihm in der Vorzeit das Leben retten konnte: kämpfen oder fliehen. Die Amygdala speichert Erfahrungen ab, die als bedrohlich eingestuft werden.

• Der Hippocampus ist unverzichtbar zum Abspeichern von Informationen, ebenso zum Abrufen von Erinnerungen.[22] Nervenzellen im Hippocampus lernen wichtige und neue Einzelheiten sehr schnell. Hat der Hippocampus eine Sache als neu und interessant bewertet, dann speichert er sie, bildet also eine Repräsentation von ihr aus. Daraus folgt, dass eine Sache vergleichsweise neu und interessant sein muss, damit der Hippocampus sie aufnimmt.[23] So erklärt sich, dass wir für uns ganz persönlich wichtige Neuigkeiten nur einmal hören müssen, um sie uns zu merken, oder dass wir uns an für uns wichtige Erlebnisse, wie etwa den ersten Schultag, ein Leben lang lebhaft erinnern können. Der Hippocampus wächst in Abhängigkeit von der Erfahrung und auch er funktioniert umso besser, je mehr er beansprucht wird.[24]

• Neutrale Wahrnehmungen oder Lerninhalte werden in Abhängigkeit davon gespeichert, in welchem emotionalen Zustand sie aufgenommen werden.[25] Es spielt eine entscheidende Rolle, dass die dabei empfundene Emotion, ob positiv oder negativ, mitabgespeichert wird und bei jedem weiteren Vergleich mit einem neu ankommenden Wahrnehmungsmuster mitaktiviert wird. Greift man auf Wissen zurück, das in negativem Kontext gespeichert wurde, wird zugleich der Mandelkern aktiviert – mit den beschriebenen Folgen. Man bekommt Angst und kann dadurch das Gelernte nicht effektiv wiedergeben. Auf Wissen, das in Zusammenhang mit positiven Gefühlen gewonnen wird, kann man dagegen sehr gut zurückgreifen.

• Nachts im Schlaf[26] wird das tagsüber Gelernte im Gehirn in mehreren Schleifen noch einmal durchlaufen und zum Kortex, der Gehirnrinde, übertragen, wo es langfristig gespeichert wird. Dabei wird nochmals entschieden, was dauerhaft dorthin transferiert wird.[27] Wenn man etwas noch direkt vor dem Schlafengehen lernt, bleibt es besonders gut haften. Die einzelnen Schlafphasen speichern unterschiedliche Lerninhalte ab: In der Traumphase wird motorisches Lernen abgespeichert, also beispielsweise Klavier spielen, Ballett tanzen, Ski fahren, im Tiefschlaf dagegen reines Wissenslernen wie geübte Vokabeln.[28] Experimente zeigen, dass der Schlaf jedoch relativ bald auf das Lernen folgen muss, ansonsten geht der Inhalt verloren. Der begrenzte Speicher des Hippocampus wird dann wohl durch neue Informationen überschrieben, bevor die alten in der Großhirnrinde gesichert sind.

Erwerb komplexer Fähigkeiten

Komplexe, unübersichtliche Sachverhalte überfordern zunächst das Gehirn. Deshalb werden sie von diesem so gefiltert, dass zunächst nur einfache, aber grundlegende Aspekte gelernt werden, wohingegen später auch komplexe Strukturen verarbeitet und gelernt werden können. Ein Gehirn, vor allem, wenn es noch im Entwicklungsstadium ist, akzeptiert immer nur jene Lernerfahrungen, die es schon verarbeiten kann.[29] Zwischen Reifung und Lernen besteht eine Wechselwirkung. Kleine neuronale Netzwerke können nur einfache Strukturen in sich repräsentieren, große Netzwerke dagegen auch komplizierte. Ist ein kleines Netzwerk mit einer komplizierten Struktur konfrontiert, kann es mit dieser nichts anfangen. Es wird nur das gelernt, was auch verarbeitet werden kann, so lernt das Kleinkind zunächst einfache sprachliche Strukturen. Das geschieht also nicht, weil ihm zuerst einfache Strukturen beigebracht werden, sondern weil es zunächst nur einfache Strukturen verarbeiten kann. Das Gehirn sucht sich automatisch aus dem variantenreichen Input das heraus, was es lernen kann.[30] Hat es erst einmal einfache Strukturen gelernt und reift danach zu etwas mehr Verarbeitungskapazität heran, dann wird es neben diesen einfachen Strukturen zusätzlich komplexere Strukturen als solche erkennen, verarbeiten und daher auch lernen. Da nach wie vor auch einfache Strukturen im Input vorhanden sind, verarbeitet und weitergelernt werden, werden diese auch nicht vergessen: Das Komplexere wird dazugelernt, das Einfache behalten. Weil das Gehirn reift und gleichzeitig lernt, ist gewährleistet, dass es in der richtigen Reihenfolge lernt. So wiederum ist gesichert, dass es überhaupt komplexe Zusammenhänge lernen kann und auch lernt.[31]

Zu diesem Wechselspiel muss aber noch die Übung kommen, wie etwa beim Laufenlernen: erst durch Übung und hartes Training werden die Laufbewegungen fließender und effizienter. Das ständige, langwierige Training des Kindes hilft maßgeblich mit, die Abläufe im Gehirn zu stabilisieren.[32]

Wie lernt das Gehirn Regeln?
Regeln lernt das Gehirn nicht dadurch, dass es diese auswendig lernt, sondern durch das ständige Erleben und Üben vieler Beispiele, die nach diesen Regeln ablaufen. Dies gilt sowohl für das Erlernen von Sprache, Grammatik oder Mathematik als auch für das Zusammenleben mit anderen Menschen.

Die Übertragungsstärke einer Synapse ändert sich durch einzelne Impulse nur ganz minimal. Daher vergehen die meisten einmaligen Eindrücke, ohne hängen zu bleiben. Wenn jedoch immer wieder ähnliche Informationen ankommen, verfestigt sich die Verbindung. Dadurch wird die Repräsentation vergrößert. Das Gehirn merkt sich also weniger die Einzelheiten, sondern das Allgemeine, das dahintersteckt, bildet es in Repräsentationen ab und damit die Regelhaftigkeiten, die durch Ähnlichkeiten der Erfahrungen verursacht werden. Das Gehirn lernt dadurch langsam, aber umso praktischer. Um zum Beispiel eine Tomate zu erkennen, muss es die allgemeinen Eigenschaften von Tomaten als solche kennen, aber nicht primär die Besonderheiten einer ganz speziellen Tomate.

Spiegelneurone[33]

Neurone (Bewegungsneurone), die die Muskelbewegungen direkt kontrollieren, befinden sich im motorischen Kortex, einem Teil der Hirnrinde. Im prämotorischen Kortex, der sich unmittelbar vor dem motorischen Kortex befindet, sitzen Nervenzellen (Handlungsneurone), die das Programm für ganze Handlungsabläufe gespeichert haben. Bewegungsneurone führen genau das aus, was Handlungsneurone sozusagen geplant haben, aber nicht jede Idee der Handlungsneurone wird auch tatsächlich umgesetzt. Beobachtet man eine Handlung bei anderen Menschen, werden im eigenen Gehirn diejenigen Handlungsneurone aktiviert, die auch in Aktion getreten wären, hätte man die Handlung selbst vollzogen. Diese Nervenzellen, die im eigenen Körper ein bestimmtes Programm realisieren können, die aber auch dann aktiv werden, wenn man beobachtet oder auf andere Weise miterlebt, wie eine andere Person dieses Programm in die Tat umsetzt, werden als **Spiegelneurone** bezeichnet.

Spiegelneurone lassen sich aber nicht nur zur Resonanz aktivieren, wenn bei einem anderen eine Handlung beobachtet wird. Geräusche haben den gleichen Effekt, es reicht sogar zu hören, wie von einer Handlung gesprochen wird, um die Spiegelneurone in Resonanz treten zu lassen.

Wird eine Handlung geplant oder realisiert, treten im Gehirn gleichzeitig Nervenzellnetze in Aktion, die registrieren, wie sich ihre Umsetzung in die Tat körperlich anfühlen würde. Diese liegen in einem Areal, dem sensiblen Kortex, gleich hinter der prämotorischen und motorischen Hirnrinde. Auch hier gibt es wieder unterschiedliche Nervenzellen, solche, die ausschließlich registrieren, was zum Beispiel die Haut oder die Muskulatur spürt, aber auch intelligentere Nervenzellen, die in der Lage sind, eine Abfolge von Empfindungen zu speichern und intuitive Vorstellungen darüber zu entwerfen, wie sich bestimmte Aktionen anfühlen würden. Auch sie verhalten sich wie Spiegelneurone und treten in Aktion, wenn wir nur beobachten, wie eine andere Person handelt oder auch nur empfindet. Durch ihre Aktivierung können wir genau ermessen, welche Empfindungen in der beobachteten Person vor sich gehen. Man kann damit nachempfinden, was der andere tut oder auch nur vorhat zu tun.

Beide Nervenzellnetze sind miteinander verbunden. Die Handlungsneurone kodieren die Programme für das operative Vorgehen und das Ziel einer Handlung. Die Nervenzellen für die Vorstellung von Empfindungen ergänzen dies durch Informationen darüber, wie sich die geplante Handlung für den handelnden Körper anfühlen würde. Die Handlungsneurone regen dann die Bewegungsneurone an, die Handlung selbst auszuführen. Ein Hemmmechanismus sorgt aber dafür, dass man nicht alles, was man beobachtet, wie eine Marionette nachahmt. Die Handlung wird dann nur innerlich nachvollzogen. Diese Spiegelungsaktivitäten setzen spontan und unwillkürlich ein. Spiegelaktionen brauchen immer einen Partner, sie können sich nie von allein entwickeln.[34]

Die Beobachtungen kommen als optische Informationen in der Sehrinde an, dem Teil der Hirnrinde, die dafür zuständig ist. Sie werden von einem optischen Interpretationssystem so aufbereitet, dass sie für die Spiegelneuronen das richtige Format haben. Die aufbereiteten Informationen werden über Nervenfasern weitergeleitet, zunächst an die Nervenzellen für die Vorstellung von Empfindungen und von dort an die Handlungsneurone.[35]

Dieses System schaltet sich nur dann ein, wenn die Sehrinde Bilder von lebenden, handelnden Personen liefert. Es tritt nicht in Aktion, wenn eine Handlung von einem Roboter oder Apparat ausgeführt wird oder nur auf einem Bildschirm erscheint.[36] Es ist ausschließlich dazu da, Körperbewegungen, Gesichtsausdruck, Mundbewegungen und Blicke auszuwerten.

Von Geburt an ist eine angeborene Grundausstattung von Spiegelnervenzellen vorhanden. Durch ein spielerisches, wechselseitiges Aufnehmen und spiegelndes Zurückgeben von Signalen zwischen dem Kind und der Mutter oder einer anderen Bezugsperson baut sich im Gehirn des Kindes allmählich ein Gefühl des intuitiven Verstehens und Verstandenseins, eine feste Bindung und Vertrauen auf. Diese Form des Kennenlernens steht am Anfang jeder zwischenmenschlichen Beziehung.

Was Lernen beeinflusst – Schlussfolgerungen für die Schule

Die Bedeutung des neuronalen Belohnungssystems für erfolgreiches Lernen

Ein Mensch kann nur das lernen und sich einprägen, was Emotionen in ihm hervorruft, und zwar positive.[1] Denn erst dann ist er aufmerksam. Erst unter diesen Voraussetzungen beschäftigt sich das Gehirn, in diesem Fall der Hippocampus, überhaupt mit den angebotenen Reizen und wägt ihren Inhalt im Einzelnen ab. Wird dabei eine Repräsentation (siehe auch Informationskapitel „Gehirn", dort ab Seite 195) gefunden, an die das neue Wahrnehmungsmuster sehr gut angeknüpft werden kann, löst sich die durch den Input verursachte, noch herrschende Anspannung. Die anschließende Entspannung breitet sich wie eine Welle über das ganze Hirn aus. Bestimmte Gruppen von Nervenzellen werden aktiviert, die an den Enden ihrer Fortsätze nun bestimmte Botenstoffe freisetzen, unter anderem endogene Opiate, Endorphine, Dopamin, Noradrenalin. Sie vermitteln ein motivierendes, süchtig machendes Glücksgefühl und sorgen auf diese Weise dafür, dass die am Zustandekommen dieses neuen, erweiterten Erregungsmusters beteiligten Nervenzellverbindungen gebahnt und gefestigt werden.[2] Diesen Motivationsschub gibt es immer angesichts von Informationen, die als interessant empfunden werden, nach plötzlich gelösten Aufgaben, aber auch bei sozialer Anerkennung und persönlicher Wertschätzung. Allein die Chance auf Erfolg regt die Ausschüttung von Botenstoffen an, die eine bestimmte Handlung oder einen Lernprozess unterstützen.[3]

Kein Lehrer oder Erzieher muss also täglich Multimedia-Eventshows bieten, um Aufmerksamkeit zu erhalten. Er muss nur jedem Kind Erfolgserlebnisse ermöglichen. Das Belohnungssystem arbeitet und motiviert sogar schon dann, wenn das Kind liebevolle Blicke wahrnimmt, freundliche Worte oder ein Lob hört.

Gerade diese Aspekte weisen darauf hin, wie wichtig ein vertrauensvolles, sicherheitsspendendes Umfeld für den Lernerfolg ist. Eltern haben ohne Zweifel einen großen Einfluss darauf, mit welchen Gefühlen ihre Kinder in die Schule gehen. Sie legen den Grundstein für die Lernbereitschaft und die Erwartungen, die ein Kind mit in die

Schule bringt. Dort müssen die Lehrer dann vor allem ihre Schüler mögen, selbst ihre Fächer lieben und darüber packende Geschichten erzählen können. In einer als positiv erfahrenen Lernumgebung entwickeln sich dann die Einzelbegabungen und das Potenzial eines jeden Kindes. Dieses Umfeld sorgt so für langfristige Lernerfolge, die ein Leben lang andauern und wirken können.[4] Kurz gesagt: Die Atmosphäre, die in der Schule herrscht, muss stimmen.

Die Auswirkungen von Angst und Stress auf das Lernen[5]
Negative Gefühle wie Angst und Stress machen Lernen nahezu unmöglich und erschweren nachweislich das Reproduzieren von bereits vorhandenem Wissen. Unter dem Einfluss einer aktivierten Amygdala (siehe auch Informationskapitel „Gehirn", dort ab Seite 196) wird das Gehirn schlechter mit Energie versorgt. Außerdem ändert es seinen Arbeitsstil. Es fährt auf Sparflamme und schränkt seine kognitiven Möglichkeiten extrem ein. Ab sofort hält es sich nur noch an einfache Schemata und Routineabläufe. Neue Reize kann es nicht mehr verarbeiten. Unter Prüfungsangst ist beispielsweise das kreative Abrufen vorhandener Repräsentationen, also Wissenstransfer, nicht mehr möglich. Das Gehirn blockiert und leistet deutlich weniger, als es eigentlich könnte. Wird die Angst übermächtig, können Prüflinge mitunter nicht einmal mehr die Aufgabenstellung lesen. In der Schule bekommen Kinder dann unter Umständen den Stempel aufgedrückt, zerstreut, unkonzentriert oder dumm zu sein. Erhält ein Schüler jetzt keine Unterstützung von außen, entsteht in den meisten Fällen ein tückischer Angstkreislauf, dem sich das Kind ohne Hilfe nicht mehr entziehen kann. Denn das Gehirn speichert auch diese Erfahrung, inklusive der dabei erlebten Gefühle. Mit Furcht verbundene Erfahrungen bleiben in der Erinnerung stark verankert und sind jederzeit wieder abrufbar. Erhält das Kind also wiederholt negative Rückmeldungen auf seine Leistung, fühlt es sich unfähig und sieht sich selbst als einen schlechten Menschen – nicht nur weil es von sich selbst enttäuscht ist, sondern weil es wichtige Bezugspersonen wie Eltern, Lehrer und Erzieher enttäuscht hat. In der Folge sinkt das Selbstvertrauen, Fehler wiederholen sich und die Angst wächst, vor allem vor der Reaktion der Eltern. Ihre Ansprüche möchte das Kind schließlich unbedingt erfüllen. Doch womöglich erfährt es jetzt negative Konsequenzen in Form von Strafen, Streit oder Demütigun-

gen. Angst und Stress potenzieren sich. Die Leistung fällt weiter ab. Die Situation spitzt sich zu. Daraufhin versucht das Kind, Aufgaben und Situationen zu vermeiden, an denen es scheiterte. Die Lust am Lernen verkümmert, steigert sich zu Lernunwilligkeit und mündet im schlimmsten Fall in einer kompletten Lernverweigerung.

Oft glaubt das Kind, sich dieser unerträglichen Situation nur entziehen zu können, wenn es sich selbst als Versager disqualifiziert. Auf diese Weise senkt es die Erwartungen an die eigene Leistung und passt sich der negativen Meinung von Eltern und Lehrern an. Tritt die Fehlleistung dann wieder ein, hat das Kind immerhin das Erfolgserlebnis, dass es das schlechte Ergebnis richtig prognostiziert hat. Negative Erwartungen werden so zu sich selbst erfüllenden Prophezeiungen: „Ich bin dumm. Ich kann nichts. Ich bin nicht liebenswert." Solche negativen Selbstzuschreibungen begleiten Menschen im schlimmsten Fall ein Leben lang und lösen unter Umständen tief greifende psychosoziale Konflikte aus.

Den Teufelskreis in einen positiven Kreislauf umwandeln[6]

Aus der Stresssituation entsteht ein Teufelskreis: Er beginnt mit Frust, weil das Kind sein Wissen zum Beispiel im „gefürchteten" Fach Mathematik nicht abrufen kann. Daraus folgt Angst, dass dies beim nächsten Mal wieder der Fall sein könnte. Das Kind will diese Situation vermeiden, da sie ihm unangenehm ist. Es wird demotiviert, schaltet ab und weigert sich zu lernen. Weil es nicht lernt, fehlen ihm natürlich im Laufe der Zeit die nötigen Kompetenzen, da in der Schule immer weiter neuer Stoff durchgenommen wird. Damit wird seine Leistung noch schlechter. Und das Kind wird sogar bestraft, und sei es nur durch schlechte Noten. Das erhöht den Frust und der Kreislauf setzt sich fort.

Diesen Teufelskreis kann man durchbrechen und in einen positiven Kreislauf wandeln. Dieser neue Kreislauf beginnt mit Belohnung, mit einem, wenn auch kleinen, Erfolgserlebnis. Es kann auch eine Lehrkraft sein, die sich nicht damit abfindet, ein Kind für „dumm" zu halten, sondern hinter seinem Versagen das Potenzial sieht, das jedes Kind hat. Sie setzt Vertrauen in das Kind, das dieses spürt – und das es nicht enttäuschen will. Es strengt sich wieder mehr an. Sein Interesse wird geweckt und das Kind motiviert, sich wieder mit dem Stoff zu beschäftigen. Deshalb wird es mehr und besser verstehen und seine

Fähigkeiten werden sich verbessern. Das führt zu besseren Leistungen, die sich in besseren Testergebnissen, also äußerer Belohnung, ausdrücken. Diese wiederum spricht das innere Belohnungssystem an und motiviert das Kind weiter. Der Teufelskreis ist durchbrochen.

Übung macht den Meister

• Erst durch richtiges Üben wird man zum Experten, das bedeutet, es kommt darauf an, wie und wie lange man übt.[7] Sehr erfolgreiche Menschen wie Wolfgang Amadeus Mozart und Johann Sebastian Bach, aber auch in unserer Zeit die Beatles oder Computerexperten wie Bill Gates und Bill Joy hatten entweder selbst die Möglichkeit und den Willen, mit großer Regelmäßigkeit und Ausdauer täglich nach einem sinnvollen Plan zu üben und viele Varianten zu testen, oder sie wurden wie Mozart und Bach durch ihre Väter streng dazu angehalten. Für solche Könner gilt die 10 000-Stunden-Regel: Sie haben sich bis zum 20. Lebensjahr mehr als 10 000 Stunden mit ihrem Spezialgebiet beschäftigt, demnach täglich mehrere Stunden.[8] Der Erfolg ist diesen begabten Leuten nicht in den Schoß gefallen, sondern war hart erarbeitet.

• In der Schule ist das nicht anders. Auch hier bringt Üben den Erfolg. Beispiel Lesen:[9] Ein geübter Leser hat das Erkennen von Buchstaben hochgradig automatisiert und weiß, welche Buchstabengruppen welchen Silben zugeordnet sind; ein ungeübter Leser muss jeden Buchstaben in einen Laut übertragen und daraus mühsam ein Wort konstruieren. Der Arbeitsspeicher ist damit schon ausgelastet und der Lesende kann sich nicht auf den Sinn des Gelesenen konzentrieren. Diese Automatisierung ist in vielen Bereichen Voraussetzung für das Erlernen von Fähigkeiten: in der Schule beim Lesen, Schreiben und Rechnen, im Alltag beim Fahrradfahren oder beim Lenken eines Autos. Erst wenn man die Grundlagen beherrscht, kann man sich voll dem neu anstehenden Problem widmen. Mehr Ruhe und Zeit zum Üben sind eine gute Lösung.

• In der Schule einen Lernstoff nur einmal zu erwähnen, reicht nicht. Er wird nur von denen abgespeichert, die sich sowieso schon vorher damit befasst haben. Man kann nichts lernen, was man nur einmal gehört hat. Es ist einfach noch keine vergleichbare Repräsentation in der Großhirnrinde vorhanden (siehe auch Informationskapitel „Gehirn?", dort ab Seite 195). Somit können dann auch keine Zusammenhänge erkannt oder gar Regeln abgeleitet werden. Es ist deshalb unfair, diesen Stoff allein daraufhin in einer Probe abzufragen und diese zu bewerten. Um einen Lernstoff den Schülern wirklich nahezubringen, bedarf es der Darstellung in mehreren Zusammenhängen und vielen Beispielen. Nur so können gute Repräsentationen im Gehirn verankert und vernetzt werden. Darauf lässt sich dann neuer Unterrichtsstoff aufbauen. Je mehr solide vernetzte Repräsentationen ein Kind (aber auch jeder Erwachsene) hat, also je mehr es schon weiß, umso leichter kann es neues mit altem Wissen verknüpfen.

• Jeder Schüler lernt aus einem Lerninhalt etwas anderes, je nachdem, auf welchem Wissensstand er gerade ist (siehe auch Informationskapitel „Gehirn" ab Seite 190). Es können ganz kleine Nuancen sein, die ihm zum Verständnis fehlen. Deshalb ist es so wichtig, viele ähnliche Beispiele zu üben, sodass jeder seine Lücke schließen kann. Erst nach genügend Übung hat sich der Lernstoff „gesetzt" und weiterer kann darauf aufbauen.

Die wichtige Rolle der Spiegelneurone und deren Bedeutung für die Schule

Es ist ein Irrtum zu glauben, der Schlüssel zum Gelingen unserer Entwicklung liege allein in unseren Genen.[10] Die bedeutende Frage, wie wir werden, was wir sind, hängt eng damit zusammen, wie andere beurteilen, was wir tun. Eine wichtige Rolle spielen in diesem Prozess die Spiegelneurone (siehe auch Informationskapitel „Gehirn", dort ab Seite 199). Dabei handelt es sich um Nervenzellen im Gehirn, die im eigenen Körper einen bestimmten Vorgang wie zum Beispiel eine Handlung oder eine Empfindung steuern können. Zugleich werden sie aber auch dann aktiv, wenn der gleiche Vorgang bei einer anderen Person nur beobachtet wird. Dies stärkt vor allem das Einfühlen in andere und die Empathie.

• In den ersten Lebensjahren orientiert sich ein Kind bei der Einschätzung aktueller Situationen daran, wie es von seiner Bezugsperson beurteilt wird. Es übernimmt diese Urteile sogar als Grundlage für die Bewertung der eigenen Person.[11] Das klassische Beispiel ist der fragende Blick hin zu den Eltern, wenn ein Kleinkind gefallen ist und von deren Reaktion das eigene Empfinden abhängig macht. Aus diesem Wechselspiel des gegenseitigen Einfühlens und Bewertens bilden sich langsam das Selbstkonzept und die Empathiefähigkeit eines Menschen heraus. Das Wissen und die Meinung über uns selbst bestehen zu einem großen Teil aus der Summe jahrelanger Rückmeldungen, wie andere uns erleben und für was sie uns halten.[12]

• Ein Kleinkind kann sich die Welt nicht selbst erschließen. Es braucht präsente, lebendige Betreuer, die es behutsam anleiten und ihm Rückmeldung geben. Menschen und Figuren, die nur auf einem Bildschirm zu sehen sind, können mit dem Kind keine individuellen Interaktionen gestalten und keine zwischenmenschliche Beziehung aufbauen.[13]

• Äußerst wichtig ist es, dass Kinder während ihres Heranwachsens die Möglichkeit bekommen, zu einem Selbst- und Selbstwertgefühl zu gelangen. Dafür brauchen sie die Fähigkeit, mit anderen Menschen Kontakt aufzunehmen und Beziehungen einzugehen sowie Bildung und berufliche Kompetenzen zu erwerben.[14] Gelingt diese Ausprägung nicht oder nur unvollständig, kann das die persönlichen Entwicklungsmöglichkeiten nachhaltig beeinflussen – mit erheblichen Defiziten bei der Ausbildung eines intakten Selbstgefühls, beim Erwerb von Kompetenzen und bei der Fähigkeit, Beziehungen einzugehen. So steht am Beginn jeder zwischenmenschlichen Beziehung das Erfühlen dessen, was den anderen gerade bewegt.[15]

• Kindern, die selbst nur wenig Empathie, Rücksicht und Zärtlichkeit erlebt haben, stehen wegen fehlender Spiegelungserfahrungen keine eigenen neurobiologischen Programme zur Verfügung, die es ihnen ermöglichen würden, Mitgefühl zu empfinden und zu zeigen.[16] Die Defizite sind aber immer noch aufzuholen, wenn auch eventuell mühsam.

Das führt zu folgenden Erkenntnissen für die Schule:

• Spiegelneurone sind von überragender Bedeutung für alle Lernvorgänge, sie sind das entscheidende Bindeglied zwischen der Beobachtung eines Vorgangs einerseits und dessen eigenständiger Ausführung andererseits. Zu beobachten, wie ein anderer eine Aufgabe löst, einen Apparat bedient oder emotional mit einem brisanten Problem umgeht, kann ein entscheidender Beitrag für die eigene Kompetenz sein.[17]

• Ein gutes zwischenmenschliches Verhältnis zwischen Lehrer und Schüler ist deshalb enorm wichtig für den Lern- und Lebenserfolg.

Schließlich treten Lehrer nie allein als „Stoffvermittler" auf, sondern immer als ganze Person – als Überbringer von Botschaften und Bewertungen, die das Entwicklungspotenzial eines Schülers erschließen oder beschränken und so das Lernen befördern oder schlimmstenfalls verhindern können.[18]

• Nur kleine, überschaubare Klassen bieten dazu die Möglichkeit, jedes einzelne Kind bewusst wahrzunehmen, persönlichen Kontakt zu halten, eine Arbeitsbeziehung zu jedem einzelnen Kind herzustellen.[19] Kinder wollen als Individuen gesehen werden. Spürt ein Schüler, dass die Lehrkraft eine Vorstellung davon hat, wie und wohin er sich entwickeln könnte, so steigert dies in ihm das Zutrauen und die Motivation, noch mehr zu lernen.[20]

• Zwei Phasen des Lernens sind notwendig: Zunächst muss im persönlichen Kontakt durch die Lehrkraft eine Einführung gegeben und der Lerngegenstand erklärt werden. Dann muss es ausreichend Möglichkeiten geben, das Erklärte selbst nachzuvollziehen. Dies geschieht durch zahlreiche Anwendungen, die sich eng an der Erfahrungswelt der Schüler orientieren.[21]

• Aus neurobiologischer Sicht ist es deshalb eine unsinnige Strategie, die Schüler den Stoff eigenständig mithilfe eines Lehrbuchs erarbeiten zu lassen. Grundschüler sind dazu noch nicht in der Lage, sie können weder eigenständig „am Modell" lernen noch das gewonnene Wissen anwenden.[22] Das schaffen eventuell reifere Schüler in weiterführenden Schulen.

• Lernen unter Stress, Druck und Angst kann nicht gelingen. Das Vermögen sich einzufühlen, andere zu verstehen und Feinheiten wahrzunehmen geht verloren.[23]

Wie sollte also der Unterricht gestaltet sein?

• Gerald Hüther bringt es auf den Punkt: Unterricht soll sein: „so lebendig wie möglich, so praxisnah und anwendbar wie möglich, so sehr am jeweiligen Entwicklungsstand des betreffenden Kindes orientiert wie möglich. Mit einem Wort: so sinnvoll für das Kind wie möglich. Was keinen Sinn macht, was einen Schüler emotional nicht berührt, worauf er sich nicht einlässt und was er sich nicht selbst erarbeiten kann, braucht man auch nicht zu unterrichten. Tut man es trotzdem, so macht der Schüler eine Erfahrung, die schlimmer ist als das Verpassen des Unterrichtsstoffes: nämlich die, dass Lernen sinnlos ist, dass es keine Freude macht, sich Wissen anzueignen und dass es auf ihn nicht ankommt, er eigentlich nicht gesehen wird."[24]

• Guter Unterricht lässt Zeit zum Begreifen und zum Üben: Denn nur diese Zeit gibt den Lehrern die Möglichkeit, Dinge zu erklären und durchzusprechen, und den Kindern die Chance, die Materie zu verdauen. Durch das langsame Vorgehen schafft man es also schlussendlich, tatsächlich mehr Stoff zu vermitteln.

• Jeder möchte ermuntert werden. Meist wird der Beste hervorgehoben und gelobt, damit ist zugleich dafür gesorgt, dass sich alle anderen zurückgesetzt fühlen. Lob sollte zeitnah, spezifisch und für den Schüler klar nachvollziehbar sein.[25] Vor allem soll stets das Bemühen hervorgehoben werden, nicht in erster Linie das Ergebnis.

• Die emotionale Atmosphäre beim Lernen muss stimmen. Lernen funktioniert aufgrund der Gehirnstruktur am besten, wenn es einem Menschen gut geht, er sich sicher und wohlfühlt. Nur dann kann das Gelernte später zum Problemlösen überhaupt verwendet werden.[26]

Welche Faktoren sind entscheidend für den Erfolg in der Schule?

Vertreter verschiedener Forschungsrichtungen haben sich dazu geäußert: unter anderem der Psychologe Joachim Funke von der Universität Heidelberg[27], der Intelligenzforscher Robert Sternberg[28], der Verhaltenspsychologe und Hirnforscher Gerhard Roth[29], die Neurobiologen Manfred Spitzer[30] und Gerald Hüther[31].

Wichtig ist vonseiten der Schüler:

• Die Überzeugung des Schülers: Wenn ein Schüler denkt, Intelligenz sei ein angeborenes und unveränderbares Persönlichkeitsmerkmal, dann meint er, dass Lernen nichts bringt und die Schule nur die Intelligenz zutage fördern kann, die er schon hat. Wenn er aber einen Sinn im Lernen sieht, will er seine Intelligenz dadurch verbessern und ist deshalb erfolgreicher.

• Ein enorm wichtiger Faktor, wenn nicht gar der wichtigste, ist die Motivation, die aus dem Schüler selbst kommt: sein Interesse für die schulischen Inhalte, das ihn antreibt weiterzulernen und zu üben.

• Der kulturelle Faktor: Aus welchem Kulturkreis stammt das Kind? Welche Bedeutung wird dem Lernen und Wissen dort zuerkannt?

Wichtig ist vonseiten der Eltern:[32]

• Eltern sollen ihren Kindern vor allem Vertrauen schenken. Das ermutigt Kinder, selbst etwas zu entdecken, neue Erfahrungen zu machen und Schwierigkeiten zu meistern. Vertrauen ist eine optimale Voraussetzung dafür, komplexe Muster im Gehirn zu aktivieren und die entstandenen Verschaltungen zu stabilisieren. Geht etwas schief, sollten Eltern gemeinsam mit ihrem Kind eine neue Lösung suchen, statt es zu tadeln oder zu bestrafen.

• Eltern müssen ihren Kindern Rückmeldungen geben, sie ermutigen, Anteil nehmen. Sie dürfen den Kindern nicht die eigenen Vorstellungen aufdrängen, sonst verlieren diese die Freude am Entdecken, die Neugier, die Kreativität und den Willen, etwas Eigenes zu gestalten. Kinder brauchen das Gefühl, dass ihre Ideen willkommen sind und dass sie etwas beitragen können zum gemeinsamen Leben.

• Kinder brauchen Eltern, die ihnen das Gefühl von Sicherheit und Geborgenheit geben. Erst aus dieser Geborgenheit heraus können sie auf andere Menschen zugehen, sich in eine Klasse integrieren. Das heißt keinesfalls, dass Eltern alle Wünsche ihrer Kinder unreflektiert erfüllen: Kinder sollen im Kontakt mit der Familie gerade lernen, dass das nicht immer möglich ist, man aber gemeinsam eine für alle Beteiligten zufriedenstellende Lösung von Problemen finden kann.

• Lob der Eltern soll wie das der Lehrer wohldosiert, angemessen und sachbezogen sein. Bei gleichbleibend höchstem Lob selbst für banale Leistungen kommt es entweder zu einem übersteigerten Selbstwertgefühl des Kindes oder das Kind registriert das Lob gar nicht mehr. Es wirkt sogar demotivierend, wenn die Eltern pauschal loben, also die tatsächlich hinter der Leistung steckende Anstrengung nicht sehen und würdigen.

• Eltern sollen angemessene Erwartungen an das Kind stellen, sonst gerät es unter Druck. Es bekommt Angst, die Eltern zu enttäuschen, und unter diesen Voraussetzungen kann es nicht lernen (zu den Auswirkungen von Angst und Stress siehe Informationskapitel „Lernen", dort ab Seite 203). Durch angemessene Erwartungen behält das Kind seine Motivation und damit die Lust am Lernen allgemein.

Wichtig ist vonseiten der Lehrer:

• Die Empfehlungen für die Eltern gelten natürlich, wenn auch abgewandelt, ebenso für die Lehrer. Eine positive Einstellung zu ihren

Schülern ist unabdingbar. Gute Lehrer werden diese immer wieder ermutigen, Vertrauen in sie setzen. Eine persönliche Beziehung zwischen Lehrer und Kind fördert die Freude zu lernen.

• Die eigene Motiviertheit und Glaubwürdigkeit der Lehrkraft dienen als Vorbild für die Kinder: Sie muss von ihrem Fach zumindest überzeugt, wenn nicht begeistert sein, damit der Funke überspringen kann. „Ein vom Fach begeisterter Lehrer, der gelegentlich lobt und vielleicht auch mal einen netten Blick für die Schüler übrig hat, bringt deren Belohnungssystem auf Trab."[33]

• Die Erwartungen des Lehrers sollten angemessen und objektiv sein. Sie sind bedauerlicherweise aber auch beeinflussbar: Sagt man einem Lehrer, ein Schüler sei klüger als die anderen, wird er ihn anders behandeln, dieser zeigt dann bessere Leistungen.[34]

• Die Einstellung des Lehrers zum Schüler: Diese sollte neutral und unabhängig sein, doch leider beeinflusst immer wieder das Wissen des Lehrers um den sozioökonomischen Status eines Schülers, also welcher gesellschaftlichen Schicht der Schüler angehört, das Urteil des Lehrers. Je höher dieser Status, umso besser die Noten.[35]

Meine Gedanken zu gutem Unterricht

Die Diskussion um gute Schule ist vielfältig, ja oft fast zermürbend ob der zahlreichen guten Ideen, die sich aber häufig zu widersprechen scheinen. In meinen Augen wird viel zu oft und zu ausschließlich über die richtige Methode diskutiert, anstatt darauf zu achten, welche grundlegenden Bedürfnisse erfüllt sein müssen. Wenn man das täte, würde man rasch merken, dass Kinder und Lehrer zu unterschiedlich sind, um alle auf ein und demselben Weg zum Ziel zu kommen. Sicher ist: Eine Schule, in der das Lernziel und die Methode wichtiger sind als die kindliche Entwicklung und das Kind an sich, wird scheitern. Die Methode an sich ist zweitrangig, jede hat ihre Vor- und Nachteile, anhand jeder Methode lernen Kindern Unterschiedliches. Und selbst eine gute Methode kann Schaden anrichten, wenn sie zum falschen Zeitpunkt oder gar einseitig eingesetzt wird. Es kommt darauf an, welche Methode zu den aktuellen Lerninhalten, den beteiligten Menschen, der Zielsetzung und zum gegenwärtigen Zeitpunkt passt.

Zum anderen halte ich es für enorm wichtig, das Lebensalter der Kinder zu beachten. Im Allgemeinen wird eher über ältere Kinder gesprochen und die entsprechenden Erkenntnisse, ja sogar die Anforderungen werden für die Kleinen übernommen. Jegliche Diskussion sollte jedoch auf der Grundlage einer fundierten Menschenkunde geführt werden. Kinder im Kindergartenalter lernen anders als Schulkinder der unteren Jahrgangsstufe, Zehnjährige anders als Jugendliche. Und je nach Alter haben diese Kinder und Jugendlichen unterschiedliche Bedürfnisse, was ihre Persönlichkeitsbildung und -beachtung anbelangt. Wahres Lernen gelingt nur, wenn beides Raum bekommt und altersgemäß stattfindet: einerseits der fachliche Kompetenzerwerb, andererseits die umfassende Persönlichkeitsentwicklung des Individuums.

Mir ist in meiner Pädagogik die Erziehung zu Identität und Integrität auf der Grundlage kraftvoller positiver Überzeugungen am wichtigsten, sie ist meiner Ansicht nach Fundament und Nährboden für jegliche Motivation und Anstrengungsbereitschaft: Es gilt, aktiv dazu beizutragen, dass Kinder einen eigenen Willen ausbilden, verantwortlich werden und sich die dafür notwendigen Kompetenzen aneignen.

Die Entwicklung dorthin verläuft meiner Ansicht nach in Stufen. Das Entscheidende ist, dass Entwickeln und Lernen in einem natürlichen, organischen Prozess stattfindet nur dann sind sie nachhaltig, gesund und tragfähig. Für Kinder im Grundschulalter ist das spezifisch Fachliche noch nicht entscheidend, sie brauchen vor allen Dingen Sicherheit und Geborgenheit, um einen guten Boden für sich selbst zu erwerben. Für sie geht es darum, die grundlegenden Kulturtechniken wie das Lesen, Schreiben und Rechnen sowie die notwendigen Arbeitstechniken und Qualifikationen zu erwerben, die sie befähigen, später selbstständig zu lernen und mit ihrer Umwelt kompetent in Interaktion zu treten. Diese sollen gut geübt und gesichert werden. Man schnürt gemeinsam mit den Kindern einen Rucksack und bereitet sie darauf vor, allein ihren Weg gehen zu können – und eben dafür benötigen sie das Vertrauen in sich selbst und in ihre Umwelt. Sie müssen sich als fähige Menschen mit guten Beziehungen zu ihren Mitmenschen erleben. Dafür ist es nötig, dass Kinder ihren Körper gut ausbilden können und generell vielfältige sinnhafte Erfahrungen im direkten Umgang mit der Umwelt machen dürfen. Kinder müssen die Welt erst einmal in ihrer Fülle kennenlernen dürfen. Genau das ist übrigens auch in der Zeit vor dem Schulanfang einer der entscheidenden Aspekte für einen guten Kindergarten – vielfältige körperliche und sinnhafte Erlebnisse, statt allzu viel Vorschule mit Arbeitsblättern. Die Kräfte, die für diese Entwicklung genutzt werden können, sind das Vertrauen und die Liebe zu Bezugspersonen, die Freude an kleinen Dingen und Erfolgen sowie das Genießen des Miteinanders. Kinder lernen nach meiner Erfahrung in dieser Zeit am besten durchs unbewusste Miterleben und Tun.

Mit Eintritt in die Pubertät geht es dann hauptsächlich darum, sich selbst kennenzulernen. Wer bin ich, was will ich? Jugendliche entwickeln jetzt die Fähigkeit zur Empathie weiter, das Mitfühlen und Einordnen gelingt im Rahmen einer übergeordneten, erweiterten Sicht. Für Heranwachsende ist es wichtig, grundlegende Prinzipien zu verstehen, um die komplexe Welt für sich greifbarer und übersichtlicher zu machen und sich in Beziehung zu ihr zu setzen. Das wäre der entscheidende Aspekt, der in den Schulen zu beachten wäre, sehr geeignet wären hier nun viele naturwissenschaftliche und politische Inhalte. Wertvoll ist es auch, wenn Jugendliche vielfältige sinnliche und körperliche Erlebnisse haben, um dann aus einem reichen Schatz an Eindrücken schöpfen zu können. Diese Möglichkeit brauchen sie, um sich selbst eine Richtung geben zu können, ihr Körpergefühl zu entwickeln und mit dem eigenen Körper gut umgehen zu können. Auch der innere Raum wird wichtig, den größere Kinder brauchen, um sich beständig die grundlegenden Lebensfragen zu stellen und so eine Sinnorientierung zu finden. Hierfür brauchen Jugendliche Aufgaben und Herausforderungen, bei denen sie die Möglichkeit haben, sich selbst zu erfahren: eine Alpenüberquerung, der Segeltörn mit Kameraden, ein Einsatz als Rettungshelfer, Theater spielen. In der Schule sind klare Grundregeln wichtig, die einen Halt geben, und gleichzeitig inhaltlich und methodisch viel Freiraum. Der Unterricht sollte weiter geöffnet werden, sodass er interaktiv wird und sich vor allem das selbstverantwortliche Lernen entwickelt. Außerdem findet jetzt ein erstes intensiveres Auseinandersetzen mit gleich- und gegengeschlechtlichen Menschen statt, auch um sich selbst besser zu definieren. Jugendliche durchdenken schon bewusst, auch weil sie sich nun innerlich in Distanz zu ihrer Umwelt setzen können. Die Überlegungen stehen aber stets im Bezug zu ihnen selbst und nur dieser Zusammenhang motiviert sie schlussendlich zur Beschäftigung mit den Dingen.

Erst nach Abschluss dieser Phase am Ende der Pubertät wird das spezifisch Fachliche richtig entscheidend. Jetzt ist es von Bedeutung, auf bestimmten Gebieten zum Spezialisten zu werden. Und erst jetzt ist es auch zweckmäßig, alle möglichen Details und Begriffe zu beherrschen. Ein Mensch ist nun nicht mehr so stark mit sich selbst beschäftigt, ein echtes abstraktes Denken wird möglich. Nun agiert der Mensch in dem Bewusstsein und aus der Kraft heraus, sich selbst und sein Wirken in die Welt einzubringen. Frühestens jetzt wird es sinnvoll, erbrachte Leistungen zu vergleichen. Die Lebenszeit bis dahin dient der Entwicklung und Vorbereitung, die bei jedem Menschen anders verläuft und zu der er die nötige Zeit und Ruhe für einen eigenen Rhythmus bekommen sollte. Sind die beiden ersten Phasen in sich rund und voll abgeschlossen, ist die Basis gelegt, damit ein Mensch gegebenenfalls auch mehrfach fachliche Ausbildungen durchlaufen und sich umorientieren kann und immer wieder neuen Aufgaben gewachsen ist.

In diesem ganzen Prozess ist der Respekt vor dem Kind und seiner Lebenswelt unerlässlich. Das heißt für einen Erwachsenen, etwa den Lehrer, dass er sich bei allem, was die Persönlichkeit des Kindes angeht, nicht anmaßen darf, es besser zu wissen. Für mich bedeutet das, bei allem, was ich tue, die innere Zustimmung des Kindes zu suchen und zu prüfen, ob das, was ich tue, im Sinne des Kindes ist. Das gilt gerade auch dann, wenn es notwendig ist, Grenzen zu setzen, Anforderungen zu stellen, Richtungen aufzuzeigen und Verbote auszusprechen.

Worum es beim Lernen wirklich geht

Statt bei der Verbeamtung als Lehrer dem Staat ein Versprechen abgeben zu müssen, ein treuer, loyaler Staatsdiener zu sein, sollten alle Lehrer einen Eid darauf schwören, sich in all ihrem schulischen Handeln den Kindern zu verschreiben und die Werte und Überzeugungen, die sie selbst leben, beständig daraufhin zu überprüfen.

Wenn ich mir Gedanken zum schulischen Lernen mache, unterscheide ich verschiedene Bereiche: die biologische Entwicklung, das kulturelle Lernen und das schöpferische Tun.

Ersteres ist durch biologische Entwicklungsprozesse festgelegt und geschieht mehr oder weniger automatisch, wie beispielsweise wenn ein Kind das Laufen oder Sprechen lernt. Aber auch das ständige interessierte Erkunden der Umwelt in seiner Vielfalt findet hier seinen Platz. Es kann durch Lob und Freude über das Erreichte und durch eine anregende Umgebung gefördert werden, aber in erster Linie gilt es, diese Entwicklungen nicht zu stören oder gar zu verhindern.

Das kulturbezogene Lernen beinhaltet den Erwerb von Fähigkeiten und Qualifikationen, die in der jeweiligen Gesellschaft als Lebensgrundlage gesehen werden. In unserer Gesellschaft sind das in erster Linie das Lesen, Schreiben und Rechnen, im weiteren Sinne auch eine umfassende Allgemeinbildung, der Umgang mit dem Computer, Grundkenntnisse und -erfahrungen in den Naturwissenschaften oder das Beherrschen einer oder mehrerer Fremdsprachen.

Das schöpferische Lernen und Tun bezieht sich auf die Fähigkeit, sich selbstständig Wissen anzueignen und dieses auch weiterzuentwickeln – allein und in verschiedenen Formen des Miteinanders mit anderen. Es bedeutet, kreativ, produktiv und schaffend tätig zu sein und die Umwelt daran teilhaben zu lassen. Außerdem umfasst dieses Lernen alle Tätigkeiten, die es einem Menschen ermöglichen, sich selbst in seiner Persönlichkeit und im sozialen Miteinander zu erleben und auszudrücken, sei es durch Theaterspielen und Tanz, durch künstlerisches Arbeiten, Malen oder Modellieren.

Abhängig vom Lebensalter der Kinder gewichtet man diese drei Bereiche in der Schule unterschiedlich. Der entscheidende Aspekt aber ist zu erkennen, wie diese Bereiche miteinander zusammenhängen, wie sie aufeinander aufbauen und in welch unterschiedlicher Art sie effektiv gefördert werden können.

Nach meiner Erfahrung sind die meisten Kinder nicht in der Lage, sich Kulturtechniken fundiert selbst anzueignen. Nach anfänglicher Euphorie verlieren viele Kinder die Lust, wenn deutlich wird, dass man sich immer und immer wieder damit beschäftigen muss, was für viele anstrengend ist. Kinder wollen „können", aber sie bringen häufig nicht die Ausdauer mit, um den Weg bis zum Ziel durchzuhalten. Zudem verkennen sie oft, wie komplex die Inhalte an sich sind und dass zur echten Beherrschung ein tief greifendes und umfassendes Verständnis notwendig ist, insbesondere wenn man auf Erlerntes dann auch weiter aufbauen will. Ebenso wenig entspricht es meiner Erfahrung, dass alle Kinder und Jugendlichen von allein kreativ und produktiv sind. Oft fehlen ihnen die dafür notwendigen grundlegenden Arbeitstechniken oder Fertigkeiten, häufig die inspirierenden und weiterführenden Materialien, teilweise aber auch von vornherein die Ideen und Visionen. Auch das schöpferische Lernen und Wirken muss deshalb oft erst gelernt und begleitet werden.

Lernen gelingt, wenn zum richtigen Zeitpunkt die Voraussetzungen geschaffen werden, sodass das Kind beständig seinen Weg fortsetzen kann. Die pädagogische Aufgabe ist hier also in gewisser Weise eine planerische: Was ist nötig, damit es gut und sinnvoll weitergehen kann? Was muss jetzt angelegt werden, weil das Kind bestimmte Fähigkeiten in einigen Jahren benötigt? Welche Entwicklung dauert einfach länger und kann nicht in wenigen Stunden oder Tagen absolviert werden? Dabei ist das Erlernen von Kulturtechniken ganz anders zu unterstützen als das schöpferische Lernen. Und: Es muss gelingen, dass das Kind zu jedem Zeitpunkt einen Bezug zu sich selbst sieht und nicht nur für die ferne Zukunft lernt.

Bei den Kulturtechniken oder dem umfassenden Allgemeinwissen steht das Ergebnis des Lernprozesses bereits vorab fest, selbst wenn die Inhalte an sich sich ändern oder erweitern: Weder sind die Rechenregeln für jedes Kind anders noch die Daten und Werke berühmter Künstler oder historische Ereignisse, und selbst die Rechtschreibregeln gelten zumindest für einen überschaubaren Zeitraum. In diesen Bereichen ist Anleitung sinnvoll und notwendig, denn hier ist das Ziel, dass alle Kinder diese Inhalte und Fertigkeiten sicher beherrschen, Grundprinzipien verstanden und Kategorien angelegt haben, auf die sie verlässlich zurückgreifen können. Es ist ein vorherbestimmtes Lernen, das erfolgreich ist, wenn das Kind diese Befähigungen erworben hat.

Für das schöpferische Tun hingegen braucht es in erster Linie Raum und Zeit, es entspringt dem Kind selbst und lebt ja gerade dadurch, dass Neues und Eigenes entsteht. Aber auch für das kreative, schöpferische Arbeiten sind Fertigkeiten, Fähigkeiten und das Beherrschen grundlegender Werkzeuge nötig, für die es oftmals Anleitung bedarf. Um komponieren zu können, muss man zunächst das Klavierspiel lernen, um kreative, eloquente Blogeinträge zu verfassen, muss man mit dem PC umgehen können sowie das Schreiben und Formulieren geübt haben, am besten auch noch das Tippen im Zehnfingersystem. Wenn die Voraussetzungen nicht geschaffen wurden, ist weder ein weiterführendes Lernen noch ein kreatives Arbeiten möglich. Die Kunst besteht also darin, die Voraussetzungen beim Kind zu schaffen und dabei den schöpferischen Gedanken, die schöpferische Idee zu bewahren oder gar erst entstehen zu lassen. Gleichzeitig soll das Kind erleben, dass seine schöpferischen Gedanken Raum bekommen und es sich in diesem freien Tun ausprobieren kann. Kinder erschaffen zunächst aus Unbekümmertheit und natürlicher Freude an den Dingen und an ihren Fähigkeiten. Es gilt nun diese Verbundenheit mit den Dingen und die schöpferischen Ideen beizubehalten und dazu das nötige Wissen und die nötigen Fertigkeiten zu vermitteln.

Lernen und Leistung

Um Kindern gerecht zu werden, müssen all diese Aspekte beachtet und sinnvoll miteinander arrangiert werden. Unsere Kinder werden Leistung erbringen und sich in unserer zunehmend globalen Welt neben zahlreichen Konkurrenten behaupten müssen. Sie werden in verschiedensten Berufen arbeiten, die es teilweise heute noch gar nicht gibt. Sie werden überall auf der Welt unterwegs sein. Sie werden mit einer Flexibilität und Unsicherheit konfrontiert sein, die wir uns nur ansatzweise vorstellen können. Unsere Kinder müssen dafür auf fundierte Grundkenntnisse zurückgreifen können, aber zunehmend wird von ihnen auch Kreativität, Selbstständigkeit und die Zusammenarbeit mit Menschen verschiedenster Gesinnungen und Kulturen gefordert werden. Es ist unsere Aufgabe, Kinder zu befähigen, hoch qualifiziert den Anforderungen der Zukunft entgegentreten zu können.

Der Leistungsgedanke ist bei der Entwicklung von Kindern also keineswegs unangebracht. Falsch ist an unseren Schulen aber zum einen das Verständnis von Leistung, zum anderen auch der Weg, der eingeschlagen wird. Statt Leistung zu ermöglichen, ja gar zu bedingen, wird sie oft lediglich gefordert. Und nicht selten nimmt man in Kauf, dass Kinder an dieser

Forderung zerbrechen. Statt Freude an Leistung und an ihren Fähigkeiten zu haben, resignieren Kinder und verweigern sich zunehmend dem Lernen.

Dabei gilt der Leistungsgedanke als der zentrale Aspekt an den Regelschulen, er prägt die Vorgaben zum Unterricht. An der Universität und auch in der zweiten, bereits praxisnahen Phase der Lehrerausbildung wird gelehrt, wie Unterricht aufgebaut gehört. Sehe ich mir die Aufzeichnungen heutiger Lehramtsanwärter an, scheint dies nach wie vor so zu sein wie zu meiner Ausbildungszeit. Bei der vorgesehenen Planung von Unterricht ist der grundlegende Gedanke: Wenn wir wollen, dass alle Kinder alles können, müssen wir dafür sorgen, dass alle Kinder am Ende der Stunde alles verstanden haben. An sich ein lobenswertes Ziel, es funktioniert nur nicht. Ganz im Gegenteil, diese Vorgaben führen zu unserer zu Recht sogenannten Gleichschrittschule, die nur Mittelmaß hervorbringt.

Eine Unterrichtsstunde muss aus einer Hinführung bestehen, die die Kinder motiviert mitzumachen, dann im Hauptteil aus zwei oder drei Lernzielen und abschließend einer Sicherung, die gewährleistet, dass jeder Schüler die Inhalte verstanden hat. Während der Ausbildung musste ich regelmäßig meinen Wochenplan vorlegen, aus dem per Zufallsprinzip eine einzelne Unterrichtsstunde ausgewählt wurde, deren Planung ich nun vorzuzeigen hatte und die nach diesen Vorgaben beurteilt wurde. Alle Stunden musste ich vorab schriftlich fixieren, den gesamten Verlauf, das ganze Material, ja selbst was genau Lehrer und Schüler wann sagen sollten. Man kam an diesem Stundenaufbau nicht vorbei. In der Prüfung wurde genauestens darauf geachtet, dass die vorab festgelegten Dialoge im minutiös vorgezeichneten Zeitraster eingehalten wurden, da war es schon ein Problem, wenn ein Kind zur Toilette musste oder zwei Fragen zu viel stellte. Und auch heute noch ist die Einhaltung dieses Stundenaufbaus ein wichtiger Aspekt bei der Visitation von Schulräten. Diese Art des Unterrichtens führt einerseits dazu, dass Inhalte sehr isoliert und damit oft abstrakt und ihrer natürlichen Einbettung entrissen durchgenommen werden, andererseits das Niveau so niedrig angesetzt wird, dass wenigstens theoretisch die Möglichkeit besteht, dass alle Kinder die Lernziele erreichen, denn eben darauf wird insbesondere bei Prüfungen und Visitationen geachtet: Meistert wirklich jedes Kind die abschließende Sicherung erfolgreich? Kein Wunder, dass sich viele Kinder im Unterricht langweilen. Kein Wunder aber auch, dass Kinder vieles nicht lernen, weil eben der große Überblick fehlt. Und – weil vieles einfach Zeit bräuchte, um sich zu setzen, sich zu entwickeln, sich zu vernetzen. Statt dafür Sorge tragen zu können, geht es in der nächsten Stunde mit den nächsten kleinen Schritten weiter. Wundert es, dass da Kinder abschalten?

Sich als „pädagogische Wildsau" bezeichnen zu lassen, wie es einem Kollegen von mir geschehen ist, ist noch eine der höflicheren Rückmeldungen, die man von Vorgesetzten bekommt, wenn man auch nur versucht, anders zu arbeiten, und diese Strukturen aufbricht, um jedem Kind einen individuellen Zugang zu ermöglichen. Mir persönlich wurden in diesem Zusammenhang dann schon mal Inkompetenz und unzureichende Vorbereitung unterstellt.

Es wäre so wichtig, angehenden Lehrern (und alteingesessenen Schulräten) zu vermitteln, wie heterogene Gruppen gut unterrichtet werden können und wie gerade die Heterogenität die Effektivität und den Lernzuwachs im Unterricht deutlich steigert – für alle Kinder.

Dieser Gleichschrittunterricht und die Notengebung, die die Kinder auf sechs verschiedene Notenstufen verteilt, macht uns glauben, dass es schier unüberbrückbare Unterschiede im Lernprozess und Leistungsvermögen der Kinder gibt. Die einzige Lösung neben der Selektion in verschiedene Schularten scheint dann zu sein, jedes Kind in seinem eigenen Tempo und eigenständig lernen zu lassen. Nach meiner Erfahrung bleiben Kinder auf diese Weise jedoch weit unter ihren Möglichkeiten, bringen sich Inhalte oft falsch oder fehlerhaft bei und sind zudem häufig gelangweilt ob der Eintönigkeit ihrer Lernmethode und ihres Schulvormittags. Die Frage darf durchaus gestellt werden, ob nicht gerade der reine „offene" Unterricht beim Individualisieren bildungsbenachteiligte Schüler weiter benach-

teilig, denn ihnen fehlen oft innere Struktur, Anstrengungsbereitschaft und die Fähigkeit zur Selbstorganisation, um die
Vorteile dieser Arbeitsformen ausschöpfen zu können.

Neue Wege für den Lernerfolg

Dabei unterscheiden Kinder sich in Wirklichkeit in ihren fachlichen Lernprozessen gar nicht so stark! Nutzt man als Vergleich
das Bild einer viele Stufen zählenden Treppe, bewegen sich die
Kinder einer Klasse auf vielleicht vier oder fünf beieinander-
liegenden Stufen. Das ist durchaus überschaubar. Zudem fehlt
den Kindern, die die schlechten Noten bekommen, in der Regel
nicht das prinzipielle Verständnis einer Thematik, sei es in den
Naturwissenschaften oder in anderen Bereichen. Die schlechten Noten entstehen meist dadurch, dass das Kind immer noch
Lücken im sprachlichen Bereich hat, ihm der Umgang mit
Fachbegriffen schwerfällt oder es Sachverhalte nicht genau beschreiben kann. Dem gemeinsamen Lernen an einer Thematik
an sich tut das keinen Abbruch.

Statt schnurgerade immer nur auf den ausgetretenen Wegen zu gehen, ob im Gleichschritt oder allein, würde ich es viel
sinnvoller finden, ein Feld zur Verfügung zu stellen, auf dem
sich alle Kinder miteinander bewegen können. Das kommt der
Vielfalt der zu erwerbenden Fähigkeiten und dem Bedürfnis
der Kinder nach Gemeinschaft und dem Lernen als selbstver-
ständlichem, natürlichem, sich „einfach im Leben ereignen-
dem" Prozess sehr entgegen. Meines Erachtens sollte das durch
den Lehrer geleitete und arrangierte Lernen mit dem freien,
selbstständigen Lernen in geschickter Weise kombiniert werden. Eine echte Ausbildung auf die Welt von morgen ist nur in
einer heterogenen Gruppe möglich, weil allein sie die Vielfalt
bietet, an der die Persönlichkeit der Kinder reift. Die Angst, das
fachliche Lernen könne dabei zurückstehen, ist unbegründet,
denn genau das Gegenteil ist der Fall. Zum einen kann der Lehrer den Schwerpunkt auf die Thematik an sich legen und den
Interessen der Kinder Raum und Priorität geben, weil ja die
ausschließlich für die Selektion notwendigen Proben und das
damit einhergehende begrenzte und auf bestimmte Ergebnisse

reduzierte Lernen dann entfallen würden. Zum anderen, und dieser Aspekt ist noch weit entscheidender, lernen und erarbeiten sich Kinder an einer Sache unterschiedliche Dinge und bereichern sich gegenseitig gerade durch die daraus resultierende Vielfalt, die sie in den gemeinsamen Lernprozess einbringen. Wir müssen uns das Lernen eines vorgegebenen Inhalts bei einem Kind wie das Zusammensetzen eines Mosaikbildes vorstellen. Alle Kinder beschäftigen sich mit der gleichen Sache, arbeiten sozusagen auf ein gleiches Mosaikbild hin, aber jedes Kind setzt seine Mosaiksteinchen zu einem anderen Zeitpunkt und in seiner eigenen Reihenfolge. Derzeit nötigen wir durch den Gleichschrittunterricht alle Kinder, das gleiche Steinchen zur gleichen Zeit zu setzen – eben daran scheitern viele Kinder, und andere langweilen sich.

Kindern fehlen jedoch völlig unterschiedliche Aspekte in ihrer Entwicklung, um den Lernprozess erfolgreich abschließen zu können. Entwicklung und Lernen ist ein organischer Prozess und findet zu dem Zeitpunkt statt, in dem alle Dinge dafür bereitstehen und der Schritt des Verstehens und Erfassens möglich ist. Dies geht weit über fachliche Aspekte hinaus, denn ein solcher Prozess kann nicht erzwungen werden. Er kann jedoch verhindert werden, beispielsweise durch die Anwesenheit von Angst. Wenn es aber gelingt, alle Aspekte in der Gemeinschaft präsent zu haben, die zu einem erfolgreichen Lernprozess gehören, findet jedes Kind das vor, was es derzeit für seinen Prozess benötigt, und gleichzeitig sind die einzelnen Lernschritte in ihrem Zusammenhang erfassbar.

Die jüngeren Schulkinder brauchen noch viel Geborgenheit und Sicherheit, zudem erwerben sie gerade erst die Voraussetzungen, um zunehmend selbstständiger arbeiten zu können. Der gebundene arrangierte Unterricht gewährleistet hier, dass alle Kinder aus dem Gefühl der Sicherheit heraus in ihrer Zeit ihr persönliches Mosaikbild fertigstellen, dabei aber auch von den unterschiedlichen Lernprozessen anderer Kinder aktiv profitieren. Die Inhalte und das Verständnis werden durch die immanente und vielfältige Wiederholung gefestigt und vertieft. Die Gruppendynamik ermöglicht ein sehr effektives und zudem freudvolles Lernen. Das Ganze erfordert einen Lehrer, der die Vielfalt seiner Kinder kennt, einen passenden Schirm über alle spannt, die jeweils nötige Hilfe gibt und das Lernen jedes Kindes in der Gemeinschaft sinnvoll arrangiert. Das ist viel einfacher, als es zunächst scheinen mag – unter einer Bedingung: Wenn man davon abkommt, dass alle Kinder zum gleichen Zeitpunkt immer exakt das Gleiche können und lernen müssen. Wir müssen Kindern zugestehen, dass sie an der gleichen Sache Unterschiedliches lernen und sich mit der Zeit in jedem Kind ein individuelles (bei vorgegebenen Inhalten am Ende auch gleiches) Mosaik bildet.

Neben den angeleiteten Phasen in diesem Prozess muss es von Anfang an immer auch Zeiträume geben, in denen die Kinder selbstständig und schöpferisch arbeiten und auch dieses Arbeiten im Schutz einer geborgenen, sicheren Lernatmosphäre überhaupt erst erlernen können. In diesen Zeiten ist es dann jedem Kind möglich, die in der Gemeinschaft gewonnenen Eindrücke zu verarbeiten und individuell, gegebenenfalls auch mit Anleitung und Unterstützung des Lehrers, an seinem Mosaik weiterzuarbeiten. Jedes Kind wird hier an unterschiedlichen Inhalten und Aspekten arbeiten, eine echte individuelle Förderung. Dabei gibt es Raum und Zeit, um kreativ tätig zu sein, eigenen Ideen nachzugehen, allein oder auch mit Lernpartner. Auch das gelingende Zusammenarbeiten mit einem Lernpartner oder in Gruppen darf nicht vorausgesetzt werden, sondern muss geübt werden. Gerade die Kleinen brauchen darin vielfältige Erfahrung und teilweise auch strukturgebende Regeln. Vor allem in den ersten Schuljahren muss das soziale und selbstständige Lernen daher einen eigenständigen Wert haben und der Erfolg darf nicht an den fachlichen Ergebnissen dieser Arbeit gemessen werden.

Wenn die Kinder älter werden, findet eine zunehmende Öffnung des Unterrichts statt. Dies begleitet den gemeinsamen Lernprozess, in dem alle Kinder die wesentlichen Inhalte, Fertigkeiten und Grundlagen erlernen. Wenn Kinder die zugrunde liegenden Fertigkeiten und Techniken erworben haben, können sie die Verantwortung für ihr weiteres Lernen übernehmen und zunehmend individueller und selbstständiger arbeiten. Meiner Meinung nach ist es jedoch auch im Jugendalter noch sinnvoll, das Lernen der Kinder ein wenig zu strukturieren und anzuleiten. Denn so kann der Lehrer das erworbene Wissen der Einzelnen zusammenführen, um alle profitieren zu lassen, und hat auch die Möglichkeit, die Heranwachsenden gegebenenfalls zum Üben anzuhalten. Kinder und Jugendliche müssen noch nicht selbstständig arbeiten können, sie sollen es lernen, sodass sie als Erwachsene dazu fähig sind.

Bemerkenswert sind zwei Beobachtungen, die ich machen konnte, seit ich meine Kinder nach dem Mosaikprinzip – alles ist da und du nimmst dir das, was du für dein Bild brauchst – unterrichtete: Zum einen fällt mir auf, wie schnell Kinder – auch Kinder, die ursprünglich eine Empfehlung für die Förderschule erhalten haben – eventuelle Defizite ausgleichen können, ohne mühsam lernen zu müssen. Und diese Kinder lernen dann auch auf hohem Niveau weiter. Zum anderen sehe ich, dass die Kinder, die bislang als starke, ja hochintelligente Kinder galten, eben doch den anderen einfach nur einen Schritt voraus waren. Auch sie profitieren nun. Sie langweilen sich nicht mehr und erleben ihr Voranschreiten jetzt auch als organischen Prozess, bei dem sie durchaus gefordert sind, weil auch sie ihre Lernfelder, ebenso wie die anderen Kinder, bei Weitem noch nicht ausgeschöpft haben.

Auf der Grundlage eines gebundenen, arrangierten Unterrichts, der zunehmend Freiräume gibt für selbstständiges und schöpferisches Arbeiten, halte ich einige weitere Aspekte für sehr entscheidend. Forschungen der Neurobiologie haben hier entscheidende Erkenntnisse hervorgebracht: Lernen und Emotionen sind zwei Seiten der gleichen Medaille. Keine Bildung ohne Beziehung. Kinder lernen nur, wenn sie sich wohl- und sicher fühlen. Wenn sie Angst haben, sich nicht wohlfühlen, unter Stress oder Druck geraten, können sie nicht lernen. Und sie können dies auch nicht, wenn sie frustriert sind, weil sie etwas allein noch nicht beherrschen. Das ist nicht zu verwechseln mit einer selbst erzeugten Anstrengung, die gerade bei Studenten oder Erwachsenen auch durch terminliche Vorgaben entstehen kann und Kraftreserven freisetzt. Kinder pauken noch nicht, sie nehmen eher unbewusst auf. Geöffnet dafür sind sie, wenn sie unbeschwert und fröhlich sind. Nur aus der Sicherheit erwächst Selbstständigkeit. Die wichtigste Voraussetzung beim Lernen ist also die Abwesenheit von Angst und Stress.

Wesentlich finde ich auch, was über das Lernen bezüglich der Leitbahnen im Gehirn herausgefunden wurde. Die Neurobiologen vergleichen diese mit Straßen: Auf einem Feldweg kommt man einfach nicht so schnell voran wie auf einer Autobahn. Eine Straße muss erst geteert und erweitert werden, bevor sie als Autobahn genutzt werden kann. Dies geschieht beim Lernen durch Übung, Wiederholung und Anwenden in möglichst vielfältigen Zusammenhängen. Die Inhalte müssen immer wieder neu aufgegriffen werden, damit sie sich einprägen. Es braucht Wiederholung und Wiederholung und Übung und Übung und Anwendung und Anwendung …

Eine wesentliche Erkenntnis zahlreicher Experimente ist auch, dass im Gehirn eines Menschen, der jemandem bei einer Handlung zusieht, etwas sehr Ähnliches abläuft, wie wenn dieser Mensch diese Handlung selbst ausführen oder erleben würde. Diese Erkenntnis kann hervorragend für den Unterricht genutzt werden, wenn Kinder sinnvoll beobachten können. So entstehen innere Bilder, die das Kind dann wieder selbst umsetzen kann. Kinder brauchen also unbedingt den Menschen – authentisch, leibhaftig –, um beobachten, abschauen und nachahmen zu können. Erst anschließend oder auch immer wieder zwischendurch geht es in die Phase des Selbstausprobierens und der Selbsttätigkeit. Einige moderne Lehrmethoden überspringen zumindest in der Form, in der sie an der Regelschule angekommen sind, den wichtigen Schritt des Beobachtens und fordern zu früh die Selbstständigkeit und die Selbsttätigkeit – was viele überforderte Kinder mit negativen Überzeugungen über ihre eigenen Fähigkeiten zurückgelassen hat. Es wäre oft gut, der Devise „First time – do it my way, then do it your way" zu folgen, also beobachten, nachmachen, selbst machen, anders machen. Kinder schätzen oft klare Ansagen und klare Abläufe, solange die Möglichkeit besteht, auch eigene Wege zu gehen.

Ich mache inzwischen sehr viel vor und gemeinsam mit den Kindern. Wenn ein Kind etwas nicht kann, hat es das meist einfach noch nicht oft genug gesehen, gehört oder mitgemacht.

Interessant wäre bezüglich der Abläufe im Gehirn noch, ob nicht sogar auch ein Lernen geschieht, das dem ähnelt, was beim wirklichen eigenen Tun entsteht, wenn sich ein Mensch etwas lediglich vorstellt. Diese Vorstellung könnte auf einer guten Erzählung beruhen und so ähnlich funktionieren wie das Phänomen, dass der Speichelfluss angeregt wird, wenn man sich vorstellt, in eine frisch aufgeschnittene Zitrone zu beißen. Anhand meiner Beobachtungen, wie Kinder auf innere Bilder reagieren, die ich mit ihnen entwickle, halte ich das durchaus für möglich.

Die für mich wichtigste Erkenntnis aus meinen Studien der Neurobiologie ist aber: Der Mensch braucht Erfolgserlebnisse. Das ist tatsächlich biologisch nachweisbar. Im Gehirn sitzt eine Art „Schaltstelle", die vor jeder Aktion prüft, ob diese erfolgreich sein kann. Ist die Aussicht darauf gering, wird diese Aktion automatisch nicht ausgeführt. Ist die Aussicht darauf groß, werden Glückshormone ausgeschüttet, die die Ausführung unterstützen sollen. Wollen wir also, dass alle Kinder lernen, so braucht jedes von ihnen unabdingbar sichtbare und fühlbare Erfolge, jedes muss Ziele erreichen und das Erfolgserlebnis dabei spüren können. Nur so entstehen die wichtigen förderlichen Überzeugungen und positiven Glaubenssätze, die einem Kind dazu verhelfen, auch einmal Durststrecken überbrücken, sich anstrengen und durchhalten zu können, wenn es nötig ist. Ohne die Hoffnung, dass sie Ziele erreichen können, resignieren Kinder und geben oft schon auf, bevor sie überhaupt angefangen haben.

Wie ich lehre – mein Unterricht

Für die mir anvertrauten Kinder stellt sich mir daher folgende Aufgabe, die ich in einem Bild ausdrücken möchte, um die entscheidende innere Qualität dieses Vorganges deutlich zu machen. Ich nenne das gerne „inthronisieren". Das bedeutet, dass ich mich als Pädagoge so verhalte, dass das Kind seinen Platz in seinem Leben einnimmt. Man hilft dem Kind, diesen Platz zu finden und verantwortlich zu werden. Als Pädagogin bereite ich das Kind gleichzeitig auf sein Wirken vor – wie einen König auf das Wirken in seinem Reich. Ich verhalte mich also ähnlich einer Gouvernante, die sich um den kleinen Prinzen kümmert, ihn aber von Anfang an als großen und eigenständigen Menschen anerkennt, ihn bewusst dazu befähigt, später die Geschicke eines ganzen Landes zu leiten und zu verantworten, und ihn nie unterjocht, sondern zulässt, dass er sich im Gefühl der Sicherheit mit jedem Tag mehr von ihr löst. Dabei steht das „Land" als Synonym für das Leben des Kindes, in dem es der König ist. Jeder Mensch ist schlussendlich für sein Leben, sein Handeln und Wirken verantwortlich, doch zu wenige haben gelernt, diese Verantwortung wirklich zu übernehmen. Das entspricht dem König, der Sorge trägt für sein Königreich, der darauf achtet, dass es seinem Volk – dem Körper, dem Geist, seinem Besitz, seinen Fähigkeiten und Kompetenzen – stets gut geht. Der gesunde Außenbeziehungen führt. Der erkennt, wo es Probleme in seinem Königreich gibt, um sich dann verantwortungsvoll darum zu kümmern. Der insbesondere die Übersicht über all das behält und umsichtig und vorausschauend sein Königreich, sein Leben leitet. Es gilt also, sich als Erzieher im Umgang mit einem Kind immer wieder zu fragen: „Was benötigst du jetzt und für dein späteres Leben?" Dabei muss der Pädagoge stets beachten, dass ein Mensch vor allem anderen seine Identität und seine Integrität braucht. Auf der Basis eines gesunden Selbstgefühls gilt es eine Selbstkompetenz zu entwickeln und darüber hinaus soziale und fachliche Kompetenzen zu erwerben.

Sicherheit und Freiheit – wichtige Aspekte im Lernprozess

Kinder zu Schulbeginn erleben gerade noch die Ausläufer der Phase „Die Welt ist gut" und die Anfänge des „Die Welt ist schön" (siehe auch ab Seite 178). Es gilt also einerseits den Kindern beruhigende Sicherheit zu vermitteln, andererseits auch der Freude am Tun, am Miteinander und am Leben an sich Raum zu geben. Das ist die wichtigste Voraussetzung für gutes Lernen bei Kindern. Sicher, manche Kinder erleben schon viel Schreckliches und Trauriges. Es geht nicht darum, das zu leugnen oder sich damit nicht auseinanderzusetzen. Es geht vielmehr darum, zu verstehen, dass diese Grundgefühle von „Die Welt ist gut", „Die Welt ist schön" in einem Kind entwickelt sein sollten, damit es gesund und kraftvoll groß werden kann.

Kinder brauchen dafür in erster Linie das Gefühl, dass jemand da ist. Dass sie wichtig sind, dass sie nicht vergessen wurden. Haben sie dieses Gefühl ehrlich bekommen und können sie darauf vertrauen, dass sie immer jemanden haben, der sie auffängt und schützt, wagen sie sich ganz anders in die Welt. Wenn Kinder in diesem sicheren Gefühl leben, gesehen zu werden, können sie auch einschätzen, wessen Bedürfnis nach sofortiger Zuwendung wichtig ist, und sie können dann auch warten, wenn es nötig ist. Ein Phänomen, das mich immer noch sehr erstaunt und berührt. Sehr plastisch war diesbezüglich die folgende Situation in einer ersten Klasse. Ein damals sehr verhaltensauffälliger Junge wurde mitten im Unterricht aufgrund irgendeines kleinen Zwischenfalls mit seinem Nachbarn wütend. Er schlug seinen Banknachbarn, fegte dann die gesamten Schulmaterialien vom Tisch und rannte weg. Viel Zeit hat man in so einer Situation nicht. Ich wandte mich dem geschlagenen Jungen zu, legte meine Hände auf seinen schmerzenden Arm und ließ ihn innerlich wissen, dass ich so lange für ihn da sein würde, wie er mich brauchte. Schon nach wenigen Sekunden blickte er mich mit seinen noch feuchten Augen an und sagte: „Schon gut, geh jetzt zu Paul!" Ich suchte Paul im ganzen Schulhaus, bis ich ihn schluchzend auf einer Treppe sitzend vorfand. Er wollte sich nur an meiner Schulter anlehnen. Es war eine gefühlte Viertelstunde, die wir so zubrachten, bis er in den Arm genommen werden wollte, wir miteinander sprachen und auch er schließlich sagte: „Jetzt ist es wieder gut", sodass wir zurück ins Klassenzimmer gehen konnten. Für Kinder ist es häufig mindestens genauso schlimm, jemanden zu schlagen, wie geschlagen zu werden. Oft wissen sie einfach nicht, wie sie sich anders verhalten können, oder sie werden von der Situation überrumpelt. Selten begründet sich ihr Verhalten in echter Bösartigkeit als vielmehr in Hilflosigkeit. Sie sehnen sich nach jemandem, der sie nicht zuallererst ausschimpft, sondern sich wirklich in ihre Situation einfühlt, sie mit ihrem Schmerz annimmt und ihnen eine Alternative aufzeigt, mit sich und der Situation umzugehen.

Nein, normalerweise sitzen die Kinder nicht so ruhig in ihren Bänken, wenn ich kurzzeitig das Klassenzimmer verlasse. In dieser Situation aber saß ein jedes auf seinem Platz und hatte sich eine stille Beschäftigung geholt – eine erste Klasse! Ich bedankte mich bei ihnen, dass sie uns die Zeit gegeben hatten, da meinte ein Kind nur: „Aber er hat dich doch gebraucht." Ja, dieses Mal sogar gut eine halbe Stunde, von da an aber nie mehr so lange. Es war, als ob es für Paul nur wichtig gewesen wäre, zu wissen, dass ich mir so lange Zeit nehmen würde, wie er mich braucht. Ganz erstaunlich ist für mich auch, dass Kinder aus diesem Grundgefühl heraus durchaus auch Sachzwänge verstehen oder Zwischenlösungen akzeptieren, wenn ich sie um Erlaubnis frage. Solange sie die Option haben zu sagen: „Nein, mir ist das jetzt wichtig", und sich sicher sein können, dass ich das nicht einfach übergehe, passiert es äußerst selten, dass ein Kind wirklich genau in diesem Moment die Aufmerksamkeit einfordert. Und wenn es das tut, gebe ich sie ihm. Selten dauert das länger als wenige Minuten, denn den Kindern geht es mehr darum zu spüren, dass jemand da ist. Entscheidend ist, dass das Kind weiß, dass es nicht übergangen wird, dass es spürt, dass es gesehen wird, dass es selbst bestimmt, wann es gut ist. Andernfalls wird das Kind verunsichert. Das hat oft zur Folge, dass Kinder immer mehr und mehr fordern, aus der Angst heraus, nicht das zu bekommen, was sie brauchen. Dem kann man dann tatsächlich kaum noch gerecht werden, weder zeitlich noch inhaltlich.

Sehr interessant finde ich auch, wie sich diese Einstellung „Eine gute Lösung ist es erst, wenn auch du dich wohlfühlst" auf die Kinder überträgt. So kann man ihnen bewusst machen, dass es niemals nur eine Wahrheit gibt und jeder Mensch Situationen unterschiedlich erlebt. Dann kann man entweder streiten und recht haben wollen. Oder man kann versuchen, die Sichtweise des anderen zu verstehen, um gemeinsam eine gute Lösung für alle Beteiligten zu finden. Dann sieht man, wie Kinder nicht sofort schreien: „Aber du hast …", sondern schildern, wie sie eine Situation erlebt haben, und zuhören, wie der andere sie erlebt hat, um das dann abzugleichen. Auch und gerade die „Stärkeren", die sich sonst oft wenig um das Wohlbefinden ihrer Mitschüler kümmern, ändern so ihr Verhalten. Sie lösen Konflikte und sprechen ganz anders miteinander. Sicher, manchmal muss man sie in ihrem Vorhaben unterstützen und ihnen Sätze als Gesprächshilfe anbieten, beispielsweise: „Bitte erzähl mir, wie du das erlebt hast!", „Wie geht es dir?", „Was hat dich so sehr verletzt?", „Wie kann ich dir helfen, was kann ich für dich tun?" Oder auch am Schluss fragen: „Ist es jetzt gut für dich oder gibt es noch etwas, was dir wichtig ist?" Ich bin inzwischen der festen Überzeugung, dass sich Kinder gerne kümmern, gern füreinander sorgen, dass sie oft eben nur noch keine Ahnung haben, wie. Zu schnell geht man als Erwachsener davon aus, dass sie doch eigentlich wissen müssten, wie man bestimmte Situationen löst. Wie leicht kann man oft Ärger und Streit vermeiden, wenn man es ihnen einfach noch einmal erklärt oder ihnen hilft, sich in den anderen einzufühlen, um selbst Lösungen finden zu können. Ich merke auch sehr deutlich, dass Kinder in diesem Alter vor allen Dingen schauen, wie sich Erwachsene verhalten, und deren Verhalten imitieren. Erleben sie, dass ihr Befinden und das der Mitschüler beachtet wird, bemühen sie sich auch darum. Es ist so, als ob sie Antennen ausfahren. Gerade auch in der Gemeinschaft, da sich hier ein gewisses Gruppenklima bildet, dem man sich nur schwer entziehen kann. Die Werte, die sie vorgelebt bekommen, übernehmen sie. Angesichts dessen ist es doch fast erschreckend, was wir ihnen in den Schulen teilweise vorleben, welche eigentlichen „Kleinigkeiten" wie unerledigte Hausaufgaben oder der vergessene Klebestift teilweise zu großen Dramen werden, oder wie wir ihnen das Miteinander regelrecht abtrainieren, um „gerechte" Noten zu erhalten. Wie wir sie dazu erziehen, „besser" zu sein als jemand anderes, anstatt an das Potenzial eines Menschen zu glauben und darauf zu vertrauen, dass er sich in diesem Vertrauen zum Guten entwickelt. Wir sollten uns nicht wundern, welche Kleinigkeiten Kindern und Jugendlichen derzeit teilweise genügen, um aggressiv zu werden, wir wenden ihnen gegenüber ähnliche Bewertungsmaßstäbe an.

Es ist mir inzwischen sehr bewusst, welchen Einfluss ich auf die Kinder habe: mit dem, was ich sage, wie ich mich verhalte, wie ich wirke, welche Erwartungen ich habe. Kinder schauen sich von mir ab, wie ich bin, wie ich mit ihnen und anderen umgehe, wie ich Belastungen bewältige, wie ich mit Anforderungen oder Ärger umgehe, mit welcher Freude ich mich an meine Arbeit mache oder mit welcher Offenheit ich meinen Mitmenschen begegne. Ich präge sie durch die Art, **wie** ich bin, nicht in erster Linie durch das, was ich sage oder unterrichte. Das Beste, was ich für die Kinder tun kann, ist also, auf mich zu achten und mich weiterzuentwickeln. Wie schön für mich, wenn ich dann Kinder beobachten kann, die sich im Konfliktfall Zeit nehmen und sagen: „Es gibt für alles eine gute Lösung. Komm, setz dich und wir reden miteinander", oder für sich in Ruhe nach einer guten Lösung in schwierigen Situationen suchen, anstatt zu verzweifeln.

Statt ein Verhalten einzufordern, sollte man als Lehrer immer wieder hinterfragen: Was brauchst du …? Was brauchst du, damit du ein guter Schüler sein kannst? Was brauchst du, damit du mit deinen Mitschülern gute Beziehungen leben kannst? Was brauchst du, damit …? Es gibt dann keinen „Schläger" mehr und keinen „Lügner", es gibt dann nur Kinder, die zum einen wohl noch einen Grund haben, warum sie sich so verhalten, und zum anderen vielleicht auch gar nicht wissen, wie es anders geht. Was brauchst du, damit …? – das kann der Stift zum Schreiben sein, eine Erklärung, eine innere Vision, einfach nur Zeit oder Vertrauen und Raum oder eben auch eine Erfahrung, die ermöglicht wird. Es gibt dazu wunderbare Übungen, um sich zunehmend besser in jemanden einspüren zu können, sodass man dann gute Angebote machen kann. Man kann beispielsweise üben, sich über die Körperhaltung, den Gesichtsausdruck, das Verhalten in ein Kind hineinzuversetzen. Man ahmt oder stellt es nach, um erleben zu können, wie es sich fühlt. So kann man beispielsweise die Körperhaltung eines Kindes einnehmen, sich auf seinen Platz setzen oder so sprechen, wie dieses Kind es tut. Eine andere Übung ist es, abends vor dem Zubettgehen einen inneren Dialog mit diesem Kind zu führen, Fragen zu stellen, die man dann mit in die Nacht nimmt. Oft geschieht allein dadurch schon einiges, so verwunderlich das erscheinen mag. Jeder von uns kennt den Ausdruck „eine Nacht darüber schlafen" und wohl jeder weiß, dass sich Dinge dadurch tatsächlich oft klären, greifbarer werden. Die Waldorfpädagogik nutzt diesen Vorgang bewusst, auch beim fachlichen Lernen.

Diese Übungen sind sehr hilfreich. Denn jeder weiß, wie schwierig es ist, wenn man Hilfe angeboten bekommt, diese aber für einen selbst gar keine Hilfe darstellt. Nach meiner Erfahrung nimmt jeder Mensch Angebote an, wenn es sich dabei für ihn tatsächlich um Unterstützung handelt und dies nicht nur in den Augen anderer so ist. Letztlich kann ich nicht wissen, ob etwas hilfreich ist.

Die Entscheidung und die Wahl habe ich dem Kind zu überlassen. Es ist ein ständiger, oft innerer Dialog. Wenn Kinder dahin gehend aufwachsen sollen, einen eigenen Willen und ihre ureigenste Persönlichkeit zu entwickeln, ist die Grundregel, ihnen nichts aufzuzwängen oder überzustülpen. Das ist die Bedeutung von „Respekt". Jede Botschaft von der Art „Ich weiß besser als du, was mit dir los ist, was du brauchst" schadet; das Kind, eigentlich jeder Mensch, ist gezwungen, entweder seine Integrität zu verletzen oder das Gegenüber abzuweisen. Vielmehr muss man auch den Kindern schon auf gleicher Augenhöhe und mit Respekt vor ihrer Integrität begegnen.

Grenzen sinnvoll setzen: So kann es gelingen

Nun sind Kinder aber immer noch Kinder. Und so kommt dem Pädagogen eine ganz besondere Rolle zu. Er muss einerseits die Grenzen des Kindes achten und ihm innerhalb dieser höchste Integrität ermöglichen – und andererseits die Grenzen so setzen und erweitern, dass das Kind zugleich beschützt und in der Lage ist, innerhalb der Grenzen die Verantwortung für sein Tun und die daraus folgenden Konsequenzen zu übernehmen. Das gelingt nur, wenn es sich in diesem Raum und mit sich selbst sicher und kompetent fühlt. Die „Hilfe" wird dann sinnbildlich gesprochen vor die Tore dieser Grenzen gelegt. Das ist etwas ganz anderes, als ein Kind ständig an die Hand zu nehmen und ihm zu sagen, was es hier tun und dort sagen soll, ihm ständig etwas zu verbieten oder vorzuschreiben. Damit ein Pädagoge diese meines Erachtens wichtigste Aufgabe erfüllen kann, benötigt er den Raum zur Intuition, denn das Entscheidende findet in Sekundenbruchteilen innerhalb der Beziehung statt. Ein falsches Wort, eine falsche Geste können ein Vertrauensverhältnis zerstören oder eine Grenzüberschreitung darstellen. Dass zigfach Fehler passieren, steht außer Frage, gerade weil aufgrund eines anderen Erziehungsstils die wenigsten der heutigen Erwachsenen mit der Beachtung ihres persönlichen Raumes und ihrer eigenen Grenzen aufgewachsen sind. Aber Kinder können unterscheiden, ob jemand gerade einen Fehler macht, wobei sie eventuell sogar noch den aufrichtigen Umgang mit Fehlern lernen können, oder ob Desinteresse und Machtausübung im Spiel sind.

Wenn Grenzen sinnvoll gesetzt werden, muss man ein Kind auch nicht die ganze Zeit beäugen und überwachen. Man kann Kinder in Ruhe lassen, das ist für sie unabdingbar wichtig. Kinder hassen es, wenn sie die ganze Zeit beobachtet werden und jede ihrer Regungen wahrgenommen und beurteilt, ja gar noch dokumentiert wird. Es genügt wahrzunehmen, wann ein Kind an seine Grenzen kommt und in eine Situation abgleiten könnte, in der es sich nicht zu helfen weiß. Dann soll ein Erwachsener unterstützend und absichernd **da sein** oder auch darauf achten und adäquat reagieren, wenn das Kind seinerseits eine Grenzüberschreitung begeht. Dieses Vorgehen entspannt das gesamte Leben miteinander sehr. Ein entscheidender Vorteil ist, dass Strafen weit weniger notwendig sind. Kinder lernen besser aus den direkten Folgen und Konsequenzen ihrer Handlungen. Ich beobachte in den Schulen oft, dass Kinder ihr Verhalten nicht mehr selbst verantworten, wenn Lehrer Strafen geben. Sie warten sozusagen darauf, dass der Lehrer ihnen Grenzen setzt, und solange er das nicht tut, besteht für sie kein Handlungsbedarf. Sie verlagern also die Verantwortung für ihr Verhalten auf eine andere Person. Für Lehrer kann das ganz schön anstrengend werden. Werden Kinder für sich verantwortlich gemacht, achten sie selbst auf sich und ihr Verhalten – das gelingt allerdings nicht in herausgegriffenen vereinzelten Situationen, sondern nur, wenn das Kind generell die Verantwortung in den gegebenen Grenzen für sich tragen darf und auch seine Räume geachtet werden.

Henning Köhler schrieb einmal, dass alle Menschen zwei Grundbedürfnisse haben: das Bedürfnis nach Kreativität, also in die Welt zu wirken, sich selbst in die Welt einzubringen, und das Bedürfnis nach Zärtlichkeit, also nach funktionierenden, gelingenden Beziehungen.[3] Genau das, was wir uns wohl alle für unsere Kinder wünschen, ist also eigentlich schon in ihnen angelegt. Es erfährt nur oft keine Ausprägung. Das liegt meiner Ansicht nach daran, dass das alles auf der Basis eines gesunden Ichs und in Verbindung mit diesem Ich geschehen muss. Jeder Mensch hat den Wunsch nach Identität, Individualität und Integrität. Kinder müssen spüren: „Du bist so, wie du bist, etwas Besonderes, etwas Wunderbares, etwas Einzigartiges, das es zu achten und bewahren gilt!" Erst auf dieser Basis entwickelt sich die Haltung „So wie jeder andere Mensch auch", die Respekt, Achtung und Grenzwahrung anderen gegenüber ebenso wie Engagement und Anstrengungsbereitschaft erst ermöglicht.

Ebenfalls wesentlich: die Lernumgebung

Die Freude am Tun entwickelt sich, wenn Kinder sich, ihr Handeln und ihre Welt als schön erleben. Die Fülle, die Freude am Leben ist das Grundgefühl, das Kinder durch die Grundschulzeit begleiten sollte. Was macht das mit ihrem Selbstwertgefühl, wie kraftvoll, wach und achtsam stehen sie dann in der Welt. Schönheit schützt man – wenn man sie erkannt hat, wenn man sie erlebt hat. Schön schließt zudem Kompetenz mit ein, Kinder lieben Leistung, sie lieben es, etwas zu können, sie lieben es, wenn man das Beste aus ihnen herausholt. Es ist nur wichtig, wie das geschieht, und leider nur allzu oft meinen wir, wenn etwas schön oder gar freudvoll ist, ist es nicht von hoher Qualität. Das Gegenteil ist der Fall, zumindest bei Kindern. Erst dadurch, dass etwas schön ist, erst dadurch, dass ihnen etwas Freude bereitet, sind sie bereit, wahre Höhen zu erklimmen. Jedes Kind!

Diese Erkenntnisse versuche ich umzusetzen: Im Klassenzimmer wartet auf die Kinder eine vorbereitete Umgebung. Entscheidend ist, dass schon das Zimmer eine Atmosphäre verbreitet, in der man sich wohlfühlen kann. Eine Ecke ist als Lese- und Rückzugsecke mit Matratze ausgestattet, ein paar Pflanzen verbreiten ein angenehmes Flair. In den Regalen stehen Spiele, Bausteine und Bücher bereit, aber auch eine Auswahl an Lernmaterialien zum freien Arbeiten. Die Fenster werden jahreszeitlich geschmückt und an den Wänden bringe ich ganz bewusst und sehr ausgewählt Materialien an, die ich immerfort im Blickfeld der Kinder wissen möchte. So hängt in der ersten Klasse ein selbst gebastelter Jahreskreis, der die Monate, die Jahreszeiten sowie einen Baum im Jahresverlauf zeigt. Jeden Tag ergänzen wir auf den Monatsabschnitten einen Punkt, bringen Kärtchen an, wenn ein besonderer Tag oder gar der Geburtstag eines Kindes ist. Wir zählen so relativ schnell bis hundert und darüber hinaus, die Kinder bekommen einen Überblick über das komplette Jahr, das Wetter und die Jahreszeiten und lernen zudem wie nebenbei und stets mit dem Blick aufs Ganze die Monatsnamen, die Schreibweise von Daten, die verschiedenen Festtage und ihre Bedeutung. An einer anderen Wand hängt beispielsweise eine große Weltkarte. Dort ändere ich, ohne die Kinder speziell darauf hinzuweisen, immer mal wieder die Wortkarten, mit einer auch von Weitem lesbaren Beschriftung, mal hebe ich die Kontinente hervor, mal die Ozeane, mal verschiedene Länder, mal Gebirge. Und natürlich nutzen wir diese Karte ganz bewusst, wenn die Rede auf ein bestimmtes Land kommt.

Vieles nehmen die Kinder unbewusst auf, das kann ich unterstützen, indem ich wichtige Inhalte in dieser Form anbiete.

Irgendetwas bleibt hängen und vieles vernetzt sich dann von allein, wenn noch weitere Informationen dazukommen. Mit der Zeit entsteht das Mosaik. Aus diesem großen ganzen Komplexen, das unsere Welt darstellt, gilt es immer wieder und immer mehr Aspekte bewusst zu machen. Wer weiß schon, was Kinder gerade aufnehmen und lernen? Wie absurd es ist anzunehmen, dass ein Kind genau die Aspekte aufnimmt und verknüpft, die wir gerade durchgenommen haben. Wie absurd, genau diese dann in einer Probe abzufragen. Vielleicht verknüpft ein Kind eben die mir wichtigen Inhalte erst in zwei Wochen oder gar erst im darauffolgenden Jahr, weil es dann noch einen anderen wichtigen Aspekt zu der Thematik erhält? Vielleicht nimmt es sich aus meinem Bewusstmachungsprozess etwas ganz anderes mit? Wenn ich meine Kinder beobachte, sind sie selten wirklich unkonzentriert, sie sind nur manchmal auf etwas anderes konzentriert als das, was ich gerade für wichtig halte. Fatal, wenn sie dadurch gerade den Satz von mir verpassen, der in der nächsten Probe abgefragt wird.

Die Tische der Kinder nutze ich, um Anschauungsmaterialien anzubringen, die wir benötigen und die ich im ständigen Bewusstsein der Kinder wünsche. So klebe ich beispielsweise eine laminierte Kopie der Buchstaben mit dem richtigen Bewegungsablauf auf jeden Tisch oder je nach aktuellem Zahlenraum auch einen passenden Zahlenstrahl und Zahlenfelder. Innere Bilder und Vorstellungen entstehen häufig sehr einfach dadurch, dass man etwas real gesehen und dann damit gearbeitet hat. Und nur wenn Kinder innere Bilder in sich tragen, können sie beispielsweise dann auch rechnen, ohne an den Fingern abzuzählen. Damit Kinder erfolgreich lernen und denken, ist es entscheidend, ein Vorstellungsvermögen zu entwickeln und klare innere Bilder, Strukturen und Kategorien aufzubauen. Klarheit, in der Sache und in den Strukturen, ist das Zauberwort des zielorientierten Lernens und Arbeitens.

Entscheidend für einen gut funktionierenden Unterrichtsvormittag ist auch ein gut funktionierendes Ordnungssystem. Welches Blatt gehört wohin, wo werden Dinge verstaut, an denen derzeit immer wieder gearbeitet wird, wie ist das Austeilen und Einsammeln organisiert, wie die Hausaufgabenkontrolle, wo finden die Bastelmaterialien ihren Platz?

Wie unser Schultag abläuft

Morgens begrüße ich jedes Kind persönlich, sodass wir schon etwas Zeit allein haben. Die „Vorviertelstunde" – so werden die fünfzehn Minuten vor Unterrichtsbeginn am Morgen genannt – gestaltet sich unterschiedlich: Manchmal spielen die Kinder einfach oder sie stellen Dinge fertig, die sie nicht geschafft haben. An anderen Tagen arbeiten sie an einer Werkstatt oder nutzen die Freiarbeitsmaterialien, lesen, plaudern oder genießen noch das Ankommen in Ruhe.

Wir beginnen den Tag gemeinsam im Morgenkreis. Nachdem wir uns begrüßt haben, wird eigentlich immer musiziert. Wir singen gut eine viertel bis halbe Stunde Lieder und Kanons und begleiten auf Instrumenten. Die lassen sich im Kreis problemlos weitergeben. Dann setzen wir uns und haben gemeinsame Gesprächszeit. Manchmal gibt es nichts zu besprechen, an anderen Tagen viel. Wenn es Schwierigkeiten gibt, dürfen die hier vorgetragen werden – allerdings ohne zu petzen. Statt Namen zu nennen, sagen Kinder beispielsweise: „Ein Junge hat ...", „Mich stört, dass ein paar Mädchen ..." Ich versuche den Kindern deutlich zu machen und vorzuleben, dass ein Gespräch erst dann gut ist, wenn sich alle Beteiligten gut fühlen, und nicht dann, wenn lediglich der Mächtigere eine für sich akzeptable Lösung gefunden hat. „Gut ist es erst, wenn es für alle gut ist." Und nur weil ich Lehrerin und damit mächtiger bin, habe ich nicht das Recht dazu, mich über Kinder hinwegzusetzen. Macht bringt Verantwortung mit sich. Verantwortung, im Sinne dieser Kinder zu handeln.

Oft haben die Kinder etwas von daheim mitgebracht, was sie gern zeigen möchten. Oder ein Kind stellt eine Frage, der wir nachgehen. So sind wir einmal über das Brauchtum und die Geschichte des Ortes auf die Salzstraßen, von da auf den Unterschied zwischen echtem Salz und Kochsalz, von hier wieder auf die Elemente in echtem Salz, auf die Moleküle und auf das Bohr'sche Atommodell und schließlich zu der Erkenntnis gekommen, dass Materie zu einem großen Teil Vakuum ist. Und darüber haben wir dann philosophiert. Kinder haben so tolle Ideen, wenn sie einfach frei denken und fragen können. Manchmal entbrennt eine Diskussion über das, was wir in den letzten Tagen gemeinsam gelernt haben. Von Quadrat und Rechteck kann man dann schnell mal bis zu den Körperformen und deren Volumeninhalten gelangen. Dinosaurier sind in fast jeder Klasse ein Thema, zu dem die Kinder auch gern und viel Material mitbringen. Wie ist die Erde entstanden? Warum sind die Dinosaurier ausgestorben? Warum haben die einen nur Fleisch, die anderen nur Pflanzen gefressen? Was sind heute die größten Tiere? Man kann dabei vom Hundertsten ins Tausendste kommen.

Oder ein Kind bringt ein Ultraschallbild von seinem zukünftigen Geschwisterchen mit – sehr eindrücklich, was da alles für Fragen auftauchen. Und aus einer Frage ergibt sich die nächste. Wenn ich kann, helfe ich bei all diesen Fragen durch mein Vorwissen weiter. Sicher, manches verstehen Kinder nicht – aber das scheint nicht wichtig. Wichtig ist, dass ich ehrlich antworte und dass sie dadurch die Ahnung bekommen, dass es noch viel zu entdecken gibt. Manchmal suchen wir auch in Büchern oder im Internet oder die Kinder forschen daheim weiter. Dann und wann stellen Kinder Fragen, die ich sowieso aufgrund des Lehrplans durchnehmen müsste. Wird das Thema in so einer Runde besprochen, haben die Kinder teilweise alle Lerninhalte in zwanzig Minuten aufgenommen, für die ich normalerweise mehrere Unterrichtsstunden einplanen müsste. Schade nur, dass ich vom Jahresplan her nicht so flexibel arbeiten kann, dass ich dieses Thema dann gleich aufgreife und vertiefe. Dabei wäre das optimal, da jetzt das Interesse der Kinder aus ihnen selbst heraus für ein Thema, beispielsweise den Igel oder die Temperaturmessung, da ist.

Manche Fragen bleiben aber auch offen. „Wo fängt der Himmel an?", fragte einmal ein Junge, dessen Mutter kurz vor der Einschulung gestorben war. Ein anderes Mädchen war überzeugt davon, dass sie fliegen lernen könnte – nicht mit einem Flugzeug, sondern so, wie sie war. Warum sollte ich ihr diesen Traum nehmen, wer weiß, vielleicht denke ja ich nur zu begrenzt? Nur weil etwas jetzt gerade nicht in mein Weltbild passt, steht es mir nicht zu, mir selbst und anderen die Möglichkeit zu nehmen, dass es vielleicht noch mehr, noch anderes gibt. Wie schnell bringen wir Kindern bei, dass etwas so oder so ist, ohne es infrage zu stellen oder zumindest zu erwähnen, dass das der jetzige Stand der Wissenschaft ist, die derzeitige Vorstellung. Für manches, was wir heutzutage in der Schule lehren, gibt es ja jetzt schon widersprechende oder weiterführende Erkenntnisse. Ich bat das Mädchen lediglich, mir zu versprechen, immer nur vom Boden aus zu starten – da lachte sie und meinte: „Na klar, wenn ich von wo runterspringe, kann das ja böse enden."

Ein anderes Mädchen fragte, ob sie ihrer Mutter die Wahrheit sagen solle, dass sie ihr Pausenbrot nicht esse, auch wenn ihre Mama dann mit ihr schimpfen würde, oder ob sie es einfach wie immer wegwerfen solle. Offene Diskussion. Von „Woanders verhungern die Kinder!" – „Wo?" und einem Blick auf die Weltkarte im Klassenzimmer über „Eine Mutter darf man nicht anlügen" zu „Wenn sie dich immer ausschimpft, wenn du ihr die Wahrheit sagst, darfst du lügen" war alles dabei. Ich halte es für wichtig, dass Kinder lernen, dass jeder eine andere Meinung, eine andere Haltung hat. Dass sie lernen, ihre eigene Haltung zu begründen, die des anderen nachvollziehen zu wollen und schlussendlich zu akzeptieren, dass jeder Mensch anders denkt und es in vielen Bereichen kein „Richtig" und kein „Falsch" gibt.

Der Morgenkreis ist auch der ideale Ort, um über das aktuelle Zeitgeschehen zu sprechen. An den Tagen um die Bundestagswahl herum haben wir uns damit beschäftigt, wie gewählt wird, haben die verschiedenen Politiker kennengelernt, deren Bilder ich zu diesem Anlass mitgebracht habe, und auch kindgerecht über die verschiedenen Parteiprogramme gesprochen. Es ging weiter zu unterschiedlichen Regierungsformen in anderen Ländern, wir sprachen über Monarchien und Demokratien, bis die Kinder selbst das Dritte Reich und die Diktatur erwähnten. Wir haben auch Themen wie die Wahl Barack

Obamas aufgegriffen oder später das große Flugzeugunglück in Polen, bei dem der Präsident und zahlreiche wichtige andere Politiker des Landes ums Leben gekommen waren.

Als in großen Mengen Öl aus dem Bohrloch in den Golf von Mexiko strömte, suchten wir die Gegend auf der großen Karte und die Kinder äußerten sich sehr ausführlich und teilweise schon sehr fachkundig zu den Folgen des Ölteppichs. Schnell kommt dann die Frage auf, warum Öl überhaupt auf Wasser schwimmt. Das wäre ein toller Einstieg in ein naturwissenschaftliches Thema mit zahlreichen Versuchen, leider ist die Zeit dafür nicht da, die Ölkatastrophe ist kein Lehrplanthema. Auch der Krieg in Afghanistan interessiert die Kinder, ebenso wie aktuelle Missbrauchsfälle oder die Finanzkrise. „Warum ist eigentlich allen Erwachsenen das Geld so wichtig, anstatt dass alle glücklich leben und Zeit für ihre Kinder haben?" – ein bemerkenswerter Satz für ein siebenjähriges Mädchen. Und Josele meinte letztens, Morgenkreis sollte den ganzen Tag sein, das sei immer so spannend und interessant.

Es liegt auf der Hand, dass ich mich für die eben und im Folgenden weiter beschriebene Art Unterricht über die starren Fünfundvierzig-Minuten-Grenzen hinwegsetzen muss, um den Schultag als Ganzes zu gestalten, damit das Lernen sinnvoller ist und nicht die Zeit als übermächtiges Kriterium das Lernen bestimmt. Manchmal haben wir tatsächlich sogar zwei Stunden im Morgenkreis gesessen.

Schwierig für mich, wenn ich das im Wochenplan eintrug, denn dann wurde mir gesagt, ich würde meinen Unterricht nicht planen und meine Kinder würden nichts lernen. All das stünde ja nicht im Lehrplan und ich würde nur die Zeit für die Probenvorbereitung verschwenden. Ich müsste pro Dreiviertelstunde das Stundenthema, das Arbeitsblatt und die Buchseite angeben, und jetzt wären gerade Mathematik und Deutsch dran gewesen. Oder ich hörte mir an, ich würde meine Kinder überfordern und schon Gymnasialstoff mit ihnen durchnehmen. Wie traurig, wenn man nicht merkt, dass alles, was wir lehren, in der Welt bereits vorhanden ist und eine Überforderung nicht durch die Inhalte entsteht, mit denen man sich befasst, sondern weil das Beherrschen von bestimmten Fähigkeiten und speziellem Wissen zu einem bestimmten, oft verfrühten Zeitpunkt verlangt wird.

Aufbau von Lehreinheiten und Stunden: So gehe ich vor

Meinen Unterricht bereite ich meist in Sequenzen und in großen Zusammenhängen vor. Bei in sich abgeschlossenen Themen wie etwa „Hecke", „Geschichte des Ortes" oder „Strom" arbeite ich mich jedes Mal wieder neu gut ein und überlege mir, was ich zu einem Thema für wichtig halte. Dann wähle und erstelle ich unter Berücksichtigung des Lehrplans und der dort verbindlich vorgegebenen Inhalte die für diese Kinder stimmigen Materialien. Vorrangig ist für mich, dass grundlegende Prinzipien verstanden werden und dass ein Thema umfassend aufgenommen wurde. Statt das Thema in einzelne Lernziele auf Stunden aufzuteilen, steht es meist von Anfang an ganz im Raum. Die Kinder haben so stets die Möglichkeit, noch eigenes einzubringen und meine Auswahl zu bereichern. Die erste Stunde ist so gut wie immer eine Eröffnung des gesamten Themas, nur bei wenigen Themen wähle ich einen sehr direkten hinführenden Weg, wenn mir das sinnvoller erscheint. In den darauffolgenden Stunden befassen wir uns immer mit einigen Details genauer, stets im Zusammenhang mit dem Ganzen. Welcher Aspekt wann vertieft betrachtet wird, wann welche Materialien verwendet werden, das kann trotz vorheriger Strukturierung flexibel entschieden werden, je nachdem, welche Fragen die Kinder stellen, was sie selbst einbringen, wie die Beschäftigung mit dem Thema verläuft. An den geeigneten Stellen setze ich dann Arbeitsblätter oder Hefteinträge ein, die dazu dienen, erarbeitete Inhalte festzuhalten oder durch eine Übung zu vertiefen. Begriffe, Fakten und Inhalte, die Kinder beherrschen sollen, wiederhole ich, so oft es sinnvoll möglich ist, in möglichst unterschiedlichen Variationen. Eine sehr zielgerichtete Prüfungsvorbereitung halte ich hier sogar für äußerst sinnvoll. Manche Dinge müssen Kinder einfach wissen. Wenn ich es nicht in der Schule mache, bleibt es den Eltern daheim überlassen, und dann ist nicht dafür gesorgt, dass alle Kinder dieses Wissen tatsächlich beherrschen. Es hat wenig Sinn, beispielsweise die Bundesländer durchzunehmen und die Kinder diese daheim auswendig lernen zu lassen. Das Einzige, was man in der darauffolgenden Prüfung abprüft, ist, welche Eltern Zeit zum Lernen hatten. Deshalb mache ich das lieber mit allen Kindern gemeinsam in der Schule, sodass alle eine Chance darauf haben, diese Inhalte zu können. Denn allein lernen können Kinder in diesem Alter noch nicht.

Bei immer weiterführenden oder sich zunehmend vertiefenden und ausdifferenzierenden Themen, beispielsweise beim Rechnen, beim Rechtschreiben und in der Grammatik, gilt es von Anfang an eine fundierte Vorstellung zu schaffen, die eine stetige Ausweitung und Vertiefung auf der Basis grundlegender Prinzipien ermöglicht. Die Zugänge sind unterschiedlich. Bei Inhalten, die unser Leben ständig durchweben, wie beispielsweise die Rechtschreibung und die Grammatik, muss mit der Zeit ein Erkenntnisvermögen geschaffen werden, sodass die Kinder in diesem Bereich immer besser differenzieren können. Das ist ein Prozess, der auf sehr lange Zeit angelegt werden muss, da die Inhalte sehr komplex sind. Die Kinder lernen erst mit der Zeit die zahlreichen Begriffe und Strategien zu kategorisieren und zu unterscheiden. Es hat wenig Sinn, einzelne Rechtschreibfälle oder grammatikalische Strukturen durchzunehmen und detailliert zu betrachten, wenn nicht vorab ein Bewusstsein über zugrunde liegende Funktionen und Zusammenhänge geschaffen worden ist.

So beginne ich am ersten Schultag schon zu den ersten Wörtern, die Kinder zu einem Buchstaben finden, zu sprechen: „Apfel ist ein Namenwort. Es ist der Name für ein Obst. Das Wort ‚Apfel' hat zwei Begleiter (so bezeichnen wir die Artikel in dieser Lernphase noch), der Apfel, ein Apfel und wir können es in die Mehrzahl setzen: die Äpfel." Ich sage das ganz nebenbei, ohne groß die Aufmerksamkeit darauf zu lenken. Kinder müssen auch noch gar nicht verstehen, was ich ihnen da sage, und doch bekommen sie mit der Zeit ein Gefühl dafür, dass diese aneinandergereihten Buchstaben Worte mit unterschiedlichen Funktionen sind, bekommen Lust, sich damit genauer zu beschäftigen, und wollen auch etwas über die anderen Wortarten lernen. Ausgehend von einer erworbenen Kompetenz, in diesem Fall dem Erkennen von Namenwörtern, werden dann weitere Unterscheidungen vorgenommen, stets auf dem ganzen Feld der Sprache.

In der Mathematik ist einer der entscheidendsten Faktoren, dass ich die sinnvollsten Anschauungsmaterialien wähle und damit so arbeite, dass die Kinder die zugrunde liegenden Strukturen intuitiv aufnehmen. So habe ich beispielsweise für das Einmaleins Perlenketten gebastelt, wie sie auch Maria Montessori verwendet hat. Ich beginne bereits ein paar Wochen vor der eigentlichen Sequenz, indem ich beispielsweise drei Fünferketten auf den Overheadprojektor lege. Problemlos rechnen die Kinder $3 \times 5 = 5 + 5 + 5 = 15$. Alle paar Tage beschäftigen wir uns wenige Minuten mit ein paar Aufgaben, damit sich die Kinder einfach schon daran gewöhnen können. Das Einmaleins fällt ihnen so von Anfang an ganz leicht und allein durch die Aufgaben, die sie auf diese Weise rechnen, prägen sich schon viele Ergebnisse ein. Wenn wir uns dann intensiv mit dem Einmaleins beschäftigen, kann man schon am zweiten oder dritten Tag beispielsweise vier Sechserketten und drei einzelne Perlen legen, oder sieben Zweierketten und acht Viererketten. Die Kinder rechnen problemlos die zugehörigen Aufgaben $4 \times 6 + 3$ oder $7 \times 2 + 8 \times 4$ und können Punkt-vor-Strich-Aufgaben lösen, bevor sie die entsprechende Regel kennen. Sie haben durch das Material innere Bilder entwickelt. Und selbst Aufgaben, bei denen man zur Vereinfachung ausklammern kann, wie $8 \times 2 - 6 \times 2$, lassen sich so schon in der zweiten Klasse rechnen, obwohl das Stoff höherer Klassen ist. Acht Zweierketten minus sechs Zweierketten sind zwei Zweierketten, und das sind vier Perlen. Bei einem solchen Vorgehen sind alle Kinder dabei. Jedes Kind kann dem Vorgang an sich folgen, es hat stets die Anschauung als Unterstützung, kann gegebenenfalls abzählen, sich beim Malrechnen noch mit Plusaufgaben helfen. Die Kinder, die die eine oder andere Malaufgabe schon im Kopf lösen können, sind dennoch gefordert, der Weg bis zum abstrakten Rechnen liegt schließlich noch vor ihnen! Und sollte es einem

Kind tatsächlich zu langweilig werden, kann man im gleichen Rahmen beliebig schwierigere Aufgaben stellen, bei denen auch diese Kinder gefordert sind. In jedem Fall lernen Kinder das Einmaleins fast wie nebenbei auswendig, während sie eigentlich sehr anspruchsvolle Aufgaben lösen. Die Übungen zum Verinnerlichen der Einmaleinsreihen sind dann in der Regel für alle Kinder leicht. Und das ist eine Voraussetzung dafür, dass sie gern üben, um schließlich alles automatisieren zu können. Am Ende dieser Einmaleinsphase, die etwa drei Monate dauert, können alle Kinder das Einmaleins und haben zudem ein weit größeres Verständnis dafür erworben, als im Lehrplan an sich vorgesehen ist. Gerade in Mathematik gilt es also, den Kindern stets geeignetes Anschauungsmaterial an die Hand zu geben. Prinzipiell bekommen alle Kinder bei mir die Anschauungsmaterialien. Denn diese geben allen Kindern Sicherheit und aus dieser Sicherheit heraus lösen sie sich oft sehr schnell von allein und werden selbstständig. Würde ich das Material nur denen geben, bei denen ich Defizite vermute, würde ich diese Kinder beschämen. Ich differenziere also absichtlich nicht, sondern überlasse die Differenzierung den Kindern, die die Hilfsmittel zu dem Zeitpunkt zur Seite legen, an dem sie sie nicht mehr benötigen, oder sich gar schon vorher ohne sie versuchen, in der Sicherheit, stets darauf zurückgreifen zu können. Ein entscheidender Grund für mein Vorgehen ist auch, dass die Kinder auf diese Art am Ende mehr können, als sie müssten, und außerdem all das, was sie können müssen, durch das „Mehr" geradezu spielerisch lernen. Der motivierende Faktor für die Kinder würde sofort wegfallen, würde man nun von allen Kindern das Beherrschen dieser weiterführenden Fähigkeiten verlangen. Alle Kinder wollen wie eine „Eins" sein, dafür braucht es Ziele, die sie alle übertreffen können. Mit dem Einmaleins wird in den Folgejahren noch so oft gerechnet, dass es dann auch problemlos gelingen kann, die weiterführenden Inhalte auch denjenigen Kindern nahezubringen, die diese zum jetzigen Zeitpunkt noch nicht vollständig verinnerlicht haben.

Für einen Schultag plane ich prinzipiell nur ein Thema, maximal zwei. An manchen Tagen üben wir auch einfach nur oder arbeiten gewisse Dinge ab, auch das muss manchmal sein. Für die Kinder ist in jedem Fall sehr entscheidend, sich in eine Sache vertiefen zu können, Zeit und Ruhe zu haben, um sich wirklich damit auseinandersetzen zu können. Und Kinder brauchen für alles noch sehr viel Zeit. Bei Inhalten, die es täglich zu wiederholen gilt, damit jedes Kind sie verinnerlicht, nutze ich freie Räume im Zeitplan. So rechne ich mit einer vierten Klasse mindestens eine Aufgabe täglich gemeinsam, wenn wir gerade eine neue schriftliche Rechenweise erarbeitet haben. Selten übe ich das Rechnen eine ganze Stunde mit den Kindern, das würde sie schnell langweilen. Gerade durch das gemeinsame Rechnen lernen die Kinder jedoch unglaublich schnell. Die Kinder, die noch unsicher sind, schauen einfach zu, die anderen Kinder rechnen, und ich kann jeweils das Kind drannehmen, das gerade verstanden hat und nun das Erfolgserlebnis genießt, vor der Klasse zu rechnen, oder auch das Kind, das mit mir gemeinsam diese Aufgabe durchgehen möchte. Übung kann es in solchen Dingen nie genug geben, aber sollte ein Kind sich tatsächlich mal langweilen, weil es etwas schon kann, darf es gern auch die fünf Minuten Pause haben und eigenen Gedanken nachhängen oder im Buch unter der Bank weiterlesen. Allerdings geschieht das äußerst selten, meist lieben die Kinder es, etwas zu können, und beteiligen sich engagiert. Zudem stelle ich meist noch eine Aufgabe, die wieder über das gerade Gelernte hinausgeht, beispielsweise beim schriftlichen Addieren eine Lückenaufgabe, und da sind auch diese Kinder wieder gut gefordert. Nahezu jeder Rechenprozess lässt sich in kleine Einzelschritte aufteilen, und diese kann man nun jeweils von den Kindern rechnen lassen, die auf dieser Stufe stehen. Wenn ich merke, dass ein Kind etwas nicht kann, rufe ich es nicht auf, sondern ein anderes. Ich weiß, dass dieses Kind zuschaut und zuhört, ich muss nicht mit ihm speziell üben, sodass es den Eindruck bekommt, es sei unfähig. Ich muss nur dafür sorgen, dass das, was es nicht kann, noch oft genug im gemeinsamen Üben vorkommt. Lernen muss leicht sein, und das ist es, wenn Kinder so lange ungestört beobachten dürfen, bis sie den Vorgang intuitiv verinnerlicht haben. Jedes Kind wird seine Lücken so automatisch schließen, ohne beschämt zu werden. Kinder können nur dann Freude am Lernen behalten, wenn sie Erfolgserlebnisse haben. Am Anfang, wenn sie kleiner sind oder die Erfolge noch nicht sehen, lernen sie auch noch für mich, wollen eine wertschätzende Reaktion bei mir hervorrufen und lassen sich so auch durch anstrengende Phasen begleiten. Auf Dauer müssen sie aber erleben, dass sie Kompetenzen dazugewinnen, dass sie fähig sind.

Nicht aufzugeben oder zumindest mal anzufangen erfordert wenigstens die Hoffnung, Erfolg haben zu können. Nur wenn Kinder das Gefühl haben, etwas zu können, fähig zu sein, macht es ihnen Spaß. Und erst dann entwickelt sich eine Anstrengungsbereitschaft, die sie auch kniffligere Aufgaben angehen lässt oder für die notwendige Ausdauer beim Üben sorgt.

Wenn wir gemeinsam arbeiten, kann ich das erreichen und jedem Kind die Frage stellen, die das Kind fordert, die es aber beantworten kann. Kinder können nicht unterscheiden, ob eine Frage schwer oder leicht war. Sie sehen nur: „Diese Frage konnte ich beantworten – ich bin gut." Oder: „Diese Frage konnte ich nicht beantworten – ich bin schlecht." Ich kann also mit meiner Fragestellung bedingen, welche Einschätzung ein Kind über sich erhält. Für Kinder ist es nicht schlimm, wenn sie etwas noch nicht verstehen, so vieles da draußen in der Welt verstehen sie noch nicht – aber sie wollen nichts falsch machen. Ich versuche daher generell dafür zu sorgen, dass sie viele Dinge einfach von vornherein richtig machen, sei es, dass ich mit ihnen gemeinsam überlege, wie man ein Wort schreibt, bevor sie es notieren, oder wir gemeinsam darüber nachdenken, wie man sich bei einer bestimmten Rechnung helfen kann. Nach meiner Erfahrung prägen sich die Dinge bei Kindern weit schneller ein, die sie von Anfang an richtig machen, als diejenigen, die sie erst falsch machen und dann korrigieren.

Ganz entscheidend für die Motivation der Kinder ist auch, dass ihr Bemühen gelobt und anerkannt wird – und nicht allein das Ergebnis. Die Angst, nicht das gewünschte Resultat vorweisen zu können, lähmt viele Kinder, oft fangen sie dann gar nicht erst mit ihrer Arbeit an. Werden sie für ihr Bemühen gelobt, sind Fehler keine Stolpersteine mehr, sondern wertvolle

Momente auf dem Weg des Lernens, die eine große Bereicherung darstellen können. Auch notwendige Ruhe- oder Kontemplationsphasen erhalten nun einen Wert, weil sie hilfreich sind, um kraftvoll weitergehen zu können, selbst wenn sie an sich zunächst kein „Ergebnis" liefern. Kinder lernen so ein organisches, nachhaltiges Lernen, statt oberflächlich ergebnisorientiert zu arbeiten und gegebenenfalls mit anderen Mitteln das Ergebnis beibringen zu können, beispielsweise mithilfe der Eltern, durch Abschreiben, Spicken oder andere Tricksereien.

Um notwendige Kategorisierungen und Strukturierungen für die Kinder anschaulich zu machen, sodass sie diese übernehmen können, arbeite ich viel mit Farben. Die wesentlichen Aspekte in einem Lernprozess hebe ich in von mir vorher festgelegter Farbigkeit hervor, beim Üben verwenden die Kinder diese Farben ebenfalls. Durch diese relativ einfache und wenig zeitintensive Tätigkeit des Markierens ist gewährleistet, dass die Kinder eine Aufgabe nicht gedankenlos abarbeiten, sondern dass ohne große Anstrengung das Wesentliche immer wieder ins Bewusstsein getragen wird.

Für sehr wichtig halte ich allerdings auch, das Denken an sich zu üben. Ähnlich wie bei Leistung generell fordern wir das von Kindern oft einfach nur. Stattdessen sollte auch das Denken richtiggehend gelernt und trainiert werden. Das bedeutet, Kinder sollen abgucken dürfen, sie sollen miterleben können, wie Denkprozesse ablaufen, und dann auch immer wieder die Möglichkeit bekommen, sich darin selbst auszuprobieren. Ich lasse die Kinder oft an meinen Denkprozessen teilhaben oder ich lasse sie das Denken von anderen Kindern nachvollziehen, indem ich das mit Worten ausspreche, was in meinem Kopf abläuft, um zur richtigen Lösung zu kommen. Meines Erachtens ist Denken, aber auch beispielsweise das Auswendiglernen, ebenso ein Lernprozess wie vieles andere, den man erlernen kann und der bei vielen Kindern nicht von allein kommt.

Schön und anspruchsvoll: das freie Arbeiten

Neben den gemeinsamen Phasen, in denen zum einen dafür gesorgt wird, dass alle Kinder die zu lernenden Inhalte aufnehmen und zum anderen von der Vielfalt ihres Vorwissens und ihrer Ansichten profitieren, gibt es freiere Phasen im Unterricht. Hier stoße ich immer noch auf die größten Schwierigkeiten: Aufgrund der ständig anstehenden Proben, bis zu denen die Inhalte durchgenommen werden müssen, fehlt einfach die Zeit – und so kann auch ich nicht in der Ausprägung freier mit den Kindern arbeiten, wie ich es mir wünschen würde und wie es sinnvoll wäre. Zwar spart man durch die Mosaikmethode insgesamt an sich viele Unterrichtsstunden ein, gleichzeitig wird aber auch dieser Prozess durch die ständigen Proben immer wieder unterbrochen und konterkariert, oder ich muss den Kindern noch schnell Inhalte eintrichtern, die kurzfristig für die Probe beschlossen wurden, statt sie in einem langfristig geplanten Verlauf organisch zu entwickeln. Es bedeutet einen gehörigen Arbeitsaufwand, die Inhalte für die Proben so aufzubereiten, dass sie rasch von den Kindern aufgenommen werden können, und auf diese Weise Zeit für die freieren und damit nur bedingt ergebnisorientierten Phasen herauszuarbeiten. Mir sind diese Phasen dennoch sehr wichtig, nicht nur weil das schöpferische und eigenständige Arbeiten an sich schon wertvoll ist, sondern auch, weil ich immer wieder feststelle, dass Kinder dann generell die von der Schule in den Proben geforderten Inhalte viel schneller und sicherer lernen, als wenn ich mich ausschließlich darauf konzentriere.

Diese freieren Phasen verfolgen jeweils ein unterschiedliches Ziel. Je nach Zweck verändern wir dann auch die Raumaufteilung und stellen die Tische um, damit wir möglichst sinnvoll und effektiv arbeiten können.

So gibt es Zeiten, in denen die Kinder allein oder auch mit Partner an ihren „Mosaikbildern" arbeiten und individuell Lerninhalte üben. Paul wird hier vielleicht Rechenaufgaben rechnen, während Martha sich darum bemüht, die Buchstaben im korrekten Bewegungsablauf schreiben zu lernen, um eine flüssige Handschrift zu bekommen. Hier helfen Kinder sich auch gern gegenseitig und es ist spannend zu beobachten, dass die Helferrolle oft wechselt. Es ist keineswegs so, dass immer nur die scheinbar „Guten" sich um die anderen Kinder kümmern, doch fallen die Lernfelder dieser und die Kompetenzen der anderen Kinder oft erst auf, wenn es nicht mehr ausschließlich um das Erfüllen von Kriterien geht. Das grundlegende Handwerkszeug muss jedes Kind gut üben, dabei wird jedes Kind woanders vermehrten Trainingsbedarf haben.

Darüber hinaus muss aber auch das schöpferische, kreative Lernen angebahnt und ermöglicht werden. Anfangs steht der fachliche Erkenntnisgewinn dabei an zweiter Stelle. Weit wichtiger ist jetzt, dass Kinder Kompetenzen mit dem eigenständigen Arbeiten und in der Zusammenarbeit mit anderen gewinnen. Wenn der Wert zu früh auf das fachliche Ergebnis gelegt wird, werden Kinder oft unsicher, und statt sich auf das gemeinsame Arbeiten einzulassen, sorgen sie lieber dafür, dass die Ergebnisse stimmen. Dann löst in einer Gruppenarbeit wieder nur einer die Aufgaben oder der Streit geht schon bei der Gruppenbildung los.

So aber machen sie grundlegende Erfahrungen darin, wie sie mit einem oder mehreren Partnern kooperieren können. Sie lernen, wie man sich informieren kann, wie man recherchiert und wie Ergebnisse zusammengetragen werden. Wichtig ist auch die Erfahrung, wie man die ganzen Informationen der Klasse präsentiert, ja schon allein überhaupt vor der Klasse zu sprechen. All das sind ebenso Lernziele, die es erst zu lernen gilt, bevor das Ergebnis an sich wieder mehr Bedeutung erhält. Ich bereite gerade am Anfang viele dieser Arbeitstechniken so vor, dass nichts schiefgehen kann, also alle erfolgreich ans Ziel kommen und ein Ergebnis vorweisen können, damit sich die Kinder ganz auf das Miteinander oder auf die Selbstorganisation konzentrieren können.

So arbeiten die Kinder regelmäßig mit Partnern oder in Gruppen, alle paar Wochen an einer Werkstätte zu einem bestimmten Thema, an einem Stationentraining zum Üben von Inhalten oder auch an Wochenplänen, bei denen sie sich ihre Arbeit selbst einteilen müssen. Wenn es sich anbietet, führen sie Versuche durch und präsentieren anschließend ihre Ergebnisse. Ich halte es für wichtig, dass Kinder alle verschiedenen Arbeitsformen und -techniken kennenlernen und nicht auf einige wenige festgelegt sind. Die Projekte in den unteren Klassen verdienen ihren Namen teilweise noch nicht, doch können Kinder auch hier schon lernen, Teilgebiete einer größeren Thematik zu behandeln und zum Ganzen beizutragen, auch wenn ich noch sehr stark unterstütze und viele Vorschläge und Hinweise einbringe. Kinder lernen oft dadurch, dass sie etwas tun, auch wenn es ursprünglich von mir stammt – beim nächsten Mal bringen sie eine ähnliche Idee vielleicht schon selbst ein. Sie arbeiten also daher selbstständig, weil ich es ihnen in einem anderen Zusammenhang vorher gezeigt habe, sie es dort einfach nach- oder mitgemacht und es dann in ihr Repertoire übernommen haben. Kinder werden selbstständig, indem sie etwas übernehmen, was sie abgeschaut haben.

Regelmäßig einmal pro Woche haben die Kinder eine Zeitstunde Portfoliozeit. Hier dürfen sie sich völlig frei ein Thema suchen. Es liegt an ihnen selbst, wie sie diese Zeit verbringen, allein oder mit anderen, ob sie malen, schreiben, lesen, basteln, drucken oder sich anderweitig beschäftigen. Zur Verfügung stehen ihnen PC und Drucker, Bücher, Papier, alle Freiarbeitsmaterialien, die Buchstabenstempel der Kinderdruckerei, alles, was das Klassenzimmer bietet. Eine Stunde echtes „freies Arbeiten" also. Jedes Kind hat einen Ordner, in dem es seine erstellten Werke abheften kann, auf das Deckblatt wird zu jedem Thema ein laminiertes Bild mit Beschriftung geklebt. Dazu gehört auch ein Lerntagebuch, in das die Kinder nach jeder Einheit eintragen, was sie in der Zeit getan haben, wie es ihnen ging, was sie sich für das nächste Mal vornehmen. Auch hier geht es weniger darum, was die Kinder schreiben, sondern dass sie solche Prozessabläufe kennenlernen und sich allmählich daran gewöhnen, ihre Arbeit für sich zu reflektieren. Jederzeit können die Kinder sich auch Materialien von daheim mitbringen – ich weigere mich, diese freie Arbeit zu benoten, und so dürfen Eltern gern etwas beitragen, wenn sie das wünschen. Immer mal wieder dürfen die Kinder ihre Mappen den anderen präsentieren und berichten. Die eigentlichen Ergebnisse dieser Portfolioarbeit sind noch sehr kindgemäß, bemerkenswert ist insbesondere, dass Kinder nahezu immer emotionale

Aspekte integrieren. Es ist auch sehr interessant zu sehen, wie unterschiedlich die Kinder sich während der Portfolioarbeit verhalten. Die meisten lieben diese Zeit und werkeln mit einer Begeisterung an ihren Themen, dass es eine wahre Freude ist. Aber es gibt auch vereinzelt Kinder, die nach einem halben Jahr gerade mal ein halb fertiges Bild in ihrer Mappe haben. Vor allem einige Jungen stehen noch lieber gemeinsam um den Computer herum und diskutieren. Ich sage nur wohlüberlegt etwas dazu, denn das ist ihre Zeit und es wäre nicht mehr das Gleiche, wenn sie arbeiten und Ergebnisse liefern würden, nur weil ich sie dazu anhalte. In dieser Zeit kommt das entweder aus ihnen selbst heraus oder auch nicht. Spürbar ist doch, dass sich gerade durch die Freiheit und das entgrenzte Arbeiten und Lernen bei den Kindern eine Freude am Tun, ein Anspruch an sich selbst und eigene Visionen entwickeln. Sehr überrascht war ich davon, wie selbstständig Kinder arbeiten und wie schon nach wenigen Monaten erkennbar ist, dass sich allein durch diese Arbeit ihre Persönlichkeit verändert: Sie wirken wacher und interessierter, sie lassen sich auf vorgegebene Inhalte leichter ein und arbeiten insgesamt konzentrierter. Diese Qualität des Lernens sollte viel mehr Raum an unseren Schulen bekommen, hier findet sich der Ansatz, dass aus „Lernen" ein lebenslanges Projekt wird.

Wichtig bei den verschiedenen freieren Methoden ist zum einen, dass die richtige Methode zum richtigen Inhalt zur richtigen Zeit gewählt wird, um einerseits die gewünschte Lernerfahrung zu ermöglichen, andererseits aber auch im Hinblick auf die Proben die Ergebnisse sicherzustellen. Geschickt arrangiert kann man also viele Lernziele an einer einzigen Sache vermitteln, soziale Aspekte mit fachlichen kombinieren. Zum anderen muss ich die Kinder gut im Blick behalten, gerade wenn sie allein üben oder arbeiten. Denn nur so bemerke ich rechtzeitig, wann jemand frustriert ist oder allein nicht weiterkommt. Nicht alle Kinder suchen sich freiwillig Hilfe. Wie auch im gebundenen Unterricht ist mein oberstes Ziel bei den freieren Arbeitsformen, zu verhindern, dass Kinder negative Überzeugungen über sich gewinnen. Jegliches Arbeiten soll die

Kinder stärken und bereichern, dementsprechend müssen die einzelnen Arbeitsformen vorbereitet und von mir als Lehrerin begleitet werden.

Kinder brauchen sowohl beim gebundenen als auch beim schöpferischen Arbeiten das Gefühl der Sicherheit, um selbstständig zu werden. Das funktioniert nach demselben Prinzip wie das Laufenlernen: Die Eltern halten die Hand des Kindes, es darf sich festhalten. Mit der Zeit löst es sich und dennoch sind die Hände von Mama oder Papa nur wenige Zentimeter von den seinen entfernt, um es notfalls halten zu können. Es war ein sehr feines Spüren, wann wie viel Hilfe, Sicherheit und Unterstützung nötig war. Aber niemals lassen Eltern das Kind in dieser Situation abrupt los oder stoßen es gar weg, sondern sie geben dem Kind die Möglichkeit, sich mit der Zeit selbst zu lösen und eigenständig zu laufen. Kinder wollen selbstständig sein, aber sie müssen die Zeit dafür bekommen, selbstständig werden zu können. Selbstständigkeit darf nicht einfach gefordert werden.

Was wirklich zählt

Das Entscheidende an einem gelungenen Schulvormittag ist, dass er für die Kinder schön ist. Alles, was mit Freude und Begeisterung getan wird, prägt sich besser ein, der Lehrer hat daran mit seiner eigenen Begeisterung und guten Laune einen entscheidenden Anteil. Für die Kinder ist das Lernen schön – wenn es eingebettet ist in ein buntes gemeinsames Miteinander.

Während des Unterrichtsvormittags ist das Atmen sehr wichtig: Ein- und Ausatmen, Anspannung und Entspannung. So spielen wir zwischendurch Flöte, bewegen uns zu Musik, wir basteln und malen, oder ich lese auch mal eine Geschichte vor. Wann immer es machbar ist, versuche ich ein direktes Erleben für die Kinder zu schaffen. Angebote gibt es genug: Heckenführungen vom Bund Naturschutz, Museumsbesuche über das Museumspädagogische Institut, Dinosaurier im Paläontologischen Museum, auf den Spuren der Kelten in der Archäologischen Staatssammlung oder Franz Marc in der Pinakothek. In unserer Gemeinde kann man auch gemeinsam mit

Künstlern des Ortes Kunstprojekte gestalten. Wir besuchen ein Theater oder gar die Oper oder veranstalten eine Lesenacht im Klassenzimmer. Auch versuche ich, mit jeder Klasse wenigstens einmal ein Theaterstück oder ein Musical einzustudieren und aufzuführen. Für die Kinder ist einfach wesentlich, dass Schule abwechslungsreich, vielfältig und lebendig ist und vor allen Dingen Spaß macht. Wenn Schule aus einer gesunden Mischung besteht, sind Kinder auch in den Lern- und Übungsphasen konzentriert und willig dabei, sodass Lernen oft weit effektiver und nachhaltiger gelingt. Es ist für mich extrem auffällig, wie leicht Kinder das Lesen, Schreiben, Rechnen und andere weiterführende fachliche Inhalte lernen, wenn dem schöpferischen Tun und Lernen Raum gegeben wird, jedes Kind in seiner Integrität respektiert, das Ganze auf die unabdingbare Basis eines guten Miteinanders gestellt und kindgerecht vermittelt wird. Es ist geradezu grotesk, dass Schule mit den derzeitigen Rahmenbedingungen ein solches Lernen stark behindert und einen unangemessenen zusätzlichen Arbeitsaufwand erfordert, um so ein Lernen auch nur ansatzweise möglich zu machen. Natürlich begleite ich die Arbeiten der Kinder auch mit Korrekturen. Mir ist dabei sehr wichtig, dass die Hefteinträge der Kinder schön sind. Weniger wegen der Hefteinträge an sich, sondern vielmehr damit die Kinder erleben, wie wertvoll eine saubere Arbeitsweise ist. Ich bereite die Arbeit an den Heften so vor und begleite sie dann so, dass alle Kinder schöne Hefteinträge haben. Bei der Korrektur schreibe ich mit Rot nur Positives in die Hefte. Wenn es etwas zu verbessern gibt oder wenn ich eine Kritik habe, schreibe ich das auf ein Post-it, das nach der Verbesserung entfernt werden kann, sodass ein makelloser Eintrag zurückbleibt, ohne schmähende rote Kritik. Einen Belobigungsstempel gibt es für jedes Kind für sein Bemühen, sie freuen sich alle darüber. Schon bald legen Kinder selbst Wert auf die Schönheit ihrer Einträge, aber vieles müssen sie einfach erst einmal erlebt haben, um selbst dafür zu sorgen. Rechtschreibkorrekturen vermerke ich prinzipiell mit Bleistift, sodass die Kinder selbst ihre Fehler verbessern. Viele Verbesserungsvorschläge mache ich mündlich. Man muss als Lehrer gut abwägen, wo es sinnvoll ist, dass Kinder sich tatsächlich intensiv mit ihren Fehlern und Korrekturmöglichkeiten auseinandersetzen sollen.

Wenn ich mit einem Kind spreche, spüre ich auch gleichzeitig, ob mein Hinweis angekommen ist, außerdem ist ein Gespräch nicht so machtvoll wie ein geschriebenes Wort und ich kann weit einfühlender formulieren, gerade wenn es um eigene, kreative Werke eines Kindes geht. Ich unterrichte Kinder, keine Fächer. „Beim nächsten Mal ..." lautet dann oft mein Auftrag – denn Kinder hassen es, das bereits Erledigte zu verbessern, und auf diese Weise verbessert es sich doch auch. Manches spreche ich auch gar nicht an, wenn ich weiß, dass es sich sowieso allein dadurch verbessert, dass es immer wieder getan wird. Und ich spreche es insbesondere auch dann nicht an, wenn ich merke, dass sie das Prinzipielle verstanden haben, so müssen in diesem Fall Kinder weder über alle ihre Rechtschreibfehler noch über alle falschen Rechenergebnisse informiert werden. Oft ist es besser, etwas einfach stehen zu lassen, es anderweitig noch einmal aufzugreifen oder einfach der fortschreitenden Entwicklung zu vertrauen.

Bei den Hausaufgaben achte ich darauf, dass Kinder sich sicher fühlen, dass sie die Aufgaben gut lösen können – und dass es möglichst nicht zu Streitereien in der Familie kommt. Die Eltern-Kind-Beziehung ist etwas ungemein Wichtiges im Leben eines Kindes – sie muss bedingungslos geschützt werden. Die Hausaufgabe ist so strukturiert, dass es möglichst keine unnötigen Nachfragen gibt und dass sie einen hohen Übungseffekt hat. Im derzeitigen Schulbetrieb sollten so viele Hausaufgaben gegeben werden, dass Kinder eine gute Arbeitshaltung aufbauen und zum effektiven, zügigen Arbeiten angehalten sind, und so wenig, dass sie noch genügend Zeit zum Spielen, Faulenzen und für sich selbst haben.

In der Regel einmal pro Halbjahr, bei Bedarf auch öfter, führe ich ein gemeinsames Gespräch mit jedem Kind und seinen Eltern. Wir nehmen uns ausreichend Zeit dafür, oft dauert das länger als eine Stunde. Mir ist wichtig, dass Kinder von Anfang an merken, dass es ihr Weg ist, um den es hier geht, und dass sie dafür verantwortlich sind, deshalb stehen sie auch im Mittelpunkt des Treffens. Im Gespräch begleite ich das Kind durch Fragestellungen bei seiner Reflexion der einzelnen fachlichen Bereiche, aber auch des sozialen Miteinanders. Diese Dreiergespräche, also Gespräche, an denen alle drei am Lernprozess beteiligten Parteien – Lehrer, Eltern und Schüler – teilnehmen, haben den entscheidenden Vorteil, dass man darauf achten kann, ob die angedachte Lösung auch wirklich umsetzbar ist. Im Lauf des Gespräches gibt es vielfältige Rückmeldungen zwischen Kind, Eltern und Lehrer, sodass ein gutes Miteinander zum Wohle des Kindes möglich wird.

Und ja, natürlich gibt es auch zahlreiche Schwierigkeiten und Probleme: Da sitzt vielleicht ein Kind zwei Stunden lang an den Hausaufgaben, dort ist eines, das auch nach Monaten noch andere Kinder schlägt, und ein weiteres, das immer noch nicht die Gesprächsregeln einhält und die ganze Klasse stört. Hier sind vielleicht Eltern, die ihr Kind unter Druck setzen, dort welche, die nicht darauf achten, dass ihr Kind alle Materialien in der Schule dabeihat. Es gibt kein Patentrezept im Umgang mit über zwanzig Kindern. Der einzige Weg ist es, sich um jedes zu kümmern und individuelle Lösungen zu finden.

Wenn ich mir etwas wünschen dürfte ...

Was ich mir wünschen würde? Als Erstes größere Zeiträume. Das, was ich vor zwei Monaten in einer Probe abgefragt habe, können inzwischen alle Kinder – aber damals musste ich Fünfer und Sechser verteilen und dann in traurige, verzweifelte Kinderaugen blicken.

Froh bin ich, wenn ich mich mit Kollegen nicht tage- oder wochenweise auf Inhalte festlegen muss, sondern das Lernen der mir anvertrauten Kinder individuell über Wochen, Monate oder gar Jahre anlegen kann, sodass jedes Kind die Möglichkeit hat, sich sein Mosaikbild in Ruhe zusammenzusetzen, und wir nicht im Gleichschritt marschieren müssen. Sehr schön wäre es für mich, ich könnte meine Kinder mindestens vier Jahre begleiten, dann ließen sich Lernprozesse ganz anders und weit sinnvoller arrangieren.

Ich wünsche mir mehr Zeit, um die freien Arbeitsphasen ausweiten zu können. Hier ist bislang ein großes Defizit. Dabei muss nicht die tägliche Schulzeit an sich unbedingt verlängert werden. Wenn Lernen in größeren Zeiträumen stattfinden kann, sind freie Arbeitsphasen für individuelles Lernen gut zu arrangieren. Zudem sind viele Lehrplaninhalte und viele Details überflüssig.

Ich wünsche mir mehr inhaltlichen Freiraum, sodass ich weniger an den Lehrplan gebunden wäre und stattdessen die Themen der Kinder aufgreifen könnte. Gerade das ganze sachkundliche Lernen der Kinder ist ein exemplarisches Lernen, der Inhalt an sich damit nicht so wesentlich. Insbesondere in den ersten Schuljahren sollte der Lehrplan zudem weit mehr auf Erfahrung, Erlebnisse und grundlegende Prinzipen ausgerichtet sein als zunehmend auf abstrakte Begriffe.

Ich wünsche mir mehr Platz und eine bessere Ausstattung, sodass Kinder wirklich mit den verschiedensten Materialien frei arbeiten und forschen können. Das Mindeste sollte eine gut ausgestattete, jederzeit zugängliche Sachbibliothek und ausreichend verschiedenartiges Papier an jeder Schule sein.

Ich wünsche mir die Lernzielkontrollen zurück, weil hier jedes Kind Erfolgserlebnisse hatte, weil ich eine andere Erwartungshaltung hinsichtlich der Ergebnisse haben durfte und meine Kinder dementsprechend motivieren konnte. Ich konnte die Lerninhalte sinnvoll aufeinander aufbauen, war nicht gezwungen, im Gleichschritt mit Kollegen zu arbeiten, und habe kein Kind auf dem Weg verloren.

Ich wünsche mir, dass ich meine Kinder nicht mit defizitorientiertem Blick beobachten und aus Gründen der Absicherung seitenweise Schülerbeobachtungen aufschreiben muss. Ich möchte meine Kinder liebevoll begleiten, ihnen Zeit geben können, sie in Ruhe lassen können, ohne sie zur Analyse nahezu sezieren zu müssen.

Ich wünsche mir mehr Flexibilität in den Schulen, sodass es möglich ist, für jedes Kind individuelle Lösungen zu finden.

Schön wäre auch, wenn die Zusammenarbeit mit den Kollegen nicht zur Gleichmacherei missbraucht werden müsste, sondern eine Bereicherung darstellen kann, weil man Hilfestellung und Anregung erhält, Probleme und Schwierigkeiten unter verschiedenen Blickwinkeln betrachten kann und von den unterschiedlichen Erfahrungen und Talenten der anderen profitiert.

Ich wünsche mir, dass die Zeit für Gespräche, schriftliche Arbeiten und Korrekturen sowie für die Unterrichtsvorbereitung und Materialherstellung in realistischer Weise in der Gesamtarbeitszeit der Lehrer berücksichtigt wird, sodass wieder für jeden Lehrer ein Arbeiten auf hohem Niveau möglich ist, ohne dass er ständig seine Freizeit dafür geben muss. Denn Kinder lernen nur so gut, wie der Unterricht und die Lernumgebung es ermöglichen.

Ich wünsche mir, dass ausreichend Zeit für die eigene Fort- und Weiterbildung bleibt. Guter Unterricht lebt auch von einer hohen Qualifikation des Lehrers. Das Fort- und Weiterbildungsangebot muss qualitativ hochwertiger und inhaltlich stark ausgebaut werden. Die Entwicklung der Lehrerpersönlichkeit durch vielfältige Erfahrungen sollte ebenso wichtig sein wie die fachliche Kompetenz des Lehrers.

Ich wünsche mir, mit Eltern gemeinsam zum Wohle der Kinder zusammenarbeiten zu können und nicht zunehmend in Streitgespräche über Fragestellung, Bewertung und Benotung von Proben zu geraten oder mir Inkompetenz vorwerfen lassen zu müssen. Sondern gemeinsam dafür einzustehen, dass unsere Kinder wieder freudig und erfolgreich lernen können.

> *… manche Kinder, die leicht lernen, wirkten, als hätten sie ein*
> *Liebesverhältnis mit dem Leben. Das sind die Kinder, deren Augen*
> *aufleuchten, wenn man ihnen etwas Neues erzählt, die gleich etwas*
> *zu erzählen oder zu fragen haben und sich zutrauen, auch unbekannte*
> *Aufgaben zu bewältigen. Sie überblicken sie und finden intuitiv einen*
> *Weg, sie zu lösen. Sollte die Schule diese Haltung nicht pflegen und*
> *entwickeln? Sollte sie nicht die anderen, zaghafteren Kinder ermutigen,*
> *sich von der Lebensfreude und der Zuversicht anstecken zu lassen?*
>
> *Ute Andresen*

Auch bei Ihnen muss es Vierer, Fünfer und Sechser geben, Frau Czerny!

Ein größerer Konflikt hatte sich eigentlich schon länger ange-
deutet. Immer wieder war es im Vorfeld zu Schwierigkeiten
mit Vorgesetzten gekommen, weil ich den Belangen der Kinder
oft Priorität vor unsinnigen bürokratischen Regeln und Anweisungen gab. Alles musste sein, wie es vorgeschrieben war. Und
noch nie war es gern gesehen, wenn es Unterschiede zwischen
den Klassen gab – alles musste schön gleich sein.

Es begann damit, dass in einer ersten Klasse, die ich vor
einigen Jahren unterrichtete, der Schulrat zur Visitation kam.
Er zeigte sich zunächst tief beeindruckt davon, wie freudvoll
und erfolgreich die Kinder lernten. So etwas hätte er noch nie
gesehen, sagte er.

Um es noch einmal zu betonen: Kindern die Kulturtechniken
und andere fachliche Inhalte beizubringen, ist nicht so schwierig, wenn sie genügend Raum für sich und das schöpferische
Lernen bekommen, wenn man den Unterricht sinnvoll arrangieren kann, Angst und Stress von den Kindern fernhält und
ihnen beständig Erfolgserlebnisse gönnt. Aber all das erfordert
oft aktiven Widerstand gegen das System und die üblichen
Gepflogenheiten.

Als der Schulrat einige Zeit später vom Rektor der Schule erfuhr, dass sich die Eltern der Schüler in den Parallelklassen beschwert hätten, weil ihre Kinder nicht so freudvoll und erfolgreich lernten, wurde das offensichtlich zu einem Problem, von Freude über das erfolgreiche Lernen war plötzlich nicht mehr die Rede. Der Schulrat suchte mich nochmals auf und machte mir unmissverständlich deutlich, dass in einer Schule Ruhe zu herrschen habe und ich dafür mitverantwortlich sei. Damals hatte ich noch Ambitionen, mein Engagement irgendwann auch einmal als Rektorin einer Schule einzubringen, das war dem Schulrat bekannt. Er meinte: „Frau Czerny, als angehende Rektorin – und das wollen Sie doch werden, oder? – erwarten wir von Ihnen, dass Sie sich an das Niveau der Parallelklassen anpassen." Ich fertigte von dieser Unterredung ein Gesprächsprotokoll an wie auch schon häufig zuvor und ab diesem Zeitpunkt nahezu ausnahmslos. Einige davon und im Speziellen dieses – mit der Frage, wie ich mit so einer Anweisung umgehen solle – sandte ich an das zuständige Schulamt. Im Nachhinein haben mich wohl diese Schreiben vor schlimmeren Folgen als einer Versetzung gerettet, immerhin hätte ich anhand dieser Protokolle nämlich nachweisen können, dass ich die ganzen Vorfälle über die Jahre nicht einfach erfunden hatte. Es folgten weitere Gespräche, in denen mir falsche Angaben über den tatsächlichen Wert meiner Beurteilung gemacht wurden. Beispielsweise hieß es, ich hätte mit zwei anderen Kolleginnen im Landkreis die höchste Bewertung bekommen. Als Begründung, warum die Bewertungsstufe im durchschnittlichen Bereich lag, hieß es, dass die höheren Beurteilungsstufen gar nicht vergeben würden, oder nur in Ausnahmefällen an schon ältere und langgediente Rektoren. Auch sollte ich, wie mehrfach vorher zugesagt, eine Verwendungseignung als Rektorin erhalten. Dieses Schreiben lag meiner Beurteilung nicht bei, stattdessen wollte man mir ernsthaft einreden, dass ein Formblatt, das ich selbst ausgefüllt hatte und auf dem ich mich und meine Qualifikationen beschrieb, ebendiese offiziell bekundete Eignung sei, die mich zur Bewerbung und schlussendlich zur Aufnahme einer Stelle als Rektorin berechtigt. Als ich deutlich machte, dass ich mir bei keiner dieser Aussagen vorstellen könne, dass sie richtig sei, und mich nun an höhere Stellen wenden würde, wurde mir gesagt: „Frau Czerny, ich kann Ihnen nur raten, von so einem Vorgehen abzusehen. Sie werden nur persönliche Nachteile haben. Sie werden noch an mich denken."

Nachdem ich zu einem der ersten Gespräche, in denen die problematische Situation thematisiert wurde, eine Begleitperson mitgebracht hatte und diese Person nachträglich als Zeuge für die fragwürdige Gesprächsführung und einige skandalöse Äußerungen des Schulrates fungierte, wurde mir in den Jahren ab diesem Zeitpunkt verboten, jemanden zu einem Gespräch mitzunehmen. Die Gespräche wurden außerdem nun stets so terminiert, dass ich auch keinerlei Möglichkeit gehabt hätte, jemanden mitzubringen. So wurde ich beispielsweise unvermittelt aus dem Sportunterricht herausgeholt oder kurz vor der Pause per Durchsage zu einem Gespräch beordert, später standen manchmal Personen auch unangekündigt in meinem Klassenzimmer, um mir Maßnahmen oder Anweisungen mitzuteilen. Es war teilweise schon hanebüchen, was mir im Laufe der Jahre in diesen Gesprächen gesagt wurde. Ich weiß, dass ich mit solchen Erlebnissen nicht allein dastehe, auch wenn mir dieser Eindruck wohl vermittelt werden sollte. Denn es ist ein wirkungsvolles Mittel, die betroffenen Personen einzuschüchtern, indem man sie separiert und sie womöglich sogar noch gegeneinander ausspielt. Dies zeigt sich auch immer wieder in diesen Gesprächen: Erzählt man beispielsweise von anderen, die ein ähnliches Schicksal erleiden, heißt es: „Wir sprechen heute über Sie." Erzählt man dann von sich, heißt es: „Wie Sie sehen, sind Sie ein Einzelfall, es muss also an Ihnen liegen." Nicht wenige Kollegen kamen auf mich zu mit der Frage, warum ich meinen Job nicht einfach so mache, wie es von mir verlangt wird. Sie würden diese Sanktionen und diese Behandlung nicht aushalten. In Gesprächen mit anderen Lehrern über ihre Erfahrungen im Schulsystem und mit Vorgesetzten hatte ich schon häufiger von einer Art ungeschriebenem Gesetz gehört, das da lautet: „Du darfst dich engagieren, du darfst Neues ausprobieren, du darfst mit deinen Kindern alles machen – solange sie nicht besser werden." Niemals hätte ich gedacht, dass in diesem Satz so viel Wahrheit steckt, und plötzlich erlebte ich selbst, welche Maschinerie hochgefahren wurde, weil nicht sein kann, was nicht sein darf. Weil alles gleich sein muss. Dabei war das erst der Anfang und zu dem Zeitpunkt hielt ich das alles noch für die Verfehlung eines einzelnen Mannes, der mir breitbeinig auf dem Stuhl gegenübersaß.

Ehrlich gesagt, in mir brach eine Welt zusammen. Nicht wegen der Beurteilungsgeschichte und meiner nun wohl nicht mehr möglichen Karriere zur Rektorin. Vielmehr weil ich erleben musste, dass mein ganzes Bemühen darum, dass Kinder gut lernen, nicht wertgeschätzt wurde, sondern ganz im Gegenteil zu massiven Gegenreaktionen führte. Ich hatte davon gehört, dass es politisch gar nicht gewünscht sei, dass alle Kinder gut lernen, konnte das aber nie glauben und will es bis heute nicht glauben. Ich wurde krank, musste mich von dem Erlebten erholen und wieder aufrichten. Die wenigen Wochen meiner Abwesenheit genügten später als Begründung, um mich „aufgrund der Fürsorgepflicht, die der Staat für mich als Beamten hat", zur medizinischen Untersuchungsstelle zu beordern, auf Überprüfung meiner Diensttauglichkeit, mit der Möglichkeit der Entsendung in den Vorruhestand. Am Ende des Schuljahres beantragte ich meine Versetzung; mit dem Schulamt war abgesprochen, an welcher Schule und in welcher Jahrgangsstufe ich im Folgenden unterrichten sollte.

Versetzt wurde ich dann ohne weitere Rücksprache an eine ganz andere Schule, an der ich eine vierte Klasse übernehmen sollte, in der es im Jahr zuvor offensichtlich heftige Elternprobleme gegeben hatte und die nun kurz vor dem Übertritt stand. Ich hatte zuvor noch nie eine vierte Klasse unterrichtet, auch das war dem Schulamt bekannt. Schon zur Begrüßung wurde klargestellt, dass ich genau das zu tun hätte, was die Kollegen in den Parallelklassen machen, ich dürfte nichts Eigenes in den Unterricht einbringen und der Wochenplan würde jede Woche gemeinsam erstellt. Das Schulamt hielte regelmäßig Rücksprache, bei den kleinsten Auffälligkeiten würde ich Probleme bekommen.

Nun, ich nahm an den wöchentlichen Teamsitzungen teil und bereitete Materialien vor, die ich meinen Kollegen zur Verfügung stellte, ebenso wie diese mir ihre Unterlagen gaben. Ich engagierte mich wie sonst auch im Schulleben, übernahm Ämter, erklärte mich zu Arbeitsgruppen und zusätzlichen Arbeiten und Aktivitäten bereit. Fairerweise hatte die Schulleitung die unhaltbaren Unterstellungen des Schulamtes nicht dem Kollegium weitererzählt, und so war ich, wie bislang an den anderen Schulen auch, von Anfang an gut integriert und ein gern gesehenes Mitglied des Kollegiums. Auch die Schulleitung äußerte sich bald sehr positiv und stellte gar die Ansichten und Urteile des Schulamtes deutlich infrage.

Für mich begann eine sehr arbeitsintensive Zeit. Wenn man einmal verstanden hat, wie Kinder leicht lernen, fällt es einem schwer, ganz bewusst Gegenteiliges zu machen. Gerade der Aspekt der inneren Überzeugungen war mir extrem wichtig. Und ich wusste: Die negativen Überzeugungen bilden sich aufgrund der Rahmenbedingungen in unserem Schulsystem nahezu von allein und es ist nur sehr schwer möglich, das zu verhindern.

Um neben meinem „Pflichtprogramm" also auch noch so zu lehren, wie ich es wollte, musste ich die fachlichen Inhalte so aufbereiten, dass sie in deutlich kürzerer Zeit von den Kindern aufgenommen werden konnten. Dafür musste ich diese Inhalte so überarbeiten und einsetzen, dass die Kinder daraus wenigstens einigermaßen organisch ihre Mosaike zusammensetzen konnten und uns noch regelmäßig Zeit für die wichtigen Dinge blieb. Die wichtigen Dinge – dazu gehörte das Miteinander, beispielsweise im täglichen Morgenkreis, dazu zählten auch gemeinsame Projekte wie das Einstudieren und Aufführen eines Musicals, Zeit für Ausflüge und außerschulische Lernorte, Zeit für Gespräche, wann immer sie wichtig waren.

Hineingeworfen in die vierte Klasse fehlte mir anfangs selbst noch die sehr tiefe und umfassende Kenntnis der Lerninhalte. Aufgrund des verbindlichen Wochenplans waren die Inhalte für eine Woche festgelegt, aber durch Umschichtung, die ich nicht im Wochenplan notierte, konnte ich zumindest innerhalb dieser Woche Freiräume schaffen. Nachdem mir die Themen geläufiger wurden, gelang es mir immer besser, Inhalte vorausschauend in das Lernen der Kinder einzubringen, sodass diese den Kindern frühzeitig vertrauter wurden und sie schlussendlich leichter und schneller lernten. Im Prinzip ist vieles in diesem System eine Frage der Zeit. Wenn es gelingt, diese zu überlisten, hat man Vorteile. Ich versuchte, die vorhandenen Lücken im Wissen der Kinder zu stopfen, obgleich mir untersagt worden war, die Lehrinhalte der dritten Klassenstufe mit den Kindern zu wiederholen. Die Begründung dafür lautete: „Wer das nicht kann, hat keine gute Note verdient." Die vorhandenen Materialien und Arbeitsblätter überarbeitete ich so, dass wir effektiver lernen konnten. Damit es nicht langweilig wurde, wechselte ich die Arbeitsformen regelmäßig, die Kinder lernten gemeinsam, aber auch mit Partnern oder in Gruppen, in Projektform oder an Werkstätten.

Oft bediente ich mich in dieser Klasse – auch aufgrund der Zeitknappheit – der Methode des lebendigen Erzählens. Auf diese Art konnte ich bei den Kindern innere Bilder erzeugen, mit denen sich die Lerninhalte schneller verknüpften. Täglich wiederholte ich kurz die reinen Wissensinhalte oder die zu verinnerlichenden Rechenverfahren, also all das, was sonst meist zu Hause geschehen muss. Durch ein stringentes Konzept von Korrekturen, gemeinsamer Arbeit und Hausaufgaben zum Vertiefen und Üben entstand in meiner Klasse rasch eine konzentrierte Arbeitshaltung, sodass es leichtfiel, zwischen effektiven, leistungsorientierten Arbeits- und entspannenden Erholungsphasen zu wechseln, die insgesamt wieder die Effektivität steigerten.

Ich führte die gemeinsamen Gespräche mit Kind, Eltern und mir als Lehrerin ein, die sich in vielen Fällen als sehr hilfreich erwiesen, gerade für die Familien, in denen Schule und die schlechten Leistungen schon zum Dauerstreitthema geworden waren. In der Regel waren die Eltern für wirkungsvolle Hinweise dankbar, wie sie ihre Kinder gut auf Prüfungen vorbereiten konnten. Wir fanden individuelle Lösungen, wenn ein Kind diese benötigte, und konnten klären, ob und wie genau das Elternhaus unterstützend tätig werden sollte.

Der Schwerpunkt meiner Arbeit lag immer darauf, dass die Kinder im Laufe der Zeit positive Überzeugungen über sich selbst gewannen, die ihnen viel Kraft und Motivation gaben. Ich bemühte mich, jedem Kind stets solche Fragen zu stellen, die es zwar forderten, aber von ihm richtig gelöst werden konnten, sodass alle Kinder Erfolgserlebnisse hatten. Es muss gelingen, dass sich Kinder als fähig erleben. Sie lieben es, wenn das Beste aus ihnen herausgeholt wird, und sind dann auch bereit, engagiert mitzumachen.

Hausaufgaben gab ich prinzipiell als Übungseinheiten, die problemlos von den Kindern allein angefertigt werden konnten, aber durch ihre Menge und den Inhalt Gelerntes vertieften und sicherten und eine gewissenhafte und zielorientierte Arbeitshaltung förderten.

Recht bald bemerkte ich eine Veränderung bei den Kindern, die fröhlich in die Schule kamen, sich auf den gemeinsamen Tag freuten und zunehmend selbst Themen und Inhalte beisteuerten. Auch Eltern bestätigten die Veränderungen. Eine Mutter erzählte, dass ihr Kind seit Wochen nicht mehr gesagt hatte, es sei dumm, eine andere teilte mir mit, ihr Kind würde sich jetzt bei den Mathematikhausaufgaben nicht mehr von vornherein verweigern, sondern sie so beginnen wie alle anderen Hausaufgaben auch. „Mein Sohn wünscht sich zum Geburtstag einen Duden, was haben Sie nur mit ihm gemacht?", „Meine Tochter macht die Hausaufgaben nun ohne Streit, anschließend wiederholen wir noch gemeinsam – unser Familienleben ist viel friedlicher und harmonischer geworden.", „Meine Tochter ist heute Morgen um halb sechs aufgestanden, weil sie noch in ihrem Heft arbeiten wollte. Das hat sie bislang noch nie getan.", „Mein Sohn will unbedingt einen Büchereiausweis, damit er für das Heimat- und Sachunterrichtsthema forschen kann, dabei hatte ich bislang größte Schwierigkeiten, ihn zur täglichen halben Stunde Lesen zu motivieren." Solche und ähnliche Rückmeldungen bekam ich von den Eltern.

Das Entscheidende für derartige Veränderungen ist einzig und allein die Freude. Sobald es gelingt, dass die Beschäftigung mit Dingen für Kinder leicht ist, und das heißt in erster Linie stress- und angstfrei, taucht die Freude daran von ganz allein auf. Und diese Freude, gepaart mit erworbenen positiven Überzeugungen, ist der Motor für Anstrengungsbereitschaft, die Kinder dann auch dazu bringt, langfristig an einer Sache dranzubleiben, sich mit ihr auseinanderzusetzen und Misserfolge auszuhalten. Es herrschte eine angenehme, harmonische Atmosphäre, die Kinder schienen sich wohlzufühlen. Wir lernten und arbeiteten fleißig und hatten auch noch Zeit für Schönes.

Die Proben wurden in allen Parallelklassen gleich geschrieben und auch gleich gewertet. Im ersten Probenzyklus erreichten die Kinder dieser Klasse noch ähnliche Schnitte wie die Parallelklassen, die etwa im Bereich zwischen 2,4 und 3,4 lagen, wenngleich auch hier einige Kinder sich im Vergleich zum Vorjahr bereits verbessert hatten. Doch schon im Dezember erzielte die Klasse in einer Mathematikprobe einen Schnitt von 1,8. Dieser Erfolg motivierte die Kinder natürlich zusätzlich. Dieses Probenergebnis nahmen meine Vorgesetzten noch stillschweigend zur Kenntnis; als allerdings das Ergebnis der folgenden Probe ähnlich gut ausfiel, wurde mir in deutlichen Worten mitgeteilt: „Frau Czerny, auch in Ihrer Klasse muss es Vierer, Fünfer und Sechser geben!" Gemutmaßt wurde damals schon, dass hier etwas nicht mit rechten Dingen zugehen könne.

Nach einem Notendurchschnitt von 1,6 bei den Ergebnissen einer Heimat- und Sachunterrichtsprobe kam es schließlich zum Eklat: Der Umgang der Schulleitung mit mir änderte sich schlagartig, Gespräche wurden nicht mehr mit mir allein geführt. In der Regel saßen mir nun mindestens zwei Menschen gegenüber, in wechselnder Zusammensetzung die Schulleitung, die Schulpsychologin, die Lehrkräfte der Parallelklassen, später dann auch noch Schulräte. Ich hingegen durfte selbst nach wiederholter Bitte weiterhin niemanden in die Gespräche mitnehmen. (Für ein späteres Gespräch, das ich schon vorher als sehr belastend einschätzte und bei dem mir dann auch tatsächlich vier Menschen verschiedener höherer Dienstebenen gegenübersaßen, engagierte und bezahlte ich schließlich eine Anwältin als Rechtsbeistand, der die Anwesenheit nicht verweigert wurde.)

Ab diesem Zeitpunkt wurde nur noch versucht deutlich zu machen, dass mein Unterricht katastrophal sei, die Kinder auf diese Weise garantiert nichts lernen könnten, ich die Ergebnisse vorgesagt, in den Korrekturen betrogen oder gefälscht hätte. Mehrfach musste ich alle Proben zur Überprüfung vorlegen. Es wurden keine Mängel festgestellt, meine Korrekturen kein einziges Mal beanstandet. Daraufhin wurde mir unterstellt, dass ich die Aufgaben sicher so vorgelesen hätte, dass zum einen nun jedes Kind die Fragen an sich verstanden und zum anderen viele Kinder anhand der Betonung schon auf die korrekte Antwort hätten schließen können. Dabei ist das Vorlesen der Fragen an sich ja schon verboten und ich hatte, bis auf die mit den Lehrkräften der Parallellehrklassen abgesprochenen Hinweise, nichts weiter zu den Aufgaben gesagt. Dann wurde mir unterstellt, ich hätte die Fragen am Tag vorher explizit mit den Kindern durchgesprochen, obwohl ich manche Proben nicht einmal vorab gesehen hatte, sie aber aufgrund der Anweisungen mitschreiben musste. Und mir wurde vorgeworfen, ich hätte mit den Kindern zu viel geübt. Dann könne es ja jeder. Das ist zwar eine gängige Formulierung im Zusammenhang mit der Notengebung, aber ist es nicht absurd, dass mir vorgeworfen wurde, meine Arbeit gut zu machen?

Sehr unmissverständlich wurde mir gesagt, dass Gleichheit zu herrschen habe. Wichtig sei, dass aus jeder Klasse gleich viele Kinder in die verschiedenen Schularten übertreten. Ich möge mir doch vorstellen, wie Eltern reagieren, wenn es dabei ungerecht zuginge. Ich würde damit einen Angriffspunkt für juristisches Vorgehen bieten, auf diese Weise meine Kollegen ausliefern. Eltern hätte ich auf Distanz zu halten – meine intensive, stets zeitnahe und offene Elternarbeit war nie gern gesehen –, ich hätte auch bei zweifelhaften Aufgabenstellungen und Korrekturen meine Kollegen zu schützen und mich dementsprechend zu verhalten. Ich könne den Eltern ja einen Termin in der Sprechstunde geben – wenn ich angäbe, der nächste sei erst in sechs Wochen frei, würde eh keiner mehr kommen. Ich solle dann halt sagen, ich hätte das mündlich durchgenommen und das betroffene Kind hätte nicht aufgepasst. Meine Hauptverantwortung läge bei den Kollegen. Mir wurde ans Herz gelegt, das Schulsystem zu verlassen, ich müsste doch erkennen, dass ich hier falsch sei. Ich könne ja eventuell noch an eine Alternativschule gehen, dort könne ich die Kinder so behandeln, wie ich es für richtig halte, aber hier im staatlichen Schulsystem wären einfach die Noten wichtig und die Gleichheit. Bezug nehmend auf einen bestimmten Schüler, der den Aufnahmeunterricht in der Realschule geschafft hatte, wurde mir entgegnet: „Das war ein sicherer Hauptschüler, Frau Czerny!"

Es freute offensichtlich niemanden, dass einundneunzig Prozent meiner Schüler in dieser Klasse an Realschule und Gymnasium übertreten konnten, mir wurde diese Quote stets vorgehalten. Dass einige Kinder den Probeunterricht an einer anderen Schule, also unabhängig von mir, bestanden hatten, wurde kommentiert mit den Worten, „dass sie ja schon im Übertrittszeugnis gute Noten gehabt hätten". Heißt das gar, dass der Probeunterricht gar nicht objektiv bewertet wird, sondern eine Farce ist, bei der wieder vorrangig auf die zuvor gegebenen Noten geachtet wird? Schon vor dem Probeunterricht wurde im Kollegenkreis gemunkelt, dass im betreffenden Jahr lediglich zehn Schüler über den Probeunterricht aufgenommen werden würden, ein Gerücht, das ja ebenfalls darauf hindeutet, dass nicht das tatsächliche Wissen und Können der Kinder für die Aufnahme an der weiterführenden Schule entscheidend ist, sondern eventuell die noch freien Plätze in den geplanten Klassen der weiterführenden Schulen.

Verantwortungslos sei ich. Auf meine Frage hin, ob es nicht meine Aufgabe sei, mich um jedes Kind zu kümmern, wurde nur der Kopf geschüttelt und gelacht. Wenn ich meine Pädagogik erläutern wollte und erklären wollte, welche Bedeutung die Überzeugungen der Kinder haben und wie man dieser Tatsache gerecht werden kann, wurde ich als anmaßend hingestellt – es gäbe einfach dumme Kinder. Da könne auch ich nichts tun, oder wolle ich etwa sagen, ich sei etwas Besseres und alle meine Kollegen unfähig? Stets versuchte man mir zu unterstellen, den Schulfrieden gestört und das Verhältnis zur Schulleitung und zum Kollegium zerrüttet zu haben – konkrete Begründungen für diese Behauptungen und eine konkrete Darlegung meines angeblichen Fehlverhaltens gab es nicht. Mit Ende des Schuljahres wurde die angekündigte zwangsweise Versetzung vollzogen mit den Worten: „An der neuen Schule können Sie sich ja bewähren und Ihre Kollegialität beweisen, immerhin haben Sie ja jetzt schon an mehreren Schulen für Unruhe gesorgt."

Auf der Suche nach einem Maßstab

Weit interessanter als der schulbürokratische Umgang mit der Situation ist die pädagogische Tragweite. Die wöchentlichen Teamsitzungen mit den Kollegen der Parallelklassen und damit die Festlegung auf die Inhalte wurden aufrechterhalten, ich durfte allerdings nicht mehr die gleichen Proben wie die Kollegen schreiben, sondern musste meine selbst erstellen. An sich kein Problem, und doch war mir bewusst, dass der Vorwurf, die Proben wären zu leicht gewesen, nun wie ein Damoklesschwert über mir hing, wenn die Ergebnisse ebenso gut wie bisher ausfielen. Der Vergleich mit den Parallelklassen war so ja nicht mehr möglich. Den Vorwurf, dass ich im Vorfeld einer Probe zu gut mit den Kindern üben würde und es dann kein Wunder sei, wenn alle Kinder alles können, machte man mir sowieso. Was konnte ich tun? Wie konnten die mir anvertrauten Kinder sehr gute Leistungen erzielen, ohne dass ich in dieser Weise angreifbar war?

Ich machte mich auf die Suche. Ich durchforstete alle Gesetze, die mit Schule zu tun hatten, und las die der Notengebung zugrunde liegenden Bestimmungen der Kultusministerkonferenz (KMK), die deutschlandweit, also in allen Bundesländern, gültig sind (siehe auch Informationskapitel „Noten" ab Seite 285). Ich studierte den speziell für meinen und die umliegenden Landkreise entwickelten Leitfaden zur Notengebung und durchforstete das Internet nach Informationen und Anhaltspunkten. Ich wollte wissen, was genau von den Kindern eigentlich verlangt wird und wie es zu bewerten ist. Ich suchte nach einem Maßstab. Und wurde nicht fündig. Nirgends!

Es gibt keinen Maßstab für die Notengebung!

Es gibt keinen allgemein geltenden, objektiven Maßstab, der einer bestimmten Leistung, beispielsweise dem Beherrschen der schriftlichen Rechenverfahren in der vierten Klasse, eine konkrete Note zuordnet.

Die Bildungsstandards, die das Institut zur Qualitätsentwicklung im Bildungswesen (IQB) veröffentlicht hat, weisen zwar aus, welche Kompetenzen Kinder am Ende einer Jahrgangsstufe erreicht haben sollen, stellen aber keinen Zusammenhang mit der Notengebung her.[1] Was es gibt, sind Angaben über sogenannte Kompetenzstufen. Dafür werden verschieden ausgeprägte Fähigkeiten in niedrige und hohe Kompetenzstufen eingeordnet. Zum Beispiel entspricht es beim Thema „Achsensymmetrie" der niedrigsten Kompetenzstufe, wenn ein Kind auf einem karierten Blatt durch Abzählen der Kästchen eine Figur spiegeln kann. Die höchste Kompetenzstufe weist aus, dass das Kind auf einem weißen Blatt Papier eine Figur mithilfe des Geodreiecks spiegeln kann. Alle meine Kinder konnten das – warum auch nicht? Betrachtet man die anderen höchsten Kompetenzstufen in Mathematik und in anderen Fächern, verhält es sich ähnlich. Zumindest in meinen Augen gibt es keinen Grund, warum nicht jedes Kind die höchste Kompetenzstufe erreichen sollte, wenn ich als Lehrer gut erkläre und ausreichend vielfältige Übungsmöglichkeiten biete. Durfte ich jetzt meinen Kindern Einser geben? Ich forschte weiter.

Ich studierte die bereits beschriebenen Vorgaben der Kultusministerkonferenz 1968, die für jedes Bundesland Gültigkeit haben und für Bayern im Bayerischen Gesetz über das Erziehungs- und Unterrichtswesen (BayEUG) festgelegt sind. Sie ordnen der Art, wie eine Anforderung erfüllt wurde, jeweils eine Note zu. Allerdings wird nichts darüber ausgesagt, **wie** diese Anforderung aussieht, sondern lediglich, dass sich dieser Begriff auf den Umfang der Kenntnisse, Fähigkeiten und Fertigkeiten, ihre selbstständige und richtige Anwendung und die Art der Darstellung bezieht. Auch ist mir nicht klar geworden, worin der genaue Unterschied liegt, wenn eine Leistung den Anforderungen noch entspricht oder im Allgemeinen entspricht beziehungsweise wenn sie einer Anforderung voll oder gar in besonderem Maße entspricht. Wirklich hilfreich ist diese Vorgabe nicht, wenn es darum geht, einen sicheren Boden für die Leistungsbeurteilung zu haben. Alle vier Notenstufen sagen vor allem aus, dass die Leistungen eines Kindes die Anforderungen erfüllt haben!

Bei einer Veranstaltung zur Leistungsmessung in der Grundschule wurde versucht zu präzisieren[2], dass als zentrale Notenstufe die Note „befriedigend", also die Note „Drei", anzusehen ist. Ein Schüler bekommt eine Drei, wenn er weitgehend fehlerlos reproduzieren und reorganisieren kann, aber ihm das Transferieren und Problemlösen nicht fehlerlos gelingt. Bringt ein Schüler sichere Leistungen in allen vier Bereichen, also beim Reproduzieren, Reorganisieren, im Transfer und Problemlösen, so bekommt er eine Zwei. Für eine Eins muss die Leistung des Schülers darüber hinaus noch Besonderes im positiven Sinn aufweisen – der Schüler muss also beispielsweise qualitativ unterschiedliche Aufgaben sehr sicher, besonders schnell und zugleich richtig lösen oder durch eine besonders geschickte, effektive oder präzise Lösung überzeugen. Das erklärt zumindest, warum Zeit selbst für die Allerjüngsten in unserem Schulsystem schon solch eine Rolle spielt. Die Zeit, in der man etwas zu lernen hätte, die Zeit, die einem in der Prüfung zur Verfügung steht – es dreht sich immer alles um die Zeit.

Zudem heißt es weiter: „Somit kann Schülern, die nur Gelerntes wiedergeben können, allenfalls eine befriedigende Leistung bescheinigt werden."[3] Aha. Hier findet sich also schwarz auf weiß die Aussage, dass Schüler mehr können müssen, als sie gelernt haben, um eine gute Note zu erhalten.

Der Bildungsrat veröffentlichte 1970 die Vorgaben für die Anforderungsstufen, die der Notengebung zugrunde gelegt werden können.[4] Mit zunehmendem Anspruch wird von den Kindern die Reproduktion und die Reorganisation des Gelernten verlangt, darüber hinaus die Fähigkeit zum Transfer und zum problemlösenden Denken.

Im Skript zur Leistungsmessung[5], das mehrere Landkreise zur Unterstützung des Lehrers im Notenfindungsprozess herausgegeben haben und das aufgrund einer Anweisung des Schulamtes bei der Notengebung verbindlich berücksichtigt werden soll, wird dann noch erklärt: „Die Zuordnung der Punkte zu den einzelnen Aufgaben richtet sich nach den jeweiligen Anforderungsstufen. (…) Den Aufgaben mit höherem Niveau (Transfer, problemlösendes Denken) sind insgesamt genauso viele Punkte zuzuordnen wie denen der Mindestkompetenz. (…) Im Lehrerkollegium sollten unbedingt Absprachen über die verwendeten Punkte-Noten-Skalen („Notenschlüssel") erfolgen, da mit Beurteilungen selektionswirksame Folgen (z. B. Übertritt) verbunden sind und (…) Probleme auftreten können." Und weiter: „Nicht die möglichst genaue mathematische Verteilung ist wesentlich, sondern die Entscheidung, bis zu welchen Prozent- oder Punktwerten das Ergebnis den Anforderungen entspricht. Als erste Entscheidung wird die Mindestkompetenz festgelegt. Mindestkompetenz 40 bedeutet, dass mindestens 40 % aller Punkte erreicht werden müssen, um die Note Vier (ausreichend) zu bekommen." Und: „Für eine gute Leistung (Note Zwei) müssen (…) praktisch alle Aufgaben gelöst werden, damit fast alle Punkte erreicht werden (…) Die zugeteilten Noten sollten dann durch eine Kontrolle der Leistungsanforderungen und durch Fehleranalysen nachgeprüft und gegebenenfalls korrigiert werden. Dies zeigt uns, dass auch die Benotung nach einer Prozentwert- oder Punkte-Notenzuordnung eine schwierige, im Endergebnis aber vom Lehrer auf der Grundlage seines Unterrichts zu verantwortende Entscheidung ist."

Zudem findet sich in diesen für mich verbindlichen Vorgaben Folgendes: „Es ist oft schwierig, Reorganisation und Transferaufgaben zu halten, da sich die erwarteten Leistungen zweifelsohne überschneiden", oder auch: „Statistisch gesehen sind Noten Schätzurteile mit Hilfe einer Ordinalskala. Sie erlauben lediglich Aussagen darüber, dass z. B. eine Leistung der Note Drei besser ist als eine der Note Vier", oder auch: „Einigen sich möglichst viele Schulen auf **eine** Prozentwertverteilung mit Festlegung der Mindestkompetenz und auf anforderungsbezogene Maßstäbe, wird in den Augen der Schüler und Eltern eine Vergleichbarkeit und damit in etwa auch eine Gleichbehandlung der Schüler hergestellt." Um ehrlich zu sein: Ich war entsetzt. Unabhängig davon, wo ich nun noch suchte, überall fanden sich lediglich intransparente, wenig aussagekräftige Angaben. Alle machten nur deutlich, dass das, was in der Schule gelernt wurde, gerade mal für die Note „Vier", je nach Auslegung auch noch für die Note „Drei" ausreichte. Bessere Noten können nur erzielt werden, wenn der Schüler darüber hinaus noch eigenständige Leistungen erbringt. Die Zuordnung zu einer Anforderungsstufe hängt also nicht von einer konkreten Aufgabe ab, sondern vielmehr vom erteilten Unterricht und davon, was geübt und durchgenommen worden ist. Schon per definitionem ist jede geübte Aufgabe also eine Reproduktionsaufgabe.

Ist es nicht grotesk, dass gerade durch die Vorgaben für die Leistungsmessung der Lehrer indirekt angewiesen wird, gewisse Aufgaben weder durchzunehmen noch zu üben?

Zumindest war jetzt klar, worin sich der Vorwurf begründet, mit seinen Schülern zu viel und zu gut geübt zu haben – eine Formulierung, die man im Kontext mit Probeaufgaben immer wieder hört, auch von Eltern. **Guter Unterricht und vielfaches Üben, sodass jedes Kind die Inhalte verstanden hat, wird aufgrund dieser Vorgaben zu einem Fehlverhalten.**

In jedem Fall findet sich in all den Unterlagen wenigstens die legale Begründung dafür, dass Noten in Bezug auf das tatsächliche Können ungerecht sein dürfen, weil sich die Anforderungen nach dem Unterricht in der Klasse richten. Was in der einen Klasse also eine Transferaufgabe ist, kann in der anderen bereits eine Reorganisationsaufgabe oder auch nur eine Reproduktionsaufgabe sein – je nachdem, welche Aufgaben konkret im Unterricht besprochen wurden.

Insbesondere heißt das dann aber auch, dass, wenn es mir gelingt, mit meinen Kindern so zu lernen, dass alle die höchste Kompetenzstufe beispielsweise beim Thema der Achsensymmetrie erreicht haben, ich dennoch allen die Note „Vier" geben müsste. Denn alle Aufgaben waren geübt und damit nur Reproduktionsaufgaben. Ist das nicht absurd? Wenn alle Kinder die höchste Kompetenzstufe erreichen, bekommen sie dennoch nur eine Vier? Nur weil ich es mit ihnen geübt habe? Hier liegt der fatale Knackpunkt unseres Schulsystems. Auf der einen Seite sollen die Kinder möglichst hohe Kompetenzen erreichen, auf der anderen Seite orientiert sich die Notengebung nicht daran, welche tatsächlichen Kompetenzen erreicht wurden. Den Noten liegt ein relativer Maßstab zugrunde. Und dieser macht die Leistungsbeurteilung daran fest, inwieweit ein Kind allein über das hinaus, was es im Unterricht gelernt und geübt hat, eine Leistung erbringt.

Aufgaben, die nicht geübt werden dürfen

Gerade diese für die Notengebung so entscheidenden Transferaufgaben und Aufgaben zum problemlösenden Denken sind noch einen genaueren Blick wert. Ich behaupte, dass es im Grundschulbereich keine oder wenn überhaupt nur ganz wenige solcher Aufgaben gibt, die ich im Nachfolgenden der leichteren Lesbarkeit halber immer verkürzt nur als Transferaufgaben bezeichne, da sich gerade dieser Begriff bei Eltern als gefürchtete Aufgabenstellung eingeprägt hat. In den meisten Fällen sind Transferaufgaben Aufgaben, die noch nicht durchgenommen wurden. Um diese Transferaufgaben zu lösen, müssen Kinder sozusagen ihrer Zeit beziehungsweise dem Unterricht voraus sein. In den anderen Fällen sind Aufgaben nur aus dem Blickwinkel von Erwachsenen Transferaufgaben, die weit mehr zusätzliche Information bereits verinnerlicht haben, aber bei der Aufgabenstellung nicht das Wissensnetz eines Kindes zugrunde legen. Kindern fehlen oft für die Lösung entscheidende Fähigkeiten.

Im ersten Fall ist es eine reine Frage der Zeit – eine Frage von recht wenig Zeit. Schaut man sich diese Aufgaben nämlich genauer an, erkennt man meist, dass schon wenige Wochen später **alle** Kinder diese sogenannten Transferaufgaben lösen können. Entwicklungsunterschiede oder das Alter der Kinder werden also bei dieser Bewertung überhaupt nicht berücksichtigt. Stattdessen wird der Schluss gezogen: Wer die Aufgaben zum Zeitpunkt der Probe nicht lösen kann, der ist nicht leistungsfähig, ist nicht intelligent.

Im zweiten Fall verkennen Erwachsene, in welcher Entwicklungsphase sich Kinder in der Grundschule befinden und was sie an Grundlagen für Überlegungen bislang erworben haben. Kinder haben gerade erst diese vielen Linien und Bögen als unterschiedliche Buchstaben zu differenzieren gelernt und die Zusammenhänge zwischen einem „Kreuz", zwei geraden Strichen und vielen Zahlen dazwischen als Rechenaufgabe verstanden. Zu diesem Zeitpunkt ist eine andere Anordnung der Aufgaben, etwa in einer Rechenmauer, einer Zielscheibe oder auch einer einfachen Platzhalteraufgabe etwas völlig Fremdes und nicht nur eine Weiterentwicklung oder Abwandlung des Bekannten für sie! Sie sind gerade in dem Prozess, Dinge ganz genau zu differenzieren, bei Buchstaben macht ein kleiner Strich oder auch nur die Ausrichtung einer Rundung einen enormen Unterschied (beispielsweise bei t und l oder bei b und d), bei Rechenaufgaben ist die Reihenfolge der Zeichensetzung entscheidend. Jeder kleinste Unterschied wird wahrgenommen – muss wahrgenommen werden. Es ist für Kinder nicht per se ersichtlich, dass nun plötzlich trotz anderer Darstellung im Prinzip die gleiche Aufgabenstellung zugrunde liegt. Woher auch? Kinder haben bislang ihre Welt einfach nur so erlebt, wie sie war – jetzt beginnen sie zu differenzieren und genauer hinzuschauen. Dass man Dinge zusammenfassen kann, dass es Ähnlichkeiten und Entsprechungen gibt, manche Unterschiede wichtig, andere nicht wichtig sind, müssen sie erst lernen. Mit der Zeit werden sie generalisieren: Am Anfang sind beispielsweise für Kinder Buchstaben, denen aufgrund der Schriftart ein Bogen oder ein Strich fehlt, zunächst nicht lesbar. Für Kinder ist erst einmal alles neu, Zusammenhänge müssen erst erfahren werden und es muss erst einmal gelernt werden, wo man unterscheiden und wo man generalisieren kann.

Ich möchte diesen Aspekt gern noch an einem Beispiel verdeutlichen. Eine sehr beliebte Transferaufgabe ist zum Beispiel folgende: Heimat- und Sachunterricht, zweite Klasse, Thema Igel. Die Kinder lernen in der Schule: „Der Igel ist ein Winterschläfer, er frisst sich eine Speckschicht an, sucht sich ein geschütztes Plätzchen, sein Puls verlangsamt sich, er schläft den ganzen Winter durch." In der Probe wird dann gefragt: „Der Bär ist ein Winterschläfer. Wie überlebt er den Winter?" In den Augen eines Erwachsenen ist das eine klare Sache. Er weiß, was Oberbegriffe sind, hat sich gemerkt, was für einen Igel gilt, und überträgt das nun auf den Bären. Die Kinder sind zu diesem Zeitpunkt sieben oder acht Jahre alt – und bekommen teilweise den Knopf ihrer Hose noch nicht auf, um aufs Klo gehen zu können –, sie haben gerade lesen und schreiben gelernt und freuen sich über den ersten Schnee. Und sie lernen erst am Ende der zweiten Klasse, also gut ein halbes Jahr nach dieser Probe, was Sammelnamen sind, also dass man bestimmte Dinge unter einem Sammelbegriff zusammenfassen kann: Birne, Apfel, Zwetschge sind Obst. Das ist eine Vorstufe des Oberbegriffs und der Übertragung von Wesensmerkmalen. Wenn also nicht ein Geschwisterkind vorher diese Frage schon einmal in einer Probe hatte oder ein Vater sie bei seiner Internetrecherche gefunden hat, sodass diese Frage beim Üben genau so gestellt oder Zusammenhänge erklärt wurden, ist diese Fragestellung für ein Kind in etwa wie: „Das Auto ist rot. Es fährt hundert Kilometer pro Stunde, es hat Lederbezüge, es verbraucht acht Liter Benzin pro Kilometer. Die Kaffeekanne ist auch rot. Was kannst du über die Kaffeekanne sagen?"

Kinder kennen noch keine Oberbegriffe und viele sind damit auch nicht aus dem Sprachgebrauch heraus vertraut, insbesondere die Kinder aus sozial benachteiligten Schichten oder mit Migrationshintergrund. Bei den meisten Transferaufgaben benötigen die Kinder Fähigkeiten oder Wissen, das sie noch nicht erworben haben – außer eventuell außerschulisch, meist durch das Engagement und die Situation im Elternhaus. In der Schule genügt es dann oft, wenn zwei oder drei Kinder die Aufgabe richtig beantwortet haben, das beweist ja, dass die Aufgabe lösbar war, und zeigt die Kinder auf, die Anforderungen im besonderen Maße erfüllen. Dass gar nicht dafür gesorgt wurde, dass alle Kinder die gleichen Fähigkeiten und das Wissen erworben haben, um den eigentlichen Transfer vollziehen zu können, wird nicht thematisiert. Dafür gibt es noch viele weitere Beispiele:

Mathematik, Mitte der zweiten Klasse, Probe „Addieren und Subtrahieren im Zahlenraum bis hundert" – hier findet man die Aufgabe: „Susi und Steffi haben zusammen 84 Aufkleber. Susi hat 16 Aufkleber mehr als Steffi." Sieht man nicht genau hin, liegt der Gedanke nahe, dass die Aufgabe für die Jahrgangsstufe passend wäre. Tatsächlich verbirgt sich dahinter aber ein Gleichungssystem mit zwei Gleichungen und jeweils zwei Unbekannten, die über einen x-Ansatz gelöst werden müssten. Stoff der weiterführenden Schulen. Man könnte mit den Kindern eine zeichnerische Lösung üben, aber dann wäre es wieder keine Transferaufgabe mehr. Zudem bekommt man vorab auch deutlich die Anweisung, diese Aufgabe ja nicht zu üben, sonst könne sie ja jeder!

Heimat- und Sachunterricht, zweite Klasse, Probe „Obst/Gemüse": „Warum werden Bananen grün gepflückt?" Für Kinder, die oft nicht einmal die verschiedenen Gemüse- und Obstsorten im Obstladen um die Ecke kennen, ist es nicht unbedingt aus der eigenen Erfahrung heraus erklärbar, dass Bananen auf dem Weg verfaulen würden. Woher sollen sie das alles wissen? Wo ist da der Transfer?

Die Liste an derartigen Transferaufgaben ließe sich recht beliebig fortsetzen. Der Punkt ist nicht, dass diese Fragen nicht gestellt und behandelt werden sollten – fragwürdig ist, dass sie in Proben gestellt werden. In Proben, die selektionswirksamen Charakter haben. Alle diese Aufgaben sind lernbar, viele davon sind aber auch einfach Wissensfragen. Manche Bananensorten werden beispielsweise auch aus dem Grund grün gepflückt, weil sie dadurch geschmacklich besser ausreifen – haben Sie das gewusst?

Interessant ist in dem Zusammenhang zudem, dass Kinder in diesem Alter noch gar nicht selbst reflektieren können. Kinder leben im Moment und sind Teil ihrer Welt. Sich innerlich zu distanzieren, etwas eigenständig aus einer anderen Warte und insbesondere mit einem größeren Überblick sehen zu können, das gelingt erst viel später. Im Gegensatz zu Erwachsenen haben sie noch kein „inneres Gegenüber", mit dem sie in Zwiesprache Fähigkeiten reflektieren, verschiedene Möglichkeiten durchdenken und beurteilen oder zur Lösung einer komplexen Aufgabe kommen können. Wir Erwachsenen können uns selbst abfragen: „Wie heißen die Bundesländer?", oder vor unserem inneren Auge eine Europakarte entstehen lassen, wenn die Frage gestellt wird, in welchen Ländern mit Euro gezahlt wird. Wir werden aber auch auf Erfahrungen zurückgreifen und im Geiste beispielsweise die Länder abklappern, die wir bereist haben. Kinder können das nicht, ihre inneren Bilder werden gerade erst entwickelt, viele Erfahrungen erst noch gemacht. Entweder eine Sache ist ihnen vertraut – oder eben nicht. Es ist also völliger Unsinn, so etwas von ihnen zu verlangen. Um den Aufgabenstellungen überhaupt irgendwie gerecht zu werden, lernen sie meist stur auswendig für Proben. Doch auch Zusammenhänge zu finden, Dinge aus verschiedenen Blickwinkeln zu betrachten, Erkenntnisse neu zusammenzusetzen – das alles sind Fähigkeiten, die erst explizit erlernt und geübt werden müssten, aber vielfach in Probeaufgaben vorausgesetzt werden. Nach meiner Erfahrung können Kinder in diesem Alter genau das, was sie gelernt haben, und sehen dann von diesem Punkt aus den nächsten kleinen Schritt, und dieser ist meist weit kleiner, als wir Erwachsenen denken. Ich halte es für völligen Unsinn, dass es Kinder geben soll, die nur zur Reproduktion, aber nicht zum eigenständigen Denken fähig sein sollen – aber genau das wird mit dieser Art von Aufgabenstellung suggeriert. Vielmehr ist es so, dass nicht die für diese Kinder passenden, genau einen Schritt über ihren derzeitigen Entwicklungsstand hinausgehenden Fragen gestellt wurden. Auch wird das Denken an sich nicht wirklich geschult – die wenigen Aufgaben, die sich dafür eignen würden, dürfen ja nicht geübt, sondern müssen oft für die Proben aufgehoben werden.

Das Einzige, was die für eine gute Note so existenziellen Transferaufgaben derzeit abprüfen, ist, welches Kind Eltern daheim hat, die mit ihm üben, lernen und im Voraus derartige Aufgabenstellungen behandeln, und welches Kind bestimmte Entwicklungsschritte hinter sich hat, damit bereits über die notwendigen inneren Strukturen verfügt und sich die zugehörigen Fähigkeiten und Wissensinhalte angeeignet hat. Diese

Aufgaben prüfen damit weder Intelligenz noch Leistungsvermögen der Kinder.

Die ganze Probenerstellung und Notengebung ist also völlig intransparent, äußerst relativ und subjektiv – sobald man es wagt, genauer hinzusehen. An dieser Stelle kommt schlussendlich gern die Vorstellung der normalverteilten Intelligenz ins Spiel. Diesbezüglich wurde in einer Fortbildung zu dem oben zitierten Skript zur Leistungsmessung gesagt, dass auch Hochbegabte ihren Platz in unserem Schulsystem finden sollen, auch und insbesondere in der Notengebung. Einser sind also Hochbegabten vorbehalten, die – legt man gängige Intelligenztests zugrunde – etwa zwei bis drei Prozent der Bevölkerung ausmachen. Mehr als drei bis fünf Einser kann es daher also auch bei der unwahrscheinlichsten Häufung von Hochbegabten in einer Klasse eigentlich nicht geben, wenn in der Probe angemessen viele Aufgaben zum Transfer und zum problemlösenden Denken enthalten waren, die eben nur „wirklich intelligente" Kinder lösen können. Et voilà – schon haben wir den gewünschten Notenschnitt erreicht! Den zweifelt auch kaum jemand an, denn in unseren Köpfen schwebt immer noch die Vorstellung, dass die Intelligenz genetisch und damit unabänderlich und ungleich verteilt ist: dass es also einfach von Geburt an ein paar wenige sehr intelligente und fähige Menschen, dann die große Masse durchschnittlich intelligenter und schließlich einige sehr schwach befähigte Menschen gibt. Wir sehen darin die natürlichen Grenzen, die einem Menschen zugedacht sind und die damit auch die Prüfungsergebnisse legitimieren. Zu wenige Menschen wissen, dass Intelligenztests bewusst so gemacht werden, dass die Ergebnisse in Form der Gauß´schen Kurve auftreten. So wird eine große Unterschiedlichkeit zwischen den Menschen suggeriert, ohne aber eine absolute Aussage zu treffen. Und zu wenige Menschen wissen, dass Intelligenz erwerbbar ist. In der Schule wurde mir daraufhin gesagt, dass wir aber doch herausfinden müssten, welche Kinder jetzt schon besonders schnell lernen würden. Deshalb dürfe man Inhalte eben nur zweimal erklären und nicht öfter. Und aus diesem Grund müsse auch ein Diktat schnell diktiert werden. Wichtig sei doch herauszufinden, welches Kind die Regeln bereits so stark verinnerlicht habe, dass es selbst dann keine Fehler machen würde. Wenn wir auf diese Weise von Anfang an Kinder von Bildung ausschließen, dürfen wir uns über die mangelhaften Fähigkeiten unserer Kinder nicht wundern.

Wenn man anmerkt, dass kein Maßstab existiert, wird einem auch gern entgegengehalten, dass die Notengebung intersubjektiv und damit gerechtfertigt sei. Intersubjektiv bedeutet, dass ein Sachverhalt von allen Menschen gleich wahrgenommen und beurteilt wird. Das ist absurd: Die derzeit gängige schulische Notengebung steht immer in Relation zu einer subjektiv gesetzten Anforderung und zu einer Vergleichsgruppe und basiert auf der Vorstellung einer normal verteilten Intelligenz. So ist es beispielsweise fast normal, dass Kinder, die aus anderen Bundesländern nach Bayern kommen, hier erst einmal um zwei bis drei Notenstufen nach unten sacken. Diese Kinder sind nicht dümmer als bayerische. Doch die bayerischen Schüler lernen unter größerem Druck und sind inhaltlich somit einfach voraus. Anhand dieses Beispiels lässt sich auch erklären, wie ein Schul- oder Lehrerwechsel teilweise drastische Veränderungen in den Noten mit sich bringt.

Erlebnisse, die viele kennen

Schon während dieser Zeit, aber gerade auch nach der Veröffentlichung meiner Geschichte berichteten mir immer wieder Kollegen – auch aus anderen Schulen, Landkreisen oder Bundesländern –, dass sie Ähnliches erlebt hätten wie ich. Bei einigen hätten sich auch die Eltern der Kinder in den Parallelklassen beschwert und sie seien darauf hingewiesen worden, dass das nicht sein dürfe und sie dafür zu sorgen hätten, dass so etwas nicht mehr vorkomme. Andere erzählten, dass auch sie wegen zu guter Notendurchschnitte bei Proben und Prüfungen zum Rektor gerufen wurden. Da hieß es dann nur: „Solange das nur einmal vorkommt … Aber bitte sorgen Sie doch dafür, dass es eine Ausnahme bleibt." Oder: „Naja, es kann jedem mal passieren, dass er eine zu leichte Probe schreiben lässt, solange das nicht zu häufig geschieht …"

Nicht nur ich und meine Kolleginnen hatten explizit die Anweisung bekommen, unbedingt die gesamte Notenskala auszuschöpfen, auch Kollegen an anderen Schulen erging es so. Zwei junge Kolleginnen erzählten mir, dass sie ein ähnliches Problem mit den Notenschnitten gehabt hätten, als sie mit eher desinteressierten Kollegen zusammenarbeiten und die gleichen Proben wie diese in ihren Klassen schreiben mussten. Sie hatten sich geholfen, indem sie absichtlich „nach unten" korrigierten. Wieder eine andere Kollegin erzählte mir, dass sie einen ähnlichen Notenschnitt wie die Parallelklassen nur erreichen konnte, indem sie bei den gleichen Prüfungen einen anderen Notenschlüssel angelegt hätte – es sei für sie immer noch ein Wunder, dass die Eltern das so ohne Weiteres akzeptiert hätten. An einer Schule wurde mir gesagt, dass es einen für die ganze Schule verbindlichen Notenschlüssel gäbe – ich solle halt die Punkte beim Korrigieren nicht auf die Probe schreiben, dann könne ich bei der Notenvergabe „da noch etwas machen". Und eine weitere Lehrerin gestand, die Proben so zu konzipieren und den Notenschlüssel so festzulegen, dass jedes Kind eine Zwei oder eine Drei hätte, damit gäbe es keine wirklich schlechten Noten, der Schnitt würde dennoch passen. Eine andere Kollegin beschrieb mir, wie es sich für sie anfühlte, wenn sie Proben und Noten machte. Dem Fachbetreuer – sie arbeitete an einem Gymnasium – musste sie stets nur Notenschnitt und -verteilung vorlegen. Es sei ein offenes Geheimnis, dass man nur seine Ruhe habe, wenn der Schnitt stimme. Ansonsten müsse man die Probe vorlegen, sie würde nachkontrolliert werden, man müsse sich rechtfertigen … und meist würde einem dann gesagt, die Probe sei einfach zu leicht gewesen. Gegen diesen Vorwurf kann man sich nicht wehren, denn zu welcher Anforderungsstufe eine Aufgabe zählt, hängt ja vom erteilten Unterricht ab. Das kann ein Außenstehender an sich nicht beurteilen. Aber aufgrund der mit den Proben verbundenen Erwartungshaltung gilt das Ergebnis als zu gut und somit müsse ein Fehler vorliegen. Keiner käme auf die Idee, dass vielleicht die Kinder gut gelernt hätten oder gar der Unterricht gelungen gewesen wäre. Dem widerspricht einfach die verinnerlichte gängige

Begabungstheorie, dass nur wenige Menschen intellektuell begabt, der Großteil aber „eher technisch oder praktisch begabt" und damit nicht zu umfassendem und tiefgründigem Denken fähig sei. Diese Lehrerin erzählte weiter, dass sie beim Erstellen der Probe ja schon wüsste, wer welche Aufgabe beantworten könnte, welches Ergebnis bei wem in der Probe rauskommt. Sie zumindest würde daher lieber noch eine schwierige Aufgabe hinzunehmen, als Gefahr zu laufen, eine Probe zu erstellen, bei der es dann einen zu guten Notendurchschnitt gäbe. Gegebenenfalls würde sie (falls die Ergebnisse doch schlechter sein sollten) dann lieber bei der Korrektur großzügiger verfahren. Eine Vertretungslehrerin entschuldigte sich bei mir, als ich nach einer Erkrankung wieder in die Schule kam, weil die Klasse einen Schnitt von 1,5 in einer Mathematikprobe erzielt hatte. Wenn sie das gewusst hätte, hätte sie eine eigene, angemessene Probe erstellt. Diese Probe hätten alle Parallelklassen geschrieben, aber die sei offensichtlich eindeutig zu leicht für meine Klasse gewesen.

Egal, mit wem ich in der kommenden Zeit sprach, jeder hatte mindestens einmal schon selbst erlebt, dass – auch schon vor Jahren und Jahrzehnten – entweder eine Probe nicht gezählt wurde, weil sie zu schlecht ausgefallen war, oder eine nicht rausgegeben wurde, weil sie zu gut war. Wie viele haben zum Beispiel ein zweites Diktat als Ausgleich geschrieben, nachdem das erste Diktat zu schlecht ausgefallen war, und bekamen so dann erfreulicherweise (oder sollte man besser sagen eigenartigerweise?) eine Woche später eine um zwei bis drei Noten bessere Rechtschreibleistung attestiert? Wie viele hatten schon einmal mitbekommen, dass im Nachhinein ein Notenschlüssel gesetzt oder verschoben wurde? Wie viele Schüler können erzählen, dass sich ihre Noten massiv verändert hatten, als sie die Schule gewechselt oder einen anderen Lehrer bekommen haben? Und ziemlich jedem war klar, dass, wenn beim Ausgeben einer Arbeit die drei bis fünf Einser in der Klasse verteilt waren, man kaum mehr mit einem Einser zu rechnen hatte.

Die Not, in die nicht wenige Lehrer kommen, drückt Klaus Wenzel, Präsident des Bayerischen Lehrer- und Lehrerinnenverbandes (BLLV), sehr treffend aus: „Selektionsauftrag" nennt er die Aufgabe, die den Lehrern neben dem Bildungsauftrag zugedacht ist.[6] Wenn man gut unterrichtet hat, die Kinder alles gelernt haben – wie muss man eine Probe stellen, damit man doch gleichzeitig für die notwendige Notenverteilung sorgt, damit schlussendlich selektiert werden kann? Wir erinnern uns: Selbst wenn es einem Lehrer gelingt, mit den Kindern so zu lernen und zu üben, dass alle die höchste Kompetenzstufe erreichen, dürfte er ihnen nach den Vorgaben nur die Note „Vier" geben. Aber welche Fragen können noch gestellt werden, wenn die Kinder im Unterricht die höchste Kompetenzstufe erreicht haben? Was soll ein Lehrer dann sinnvollerweise noch fragen?

Das ungeschriebene Gesetz, dass Proben nicht zu gut ausfallen dürfen, wirkt subtil. Mehr als einmal hatte ich im Kollegenkreis Formulierungen gehört wie: „Diese Probe ist zu gut ausgefallen, die nächste muss wieder schwerer werden." Oder: „Die Probe ist noch zu leicht. Wir brauchen noch eine Aufgabe, die nicht jedes Kind lösen kann." Beim Erstellen von Proben hieß es immer mal wieder: „Das hier überlesen sicher wieder einige Kinder." Oder: „Warte, wir formulieren das um, dann ist die Aufgabe anspruchsvoller." Oder es wurde intensiv überlegt, welche Fragen man stellen könnte, die eben nicht jedes Kind beantworten kann, bei denen man aber dennoch rechtlich abgesichert ist. Das heißt, ein Bezug zu dieser Aufgabe muss im mündlichen Unterricht vorgekommen oder gar schriftlich nachweisbar sein, falls sich Eltern beschweren. Dann wieder wurden Fragen zu den Texten aus dem Buch formuliert: Wer alle Seiten aufmerksam gelesen und gelernt hatte, würde diese schon beantworten können. Bei einer Probe über die Kläranlage sollte gefragt werden, an welcher Stelle die Wassermenge gemessen wird und welcher Wert durchschnittlich dort abgelesen wird – denn bei der (insgesamt dreistündigen) Führung wurde das ja erwähnt und wer aufgepasst hat, weiß das. Nein, Lehrer sind keine Sadisten. Die Vorgaben zur Notengebung bedingen das. Es müssen Aufgaben in der Probenstellung dabei sein, in denen Kinder beweisen können, dass sie schon über das Unterrichtete hinausgehend Leistungen erbringen und weiterdenken können beziehungsweise einfach genauer, schneller oder aufmerksamer sind als andere. Die Vorgaben zur Notengebung bedingen, dass immer solche „schwierigeren" Aufgaben in den Proben dabei sein müssen, und schwierige Aufgaben sind solche, die nicht jeder lösen kann.

In jedem Fall muss irgendwie gewährleistet sein, dass die Proben nicht zu gut ausfallen, denn sonst droht Ärger. Ist hier vielleicht die Ursache dafür zu suchen, dass in den Schulen vieles nur sehr oberflächlich durchgenommen wird, im Vergleich zu dem, was die Probe abfragt? Ist hier vielleicht die Ursache zu finden, dass Eltern daheim stundenlang mit ihrem Kind lernen müssen und oft weit über das im Unterricht Besprochene hinaus, damit das Kind eine Chance auf eine gute Note hat? Liegt hier vielleicht auch der Grund, dass die Anforderungen steigen und Kinder immer umfangreicher und detaillierter lernen müssen, da zunehmend mehr Eltern mit ihren Kindern üben und so immer mehr Kinder die bislang anspruchsvollen Aufgaben lösen können? Ist hier vielleicht auch der Grund dafür zu finden, warum Lehrer innerlich quittieren, da ein engagiertes Unterrichten sinnlos wird, sondern ganz im Gegenteil noch mehr Probleme aufwirft? Das ist durchaus denkbar. Denn wenn die Kinder bei einem Lehrer mehr lernen, muss er ja auch schwierigere Proben stellen, um den Vorgaben zu genügen. Und auch hier kenne ich aus eigener Erfahrung und aus Erzählungen mir bekannter Kollegen, was man dann von den Eltern zu hören bekommt: „Die Proben Ihrer Kollegen sind aber viel einfacher. Das, was bei Ihnen die Vier ist, ist dort eine Zwei." Eltern interessiert es aus verständlichen Gründen wenig, wie viel ihr Kind im Unterricht tatsächlich lernt, wenn es am Ende nur um die Noten geht. Wie lange wird sich ein Lehrer so was anhören und sich weiterhin um ein hohes Niveau seiner Schüler bemühen? Jede Probe steht in Relation zum Unterricht und es wird nicht das absolute Können von Kindern getestet. Ganz im Gegenteil ist manchen Eltern dann oft ein Lehrer lieber, der ein eher niedriges Niveau im Unterricht hat. Denn durch häuslichen Fleiß hat man dann eine größere Chance, sein Kind noch zu einer guten Note zu befördern. Das Engagement eines Lehrers ist damit völlig unsinnig – den gewünschten Schnitt kann man jederzeit sehr einfach produzieren. Ob ein Lehrer faul und desinteressiert ist oder hochengagiert – aufgrund der Vorgaben wird das Ergebnis immer in etwa das Gleiche sein. Und: Es wird somit auch immer „schlechte" Kinder geben.

Das erinnert mich an die Lehrerin einer fünften Klasse auf einer weiterführenden Schule, die genau das bestätigte. Die Note im Übertrittszeugnis, so meint sie, sagte wenig über das tatsächliche Können aus. Dieses sei vielmehr davon abhängig, welche Lehrkraft die Kinder unterrichtet habe. Deutlich würde das besonders, wenn Kinder aus verschiedenen Grundschulen zusammenträfen. Denn die Gleichmacherei ist über mehrere Schulen hinweg in der Form ja nicht durchzuhalten. Werden in allen Parallelklassen die gleichen Proben geschrieben, geht das so lange gut, wie alle Kollegen das gleiche Unterrichtsniveau haben – was ja zunehmend durch die immer mehr verpflichtende Teamarbeit und die Einigung auf gleiche Inhalte und gleiches Vorgehen gesichert ist. Mehrere Kollegen haben mir diesbezüglich erzählt, dass sie sich, seitdem sie zur Zusammenarbeit gezwungen werden, teilweise gar nicht mehr wagen, engagiert zu arbeiten und gut zu üben, damit ihre Klassen auch ja in etwa den gleichen Schnitt erzielen wie die Parallelklassen. Sie möchten einfach ein gutes Auskommen mit ihren Kollegen haben und es sich auch nicht mit ihrem Rektor verscherzen.

Für mich war nach der Recherche allerdings klar: Egal was ich tun würde, ich würde nie eine Möglichkeit haben, sehr gute Noten in der Klasse zu rechtfertigen. Man würde mir immer vorwerfen können, die Proben seien zu einfach gewesen.

In diesem System ist es nicht einmal theoretisch möglich, dass alle Kinder sehr gute Leistungen erbringen. Das ist der große Fehler.

Wozu Noten?

Mögliche Bewertungs- und Dokumentationsformen

- Ziffernnote
- Buchstaben-„Note"
- Punktesystem
- verbale Beurteilung (mündlich und schriftlich)
- Lernentwicklungsbericht
- Portfolio
- Mischformen (zum Beispiel Bewertungsbogen mit Noten und verbalen Bemerkungen)

In Deutschland sind **Ziffernnoten** die häufigste Form formeller Leistungsbewertung. Sie sind „die quantifizierende Reduktion einer Leistungsbewertung am Ende eines Beurteilungsprozesses auf eine Zahl"[1] und gelten als traditionsreich, eindeutig, leicht verständlich, vertraut, justiziabel. Bei Schülern und Eltern sind sie generell akzeptiert.

Leistungsmessung

Noten basieren auf Leistungsmessungen und deren Bewertung. Beide Aspekte müssen in einer einzigen, gemeinsamen Zahl ausgedrückt werden. Das ist schwierig und fragwürdig, weil die Ziele der notenmäßigen Beurteilung in unserem Schulsystem unterschiedlich und oft widersprüchlich sind. Die widersprüchlichen Ziele der Noten beschreibt etwa Pädagogik-Experte Hans Brügelmann: „Als Beschreibungen *orientieren* sie über den individuellen Leistungsstand und über Möglichkeiten zu dessen gezielter Verbesserung; sie sind damit ein pädagogisches Medium zur Förderung des Lernens. Als Bewertungen dienen sie der *Disziplinierung* und *Selektion*."[2]

Voraussetzung für Transparenz

1. Leistungsmessung setzt eine **Messbarkeit** voraus, die folgenden testtheoretischen Kriterien genügt:
- Objektivität (die Beurteilung ist nicht willkürlich; mehrere unabhängige Beurteiler würden zum selben Urteil kommen)
- Reliabilität (die Wiederholungszuverlässigkeit ist hoch)

• Validität (was gemessen wird, entspricht dem, was gemessen werden soll)

2. Ein weiterer entscheidender Faktor ist die **Existenz von Bezugsnormen** (zum Beispiel Leistungs-, Bildungs-, Kompetenzstandards), die in verschiedener Hinsicht variabel sein können:

•zeitlich (vorher/nachher), entwicklungsorientiert = **Individualnorm**: Sie misst eine Leistung am Lernfortschritt des einzelnen Schülers, das heißt, sie vergleicht die aktuelle Leistung mit früheren Leistungen des Schülers.

• sachlich (näher am/weiter vom Ziel), lernzielorientiert = **kriteriale Norm:** Eine Leistung wird auf sachlich-fachliche Anforderungen bezogen beziehungsweise danach beurteilt, ob sie den Lernzielen oder dem Lehrplan entspricht.

•sozial (besser/schlechter), gruppenorientiert = **Kollektiv-/Vergleichsnorm:** Sie hat den sozialen Vergleich zur Grundlage und ist der Regelfall bei der schulischen Leistungsbeurteilung.

Leistungsbewertung

Die Leistungsbewertung beruht auf beobachteter und gemessener Leistung, verlangt aber zusätzlich vom Beurteiler (Lehrer) die Fähigkeit zu pädagogisch verantwortungsvoller Einordnung: Einerseits dient sie dazu, zum Beispiel Versetzungsentscheidungen zu ermöglichen oder Berechtigungen nachzuweisen (Übertritte, Abschlüsse) und hat somit eine **Auslesefunktion**. Andererseits unterstützt sie die Optimierung von schulischen Lernprozessen und hat damit eine **pädagogische Funktion**.[3]

Obwohl auch messende Vorgänge in der Leistungsbewertung enthalten sind, kann die **Leistungsbewertung in der Pädagogik den messtechnischen Anforderungen einer Leistungsmessung nicht entsprechen**, da sie zusätzlich die pädagogische Einschätzung des Lehrers bezüglich der Schülerleistung enthalten muss: „Die Leistungsbewertung umfasst zunehmend auch schwer messbare Leistungen eines Schülers wie Teamfähigkeit, Kooperationsfähigkeit, Kreativität und soziales Engagement."[4] Dennoch werden die Begriffe „Leistungsmessung" und „Leistungsbewertung" fälschlicherweise oft synonym verwendet.

Unsere Notenskala[5]
(gemäß Kultusministerkonferenz von 1968)

(1) sehr gut: Die Note „sehr gut" soll erteilt werden, wenn die Leistung den Anforderungen in besonderem Maße entspricht.
(2) gut: Die Note „gut" soll erteilt werden, wenn die Leistung den Anforderungen voll entspricht.
(3) befriedigend: Die Note „befriedigend" soll erteilt werden, wenn die Leistung im Allgemeinen den Anforderungen entspricht.
(4) ausreichend: Die Note „ausreichend" soll erteilt werden, wenn die Leistung zwar Mängel aufweist, aber im Ganzen den Anforderungen noch entspricht.
(5) mangelhaft: Die Note „mangelhaft" soll erteilt werden, wenn die Leistung den Anforderungen nicht entspricht, jedoch erkennen lässt, dass die notwendigen Grundkenntnisse vorhanden sind und die Mängel in absehbarer Zeit behoben werden können.
(6) ungenügend: Die Note „ungenügend" soll erteilt werden, wenn die Leistung den Anforderungen nicht entspricht und selbst die Grundkenntnisse so lückenhaft sind, dass die Mängel in absehbarer Zeit nicht behoben werden könnten.

Dabei bezieht sich die Bezeichnung „Anforderungen" auf die Art der Darstellung, den Umfang sowie den – selbstständigen und korrekten – Einsatz von Kenntnissen, Fähigkeiten und Fertigkeiten.[6]

Was Noten sollen …

aus Perspektive des Bildungssystems:
• Vergleichbarkeit (= eine Leistungshierarchie) herstellen
• Kompatibilität sichern
• Mobilität fördern

aus pädagogischer Perspektive:
• durch Belohnung motivieren
• den Leistungsstand für den Lernenden und den Lehrer/das Umfeld darstellen
• Leistungen (mit einem einfachen System) bewerten
• auf einer Skala (besser/schlechter) eine Leistungshierarchie festlegen

• zukünftige Leistungen prognostizieren
• durch Bestrafung disziplinieren

Noten suggerieren ...

• Verlässlichkeit
• Aussage-Genauigkeit
• Objektivität
• Vergleichbarkeit
• Präzision und Messbarkeit

Noten sind jedoch ...[7]

nicht verlässlich:

• Verschiedene Lehrer neigen dazu, ein und dieselbe Arbeit verschieden zu beurteilen: „Allgemein bekannt sind die enormen Schwankungsbreiten in der Beurteilung mündlicher Leistungen und von Aufsätzen. Weniger bekannt ist, dass es auch in Mathematik erhebliche Divergenzen zwischen den Beurteilungen verschiedener Lehrer gibt."[8] Die Differenzen werden größer, je mehr Freiheit das Thema (zum Beispiel bei einem Aufsatz) erlaubt.

• Eine Note beschreibt nur einen Zustand im Moment der Prüfung. Doch soll sie rückwirkend auch den Lernfortschritt sowie die künftige Leistungsentwicklung darstellen. Der prognostische Wert von Noten ist jedoch gering.

• Dieselbe Arbeit wird von derselben Lehrperson zu verschiedenen Zeitpunkten sehr unterschiedlich bewertet.

• Derselbe Schüler schneidet in demselben Test zu verschiedenen Zeitpunkten oft unterschiedlich ab.

nicht valide:

• Leistung wird nicht in allen Fächern gleich bewertet. In der Grundschule wird insbesondere in Deutsch und Mathematik kritischer bewertet und strenger zensiert als in anderen Fächern; in den weiterführenden Schulen gilt dies auch für die Fremdsprachen.[9]

• Noten versuchen, Qualitäten quantitativ darzustellen.

• Die Zensur hängt ab von der Schulstufe, in der sie erteilt wird (je höher die Schulstufe, desto ungünstiger die Notendurchschnitte).[10]

• Noten hängen vom angelegten Maßstab sowie von der Qualität der Lehrer-Schüler-Beziehung ab. Es gibt Kinder mit ausgezeichneten Noten in der vierten Klasse der Grundschule, die nach dem Übertritt ins Gymnasium oder in die Realschule einen Einbruch ihrer Noten erleben. Studien zeigen, dass dies ein verbreitetes Phänomen ist und nicht nur Einzelfälle betrifft.
• Die prognostische Validität, die Vorhersage von Erfolg ist im besten Fall sehr kurzfristig gegeben. Es gibt keinerlei Zusammenhang zwischen Abiturnoten und Studienerfolg an Hochschulen.[11]

nicht objektiv:
• Beurteilungen werden unter anderem durch Alter und Geschlecht des Lehrers, seine Aus- und Weiterbildung, die Stimmung und Konstellation an der Schule sowie die Motivation und das Engagement des jeweiligen Lehrers für seinen Beruf beeinflusst.
• Der Ruf eines Schülers, sein äußerliches Erscheinungsbild, Frisur, Sprache, Schrift, sein Gesamteindruck können zu schlechteren/besseren Beurteilungen führen.
• Sympathie, persönlicher Kontakt und Beliebtheit wirken sich auf die Beurteilung aus. Dieselbe Leistung wird bei einem dem Lehrer sympathischen Schüler besser bewertet als bei einem, den der Lehrer unsympathisch findet.
• Die Erwartungshaltung des Lehrers bestimmt sowohl sein eigenes als auch das Verhalten des Schülers mit. Wird ein Schüler von einem Lehrer ständig als schwach eingeschätzt, übernimmt er das negative Urteil schließlich, was sich auf seine Haltung (Leistungserwartung und -bereitschaft, Selbstvertrauen) auswirkt.[12]
• Strenge Beurteiler gewichten Fehler stark, nehmen weniger Positives wahr und geben weniger gute Noten. Milde Beurteiler handeln genau umgekehrt, stellen an einer schwachen Leistung die positiven Züge fest und bewerten sie mit einer besseren Note.
• Bei gleichen Leistungen erzielen zum Beispiel Knaben und Mädchen, Schüchterne und Selbstbewusste, Deutsche und Ausländer chronisch unterschiedliche Noten.[13]
• Auch bei gleicher Leistung werden Kinder aus bildungsfernen Schichten schlechter bewertet als Kinder aus der Oberschicht.
• Fleiß als angenommene Ursache einer guten Leistung wird wohlwollend beurteilt und wirkt sich auf die Bewertung aus.

• Beurteiler halten gern an einem bereits gefällten Urteil fest. Tendenziell wird dem guten Schüler eine schlechte Leistung nicht nachteilig, dem schlechten Schüler eine gute Leistung nicht positiv vermerkt.[14]

• Die zuletzt bewerteten Leistungen anderer Schüler wirken sich auf die Beurteilung aus: „So viele Einser nacheinander kann es doch gar nicht geben." (Reihenfolge der Korrektur)[15]

• Ist ein Schüler in Mathematik gut, so wird oft angenommen, er sei dies auch in anderen naturwissenschaftlichen Fächern, zum Beispiel in Physik.

nicht vergleichbar:

• Eine Punktzahl allein sagt nichts darüber aus, ob eine Leistung gut oder schlecht ist. „Interpretierbar wird ein Ergebnis erst, wenn ein Maßstab, eine Norm oder ein Vergleichswert bekannt ist, an dem die Beurteilung einer Leistung erfolgen kann. Die Orientierung an Bezugsnormen ist für Leistungsbeurteilung unerlässlich."[16]

• Der Begriff „Anforderungen" ist bisher in keinem Bundesland amtlicherseits konkret bestimmt worden. Da also ein verbindlicher Bezugspunkt fehlt, ist der einzelne Lehrer darauf angewiesen, sich weiterhin am klasseninternen und möglicherweise schulinternen Maßstab zu orientieren.[17] Das trifft auch **heute** noch zu. Schulnoten werden aus der Sicht der Lehrkraft erteilt, sie bilden eine Klassenhierarchie ab. Weil qualitativ-inhaltliche Bezugsnormen fehlen, erfassen sie aber nicht oder nur sehr oberflächlich eine tatsächlich erreichte, durch materielle Fachstandards umschriebene Kompetenz. Noten beziehen sich auf den Durchschnitt einer Klasse, geben aber keinen Aufschluss über die tatsächlichen Kompetenzen des einzelnen Schülers. Was die Schülerinnen und Schüler am Ende eines Prozesses tatsächlich wissen und können, muss anders bestimmt werden.[18]

• Die klasseninterne Rangreihe der Leistungen entspricht nicht den tatsächlichen Leistungen, wenn man diese unabhängig testet.[19]

• Die Anzahl zu vergebender Punkte und ihre Verteilung auf die Noten sind variabel. Doch lässt sich mit mehr Punkten nicht nur differenzierter bewerten, sondern die Noten werden insgesamt auch besser.

nicht fair:

• Die Anzahl und die Reihenfolge aufeinanderfolgender Prüfungen verändert die Bewertung von Leistungen.

• Außer in Musik, Kunst und Sport werden Repetenten (also Kinder, die das Schuljahr wiederholen) strenger beurteilt als altersgleiche Schüler in den entsprechend höheren Schulstufen.[20] Zumindest in der Grundschule erreichen Repetenten statistisch aber keine wesentlich verbesserte Leistung.

• Auch in den höheren Klassen der Realschule oder des Gymnasiums ist der Notendurchschnitt nicht besser, obwohl nach dem Aussortieren der weniger guten Schüler (auf Real- und Hauptschule) doch die Besten unter sich sein müssten. Der Notendurchschnitt müsste besser werden. Doch wird die Benotung immer strenger, was einer richtigen Leistungsmessung widerspricht. Es werden also wieder gute, mittlere und schlechte Schüler entsprechend der Gauß'schen Normalverteilung definiert.

• „Eine Prüfung, die alle spielend bewältigen, ist nämlich nach schulischer Logik keine. (…) Gelungen ist sie dann, wenn erstens nicht alle alles können, sondern zweitens eine *Bandbreite von unterschiedlichen Leistungen* herauskommt. Andernfalls hat der Lehrer die Klasse entweder über- oder unterfordert. (…) Es geht also nicht einfach darum, den Leistungsstand der Klasse zu prüfen. Er will so abgeprüft sein, dass sich für die Klasse ein *differenziertes* Leistungsbild ergibt."[21]

Insgesamt belegen allein die **Bandbreite von möglichen Urteilsfehlern** bei der schulischen Leistungsbeurteilung[22] und die Vielzahl von Untersuchungen der letzten Jahrzehnte immer wieder, dass Noten gar nicht aussagekräftig, objektiv und verlässlich sein können. Berühmt ist dazu ein oft wiederholtes Experiment Ende der 40er-Jahre, in welchem der Deutschdidaktiker Robert Ulshöfer einen einzigen Abituraufsatz an 42 Lehrer zur Benotung gab. Das Urteil der Lehrer verteilte sich über das ganze Zensurenspektrum von 1 bis 6.[23]

An den „Kieler Untersuchungen" von 1965 bis Mitte der 70er-Jahre wirkten über 11 000 Lehrende mit. 617 Aufsätze wurden in fehlerfreie Maschinenschrift übertragen und an Deutschlehrer mit der Bitte übersandt, sie wie in der eigenen Klasse zu zensieren. Zudem sollte die Zensur in einem Kommentar begründet werden. Jeder der 617 Aufsätze wurde im Schnitt von je 18 Lehrern zensiert. Keiner der Aufsätze erhielt eine einheitliche Zensur. In mehr als 10 Prozent der Fälle wurden sogar fünf oder gar alle sechs unterschiedlichen Zensuren für den gleichen Aufsatz erteilt.[24] Untersuchungen an Mathematik- und naturwissenschaftlichen Arbeiten bestätigen dieses Ergebnis.[25]

„Wenn ein Schüler (…) im ersten Test beim Dividieren mit Sechs abschneidet, in der zweiten Arbeit mit dem Thema Prozentrechnen aber zeigt, dass er mittlerweile auch die Division aus dem Effeff kann, dann wird seine Sechs nicht durch eine Eins ersetzt, sondern mit einer Eins addiert und aus dieser Summe ein Notendurchschnitt berechnet. (…) Sachkenntnis von heute lässt sich nicht mit Unkenntnis von gestern zu mittelmäßiger Kenntnis addieren." [26]

Überhaupt widerspricht es den grundlegenden Regeln der Mathematik, einen Durchschnitt aus Ziffernnoten zu errechnen, da Noten Ordinalzahlen sind und keine Nominalzahlen. Sie beschreiben nur eine Reihenfolge: Die Eins ist besser als die Zwei, diese ist besser als die Drei und so fort. Ordinalskalen sagen nichts darüber aus, ob der Notenabstand jeweils gleich groß ist wie zum Beispiel bei Metern, Temperaturgraden oder Gewichten. Dies ist zwar allgemein bekannt, und doch setzt man sich in der Schule darüber hinweg und nimmt die gravierenden „Nebenwirkungen" in Kauf (obwohl Noten über Lebenschancen entscheiden). In manchen Ländern (zum Beispiel in den USA) gibt es deshalb Buchstaben statt Ziffernnoten – ein Durchschnittsbuchstabe lässt sich daraus nicht berechnen.

In Bayern wird nach einem neuen Gesamtkonzept, das zum Schuljahr 2009/10 in Kraft trat, die Schullaufbahn „kind- und begabungsgerecht" weiterhin durch einen Durchschnitt bestimmt, der bis auf die zweite Stelle nach dem Komma berechnet wird (Gymnasium: bis 2,33; Realschule: bis 2,66).[27]

Die Note in einem Fach- oder Fachteilbereich errechnet sich je nach Vereinbarung in den Kollegien aus dem Durchschnitt der Noten aus den Proben beziehungsweise den mündlichen und praktischen Beurteilungen, die jeweils nur als ganze Zahl in die Berechnung eingehen. Diese Noten wiederum wurden in der Regel anhand eines Notenschlüssels gewonnen, der teilweise bis zu einer Bandbreite von 30 Prozent der Gesamtpunkte einer einzigen Note zuordnet. Der gewonnene Durchschnittswert wird wiederum auf eine ganze Zahl gerundet. Die endgültige Übertrittsnote ist also das Ergebnis eines teilweise mehrfach durchlaufenen Prozesses der Bestimmung von Durchschnitten und anschließender Rundung auf eine ganze Zahl. Erst beim letzten Durchgang wird der Durchschnitt auf zwei Stellen nach dem Komma angegeben, was eine Genauigkeit vortäuscht, die nicht gegeben ist. Rein rechnerisch beträgt der Unterschied der

Übertrittsnoten, die den Besuch des Gymnasiums oder der Hauptschule empfehlen, 0,34 beziehungsweise, unter Berücksichtigung der tatsächlich möglichen Werte von Durchschnitten bei Übertrittsnoten, einen Unterschied von 0,67. Dieser Unterschied ist marginal angesichts der Praxis der Notenberechnung und liegt zudem in einem Bereich, in dem alle Kinder die Lernziele erfüllt haben.

Pro und Kontra Noten – eine Aufstellung

Für Noten spricht, dass ...
• sie vertraut und traditionell verankert sind.
• Kinder und Eltern deren Aussagekraft kaum anzweifeln.
• sie in knappster Form über den ungefähren Rangplatz in der Klasse informieren.
• sie leicht verrechenbar sind (wie Kilogramm oder Meter).
• sie Selektionsentscheide vereinfachen.
• sie den Wettbewerb fördern (wie im richtigen Leben).
• der Glaube weitverbreitet und stark ist, Noten könnten so viele Ansprüche wirklich erfüllen.[28]
• das System Daten über das Lernen und die Leistungen benötigt, von denen man behaupten kann, dass sie mit einer Norm korrespondieren und also vergleichbar sind.[29]
• sie ökonomisch und massentauglich sind.[30]

Gegen Noten spricht, dass ...
• keineswegs klar ist, was mit einer Note zum Ausdruck gebracht wird.
• verschiedene Lehrer dieselbe Arbeit unterschiedlich bewerten.
• die Benotungspraxis viele unerwünschte Nebeneffekte hat.
• Noten zur Beurteilung bestimmter Sachverhalte ungeeignet sind.
• Notenarithmetik mathematisch unzulässig ist (Durchschnittsberechnung).
• Studien mit anderen Aufgaben- oder Leistungstypen eine Objektivität der Benotung teilweise erschreckend widerlegen konnten.[31]
• seit Jahrzehnten die messtechnische Leistungsfähigkeit von Ziffernnoten wissenschaftlich untersucht wird. Die Ergebnisse fallen durchwegs miserabel aus.[32]
• sie psychischen Stress verursachen. Sich häufende Erlebnisse des eigenen Versagens führen oft zu Schulunlust oder gar zu Schulangst,

die in weiterer Folge Prozesse der Verdrängung, Resignation oder Aggression nach sich ziehen. Nicht zu vergessen ist, dass schlechte Noten sehr oft das familiäre Klima belasten, wenn mangelhafte Leistungen mit Liebesentzug sanktioniert werden.[33]
• Kinder bis zur vierten Klasse Lernerfolge primär auf Anstrengung zurückführen und nicht auf den Einsatz der entsprechenden Fähigkeiten. Zumindest für lernschwache Schüler muss ein solches Erklärungsmuster fatale Auswirkungen haben, weil sie in diesem Alter noch nicht über differenzierte Verarbeitungsmöglichkeiten verfügen, um einen Misserfolg konstruktiv oder selbstwertdienlich zu deuten. Kinder im Grundschulalter sind mit der Erteilung von Ziffernnoten überfordert. Sie haben noch keine angemessenen Verarbeitungsstrategien von Erfolg, aber vor allem von Misserfolg.[34]

Forschungsergebnisse sprechen gegen Noten

Die hohe Beliebtheit von Noten ist schwer nachvollziehbar angesichts der schon 1971 von Ingenkamp festgestellten „Fragwürdigkeit der Zensurengebung."[35] Schon damals wurde die ungenügende Messqualität als entscheidender Schwachpunkt herausgestellt: die Subjektivität, die mangelnde Zuverlässigkeit und Gültigkeit sowie die fehlende Vergleichbarkeit, weil das Lehrerurteil am klasseninternen Maßstab orientiert ist.

Auch die wissenschaftliche Expertise „Sind Noten nützlich – und nötig?"[36] zählt als Mängel der Notengebung unter anderem auf:
• dass sie nicht vergleichbar sind, da die Bewertung in der Regel auf den Durchschnitt einer Klasse bezogen wird. Deshalb wechseln je nach Leistungsniveau der einzelnen Klassen die Noten für dieselbe Leistung. Außerdem sind die Maßstäbe je nach Fach und Altersstufe unterschiedlich.
• dass sich die Leistungsbewertung immer noch am Vergleich mit einer Bezugsgruppe orientiert. Die Dominanz des sozialen Vergleichs bei der Notengebung widerspricht allerdings den rechtlichen Vorgaben. Sie hat zudem negative Auswirkungen auf die Lernmotivation von leistungsschwächeren Schülern und sie beschädigt die Kraft intrinsischer Motivation auch bei leistungsstärkeren.
• dass Zensuren Urteile von Lehrpersonen sind. Die Forschung zeigt seit Langem: Noten sind nicht in der behaupteten Weise für das Ler-

nen nützlich und sie sind erst recht nicht nötig. Sie betonen einseitig die Bewertungsfunktion – können aber auch diese wegen ihrer mangelnden Aussagekraft, Vergleichbarkeit und Objektivität nicht angemessen erfüllen.

• dass soziale und ethnische Herkunft, Geschlecht, aber auch individuelles Verhalten des Kindes und persönliche Sympathie zu systematischer Verzerrung der Beurteilung führen. Ihre Fehleranfälligkeit verliert erst an Bedeutung, wenn sie nicht zu Selektionszwecken eingesetzt werden.

• dass sie informationsarm sind. Dieselbe Punktzahl in einer Probe kann Ausdruck ganz unterschiedlicher Leistungen sein.

Fazit

• Es gibt nur soziologische und systembedingte Argumente, die für Noten sprechen: ihre nach wie vor ungebrochene Beliebtheit – trotz der pädagogischen Fragwürdigkeit – und die Rolle, die sie bei Ausleseentscheidungen spielen.[37]

• „Aufgrund der Dreigliedrigkeit des deutschen Schulsystems und seiner – verglichen mit anderen Ländern – geringen Durchlässigkeit wird vor allem die Grundschule zu einem Ort, an dem gute Zensuren und gute Zeugnisse eine große lebensgeschichtliche Bedeutung bekommen."[38]

• Es gibt kein Verfahren, Leistungen zu messen, das valide, objektiv und verlässlich genug wäre, um Einzelfallentscheidungen über Bildungskarrieren zu rechtfertigen. Sowohl punktuelle Tests als auch Lehrerurteile sind fehleranfällig, methodische Verbesserungen nur begrenzt möglich.[39]

• Wer an Ziffernnoten festhalten will, weil sie angeblich objektiv und vergleichbar beziehungsweise erforderlich seien, damit Schülerinnen und Schüler sich auf die Anstrengungen des Lernens einlassen, findet weder in der pädagogischen Forschung noch in der Praxis unterstützende Belege für seine Position.[40]

• Unsere Schule misst meist nicht, was die Schüler können, sondern das, was sie **nicht** können und ob sie Fehler machen. Dabei ist es sekundär, um welche Fehler es sich handelt. Zu oft geht es nicht darum, die Fehler zu verbessern, sondern darum, sie festzustellen und zu dokumentieren. Es wird also nicht die Lernfähigkeit, sondern nur die aktuelle Leistung zu einem bestimmten Zeitpunkt bewertet: „Noten sind lediglich eine mögliche Form der Rückmeldung, und ihre Information ist anerkanntermassen arm, wenig sachbezogen und nicht vergleichbar. Wer sich gegen Rückmeldungen mittels Noten ausspricht, ist in der Regel für mehr Leistung und Lernerfolg, für eine wirksame Förderung und für eine differenzierte, den Lernerfolg unterstützende Beurteilung. (...) lernprozess- und lernzielbezogene Beurteilungen und Rückmeldungen sind aufwändiger, dafür aber detaillierter, informativer und fördernder." [41]

• „Die fundamentale Annahme deutscher Schulpolitik, nämlich die Homogenisierung der Lerngruppen durch frühe leistungsorientierte Separierung sei qualitätssichernd, wird durch umfangreiches Material in seltener Eindeutigkeit widerlegt. Demgegenüber ist die soziale Segregation ein nachgewiesener Nebeneffekt der frühen Verteilung auf institutionell getrennte Bildungsgänge. Jedoch bei einer Verminderung sozialer Disparität steigt sogar das Gesamtniveau, ohne daß in der Leistungsspitze Einbußen zu verzeichnen waren." [42]

• Lehrer werden hinsichtlich ihrer (zum Beispiel vom bayerischen Gesetzgeber) übertragenen „pädagogischen Verantwortung" weitgehend entmündigt, da in der Praxis der Bildungsauftrag hinter dem Selektionsauftrag zurückgestellt werden muss.

• „Was ist ein guter Schüler? Ein solcher, der schwierige Aufgaben löst! Und was ist eine schwierige Aufgabe? Eine solche, die nur von wenigen Schülern gelöst werden kann! (...) Was bedeutet das? Der Erfolg des einen ist geradezu an die Bedingung des Misserfolges möglichst vieler anderer geknüpft. Das „sehr gut" ist um so mehr wert, je seltener es vorkommt. (...) Es hat etwas (...) mit der sogenannten Selektionsfunktion der Schule und des Bildungssystems zu tun. Die Frage ist nur, ob (...) nicht pädagogische Katastrophen in Kauf genommen oder sogar produziert werden. (...) Was ist ein guter Lehrer? (...) eines ist eher unwahrscheinlich, nämlich daß eine solche Lehrperson hohes Ansehen genießt, bei der alle oder fast alle Schüler nach Ausweis ihrer Noten sehr gute Leistungen vorzuweisen haben. Tendenziell gilt, daß eine Schulaufgabe, ein Fach, eine Lehrperson, ein Schultyp als um so „besser" gelten, je größer das Risiko der Schüler ist, (...) zu scheitern. Extrem zugespitzt und bewußt provokativ formuliert: Ein Unterricht gilt als um so besser, je mehr er seinen proklamierten Zweck verfehlt." [43]

Wie Bildungsversager produziert werden

Lassen wir uns auf den Gedanken ein, dass man Intelligenz durch Lernen erwerben kann, dass alle gesunden Kinder lernen können und leistungsfähig sind und somit Bildung für jedes Kind möglich ist (siehe auch Informationskapitel „Gehirn" ab Seite 190, „Lernen" ab Seite 202 und „Intelligenz" ab Seite 323). Dann ist es doch höchst verwunderlich, dass wir bereits nach vier Schuljahren eklatante Unterschiede zwischen den Kindern feststellen, die sich in den Folgejahren auf den weiterführenden Schulen noch verstärken.

Das auf der Basis neurobiologischer Erkenntnisse grundsätzlich zu erwartende Ergebnis wäre aber doch, dass alle Kinder an sich gute Leistungen bringen, sich die Unterschiede aufgrund der Bedingungen in den Elternhäusern weitgehend relativiert haben und nur einige Kinder eventuell leichte Defizite und Mängel aufweisen. Die Unterschiede der Kinder sind umso weniger verständlich, da in den Jahren bis zur Pubertät in allen Schularten eigentlich nur Grundlagenwissen vermittelt wird und kein spezielles Fachwissen, für das eventuell schon eine besondere Neigung und besonderes Interesse notwendig wären. Aber nicht nur die fehlenden fachlichen Fähigkeiten der Kinder erschrecken, vielmehr fällt sofort auf, dass die allermeisten Schulkinder stress- und angstgeplagt sind, anstatt mit Freude, Zuversicht und positiven Überzeugungen zu lernen. Was passiert in unseren Schulen?

In meiner damaligen vierten Klasse waren sofort Veränderungen spürbar, als ich schließlich Proben konzipierte, deren Ergebnisse bei einem Schnitt von etwa 2,6 bis 3,4 liegen sollten. Das ist nicht allzu schwer: Ein paar Aufgaben mehr, weniger Zeit, eine umständlichere Formulierung der Aufgaben, weniger Punkte in der Probe insgesamt, ein strengerer Notenschlüssel. Den Kindern durfte ich natürlich nicht sagen, dass die Proben absichtlich so erstellt waren. Ich wurde mit einem so erzielten deutlich schlechteren Notendurchschnitt zwar endlich von den Vorgesetzten in Ruhe gelassen, aber die Kinder erlitten Schaden. Schlagartig hatte sich die Atmosphäre im Klassenzimmer geändert. Die Freude am Lernen, die Begeisterung waren weg. Angst und Stress fanden ihren Weg zurück ins Klassenzimmer. Kinder erledigten ihre Hausaufgaben nicht mehr, sie arbeiteten nicht mehr so ordentlich und gründlich, nahmen nicht mehr so aktiv am Unterricht teil. In freieren Arbeitsphasen musste ich sie stärker zum Arbeiten anhalten. Aber das Schlimmste war: Sie hielten sich selbst wieder für dumm und unfähig.

Ein Kind, das sich zuvor sehr zuversichtlich und fleißig auf den Probeunterricht an einer weiterführenden Schule vorbereitet hatte, hörte mit einem Schlag auf zu lernen: „Ich kann's ja doch nicht", war die Begründung, die sich einzig auf die in den aktuellen Proben erzielten Noten bezog. Auch andere Kinder fielen in die Überzeugung zurück, nicht fähig zu sein. Hatten sie sich noch wenige Wochen zuvor mutig an Aufgaben gewagt, blockierten sie nun und ließen sich gar nicht mehr darauf ein. Oft wussten sie nun teilweise auf die einfachsten Fragen keine Antworten mehr, es fiel ihnen auch ungeheuer schwer, neue Inhalte aufzunehmen. Es war, als wäre eine schon geöffnete Tür wieder zugeschlagen. Und auch in den Elternhäusern konnte man teilweise wieder eine Veränderung bemerken, manch eine Mutter vertraute mir an, dass sie mit ihrem Kind ziemlich geschimpft habe und nun doch daran zweifle, dass es fähig sei. Vor Elterngesprächen scheute ich nun fast zurück – wie sollte ich die auf einen bestimmten Notenschnitt zielende Probenstellung und die Bewertungen derselben erklären? Wie sollte ich mit einer Mutter Fördermaßnahmen beratschlagen, wenn mir doch klar war, dass die nächste Probe vom Schnitt her wieder genauso ausfallen müsste und dieses Kind sich deshalb gar nicht wesentlich in der Note verbessern würde? Ich ertappte mich dabei, wie ich tatsächlich Gesprächstermine erst für Wochen später vergab statt zeitnah wie bisher, und mich bei den Antworten wand, statt offen zu sprechen. Als Bereicherung erlebte ich diese Gespräche nun nicht mehr, und mir dafür weiterhin jeweils eineinhalb Stunden Zeit zu nehmen, erschien mir zunehmend sinnlos.

Noch deutlicher zeigte sich der beschriebene Effekt in einer ersten und zweiten Klasse, in der zunächst alle Kinder gemeinsam ohne Proben und Noten lernen durften, aber Mitte der zweiten Klasse plötzlich mittels der Proben benotete Beurteilungen erhielten. In einer meiner Klassen habe ich dies sehr deutlich erlebt, als ich von der Möglichkeit Gebrauch machte, im ersten Schuljahr keine bewerteten Testaufgaben zu schreiben. Das war zwar nicht gern gesehen, doch nur so konnte ich den Kindern wenigstens ein Jahr Schonraum geben, um in Ruhe und sinnhaft für sich lernen zu können, etwas Selbstvertrauen zu gewinnen und sich nicht sofort beweisen zu müssen. Die Kinder bekamen von mir individuelle Rückmeldungen und ich prüfte hin und wieder für mich ab, ob alle Kinder die Lernziele erreicht hatten. Das Ergebnis war genauso, wie ich es aus den Jahren vor Wiedereinführung der Noten gekannt hatte: Alle Kinder hatten die Lernziele erreicht. Und: Alle Kinder lernten fleißig, kooperativ und freudig. Der Unterschied nicht nur in der Atmosphäre, sondern eben auch im Resultat, war daher besonders deutlich zu beobachten, als diese Kinder in der zweiten Klasse nun benotet wurden.

Binnen weniger Tage ändert sich das Klima in der Klasse, ändert sich die gesamte Ausrichtung der Kinder. Plötzlich und doch schleichend und subtil gibt es die guten und die schlechten Kinder und nicht mehr Anna, Josef und Chloé. „Ich habe eine Eins! – Und du?", stolzieren zwei, drei Kinder durch die Klasse und erfreuen sich am „Bessersein". Andere verbergen beschämt die Note unter ihren Händen. Hier passiert etwas ganz Entscheidendes, was ab diesem Zeitpunkt immer weiter um sich greift. Es ist die Suche nach dem Schlechteren, um sich selbst besser zu fühlen. Der Maßstab für gutes Lernen wurde vom individuellen Menschen weggenommen und auf eine äußere Instanz übertragen. Und da ist es beruhigend, wenn es noch jemand gibt, der schlechter beurteilt worden ist, oder wenn man gar zu den ganz Guten gehört.

Und: Jetzt beginnen Kinder in allen möglichen Unterrichtssituationen zu fragen: „Gibt es darauf eine Note?" Wenn nicht, lassen viele alles fallen und es ist ihnen egal. Anstrengungsbereitschaft gibt es nur noch für die Noten, aber nicht mehr für das Lernen selbst. Es geht auch nicht mehr um die Inhalte an sich oder darum, was ein Kind verstanden hat und was nicht. Es geht nur noch um die Punkte und die Noten. Die einzelnen Aufgaben und Fehler schauen sich viele Kinder schon nicht mehr an. Das war vorher ohne Noten anders. Ohne Noten war den Kindern wichtig, was sie nicht verstanden hatten. Sie kamen von sich aus auf mich zu, baten mich um Hilfe und arbeiteten daran, bis die Defizite ausgeglichen waren. Jetzt dagegen schauen sie auf die Note und weinen oder freuen sich. Sie erleben die Note als etwas Endgültiges, an dem sie sowieso nichts mehr ändern können. Seit es Noten gibt, kommt kein Kind mehr nach der Probe und bittet darum, dass ich das mit ihm übe, was es noch nicht kann. Der Ehrgeiz, der vorher spürbar war, ist weg. Selbst wenn ich sie frage und Hilfe anbiete, lehnen sie oft ab. Mit der Note ist das zugehörige Thema für die Kinder abgeschlossen und es bedarf keiner weiteren Anstrengung in diesem Bereich.

Ähnliches ist bei den Eltern zu beobachten. Ohne Noten wollten Eltern wissen, was ihr Kind kann und was nicht und wie sie helfen können. Die Gespräche sind da noch sehr konstruktiv, Eltern und Schule ziehen an einem Strang: „Was braucht dieses Kind, damit es sich gut entwickelt und gut lernt?" Ab dem Zeitpunkt der Notengebung dagegen wird in den Sprechstunden um Punkte gefeilscht, die Korrektur angezweifelt oder als zu hart, unverständlich oder unfair beurteilt. Und die Eltern fragen, was sie tun können, damit ihr Kind bessere Noten schreibt. Nicht sehend, dass den Noten ein relativer Maßstab zugrunde liegt, sind Eltern davon überzeugt, dass sie ihr Kind zu besseren Noten bringen können. Eltern können ihren Kindern ganz sicher helfen, gut zu lernen und für sich bessere Leistungen zu erreichen. Aber zu besseren Noten verhelfen?

Einzelne Kinder in der Klasse können für sich gesehen sicher auch mal besser werden. Aber wenn ein System auf Verteilung aufgebaut ist, muss es in diesem System auch Kinder geben, die die „hinteren Plätze" besetzen. Insofern stellt sich nur die Frage, **wen** es trifft. Dabei bleibt die grobe Verteilung in der Klasse meiner Erfahrung nach relativ konstant: Es bekommen in der Regel immer wieder dieselben Kinder die schlechten Noten. Wenn die Probearbeiten nun nicht mehr nur in der jeweiligen Klasse, sondern in allen Parallelklassen gleich geschrieben werden, ändert sich das nicht wesentlich, lediglich die Bezugsgruppe wird größer. Dass ein Kind nach hinten rutscht, ist selten, außer wenn die Eltern sich gerade scheiden lassen oder das Kind eine andere kritische Phase durchlebt.

Doch für die allermeisten Kinder hat das dramatische Absacken der offensichtlichen Leistungen zu diesem Zeitpunkt andere Gründe. Und diese liegen alle im System unserer Leistungsbewertung.

Die Dreier, Vierer, Fünfer und Sechser werden verteilt. Es kann ja nicht nur Einser und Zweier geben, wo kommen wir denn da hin? Für die Fünferkinder bricht oft eine Welt zusammen. Haben sie sich bislang als fähig erlebt, haben fleißig und motiviert gelernt und sind Stück für Stück vorangeschritten, halten sie sich nun für dumm und unfähig. Die Note auf dem Papier sagt das doch aus! Und egal, was sie tun, die Note wird nicht besser. Aber sind sie wirklich dumm? Täuschen sich die Eltern wirklich so sehr in den Fähigkeiten ihres Kindes?

Nein. Es gibt keine dummen Kinder. Aber es gibt eine Leistungsbewertung, die uns das glauben lässt.

Die Kinder kommen mit Entwicklungsunterschieden in die Schule, aber hält man den Unterricht auf hohem Niveau und gelingt es, alle Kinder einzubinden, haben die benachteiligten Kinder fachlich oft sehr schnell aufgeholt. Die Unterschiede sind bald nicht mehr sonderlich groß, und das nicht etwa, weil man die bis dahin weiter Vorangeschrittenen gebremst hat, sondern weil das Aufholen von Defiziten oft grundsätzlich den meisten Menschen schneller gelingt als der Neuerwerb von Wissen und Fähigkeiten. Es ist überhaupt kein Problem, eine heterogene Klasse zu unterrichten.

Natürlich gibt es Unterschiede in dieser zweiten Klasse: Steffi schafft wie die meisten Kinder in den zwanzig Minuten Übungszeit acht Aufgaben, Jörg nur sieben, Andreas sogar zehn. Paula liest schon mit schöner Betonung, Judith noch etwas langsam, aber es gibt kein Kind mehr, das nicht sinnerfassend lesen kann. Die Inhalte des Heimat- und Sachunterrichts hat jedes Kind verstanden, auch wenn Clara noch ein paar Wochen lang den Stunden- mit dem Minutenzeiger verwechseln wird. Ja, es gibt Unterschiede. Aber die sind nicht so groß, als dass sie das gemeinsame Lernen auch nur ansatzweise beeinträchtigen würden. Aber selbst wenn ein Kind in der Klasse wäre, das nicht an die Leistungen der anderen anschließen könnte, vielleicht weil es behindert ist oder weil es aus schwierigen Verhältnissen kommt und innerlich anderswo gebunden ist, würde das dem gemeinsamen Unterricht nicht abträglich sein. In einem wirklich guten Unterricht wird Lernen so arrangiert, dass ein großer Lernzuwachs für alle Kinder möglich ist; in den freien Phasen ist Raum, um auf individuellen Lernfeldern zu üben, zu sichern und voranzuschreiten. Die Kinder sind alle motiviert, sie sind alle fröhlich und leben in einer guten Gemeinschaft. Jedes Kind hat das Gefühl, gut zu lernen und fähig zu sein. Es setzt seine Leistung nicht in Bezug zu anderen. „Ich kann rechnen", sagt auch Jörg und freut sich über die sieben richtigen Aufgaben, egal ob die anderen in der gleichen Zeit acht oder sogar zehn Aufgaben gerechnet haben. Die Gründe, warum Kinder nicht eine absolut gleiche Leistungshöhe zeigen, liegen meist offen: Sarah ist noch sehr verträumt, Bastian noch schüchtern und unsicher, Max braucht einfach noch mehr Zeit, um die Aufgabenstellung zu lesen, José ist ein kleiner Chaot und hat noch nicht gelernt, ein Arbeitsblatt effektiv zu bearbeiten, Gabriel hudelt und verrechnet sich dadurch mehrfach, bei Manuel wurde gerade eine Sehschwäche gefunden, bis er die notwendige Therapie durchlaufen hat, werden ein bis zwei Jahre vergehen. Aber man sieht ganz deutlich, dass keines dieser Kinder dumm ist, es sind andere Gründe, aus denen die relativ kleinen Unterschiede rühren.

Gründe, die man im Laufe der Zeit angehen könnte, wenn nicht zunehmend früher ein fataler Aspekt Einzug hielte: Als man vor Jahren in der ersten und zweiten Klasse noch Lernzielkontrollen schrieb, ging es darum, von Zeit zu Zeit zu prüfen, ob alle Kinder die Lernziele verstanden hatten. Es war also nicht wesentlich, ob sie zur Aufgabenlösung nun zwei Minuten mehr oder weniger Zeit benötigten als die anderen Kinder in der Klasse. Und es ging auch nicht darum, irgendwelche Begriffe auswendig zu kennen. Es war wesentlich, ob die Kinder die zugrunde liegenden Prinzipien verstanden und die geübten Fertigkeiten erworben hatten und dass sie die angewandten Arbeitstechniken umsetzen konnten, damit es dann gemeinsam weitergehen konnte.

Mit den Noten in den Proben ist dies ganz anders. Es geht ja nun darum herauszufinden, wer die Anforderungen schon im besonderen Maße erfüllt und wer eben nur im Allgemeinen. Jetzt plötzlich ist entscheidend, ob eine Aufgabe mehr oder eine weniger gerechnet wurde, jetzt plötzlich bekommt der Zeitaspekt eine so große Bedeutung, wie er sie nicht haben dürfte. Jetzt plötzlich geht es um die Verteilung auf die verschiedenen Notenplätze – denn nur Einser darf es ja nicht geben, die Probe muss so gestellt sein, dass aufgrund ausreichender Transferaufgaben deutlich wird, wer zu besonderer Leistung fähig ist. Und alles basiert darauf, dass diejenigen eine Vier bekommen, deren Leistungen die Anforderungen noch erfüllen, sodass sich die Ergebnisse der Kinder dann in der Regel tatsächlich auf alle Notenstufen verteilen und der erwartete Notendurchschnitt erzielt wird. So gibt es dann im Prinzip drei bis fünf Sitzplätze mit der Note „Eins", drei bis acht Sitzplätze mit der Note „Zwei", fünf bis zehn Sitzplätze für die Note „Drei", fünf bis acht Sitzplätze mit der Note „Vier", etwa einen bis fünf Sitzplätze mit der Note „Fünf", eventuell noch ein bis drei mit der Note „Sechs". Die Frage ist also nur noch: Wer nimmt auf welchem Stuhl Platz? Wenn aber der Schnitt schon mehr oder weniger vorher festgelegt ist, muss es immer Kinder geben, die auf den hinteren Plätzen sitzen. Und die gibt es auch. In jeder Klasse. Die Sitzverteilung kann natürlich auch geringfügig anders sein, dennoch: Wenn das Ziel ist zu selektieren, wird es eine derartige Verteilung geben, auf welche Art und Weise auch immer. Die verschiedenen Schularten existieren schließlich – und müssen bedient werden. Doch verdecken die zugeordneten Notenstufen nicht allzu leicht die Tatsache, dass die Unterschiede eventuell gar nicht so groß sind, wie es die Noten erscheinen lassen? Noten suggerieren Unterschiede im

Leistungsstand und in der Leistungsfähigkeit von Kindern, die in der Realität so nicht vorhanden sind. Zumindest zunächst nicht, bevor Demoralisierung und Demotivation dafür sorgen.

Von den Proben mit Reproduktions-, Reorganisations- und Transferaufgaben sowie den Aufgaben zum problemlösenden Denken können geplagte Eltern ein Lied singen – selbst wenn sie von diesen Termini noch nie etwas gehört haben. Eltern erleben, dass es einfach Aufgaben in den Proben gibt, die sie als unfair empfinden, die so gestellt sind, dass man sie eigentlich nicht lösen kann, sei es aufgrund der begrenzten Zeit, sei es, weil sie unklar, zweideutig oder kompliziert formuliert sind. Typische Einser- und Zweierbremsen, die nur der Selektion dienen, sagen sie. Manchmal sind die Bilder in der Probe nicht gut zu erkennen, manchmal werden Diktate viel zu schnell diktiert, es wird etwas zu explizit abgefragt, zum Beispiel ein genauer Wortlaut oder etwas, das nur am Rande zum Thema gesagt wurde. Einspruch ist meist zwecklos, im Zweifelsfall handelte es sich eben um eine der berühmten Transferaufgaben oder etwas mündlich Durchgenommenes und das Kind hat eben nicht zugehört. Was sollen Eltern dagegen einwenden? Eltern erleben, dass es nicht darum geht, dass ihr Kind etwas kann. Sie erleben, dass scheinbar mit Absicht Fragen gestellt werden, die offensichtlich nur zum Zweck haben, dass viele Kinder sie nicht richtig beantworten können. Eine Eins bekommt man inzwischen nur noch mit einer fast vollen Punktzahl, dann aber finden sich Fragen wie beispielsweise die folgenden:

In einer Heimat- und Sachunterrichtsprobe in der vierten Klasse müssen die Kinder sowohl für das Verkehrsschild „Gemeinsamer Rad- und Fußweg" als auch „Getrennter Rad- und Fußweg", bei denen jeweils die Zeichen und selbst die Teilungslinien vorgegeben sind, den Fußgänger und den Radfahrer in das richtige Feld einzeichnen. Sie müssen also angeben, ob der Fußgänger rechts oder links, oben oder unten eingezeichnet ist. Ehrlich gesagt, ich wüsste das nicht – wichtig ist doch, die Bedeutung des Verkehrszeichens zu kennen, oder nicht?

In einer anderen Probe werden die Kinder gefragt, wie viele Körner eine Weizenähre hat und welche Getreideart die meisten Körner in der Ähre hat – im Unterricht war das zwar nicht besprochen worden, aber die Kinder haben ja verschiedene Ähren gesehen und sollen nun aus der Erinnerung heraus schätzen können.

In einer Leseprobe, die zeitlich so limitiert ist, dass die meisten Kinder den Text kaum ein zweites oder drittes Mal durchlesen können, wird nach dem genauen Wortlaut im Text gefragt, Ausdrücke sollen durch andere ersetzt werden, ohne den Sinn zu verändern, und zu vorgegebenen Wörtern soll ein Synonym im Text gefunden werden. Ein konkretes Beispiel: Zum Wort „taumeln" müssten die Kinder dann im Text die Wendung „der Schmetterling glitt langsam hinunter" finden.

In einer zweiten Klasse wird gleich eine vierseitige Leseprobe geschrieben, Antworten gelten nur als richtig, wenn sie in einem ganzen Satz formuliert sind – auch wenn der Platz zum Schreiben dafür gar nicht ausreicht. Die Kinder haben erst vor wenigen Monaten lesen gelernt und sind immer noch am Üben.

In einer anderen Probe zur Verkehrserziehung ist ein Fahrrad abgebildet. Einige Teile sind beschriftet – in einer Schriftgröße von fünf Punkt! Die Kinder sollen die zur Verkehrssicherheit notwendigen Teile ankreuzen und aufschreiben, welche Teile außerdem noch zu einem verkehrssicheren Fahrrad gehören, dabei gibt es die Hälfte der Punkte dafür, dass jeweils auch die Farbe des Bauteils genannt wird, obgleich nach dieser gar nicht gefragt worden war.

Beliebte Fragen in Proben scheinen auch Richtig/Falsch-Aufgaben zu sein. Schnell machen Kinder da mal die falsche Angabe – oft, weil sie durch die Formulierung verwirrt sind. Ein Beispiel zum Thema Landkarten: „Wahr oder falsch: Je größer die Maßstabszahl, desto größer die Abbildung?"

Bitte, was prüfen wir da ab? Geht es hier darum, Fähigkeiten und Kompetenzen erworben, Zusammenhänge und Prinzipien der Lebensumwelt verstanden zu haben, seine Persönlichkeit auszubilden und ein selbstbewusster, souveräner Mensch mit fundierter Allgemeinbildung zu werden? Oder geht es nur darum, irgendwie den Vorgaben nach Aufgaben zum Transfer und zum problemlösenden Denken, die eben nur wenige Kinder beantworten können, zu genügen und den unausgesprochen erwarteten Notenschnitt zu bedingen?

Ein Übriges tut der Notenschlüssel. Eine Eins wird in der Regel nur bis etwa vierundneunzig Prozent der Gesamtpunkte vergeben, die Zwei bis etwa vierundachtzig Prozent. Größere Abschnitte gibt es dann bei der Drei (bis etwa zweiundsechzig Prozent) und der Vier (bis etwa vierzig Prozent). Dabei darf für jede Probe der Notenschlüssel neu festgelegt werden, sogar auch erst nachträglich erstellt beziehungsweise angepasst werden. Wohl nur so kann teilweise gewährleistet werden, dass eine Probe nicht „zu schwierig" oder „zu leicht" war und Ärger mit Vorgesetzten vermieden wird.

Entsprechend stehen Eltern auch bei der Korrektur den immer weniger werdenden oder Wert besitzenden Punkten recht machtlos gegenüber, auch ein paar ausgewählte Beispiele:

In einer Deutschprobe hat ein Kind einundzwanzig von dreißig möglichen Punkten, das sind siebzig Prozent korrekt bearbeitete Aufgaben und erhält die Note „Vier", in einer Leseprobe mit insgesamt einundzwanzig Punkten gibt es bereits mit sechzehn Punkten eine Vier.

In einer zweiseitigen Musikprobe erinnert sich ein Kind nicht mehr an den Vornamen von Mozart und schreibt zudem Violine mit F. Es bekommt eine Drei.

In einer Mathematikprobe wird folgende Aufgabe gestellt: „Im Kleintiergehege sind 4 Gämsen und Enten. Zusammen haben sie 22 Beine. Wie viele Enten sind es?" Moni schreibt: „16 + 6 = 22", und als Antwort: „Es sind drei Enten." Sie erhält dafür nur anderthalb von sechs Punkten, es fehlt die aufgeschriebene Rechnung.

Oft sollen Fachbegriffe oder Vorgänge erläutert werden, beispielsweise wie Wolken entstehen. Judith schreibt: „Warme Luft steigt nach oben, wo es kälter ist, dort kondensiert das Wasser zu kleinen Tröpfchen." Sie bekommt nur einen halben von zwei Punkten, weil die Lehrerin explizit hören wollte: „Eine warme Luftschicht trifft auf eine kalte."

In Mathematik sollen die Kinder alle rechten Winkel in einer Vielzahl von vorgegebenen Winkeln entdecken und mit einem

Stift nachzeichnen. Der Kopierer hatte die Zeichnungen verzerrt, sodass einige der angedachten rechten Winkel nur noch etwa achtundachtzig Grad hatten. Kinder, die diese nicht nachgezeichnet hatten, bekamen Punktabzug – sie hätten wissen müssen, dass der Kopierer die Linien verzerrt hatte und dass auch diese rechte Winkel sein sollten.

Und dann gibt es noch die zahlreichen Aufgaben, die zwar an sich korrekt sind, bei denen sich Eltern und Außenstehende dennoch fragen, ob man verlangen sollte, dass Kinder mit mehr oder weniger Glück genau den Gedankengang des Lehrers erkennen müssen, um zur gewünschten Lösung kommen zu können. Und es gibt die Aufgaben, bei denen von den Kindern eine Genauigkeit und ein Abstraktionsvermögen verlangt werden, die sie in dem Alter noch nicht haben können. Oder die Aufgaben, deren Lösung Kinder inhaltlich wissen, aber noch nicht schriftlich wiedergeben können. Und am meisten verzweifeln Eltern an Aufgaben, die ihr Kind verwirrt haben, weil sie einfach mal ohne einen „Haken" gestellt wurden, das Kind diesen aber gesucht hat und so selbst die einfachsten Aufgaben falsch gelöst hat.

Ich kann nur feststellen, dass der Notenschnitt das Maß ist, an dem Proben gemessen werden, unabhängig davon, wie er zustande gekommen ist – selbst wenn das nirgends wirklich klar schriftlich gefordert wird (und selbst wenn oft gar das Gegenteil behauptet wird).

Es darf zwar kleine Abweichungen zwischen den Klassen geben, die werden dann damit begründet, dass in dieser Klasse ausnahmsweise mal mehr hochintelligente Kinder sitzen. Bei Schulen in Einzugsbereichen mit eher wohlhabenden Familien ist der Notenschnitt in der Regel sehr gut und viele Kinder bekommen so die Möglichkeit zu höherer Schulbildung, auch das ist akzeptiert. Doch sollte man als Lehrer nicht mehrfach von der Erwartungshaltung abweichen, die an einer Schule vorherrscht. Man erhält schnell das unangenehme Prädikat „unkollegial" oder es wird behauptet, man wolle sich nur bei den Kindern und Eltern beliebt machen, indem man gute Noten verschenke.

Man tut als Lehrer gut daran, sich rechtzeitig zu erkundigen, wie die Notengebung an einer Schule gehandhabt wird. So ist es in der einen Schule üblich, dass in Sport, Musik und Kunst nur die Noten „Eins" und „Zwei", im ärgsten Falle eine Drei vergeben werden, an anderen Schulen wird einem deutlich vermittelt, dass auch in diesen Fächern die Unterschiede der Kinder deutlich hervorgehoben und schlechte Noten gegeben werden müssen. Eine Rektorin meinte, an ihrer Schule würden Proben so geschrieben, dass es nie etwas Schlechteres als eine Vier gäbe, Kollegen einer anderen Schule machen beim ersten Treffen klar, dass eine Eins in Deutsch bei ihnen nie vergeben würde und selbst eine Zwei nur äußerst selten, weil Kinder in dem Alter einfach kein ausgebildetes Sprachvermögen besäßen. An wieder einer anderen Schule erfährt man gleich im ersten Gespräch, dass jährlich nur etwa drei bis vier Schüler auf das Gymnasium übertreten, an einer anderen Schule sind es „schon immer" etwa viermal so viel gewesen. Während meiner mobilen Zeit, als ich an verschiedenen Schulen eingesetzt war, habe ich deutlich mitbekommen, dass an jeder Schule ungeschriebene Gesetze über die Notengebung und die Übertrittsquote existieren, die den dort arbeitenden Lehrkräften oft selbst nicht bewusst oder eben schon selbstverständlich sind.

Die Auswirkung dieser Beurteilungen auf die Kinder ist jedoch fatal und weitreichend. Die Kinder sind ob ihrer Leistungen stark verunsichert und oft orientierungslos und verhalten sich eigenartig. Haben sie bislang unbeschwert gearbeitet und meist richtige Lösungen gefunden, wundert man sich als Lehrer schon bald über die absurdesten Lösungen und Antworten, die sie nun in den Proben geben. Die Antworten passen nicht zur Frage oder sind gar völlig abwegig, die einfachsten Dinge können die Kinder plötzlich nicht mehr beantworten. Sie schreiben Wörter falsch, die sie schon lange richtig schreiben konnten, selbst ganz normale Rechenaufgaben, die in den Tagen vor der Probe problemlos gelöst werden konnten, gelingen plötzlich nicht mehr. Neben anspruchsvollere Aufgaben schreiben die Kinder ein Fragezeichen und legen das Blatt unbearbeitet zur Seite. „Ich krieg eine 6", schreiben sie noch darauf und malen ein weinendes Gesicht dazu. Eltern wissen, was ihre Kinder daheim konnten, und verstehen nicht, ja verzweifeln gar darüber, warum das Kind das nicht auch auf dem Probenblatt notiert hat. „Mehr üben", sagt dann oft der Lehrer. Hilflosigkeit auf beiden Seiten.

Dabei ist dieser Vorgang leicht erklärbar. Kinder stehen bei diesen Probearbeiten massiv unter Druck und die ausgeschütteten Stresshormone verhindern die Konzentration, die Intuition und das kreative Arbeiten (siehe auch Informationskapitel „Lernen", Auswirkungen von Stress und Angst, dort ab Seite 203). Kinder lassen sich auch leicht irritieren, wenn Aufgaben nicht klar verständlich gestellt sind, und bleiben daher oft weit hinter dem zurück, was sie leisten können. Vielleicht wird deshalb auf den Informationsabenden für Eltern immer betont, dass Frustrationstoleranz eine wichtige, wenn nicht die wichtigste Eigenschaft für den erfolgreichen Besuch einer weiterführenden Schule ist. Das Notenkarussell dreht sich ja auch dort immer weiter, und wer bislang ein Schüler mit guten Noten war, kann jetzt durchaus bei denen dabei sein, die nun die schlechten Noten bekommen. Da dürfe man nicht aufgeben, trotz der fehlenden Erfolge – über Jahre. Und die Kinder sind beim Übertritt gerade mal neun oder zehn Jahre alt.

Dass Deutschlands Schulen zu Recht vorgeworfen wird, nur Mittelmaß, dafür aber zahlreiche Risikoschüler zu produzieren, findet seine Ursache in dieser Leistungsbeurteilung.

Zum einen werden Lehrer zur Gleichmacherei und zum Gleichschritt genötigt, um gleiche und gerechte Ergebnisse zu erzeugen, statt ihre individuellen Talente einbringen und aus den ihnen anvertrauten Kindern das Beste herausholen zu können. Zum anderen liegt dem ganzen Schulsystem eine Leistungsbeurteilung zugrunde, die allein aufgrund der Vorgaben Mittelmaß und Verlierer produzieren **muss**.

Wir dürfen in der Folge nicht unterschätzen, was es mit Kindern und ihrer Erwartungshaltung an sich selbst macht, wenn sie von Anfang an nur das Prädikat bekommen, mittelmäßig oder sogar schlecht zu sein. Man kann bei genauer Beobachtung etwas sehr gut Nachvollziehbares erkennen. Diese Kinder erleben nie, wie es ist, etwas perfekt zu tun. Eine Aufgabe wirklich vollständig und richtig gelöst zu haben. Sie erfahren nie, wie es sich anfühlt, alles richtig zu machen und alles richtig zu haben. Sie erleben nicht, wie es sich anfühlt, etwas ganz genau zu machen. Sie erleben auch nicht, dass ihre Umwelt so lange mit ihnen an einer Sache dranbleibt, bis sie hervorragend ist. Von Kindern wird gefordert, Höchstleistungen zu erbringen, aber es wird ihnen nicht ermöglicht. Nur die wenigen Einserschüler erfahren das und wissen fortan, worum sie sich bemühen müssen. Kinder aber lernen nicht, indem man ihnen etwas sagt oder etwas von ihnen fordert, Kinder müssen die Qualität einer Situation spüren und erleben können, um weiter danach zu streben. „Was brauchst du, damit …?" ist die Frage, die hier gestellt werden sollte (siehe auch ab Seite 231). Damit Kinder einen hohen Anspruch an sich stellen und diesen auch erfüllen können, müssen sie erst einmal erlebt haben, wie es ist, erfolgreich zu sein und höchsten Ansprüchen zu genügen. Das müsste für jedes Kind durch individuell gestellte Anforderungen bedingt werden, dann würde sich die Anstrengungsbereitschaft der Kinder von allein einstellen. So aber erleben Kinder sich selbst immer nur als mittelmäßig. Sie können gar keinen anderen Anspruch an sich entwickeln, weil sie nichts anderes erfahren haben. Gerade Kinder aus sozial benachteiligten Familien haben oftmals auch von zu Hause aus keine entsprechende Ausrichtung erfahren oder werden dazu nicht angehalten. Nicht selten genügt es in diesen Elternhäusern, etwas „irgendwie" zu tun. Dabei ist gerade diese innere Haltung, die innere Ausrichtung darauf, etwas wirklich gut zu machen, der entscheidende Aspekt im erfolgreichen Wirken.

Und auch die Schule gibt sich mit dem Mittelmaß zufrieden, anstatt so lange weiter mit einem Kind zu arbeiten, bis es ebenfalls Höchstleistungen bringt, wenn vielleicht auch zwei Wochen später als die anderen Kinder. Aber die Probennote wird eingetragen und die Inhalte werden nicht so lange geübt, bis auch dieses Kind volle Punktzahl – also die Inhalte wirklich begriffen – hat. Dabei wäre das so wichtig! Jedes Kind muss erleben, wie es sich anfühlt, höchste Leistungen zu erzielen. Wie es sich anfühlt, an einer Sache dranzubleiben, bis der Erfolg sich einstellt. In einer ersten Klasse, in der Kinder noch sinnhaft und nicht probenorientiert lernen, ist wunderbar zu beobachten, wie alle Kinder danach streben, Bestleistungen zu erzielen, wenn sie dabei unterstützt werden. In den Folgejahren verhindern wir aber durch unsere Art der Leistungsbeurteilung, dass Kinder höchste Leistungen erzielen, und machen sie hinterher dafür verantwortlich, dass sie überhaupt nicht mehr nach Höchstleistungen streben, sondern sich mit weniger zufriedengeben oder sogar ganz resignieren.

Dazu kommt noch die Erwartungshaltung des Lehrers. Viele Kinder spüren, dass der Lehrer von ihnen gar nichts Besseres erwartet, ja aufgrund der Erwartungshaltung in der Notengebung gar nichts Besseres von ihnen erwarten kann und darf. Dabei reagieren Kinder sehr stark darauf, was in ihnen gesehen wird. Schon bei Goethe ist zu lesen: „Wenn wir die Menschen nur nehmen, wie sie sind, so machen wir sie schlechter; wenn wir sie behandeln, als wären sie, was sie sein sollten, so bringen wir sie dahin, wohin sie zu bringen sind."[7] Man kann das ausprobieren. Man nehme einen nicht so guten Schüler und gebe ihm eine gute Note. Was wird passieren? Er wird besser. Man kann die Freude in seinen Augen sehen und gleichzeitig den Hoffnungsschimmer, dass er das nun immer erreichen kann. Wie Kinder aufblühen, wenn man ihnen etwas zutraut, wenn sie merken, sie sind gut und können etwas – dann hängen sich auch die vermeintlich faulsten und demotiviertesten Kinder plötzlich wieder rein. Dieses Phänomen kann man beobachten, wenn Kinder auf die Real- oder Hauptschule übertreten und dort nun plötzlich zu den Einserschülern gehören. Oft bekommen sie dadurch solch einen Auftrieb, dass ihnen bald darauf sogar der Übertritt in eine höhere Schulart gelingt oder sie über den zweiten Bildungsweg später höhere Abschlüsse erwerben.

Derzeit ist die Probenstellung aber für viele Kinder intransparent und sie wissen oft gar nicht, was sie nun eigentlich können und was nicht. Die Kinder haben das Gefühl, alles verstanden zu haben, und für sie ist es nicht begreifbar, wenn sie dann doch eine Vier bekommen. Diese Note entspricht den Vorgaben zur Notengebung, die Kinder haben die Anforderungen erfüllt. Aber diese Kinder resignieren, weil sie es nicht in der Hand haben, auch einmal eine Bestleistung bescheinigt zu bekommen. Da hier keine Transparenz und Klarheit vorherrschen, wurschteln sie oft mehr oder weniger vor sich hin, lernen aber nie, auf ein klar definiertes Ziel hin ausgerichtet zu arbeiten und beständig dabeizubleiben, bis dieses Ziel erreicht ist. Sie bleiben in gewisser Weise orientierungs- und planlos. Das macht sie dumpf und viele geben dabei auf. Liegt das Problem hier wirklich bei den Kindern oder doch eher darin, dass keine klaren Zielangaben formuliert sind, die für alle Kinder durch bewusstes Arbeiten erreichbar sind?

Liegt das Problem vielleicht auch darin, dass aufgrund der Leistungsbeurteilung viele Kinder, egal wie viel sie dazulernen, keine Erfolge bescheinigt bekommen? Ich erinnere mich an einen Jungen in meiner Klasse. Schon seit der Geburt lief er den anderen Kindern in der Entwicklung immer ein wenig hinterher. Hinterher wohlgemerkt, er war nicht irgendwo stehen geblieben oder konnte manches gar nicht ausbilden. Er war einfach nur mit dem meisten später dran. Das setzte sich auch in der Schule fort. Merlin war ein zurückhaltender Junge, er wusste um sein „Immer-hintendran-Sein". Aber er lernte genauso fleißig: Er konnte lesen, schreiben, rechnen, durchaus auch schwierigere Aufgaben. Ohne Noten klappte das alles gut. Merlin war motiviert und sah, wie er immer mehr konnte, immer mehr dazulernte. Auch seine Mutter war zuversichtlich und unterstützte ihn beständig. Die Erfolge waren sichtbar, ein Zusammenhang zwischen Anstrengung und Erfolg erkennbar. Sobald die Arbeiten benotet wurden, kamen die Fünfer. Im Vergleich zu den anderen war Merlin einfach später dran und konnte so zu diesem Zeitpunkt die Anforderungen nicht erfüllen. Merlin war kaum wiederzuerkennen. Das ausgeglichene Kind, das sich beständig bemüht hatte, verzweifelte, die Mutter ebenso. Merlin hatte kaum mehr Freude am Lernen, musste oft zur Arbeit angehalten werden. Die Proben gab er oft ab, obgleich noch viele Aufgaben ungelöst waren. Manchmal blickte er starr und wie abwesend vor sich hin, hin und wieder wurde er von einem Weinanfall übermannt. Zum Muttertag schrieb er in der Schule seiner Mutter einen Brief, nur diese Worte: „Mama, ich bin halt so. Ich bin halt so." Innerhalb weniger Monate hat dieses Kind aufgegeben, seine Mutter ebenso. Mit der Zeit hatte er nun tatsächlich deutliche Defizite, die sich auch immer weiter ausweiteten. Ein gemeinsames Lernen mit den anderen wurde zunehmend schwieriger – nicht weil Merlin jetzt Defizite, sondern hauptsächlich, weil er keine Motivation und keine Lust mehr hatte. Da half alles gute Zureden nichts, kein Aufzeigen der individuellen Lernfortschritte, kein Belobigungsstempel – nichts. Die Note prangte über allem: Fünf.

Ein Fünferschüler ist ein Fünferschüler, weil es Fünferschüler geben muss. Und bei einem Fünferschüler sieht man nicht mehr, dass er vielleicht lediglich ein paar Minuten mehr Zeit gebraucht hätte, um die Aufgaben zu lösen, weil er noch verträumter als die anderen ist oder gar weil er bedächtiger und genauer arbeitet. Man sieht nicht, dass er schon zwei Wochen nach dieser verhängnisvollen Probe die Aufgaben auch verstanden hatte, man sieht nicht, dass er sich lediglich bei fünf Aufgaben verrechnet, die Sache an sich aber begriffen hat oder dass er die Zahlen einfach unleserlich geschrieben hat. Man sieht nicht, dass lediglich die Aufgabenstellung falsch verstanden wurde oder dass die sieben Rechtschreibfehler alle daher rühren, dass eine einzige Rechtschreibstrategie nicht verstanden wurde.

Der Unterschied zwischen einer Eins und einer Fünf ist groß. Der Unterschied in der zugrunde liegenden Leistung gar nicht. Hier werden aus Ameisen Elefanten gemacht. Elefanten, die uns dann die Sicht darauf nehmen, dass ein gemeinsames Lernen nicht nur möglich, sondern sogar sinnvoll und bereichernd ist. Unser Schulsystem missachtet die für mich wichtigste Grundregel der Neurobiologie: Der Mensch braucht Erfolg, um weiterzumachen. Erinnern wir uns: Im Gehirn sitzt so etwas wie eine Schaltstelle, die prüft, ob eine Aktion erfolgreich sein kann. Ist die Aussicht eher gering, wird diese Aktion nicht ausgeführt. Ist die Aussicht eher groß, werden Glückshormone ausgeschüttet (siehe auch Informationskapitel „Lernen", ab

Seite 202). Das bedeutet: Schlechte Noten demoralisieren nicht nur in dem Moment, wenn das Kind sie bekommt, sondern sie verhindern auf Dauer auch rein biologisch gesehen das Entstehen neuer Motivation und Anstrengungsbereitschaft. Dass Kinder da überhaupt noch lernen, verdanken sie der Tatsache, dass sie oft die Messlatte unbewusst nach unten setzen und viele Kinder dann schon für eine Drei dankbar sind, weiter nach oben streben sie schon gar nicht mehr. Aber auch Einserschüler sind vor der Macht der Noten nicht gefeit. Bei ihnen bleibt die ständige Angst, beim nächsten Mal vielleicht keine gute Note zu erhalten.

Vielleicht sollte sich Schule da etwas vom System der Computerspiele abschauen. Gründe, warum Kinder dort beständig dabeibleiben, sind, dass sie genau wissen, was ihnen gelingen muss, um erfolgreich zu sein, dass sie immer wieder von vorn anfangen können, immer wieder eine neue Chance bekommen, ohne spürbare Konsequenzen. Und dass sie beständig Erfolgserlebnisse haben. Sie haben die Aussicht auf höhere Level und steigen beständig auf, sie fühlen sich bestens, sie erfahren: Hier bin ich wer, das kann ich, hier bin ich gut. Kinder brauchen erreichbare Ziele.

Sonst geschieht das, was in Deutschland heute der normale Zustand an Schulen ist: Wir haben innerhalb kurzer Zeit eine Masse an Schülern „erschaffen", die keine Freude am Lernen mehr haben, die selbst die einfachsten Dinge nicht mehr beherrschen, die verunsichert sind, die nicht oder nur unzureichend rechnen, lesen und schreiben können und negative Überzeugungen über sich und ihr Leistungsvermögen verinnerlicht haben. Diese Kinder zum Lernen zu motivieren, ist kaum möglich und kann wirklich nur noch gelingen, wenn man ihnen den Glauben an sich selbst wiedergibt und erreichbare Ziele setzt. Die Hoffnungslosigkeit und die Verzweiflung, der Lernfrust und die Abneigung gegen Schule sind nicht von Anfang an da, sie werden gemacht. Die unsägliche Art der Leistungsmessung und Leistungsbewertung an unseren Schulen produziert dies alles bei unseren Kindern, wenn diese gerade sieben oder acht Jahre alt sind und die ersten Beurteilungen bekommen.

Was wir ändern müssen und können

Fragen, die man falsch gestellt,
Schafft man nicht mehr aus der Welt;
Man verbringt dann seine Tage
Grübelnd über solcher Frage,
Und man kann's noch Gnade nennen,
Stirbt man ohne zu erkennen
Dass man sich umsonst geplagt
Weil man eben falsch gefragt.
Dann vermacht man – Trost im Sterben! –
Jene Fragen seinen Erben.

Fritz Riemann

Unsere inneren Überzeugungen – unsere Haltung

Falsch gestellte Fragen.

Die Frage sollte nicht lauten: Wie ist der Übertritt humaner zu gestalten? Die Frage sollte auch nicht lauten: Verlängerte Grundschulzeit ja oder nein? Oder: Wie können wir Leistungsmessung noch genauer und gerechter gestalten, wie können wir noch präziser prüfen, um gerechter zu verteilen und gerechtere Urteile zu fällen?

Es wird darauf niemals grundlegend hilfreiche, weiterführende Antworten geben, weil die Fragen falsch gestellt sind. Diese Fragen setzen bereits im derzeitigen Schulsystem an und sind auch nur innerhalb dieses Systems folgerichtig.

Doch unser Schulsystem baut auf einem überholten Menschenbild und einer veralteten Begabungstheorie auf. Es hat eine eingeschränkte und keine zukunftsweisende Vorstellung von Lernen und herrscht mit einem fragwürdigen Verständnis von Leistung.

Ein Blick in die Geschichte erklärt hierbei vieles: Im Mittelalter lag das Schulwesen vollkommen in der Hand der Kirche, die an einer Bildung des Volkes nicht sonderlich interessiert war. Um für Priesternachwuchs zu sorgen, wurden Knaben ab dem Alter von sieben Jahren in Kloster- und Domschulen unterrichtet, die sowohl eine Elementarschule wie auch die höhere Schule umfassten, in der die aus der Antike überlieferten Artes Liberales, also die klassischen freien Künste, gelehrt wurden. Dazu gehörten Grammatik, Rhetorik, Dialektik sowie Arithmetik, Geometrie, Musik und Astronomie.

Lesen und schreiben konnten damals also allein die Kleriker, die deshalb auch sämtliche Verwaltungsaufgaben übernahmen. Die Kinder armer Leute konnten lediglich in diese Schulen aufgenommen werden, wenn sie durch Schenkungen oder Stiftungen begünstigt wurden.

Diesen inneren Schulen wurden später äußere angegliedert, die auch von all den Kindern des Adels und der Bürger der Städte besucht werden konnten, die nicht den geistlichen Beruf ergreifen wollten. Kinder des einfachen Volks auf dem Land dagegen erhielten Unterricht durch den Pfarrer, vornehmlich in Religion, meist am Sonntag nach dem Gottesdienst. Infolge der Reformation wurden viele der Schulen geschlossen, vor allem in protestantischen Gebieten fehlte dadurch für viele komplett der Unterricht.

Martin Luther forderte schließlich die allgemeine Schulpflicht, damit auch das niedere Volk Lesen und Schreiben lerne, da die Bibel die Grundlage des Glaubens sei und es daher jedem möglich sein sollte, sie zu lesen. In protestantischen Ländern wurde deshalb das Schulwesen gut ausgebaut, zum Teil sogar eine Schulpflicht eingeführt. Höhere Schulen wurden vermehrt vom Magistrat der Städte und von den Landesherren gegründet. In Pfalz-Zweibrücken galt sie seit 1592 für Mädchen und Knaben, in Straßburg seit 1598, in Württemberg seit 1649 und in Preußen schließlich seit 1717. In katholischen Gegenden war das niedere Schulwesen deutlich unterentwickelt. Das höhere Schulwesen blieb zunächst noch in Händen der Kirche, vor allem des Jesuitenordens. Zu Beginn der Neuzeit stellte das aufstrebende Bürgertum die Vorherrschaft des Adels infrage. Eine Verweltlichung und Übernahme durch den Staat begann ab dem 18. Jahrhundert im Zuge der Aufklärung. Die Schulpflicht wurde nach und nach auch in katholischen Ländern eingeführt, wenn auch sehr spät, in Österreich 1774, in Bayern erst 1802. Aber es dauerte lange, bis sie auch durchgesetzt wurde. Mitte des neunzehnten Jahrhunderts besuchten im Schnitt mehr als achtzig Prozent der Kinder die Elementarschule. Die anderen Kinder konnten nicht zur Schule: Zum Teil waren die Eltern nicht in der Lage, das Schulgeld zu bezahlen, zum Teil weigerten sich die Unternehmer, in deren Fabriken die Kinder arbeiteten, und die Gutsherren, die meinten, Bauernkinder bräuchten nichts zu lernen. Allmählich bildete sich ein dreigliedriges Schulsystem heraus. Neben den Elementarschulen bestanden weiterhin die höheren Schulen, die von Kindern der Adligen und des Bildungsbürgertums besucht wurden. Dazu kamen speziell in den Städten Schulen, in denen kaufmännische Fähigkeiten gelehrt wurden, sowie Naturwissenschaften und moderne Sprachen. Diese Schulen besaßen keine Oberstufe. Die Dreigliedrigkeit entsprach der Ständegesellschaft. Jede Schulart vermittelte die Bildungsinhalte, die der jeweiligen Schicht nützlich waren. Die unteren Schichten wurden konsequent von höherer Bildung ausgeschlossen.

Wilhelm von Humboldt entwarf bereits Anfang des neunzehnten Jahrhunderts ein **dreistufiges** Schulsystem für **alle** Kinder mit Elementarschule, Gymnasium und Universität, das er schon damals für angebrachter hielt. Dabei sollte das humanistische Gymnasium die **einzige** weiterführende Schulart für **alle** Kinder sein. Trotz jeglicher reformpädagogischer Bestrebungen hat sich das aus den Ständen entwickelte gegliederte Schulwesen aber bis heute gehalten. Um dessen Erhalt wurde von den oberen Schichten teilweise bitter gekämpft: Sie wollten sich ihre Privilegien nicht nehmen lassen, die sie dank höherer Schulbildung innehatten.

Erst in den Zwanzigerjahren des vergangenen Jahrhunderts gelang es in der Weimarer Republik, sich zumindest auf eine gemeinsame Grundschulzeit zu einigen. Die daran anschließende Aufteilung der Kinder auf die drei Schularten sollte nach deren Leistung erfolgen. Dennoch spiegelten die Schularten trotz Leistungsqualifikation von Anfang an die Herkunft der Kinder wider. Auch das hat sich bis heute nicht geändert, die PISA-Studien belegen dies.

Unser Schulsystem selektiert in der praktischen Realität mehr oder minder subtil nach sozialen Schichten, auch wenn es offiziell anders klingt. Dies liegt an den Vorgaben zur Leistungsbeurteilung, die bedingen, dass nur wenige Kinder aus sozial benachteiligten Schichten Noten erhalten, die zum Besuch weiterführender Schulen berechtigen. Die anderen Kinder mit diesem sozialen Hintergrund werden von höherer Schulbildung ausgeschlossen.

Begleitend zur Diskussion um die Aufteilung der Kinder auf die unterschiedlichen Schularten nach Leistung bildete sich ein Begabungsbegriff, der sich ebenfalls bis heute gehalten hat. Demgemäß gibt es theoretisch begabte, technisch und kaufmännisch begabte und handwerklich begabte Kinder. Anhand von Intelligenztests hat sich diese Ansicht noch ein wenig in Richtung „genetisch vorgegebenes Potenzial" verlagert: Danach gibt es hochintelligente und intelligente Kinder ebenso wie schwache, um nicht zu sagen dumme Kinder. Beide Konzepte dienen häufig als Rechtfertigung für den Erhalt der verschiedenen Schularten – und das auch vor dem Grundgesetz, nach dem jedes Kind das Recht auf Bildung und auf bestmögliche Entwicklung seiner Potenziale hat.

Das scheinen schlüssige Argumentationen, wenn man sie nicht hinterfragt. Denn vieles, was wir im Alltag erleben, macht den Eindruck, diese Theorie zu belegen. Wir sehen Jugendliche im Fernsehen, die die einfachsten Fragen zur Allgemeinbildung nicht beantworten können, und andererseits Gymnasiasten, die bei einem Forschungsprojekt Preise gewinnen. Wir sehen das Kind mit der Eins in Mathematik und das mit der Fünf. Und wir stolpern im Internet immer mal wieder über einen Intelligenztest, der uns im besten Fall selbst eine hohe Intelligenz bescheinigt und uns daran erinnert, dass es Menschen mit einem IQ von hundertdreißig und solche mit einem von achtzig gibt.

Wenn wir die Frage nach Veränderung unseres Schulsystems stellen, müssen wir bereit sein, unsere innere Haltung zu überdenken und in uns gewachsene Überzeugungen zu verändern. Doch wie Einstein schon sagte: „Es ist leichter ein Atom zu zertrümmern als eine vorgefasste Meinung."

Alle Kinder können lernen!

Die Forschungen der Neurobiologie haben in den letzten Jahren deutlich gezeigt, dass die herkömmliche Begabungstheorie, die als Begründung für die Verteilung auf verschiedene Schularten genutzt wurde, nicht haltbar ist. Alle Kinder können lernen. Alle Kinder kommen mit Millionen von Nervenzellen auf die Welt, die sich in Abhängigkeit von der Umgebung und anderen Faktoren vernetzen und ein Leben lang weiterentwickeln (siehe auch Informationskapitel „Gehirn" ab Seite 190). Die Ausreifung der einzelnen Teile des Gehirns erfolgt langsam und in Schritten. Zu Beginn des Schulalters sind erst die Voraussetzungen geschaffen, um systematisch lernen und Informationen verarbeiten zu können. Und erst mit Eintritt ins Erwachsenenalter werden die letzten Gebiete des Gehirns vernetzt, die ein zielgerichtetes Handeln und ein angemessenes soziales Verhalten steuern. Das Gehirn ist bis zum Lebensende veränderbar: Jede Erfahrung, jedes Lernen, jede Zuwendung, jede Ablehnung hinterlässt Spuren im Gehirn und formt es neu.

Und was ist mit den Intelligenztests? Es gibt doch so stark unterschiedliche Intelligenzwerte? Durchaus, doch darf man auch hier die Frage stellen, wie es zu diesen Werten kommt. Bei den Noten liegen relative Vorgaben zugrunde, die ohne Aussage über ein absolutes Können die Leistungen der Kinder innerhalb einer Gruppe auf sechs Notenstufen verteilen. Bei den Intelligenztests ist es nicht anders. Auch hier ist durch die zugrunde gelegte Formel der Normalverteilung von vornherein festgelegt, wie sich die Werte innerhalb einer bestimmten Gruppe als relative Größe ergeben: Es wird festgestellt, wie intelligent jemand **im Vergleich zu anderen** ist, aber es wird **keine absolute Aussage über die tatsächliche Intelligenz** gemacht. Der Wert allein sagt nichts aus über die tatsächlichen Fähigkeiten der Menschen beziehungsweise wie stark sich der Unterschied zwischen einem IQ von hundertdreißig und einem von fünfundachtzig in der Realität tatsächlich auswirkt (siehe auch Informationskapitel „Intelligenz" ab Seite 323). Wie bei den Noten werden individuelle Bedingungen oder Entwicklungsunterschiede nicht berücksichtigt, die Testergebnisse der

Kinder werden altersbezogen ermittelt. Das bedeutet auch, dass hier Kinder zusammengefasst werden, die einen Altersunterschied von einem ganzen Jahr haben können. Ein Blick auf die Intelligenztests zeigt zudem schnell, dass der Punktwert größer wird, je mehr Aufgaben eine Person in einer bestimmten Zeit gelöst hat. Ähnlich wie in der Schule spielt Zeit also eine entscheidende Rolle. Zeit im Sekunden- und Minutenbereich und zudem Aufgaben, die sich lediglich auf einen sehr eng begrenzten Kompetenzbereich beziehen. Die Zahlenwerte suggerieren eine hohe Aussagekraft. Fälschlicherweise wird damit auch die Überzeugung manifestiert, Intelligenz sei eine feste Größe. Genau das Gegenteil ist der Fall. Intelligenz kann sich in Abhängigkeit von verschiedenen Faktoren entwickeln, unter anderem durch eine anregende Umgebung und Übung. Lernen macht intelligent!

Begabung ist ebenfalls keine genetisch feststehende Größe. Begabt sind Kinder, denen etwas gegeben wurde, die lernen durften und diese Fähigkeiten ausprägen konnten. Lernen ist ein Begaben, Kinder müssen be„gab"t werden.

Es ist also tatsächlich so, dass Kinder und Jugendliche, die von höherer Bildung ausgeschlossen wurden, gar keine Möglichkeit hatten, ihre Intelligenz und ihre Kompetenzen zu entwickeln. Sie haben nicht die Unterstützung und die Förderung erhalten, die sie dazu befähigt hätten. Sie haben nicht die Zeit bekommen, um Rückstände aufzuholen, die sie beim Start in Kindergarten oder Schule aufgrund ihrer Herkunft hatten. Stattdessen wurden sie in unserem Schulsystem jahrelang demoralisiert und demotiviert. Sie werden durch dieses System schließlich zu den „Risikoschülern" gemacht, denen Grundkenntnisse in Deutsch und Mathematik fehlen, zu den Schülern, die die einfachsten Fragen zur Allgemeinbildung nicht beantworten können, zu den „nicht ausbildbaren" Jugendlichen. Unser Schulsystem selbst und in gewisser Weise auch unsere Gesellschaft produzieren die Bildungsverlierer.

Wir haben uns heute angewöhnt, vieles messen und in Zahlen ausdrücken zu wollen. Das dient oft der Vereinfachung, doch vergisst man dadurch häufig, worum es im Grunde essenziell geht. Nicht selten werden die Zahlenergebnisse dem Sinn der Fragestellung gar nicht mehr gerecht. Der Body-Mass-Index (BMI) gibt an, ob eine Person in Abhängigkeit von ihrer Größe zu dick ist, doch viele Faktoren werden bei der Berechnung nicht berücksichtigt. Ein durchtrainierter Sportler wird dadurch vielleicht aufgrund seiner Muskelmasse als übergewichtig eingestuft und erhält angesichts der Zahlenwerte die Empfehlung, abzunehmen und mehr Sport zu treiben. Die Berechnung des BMI „Gewicht geteilt durch die Körpergröße im Quadrat" wird nicht hinterfragt. Für so ziemlich alles gibt es inzwischen Angaben, die berechnet werden. Und wenn Ergebnisse nicht passen, werden die Formeln geändert oder Grenzwerte verschoben. Man bildet Summen und Durchschnitte, dividiert und potenziert, erstellt Formeln und Gleichungen. Zahlen haben in unserer Zeit eine allzu große Überzeugungskraft. Dank unserer Zahlengläubigkeit meinen wir, etwas habe Gültigkeit, nur weil es berechenbar ist. Wir messen diesen Zahlen eine große Bedeutung bei, wir setzen Zahlen mit Aussagen gleich, ohne zu hinterfragen, wie ein Wert entstanden ist und ob er tatsächlich eine Aussagekraft hat. Und oft sehen wir aufgrund dessen den Menschen nicht mehr, wollen ihn manchmal vielleicht gar nicht mehr sehen.

Wir hinterfragen nicht, was ein IQ von neunzig tatsächlich bedeutet, ob diese Zahl überhaupt wirklich eine nützliche Aussage macht oder auf welchen Bereich diese beschränkt ist und welchem Zweck sie dient. Wir hinterfragen auch selten, wie und unter welchen Bedingungen dieser Messwert entstanden ist. Wir hören „neunzig" und legen dem eine zugeordnete Bedeutung bei. Ebenso verhält es sich bei den Noten. Wir hören „eine Vier in Mathematik" und sofort ist die Deutung naheliegend, wir hätten ein schwach begabtes Kind vor uns mit Schwierigkeiten in Mathematik. Wir wissen nichts über das tatsächliche Können dieses Kindes, wir wissen nichts über die Aufgabenstellung und noch weniger über die Bewertungsstruktur und den Bewertenden. Aber wir interpretieren das Ergebnis sofort. Bei einer Eins verhält es sich nicht anders. Auch hier wissen wir nicht, in welchem Rahmen, unter welchen Bedingungen und bei welchen Aufgaben diese Note von wem gegeben wurde. Aber wir verbinden eine Eins sofort mit besonderer Fähigkeit und Intelligenz. Wir übersehen meist, dass Noten nur relativ gegeben werden und es damit immer gute und schlechte Kinder geben muss. Warum wundern wir uns beispielsweise nicht, dass sich die Noten der Kinder nach dem Übertritt aufs Gymnasium schon bei den ersten Proben erneut über die ganze Notenskala erstrecken, obwohl all diese Kinder noch wenige Wochen vorher Einser und Zweier geschrieben haben? In jeder Gruppe, unabhängig vom tatsächlichen Können, kann man eine Verteilung herstellen, auch unter Nobelpreisträgern. Und wir blenden aus, welchen übermächtigen Einfluss der Faktor Zeit hat. Die meisten Kinder können die Inhalte wenige Wochen nach der Probe genauso gut wie die Einserschüler, die meist einige Monate älter und von der Herkunft her privilegiert sind. Aber statt zu sagen, dieses oder jenes Kind hat einige Inhalte **noch nicht** lernen können, machen wir eine Potenzial- und Intelligenzaussage aus einer schlechten Note. Diese Zahlen bekommen eine unangemessen große Bedeutung, die teilweise sogar das Leben dieser Kinder bestimmt: Einigen öffnen sie, anderen verschließen sie Türen.

Im Informationskapitel „Noten" (siehe auch ab Seite 285) sind die wichtigsten Aspekte zusammengetragen, die die Notengebung beeinflussen und nachgewiesenermaßen zu einem wenig aussagekräftigen Verfahren machen. Diese reichen von berechen-, aber veränderbaren Vorgaben wie dem Notenschlüssel oder den Gewichtungen von Aufgaben bis hin zu subjektiven Aspekten, etwa ob eine Arbeit am Schluss oder am Anfang korrigiert wurde, wen der Lehrer besonders sympathisch findet, welche Kriterien er überhaupt anlegt, wie er beispielsweise die ordentliche Schrift bewertet, und zu guter Letzt die Orientierung an einem Notendurchschnitt, welcher der gängigen Erwartungshaltung entspricht.

Noten lügen. Noten täuschen über das hinweg, was Kinder tatsächlich sind: Fähige Wesen, die alle lernen können, alle unterschiedlich sind und alle individuelle Unterstützung auf ihrem Weg brauchen.

Intelligenz, Intelligenztests und Intelligenz-quotient

Wie definiert man Intelligenz?

Intelligenz ist ein theoretischer Begriff, **ein Konstrukt**. Mit Intelligenz werden Eigenschaften verbunden, die in der Gesellschaft vorherrschen und im sozialen oder beruflichen Leben als vorteilhaft gelten.[1] Es gibt aber tatsächlich gar nicht **die** Intelligenz, sondern viele verschiedene Intelligenzmodelle[2]: Verbale, numerische, akademische, analytische, musische, motorische … oder auch soziale, praktische und emotionale Intelligenz. Bis heute konnte sich die seit über hundert Jahren bestehende wissenschaftliche Intelligenzforschung auf keine allgemeine, verbindliche Definition einigen. So etwa könnte die komplizierte Definition eines so komplizierten Sachverhalts aussehen: Intelligenz ist die Fähigkeit, sich in neuen Situationen aufgrund von Einsichten zurechtzufinden und Aufgaben mithilfe des Denkens zu lösen, wobei nicht auf eine bereits vorliegende Lösungsstrategie zurückgegriffen werden kann, sondern diese erst aus der Erfassung von Beziehungen abgeleitet werden muss.[3]

Messung der Intelligenz: Was leisten Intelligenztests?

Wie soll man dieses komplexe Konstrukt messen, das nicht einmal genau zu definieren ist? Kann Intelligenz durch einen „Einheitstest" überhaupt erfasst werden?[4]

Ein erster Intelligenztest wurde vor ungefähr hundert Jahren von dem französischen Psychologen Alfred Binet (1857–1911) entwickelt, da er herausfinden wollte, welche Kinder dem normalen Schulunterricht nicht folgen konnten und daher andere Unterrichtsformen benötigen.[5]

Vorschulkinder, Schulkinder und Jugendliche werden auf verschiedenen Ebenen getestet, ihrer jeweiligen Altersstufe entsprechend. Heute gibt es etwa achtzig aktuelle Intelligenztests in Deutschland, die unterschiedliche Schwerpunkte setzen und daher für ein und dieselbe Person zu recht unterschiedlichen Ergebnissen kommen.[6] Sie messen nahezu ausschließlich die sprachliche und die mathematisch-logische Intelligenz, dazu räumliches und numerisches Vorstellungsvermögen sowie die Gedächtnisleistung. Besonders hohen

Einfluss auf das Testergebnis haben die Faktoren Verarbeitungsge-schwindigkeit und „Arbeitsspeicher", es **geht also primär darum, wie viele Aufgaben und Parameter der Proband unter Zeitdruck verarbeiten kann.**

Intelligenztests erfassen die Fähigkeiten, die durch Erfahrung und Lernen entwickelt wurden, treffen aber lediglich Aussagen über den aktuellen Leistungs- und Entwicklungsstand.[7] **Sie sagen nichts aus über das Lernpotenzial der Person.** Wichtige Facetten der Intelligenz, wie kreative Problemlösungsstrategien, Teamgeist und Empathie bleiben bei diesen Verfahren unberücksichtigt. Tests messen deshalb nur einen sehr beschränkten Teil der Persönlichkeit. Intelligenz ist lediglich das Handwerks- oder Rüstzeug und kann er-worben werden. Es kommt darauf an, wie man die Intelligenz ein-setzt, welchen Sinn man ihr verleiht. Das jedoch messen Tests nicht. Deshalb können sie auch nicht angeben, was die Persönlichkeit wirk-lich darstellt.[8]

Der Intelligenzquotient IQ

Der deutsche Psychologe William Stern (1871–1938) definierte 1912 erstmalig den Begriff „Intelligenzquotient/IQ".[9] Der IQ wird berech-net, indem die Leistung (die Anzahl der gelösten Aufgaben) zum Durchschnitt entweder der Normstichprobe (eine für die Bevölke-rung des Landes repräsentative Stichprobe, die größer als 1000 sein muss) oder zu einer adäquaten Vergleichsgruppe (zum Beispiel einer bestimmten Altersgruppe) in Beziehung gesetzt wird.[10] Intelligenz-tests liefern also näherungsweise ein allgemeines quantitatives Maß der im Test gemessenen Intelligenz von einer Person, relativ zum Mit-telwert der Intelligenz altersmäßig vergleichbarer Personen.

Es ist gängige Praxis, der Bewertung der Intelligenz die Gauß'sche Normalverteilung zugrunde zu legen. Die Annahme einer Normal-verteilung geht zurück auf Francis Galton (1822–1911), einen briti-schen Arzt und Naturforscher, der ein Cousin von Charles Darwin war. Galton ging davon aus, dass es, ähnlich wie es in einer Gesellschaft viele Leute von mittlerer Größe gibt und nur wenige sehr kleine und wenige sehr große, in einer Gesellschaft viele mittelmäßig begabte Menschen gäbe, aber nur wenige sehr begabte und wenige sehr un-begabte. Diese Annahme wurde von Galtons Schülern übernommen und als schließlich die ersten Intelligenztests konstruiert wurden, wurde ebenfalls von dieser Annahme ausgegangen, die bis heute in der Intelligenztestkonstruktion eine Rolle spielt.[11]

Die Normalverteilung geht auf den Mathematiker Carl Friedrich Gauß (1777–1855) zurück und gehört zu den wichtigsten kontinuierlichen Wahrscheinlichkeitsverteilungen. Ihre Wahrscheinlichkeitsdichte wird auch Gauß'sche „Glockenkurve" genannt. Sie wird heute gerne verwendet zur Klassifizierung von allerlei statistischen Messergebnissen, ohne dass dabei nachgedacht wird, ob die zugrunde liegenden Messwerte überhaupt normalverteilt sind. Diesen Nachweis vorab zu führen wäre oberstes Gebot. Hierzu stehen eine Reihe von mathematischen Vorgehensweisen zur Verfügung (zum Beispiel der Chi-Quadrat-Test), die allerdings bei der Großzahl derer, die die Normalverteilung unbesehen anwenden, kaum bekannt sind. Die Normalverteilung ist definiert für einen Wertebereich von $-\infty$ bis $+\infty$ und wird eindeutig bestimmt durch ihren Mittelwert m und ihre Standardabweichung s, die die „Breite" der Verteilungsfunktion festlegt, wenn man Normierungen außer Acht lässt. Sie ist symmetrisch. Mit ihrer Hilfe lassen sich die ermittelten Messwerte zur Bestimmung des IQ näherungsweise einordnen. Anzumerken ist, dass der auf eine Person bezogene IQ natürlich kein Quotient ist, sondern lediglich ein Wert, der eine relative Position in der zugrunde liegenden Verteilung aufzeigt. Der Mittelwert des IQ wurde von den ersten Anwendern aus psychologischen Gründen willkürlich auf 100 festgelegt. Denn jeder Mensch würde sich selbst wohl lieber bei einem IQ von 70 (bei m = 100) als einem IQ von -10 (bei m = 0) sehen, obwohl letzterer Wert eine höhere Intelligenz bescheinigen würde. Jede durch m und s definierte Normalverteilung besitzt die Eigenschaft, dass im Idealfall 68,27 Prozent der Messwerte eine Abweichung von 1s vom Mittelwert, 95,45 Prozent von 2s und 99,73 Prozent von 3s besitzen. Ergibt sich nun zum Beispiel bei einer umfassenden IQ-Testreihe für s der Wert 15, so wird daraus definitionsgemäß geschlossen, dass bei einem Mittelwert von 100 rund 95 Prozent der Bevölkerung über einen IQ verfügen, der zwischen 70 (= 100 - 2 x 15) und 130 (= 100 + 2 x 15) liegt. Dies alles gilt allerdings nur bei einer sehr großen Anzahl von Stichproben. Diese Methode auf kleine zu messende und vor allem heterogene Einheiten anzuwenden, ist unzulässig.

Mathematische Funktionen gelten nur für einen definierten Anwendungsbereich. Die Normalverteilung gilt für kontinuierliche Werte im gesamten Bereich von - ∞ bis + ∞. Intelligenzquotienten und Schulnoten dagegen sind diskrete Werte (einzelne ganze Zahlen), die nur in Teilbereichen auftreten: beim Intelligenzquotienten Werte ungefähr zwischen 30 und 200, bei Schulnoten in dem sehr engen Bereich zwischen 1 und 6. Die Normalverteilung hier anzuwenden kann also nur in einem kleinen Bereich eine mehr oder weniger grobe Näherung sein und ist deshalb nicht zulässig.[12] Mit einer sehr hohen Zahl von Werten, die eigentlich gegen unendlich gehen müsste, aber mindestens über 1000 liegen sollte, lässt sich diese Unzulässigkeit wenigstens einigermaßen ausgleichen. Auch wenn bei vielen Intelligenztests am Ende ein IQ steht, bedeutet dieser je nach Testverfahren und zugrunde liegender Intelligenztheorie jeweils etwas anderes.[13] Es gibt nicht **den** IQ. Zudem täuscht eine punktgenaue IQ-Berechnung eine Messgenauigkeit vor, die nicht realistisch ist.

Erstellung eines Intelligenztests

Intelligenztests werden so gestaltet, dass sie eine Normalverteilung generieren: „Die Normalverteilung der Intelligenz ist ein idealtypisches Modell, das der Realität aufgepfropft ist, ein unbewiesener Grundsatz der Testkonstrukteure. Tests werden so konstruiert, dass die empirischen Verteilungswerte der idealtypischen Normalverteilung entsprechen. Dies ist eine mathematische Forderung an die Testkonstruktion, die dadurch erfüllt wird, dass Aufgaben, die zu einem nichtnormalverteilten Ergebnis führen, bei der Testentwicklung ausgeklammert werden. Jeder Test, der eine andere Verteilung der Ergebnisse erbringt, gilt als schlecht konstruiert; er wird als schlechter Intelligenztest über Bord geworfen."[14]

Dabei geht man folgendermaßen vor: Zur Überprüfung bestimmter kognitiver Fähigkeiten werden Aufgaben und Problemstellungen verschiedener Typen entwickelt, dann zu Gruppen zusammengestellt und aus der Anzahl der gelösten Aufgaben das Leistungsniveau erschlossen.[15] Der Schwierigkeitsgrad reicht dabei von einfachen Aufgaben, die von 80 bis 90 Prozent der Bevölkerung gelöst werden, bis hin zu schwierigen Aufgaben, die nur mehr von 10 bis 20 Prozent der Bevölkerung richtig beantwortet werden. Durch die Verwendung einer größeren Zahl von Testaufgaben mit breit streuender Schwierigkeit können Personen auf einem weiten Kontinuum von sehr geringer bis zu sehr hoher Intelligenz eingeordnet werden.

In den Intelligenztests sind unterschiedliche Aufgaben zudem nach jeweils anderen Aspekten zusammengestellt. Es gibt keine konkreten, objektiven Kriterien dafür, welche Fragen aussagekräftig zur Erfassung der Intelligenz sind. Es kommt darauf an, welche „Intelligenz" aus dem großen Spektrum gemessen werden soll.

Intelligenztests für Kinder werden an Schulnoten validiert, das heißt, man orientiert sich an den Noten und wählt die Aufgaben für den Test dementsprechend aus.[16] Schulnoten stellen aufgrund der momentan praktizierten Notengebung **keinen objektiven** Bezugsrahmen dar, auch nicht für die Bereiche der verbalen und der mathematisch-logischen Intelligenz.[17] Es gibt also auch hier keinen objektiven Maßstab. Würden Intelligenztests in Zusammenarbeit mit Unternehmern entwickelt, dann würden vielleicht jene Menschen gut abschneiden, die ein Verkaufstalent haben, und nicht notwendigerweise die, die gute Schulleistungen erbringen. Vorsichtigerweise sprechen Psychologen also nicht von der „Intelligenz" einer Person, sondern von der „Testintelligenz".[18]

Entwicklung der Intelligenz über die Lebenszeit[19]
Die Leistungsfähigkeit der kognitiven Fähigkeiten, um die es in Intelligenztests geht, steigt bis zum frühen Erwachsenenalter kontinuierlich an. Die verschiedenen Teilfähigkeiten zeigen dabei unterschiedliche Wachstumskurven: Am schnellsten entwickelt sich die Wahrnehmungsgeschwindigkeit, gefolgt von räumlichen und schlussfolgernden Fähigkeiten und dem Zahlenverständnis. Da sprachliche Intelligenz in der Grundschule stark trainiert wird, ist sie häufig erstaunlich früh im Alter von sieben bis acht Jahren weitgehend ausgebildet.[20] Andererseits wird das Erkennen von Gesetzmäßigkeiten bei visuellen Mustern nicht direkt geübt. Erst am Ende der Grundschulzeit haben Kinder zum Beispiel im Mathematikunterricht ausreichende indirekte Lernerfahrungen gesammelt. Die Fähigkeit der Menschen zu denken, Schlussfolgerungen zu ziehen und Probleme zu lösen, nimmt zudem mit dem Alter zu, sie werden weise. Doch diese Fähigkeiten werden nicht durch Intelligenztests erfasst.

Kritische Anmerkungen zu Intelligenztests und -quotient
• Der IQ als Zahl ist keine feste Größe. Schwerpunkt und Gewichtung der Teilbereiche unterscheiden sich in den Tests. Derselbe Mensch

kann in unterschiedlichen Tests unterschiedlich hohe IQ-Werte erzielen. Und sogar diese Werte sind bis ins hohe Alter veränderbar.[21]

• Ein gewisser Trainingseffekt kann das Ergebnis eines Intelligenztests beeinflussen.[22] Schon ein zweiter Test mit ähnlichen Aufgaben wirkt sich positiv auf das Testergebnis aus. Noch mehr Vorteile haben vor diesem Hintergrund Kinder, die vergleichbare Aufgaben schon anhand einschlägiger Lernspiele beziehungsweise Lernliteratur kennengelernt und geübt haben. Das Nachsehen haben Kinder, denen die Sicherheit im Umgang mit solchen Aufgaben fehlt, die die Sprache nicht genügend beherrschen.

• Die Ergebnisse eines IQ-Tests sind kaum bis überhaupt nicht aussagekräftig, wenn der Proband von Stress und Prüfungsangst blockiert ist, was nicht selten der Fall ist.

• Seit Beginn der wissenschaftlichen Intelligenztestmessung vor etwa 100 Jahren steigt der IQ pro Generation alle 10 Jahre um 3 bis 7 Punkte (Flynn-Effekt). Die Herausgeber von Intelligenztests müssen ihre Lizenzen folglich regelmäßig überarbeiten, damit der Durchschnittswert wie statistisch gewünscht bei 100 Punkten liegt. Seit den 1990er-Jahren beobachten Psychologen jedoch eine Stagnation der IQ-Werte, teilweise sogar ein Abnehmen.

• Aufgrund der – genau genommen – willkürlich unterstellten Normalverteilung der Intelligenz lässt sich ein zwei- oder dreigliedriges Schulsystem nicht rechtfertigen. Die Intelligenzforscher Elsbeth Stern und Aljoscha Neubauer weisen darauf hin, dass die schulische Trennung in einem Bereich der Intelligenz vollzogen wird, in dem sich die Menschen am ähnlichsten sind, „nämlich am ‚Buckel' der Normalverteilung, also in dem Bereich, in dem die IQ-Werte sich kaum unterscheiden."[23]

• Wissenschaftlich unhaltbar ist es, diese Normalverteilung über einen Notenschlüssel in einer Schulklasse abbilden zu wollen. Unter statistischen Gesichtspunkten erfüllt eine Schulklasse dafür bei Weitem nicht die repräsentativen Anforderungen. Eine Normstichprobe sollte sich auf mindestens 1 000 Personen stützen.

• „Eine schulische Leistungsbeurteilung, welche mit der Normalverteilungsannahme arbeitet, ist also in so vieler Hinsicht problematisch, daß man dringend von ihr abraten muß. Sie umgibt sich völlig zu Unrecht mit der Gloriole der Wissenschaftlichkeit und sollte endlich aus unseren Schulstuben verschwinden."[24]

Einsatz von Intelligenztests

In Deutschland werden Intelligenztests vor allem im Zusammenhang mit als problematisch empfundenen Schulleistungen durchgeführt, wenn angebliche Teilleistungsschwächen, Minder- oder Hochbegabung ermittelt werden sollen und eine Prognose für die weitere Schullaufbahn erwünscht ist.

Was macht Intelligenz aus?

Intelligente Menschen sind nicht einfach nur in der Lage, eine größere Menge an Informationen aufzunehmen und präsent zu halten, sondern auch, diese zu sortieren und zu filtern. Dazu braucht man ein gut funktionierendes Arbeitsgedächtnis, das Informationen effizient verarbeiten kann. Nur diejenigen Informationen werden ausgewählt, die für die Bewältigung der gerade aktuellen Anforderung benötigt werden, unnötige Informationen werden ausgeblendet.[25]

Gleichzeitig können diese Menschen aufbauend auf ihrem bereits bestehenden Wissen mithilfe entsprechender Schlussfolgerungen neues Wissen hinzugewinnen. Das Wissen muss nicht nur vorhanden sein, sondern auch zum richtigen Zeitpunkt aktiviert werden. Dazu braucht es ein funktionierendes Arbeitsgedächtnis, welches geistige Inhalte gezielt aktiviert und hemmt.

Die entsprechenden Funktionen sind besonders im Frontalkortex, dem vorderen Teil der Großhirnrinde, angesiedelt. Diese Komponenten sind zwar schon von Geburt an verfügbar, vervollständigen und verbessern sich aber im Laufe der Kindheit. Das gilt für das Wissen, welches sich durch Lernen in seiner Vernetzung verändert, für die Funktionen des Arbeitsspeichers sowie für die Hemmung und Aktivierung von Informationen.[26]

Alles gemeinsam führt zu einer kontinuierlichen Steigerung der Intelligenz im Laufe der Kindheit und Jugend.

Lernen macht intelligent

Eine Leistung, die in Intelligenztests erbracht wird, ist keinesfalls eine Funktion der Gene, die die Hirnfunktion steuern, sondern diese Leistung steht in direktem Zusammenhang mit dem Schulbesuch.[27] In der Schule werden die vorhandenen, sehr unterschiedlichen Vorkenntnisse dazu benutzt, erst einmal die Grundlagen zu schaffen, um

Lesen, Schreiben und Rechnen zu erlernen. Ohne diese Fähigkeiten wäre die Messung der Intelligenz in Tests gar nicht möglich.

Durch ständiges Lernen und vor allem Üben von schrittweise immer anspruchsvolleren Lerninhalten unter fachkundiger Anleitung und, ebenso wichtig, in Interaktion mit anderen Menschen, werden die Repräsentationsareale in der Großhirnrinde vergrößert und immer besser vernetzt. Einen Lerninhalt immer wieder zu erwähnen und in unterschiedlichen Zusammenhängen zu betrachten, unterstützt die Vernetzung. Einzelne Begriffe werden zunächst nach ihren charakteristischen Merkmalen gespeichert, mit zunehmendem Verständnis können später daraus abstrakte Begriffe entstehen und abgerufen werden, also immer komplexere Repräsentationen gebildet werden. Je öfter zwei Begriffe oder Handlungsabläufe miteinander in Beziehung gesetzt und eingeübt werden, desto größer wird die Assoziation zwischen beiden. Je öfter man zum Beispiel Vokabeln wiederholt oder in einfachen Texten liest, umso besser kann man sie sich merken. Dieses Üben in Teilschritten führt zu einer Automatisierung. Das Wissen ist damit effektiv organisiert und abrufbar, wenn es benötigt wird. Beim Übersetzen von komplizierten Sätzen ist dann das Arbeitsgedächtnis nicht mehr mit dem Finden der Vokabeln beschäftigt, sondern kann sich voll auf die Grammatik konzentrieren. Es kann viel schneller und effektiver arbeiten. Zusätzlich erwirbt man ganz nebenbei, aber sehr effizient, Lern- und Denkstrategien, die sich verselbstständigen und zu einem eigenständigen Wissensgebiet werden.[28]

Sind arme Kinder dümmer als reiche?
Eine Studie[29] in Baltimore, USA, unterzog Schüler der ersten bis vierten Klasse einem Test zur Lese- und Rechenkompetenz und gliederte die Ergebnisse nach Zugehörigkeit der Kinder in Oberschicht, Mittelschicht und Unterschicht auf. Nach fünf Jahren lagen die Kinder der Oberschicht deutlich vorn. Man schloss zunächst daraus, dass Kinder aus sozial benachteiligten Familien einfach nicht über dieselben angeborenen Lernfähigkeiten verfügten wie Kinder aus privilegierten Kreisen. Dann differenzierte man genauer und testete die Kinder jeweils zu Beginn eines Schuljahres, dann zum Ende des Schuljahres und wiederum nach den langen Sommerferien. Alle Kinder hatten nach Ablauf des Schuljahres dazugelernt, am meisten die Schüler der

Unterschicht. Nach den Sommerferien hatte sich die Lesekompetenz der Schüler aus der Oberschicht verbessert, die der Kinder aus der Unterschicht dagegen verschlechtert. Das heißt, dass die Schüler aus sozial benachteiligten Schichten vor allem von regelmäßigem Unterricht profitieren, in den Ferien jedoch nicht die entsprechenden Anregungen bekommen, sie lernen nichts dazu. **Der Vorsprung der Kinder aus sozial besser gestellten Schichten ist demnach darauf zurückzuführen, was Kinder außerhalb der Schule lernen, und hat nichts mit ihrer Intelligenz zu tun.**

Bedeutung von Intelligenz in der Schule: Sind intelligente Kinder die besseren Schüler?
Nicht unbedingt! Eine überdurchschnittlich ausgebildete Intelligenz allein reicht auf keinen Fall aus für gute und sehr gute Leistungen in der Schule. Leistung ist immer ein Produkt aus Intelligenz, Wissen und Können. Entscheidend ist der Zugriff auf eine gut organisierte und reichhaltige Wissensbasis. Intelligenz hilft nur dabei, den Erwerb und den Abruf des Wissens zu steuern.[30] Je besser zum Beispiel ein Kind im Kindergarten mit Lauten und Silben vertraut wird, etwa durch das Singen und Klopfen zu Reimen, je öfter es spielerisch schon einzelne Buchstaben kennenlernt und sie dadurch zu unterscheiden vermag, umso weniger Schwierigkeiten wird es haben, in der Schule die Schriftsprache zu erlernen und auch schreiben zu können. Das hat nichts mit der Höhe seiner Intelligenz zu tun.

Schuluntersuchungen zeigen, dass Wissensvorsprünge zu einem größeren Lerngewinn führen als Intelligenzvorsprünge.[31] Fehlendes Vorwissen kann nicht durch Intelligenz kompensiert werden, während der umgekehrte Fall durchaus möglich ist.[32]

Um sich Kompetenzen anzueignen, erfordert der Erwerb dieses Wissens **von allen Menschen** gezielte und nicht selten langwierige Übung. Das gilt für intelligente genauso wie für weniger intelligente Menschen. Der einzige Vorteil liegt darin, dass intelligentere Menschen aufgrund ihrer rascheren Auffassungsgabe Wissen schneller erwerben und automatisieren, weil ihr Gehirn effizienter arbeitet. Natürlich vorausgesetzt, sie haben überhaupt die Motivation dazu. Weniger intelligente Menschen, denen es gelingt, eine derartig breite Wissensbasis anzulegen, können das gleiche Leistungsniveau erreichen wie intelligentere oder dieses sogar übertreffen.

Intelligenz und ihre Bedeutung für den Lebenserfolg

Es stellt sich zunächst überhaupt die Frage, was Erfolg ausmacht. Bedeutet Erfolg eine steile berufliche Karriere oder Reichtum, Einfluss und Macht oder doch etwas ganz anderes wie eine positive persönliche Entwicklung, ein harmonisches, zufriedenes Leben, eine lebendige Familie mit Kindern? Jeder Mensch wird darauf seine ganz eigene Antwort finden.

Zwischen IQ und beruflichem Erfolg besteht nur ein schwacher Zusammenhang.[33] IQ-Werte erklären in der Regel weniger als 10 Prozent der Unterschiede zwischen den mehr oder weniger Erfolgreichen. Das bedeutet, dass der IQ zu über 90 Prozent nichts zu tun hat mit den Unterschieden zwischen einzelnen Personen. Dabei heißt es immer, es komme vor allem auf den IQ an, zum Beispiel in der Schule. Der Erfolg muss demnach weitgehend von anderen Faktoren beeinflusst sein.

Nach dem Intelligenzforscher Robert Sternberg hängt Erfolg von einem ausgeglichenen Verhältnis zwischen analytischer, kreativer und praktischer Intelligenz ab.[34] Für den Erwerb dieser Kompetenzen braucht ein Mensch aber Zeit und schon möglichst früh im Leben möglichst viele Gelegenheiten, angstfrei aus Erfahrungen zu lernen und sich an geeigneten Rollenvorbildern zu orientieren. Die Forschung zeigte auch hier, welch enorme Bedeutung dafür dem häuslichen Umfeld zukommt – der Bereitschaft der ersten Bezugspersonen, also der Eltern, emotional und verbal angemessen auf das Kind zu reagieren, eine feste Bindung einzugehen, willkürliche Einschränkungen und Strafen zu vermeiden, die Umgebung des Kindes anregend zu gestalten und vor allem gemeinsam etwas zu unternehmen.[35] Nur so entwickelt sich eine eigenständige Identität. Nur so wird aus einem Kind ein erwachsener Mensch mit einer selbstbestimmten Persönlichkeit, der mehr kann, als Fragen in einem Standardtest korrekt zu beantworten. In Zukunft wird wohl immer mehr soziale Kompetenz gefragt sein, also die Fähigkeit, gemeinsam mit anderen nach tragfähigen Lösungen für gegenwärtige und künftige Herausforderungen zu suchen.[36] Solch ein Wissen ist nicht kurzfristig lern- und abfragbar, sondern verlangt ebenfalls eine Persönlichkeitsbildung in einer Gemeinschaft.

Die praktische Intelligenz sucht immer nach mehreren Lösungswegen und Möglichkeiten und setzt dazu den gesunden Menschenverstand ein.[37] Ausschlaggebend ist auch der Arbeitsstil. Ist man zu langsam oder zu wenig entscheidungsfreudig, wird das den Erfolg schmälern.

Motivation ist ein weiterer entscheidender Faktor. Strebt jemand nach Anerkennung, Ruhm, Macht oder viel Geld, wird er seine Fähigkeiten dementsprechend einsetzen. Künstler treibt dagegen der innere Drang an, etwas zu tun, zu schaffen, ihre Persönlichkeit auszudrücken. Gerade in diesen Fällen kann man beobachten, dass hier der Erfolg durch sehr viel Übung gewonnen wurde.

Biografien sehr erfolgreicher Menschen zeigen, dass sie ihren Erfolg meist nicht allein sich selbst verdanken, sondern dass sie in den Genuss verborgener Vorteile, außergewöhnlicher Chancen und eines kulturellen Umfeldes kamen, die es ihnen ermöglichten, anders zu lernen und zu arbeiten und die Welt anders zu verstehen.[38] Ihr Verdienst war es aber, diese Gelegenheiten zu erkennen und zu ergreifen.

Für eine Studie[39] wurden 1921 in den USA von Lewis Terman, einem amerikanischen Psychologieprofessor, in Grundschulen mithilfe von Intelligenztests insgesamt 1470 Kinder mit einem IQ von mehr als 140 und zum Teil bis 200 ermittelt. Jahrelang wurden sie intensiv beobachtet, sogar gezielt gefördert. Das Ergebnis war, dass es, als sie erwachsen waren, nicht wie erwartet nur Genies gab, sondern dass sich eine sehr gemischte Gruppe zeigte, in der sowohl sehr erfolgreiche als auch mehr oder weniger erfolgreiche Menschen vertreten waren, bis hin zu Versagern. Die Erfolgreichen kamen mit großer Wahrscheinlichkeit aus wohlhabenden Familien. Eine ausschlaggebende Rolle spielt demnach, wie die Eltern eines Kindes ihren Lebensunterhalt verdienen und welche Weltsicht das gesellschaftliche Milieu vertritt, dem sie angehören.

Ist Intelligenz angeboren oder erworben?

Diese Frage ist deshalb so brisant, weil sich daraus wichtige Schlussfolgerungen ergeben können.[40]

Unter der Annahme, dass Intelligenz durch einen hohen Erbeinfluss bedingt ist, sind Maßnahmen zur Entwicklungsförderung oder zum Training bestimmter Eigenschaften eine Zeit- und Geldverschwendung. Als Schlussfolgerung sollte man dann sehr früh die intelligenteren Kinder von den weniger intelligenten trennen und sie in unterschiedlichen Schulen unterrichten.

Ganz anders sieht es aus, wenn man annimmt, dass die **Umwelt das größere Gewicht bei der Ausprägung der Intelligenz hat**. Unter Umwelt versteht man alle Einflussfaktoren außer den genetischen, die durch die Chromosomen festgelegt sind: Zu den Umweltfaktoren zählen also bereits die Umgebung des Ungeborenen im Mutterleib, Alkohol- und Drogenkonsum sowie das Rauchen der Mutter während der Schwangerschaft, später der Einfluss von Eltern, Geschwistern, Freunden, Bekannten und Schule sowie die Ernährung. Man kann durch aktive Gestaltung dieser Umwelt erheblichen Einfluss auf die Entwicklung einer Person nehmen und sie formen. Jedes Kind hat dann eine Chance.

Aus den vorgestellten Erläuterungen zur Entwicklung des Gehirns und seiner Reifung (siehe auch Informationskapitel „Gehirn" ab Seite 190) geht hervor, dass man der Umwelt wesentlich mehr Einfluss zuschreiben muss, als man noch bis vor einigen Jahrzehnten annahm. Die Forschung entdeckt immer mehr Beweise, dass selbst Gene beeinflussbar sind, weil diese zum Beispiel durch Umwelteinflüsse ein- und abgeschaltet werden können. Sogar Anlagen, die durch die Chromosomen festgelegt sind, wie die Reifung der Sinne sowie der Motorik, können durch die Umwelt sowohl gefördert als auch gehemmt werden.[41]

Bei der Geburt verfügt jedes Kind über einen enormen Überschuss an Nervenzellen. Es steht ihm ein ganzes Bündel von Möglichkeiten zur Verfügung. Das Material wird von den Genen zur Verfügung gestellt. Aber erst die Vernetzung der Zellen entscheidet, was aus dem Gehirn wird.[42] Ob es alle Anlagen entfalten kann oder eine Kümmerversion ausbildet, hängt von den Reizen, Erfahrungen und Informationen ab, die das Gehirn erhält. Da jeder Mensch unterschiedliche Erfahrungen macht, entwickelt sich jedes Gehirn ganz unterschiedlich. Bei der Auswertung jahrelanger Beobachtung von eineiigen Zwillingen, die gemeinsam aufwuchsen, konnte René Spitz genau dies belegen. Sie entwickelten sich trotz übereinstimmender Gene und vieler Gemeinsamkeiten doch auffallend unterschiedlich.[43] Selbst in diesem Fall waren die Bedingungen eben doch für beide nicht übereinstimmend. Das begann schon bei der Geburt, als das erste Mädchen normal geboren wurde, das zweite jedoch durch Kaiserschnitt. Da auch die Charaktere der beiden unterschiedlich waren, das eine Mädchen mehr weinerlich, das andere forsch, reagierten die

Eltern entsprechend unterschiedlich. Zudem suchte sich jedes Kind immer wieder eine Nische, die vom anderen noch nicht besetzt war, wie man das auch allgemein von Geschwistern innerhalb einer Familie kennt. Diese feinen Unterschiede machen eine Menge aus. Wird einem Kind mehr Zuwendung geschenkt, was ja immer wieder vorkommt, hat das erhebliche Auswirkungen. Und für die Entwicklung kommt es vor allem auf die Bindungen an.

Es liegt in erster Linie an den Eltern und Lehrern, was aus den Kindern wird, welche Potenziale sie entwickeln. Es ist die Aufgabe der Eltern und der Lehrer, ihnen einen guten Start zu ermöglichen, die erforderlichen Voraussetzungen für eine optimale Entfaltung zu schaffen und diese auch über die Jahre der Entwicklung zu erhalten.

Die Zwillingsforschung, auf der die Theorie der Erblichkeit der Intelligenz beruht, geht ebenfalls auf Francis Galton zurück. Bei Forschungsreisen im südwestlichen Afrika verglich Galton die intellektuellen Fähigkeiten der Afrikaner mit denen der britischen Kolonialherren, wobei die Afrikaner erheblich schlechter abschnitten als die Briten. Galton schloss daraus, dass die Intelligenz vererbt wird, und schlug als Erster vor, zur Überprüfung dieser Hypothese Zwillingspaare heranzuziehen. Er führte seine Forschungen mit Fragebögen durch und fand seine Vermutungen der Erblichkeit scheinbar bestätigt. Seine Untersuchungsmethoden waren sehr ungenau und seine Schlussfolgerungen sehr fragwürdig.[44] Trotzdem blieb seine These der Normalverteilung der Intelligenz bis heute ziemlich unangefochten. Zumindest findet aber inzwischen eine heftige Diskussion um ihre Vererbbarkeit statt.

Verständnis von „Lernen 2.0"

Das Leid unserer Schulkinder entsteht, weil das Schulsystem so ist, wie es ist. Derzeit dominieren der veraltete Begabungsbegriff und die damit verbundene allgegenwärtige Leistungsbeurteilung unserer Schulen. Und das schadet **allen** Kindern. Ihre Ausbildung ist heute schon veraltet und bereitet sie nicht auf die Anforderungen des 21. Jahrhunderts vor. Diesen Preis zahlen alle Kinder, weil wir an Schulformen festhalten, die zu Zeiten der ständischen Gesellschaft den jeweiligen Klassen die erforderliche Bildung ermöglicht haben. Die Grundlage dieses Schulsystems ist die Verteilung auf verschiedene Schularten, für die es – da ja offiziell das Leistungsprinzip gilt – nötig ist, die Kinder beständig zu prüfen. Wir prüfen und prüfen und forschen, wie wir noch genauer prüfen können. Wir stellen immer mehr Kriterien zur Leistungsbewertung auf, meinen durch immer engmaschigere und feinere Prüfungen die Qualität und die Gerechtigkeit der Auslese zu steigern, und prüfen und prüfen. Das Prüfen und Messen hat in unserem Schulsystem einen so hohen Stellenwert eingenommen, dass wir es oft schon gleichsetzen mit dem Lernen selbst. Ein Lernen ohne zu prüfen? Das ist ausgeschlossen!

Wir haben inzwischen ein völlig falsches Verständnis von Lernen und in der Folge eine ebenso falsche Vorstellung von Leistung. Und alle unsere Kinder leiden darunter. In unserem Schulsystem geht es für viele Schüler nur noch um Noten. Noten, die in einem zunehmend bürokratischer werdenden Akt in Prüfungen gewonnen werden. Das, was dabei abgefragt wird, hat häufig nichts mit echter Leistung zu tun. Denn Leistung in unserem Schulsystem besteht darin, Rechenaufgaben in einer bestimmten Zeit zu lösen, sich alle paar Wochen eine andere Textform im Deutschen einzuverleiben, um dann nach vorgegebenen Kriterien zu formulieren oder sich kurze Zeit mit einer Thematik zu beschäftigen und ein paar wichtige Wissensinhalte für kurze Zeit abrufbar zu halten. Unsere Kinder lernen, nein, sagen wir: pauken sich halb tot, um diesen Ansprüchen zu genügen. Lernen ist dafür nicht mehr der passende Ausdruck.

Kinder pauken Begriffe, sie pauken Vokabeln, sie pauken Daten und Fakten, sie pauken Zusammenhänge, die der Lehrer eventuell hören möchte. Das, was gerade gepaukt wurde, wird schnell wieder vergessen, denn der Arbeitsspeicher im Kinderhirn muss mit dem Stoff für die nächste Prüfung gefüllt werden. Aber nicht die Lerninhalte an sich zwingen die Kinder in die gleichen Bahnen, sondern die Homogenität und die Homochronizität, also die unbedingte Gleichzeitigkeit der Leistungsmessung. Nicht das Lernen an sich ist anstrengend für unsere Kinder, sondern das Pauken für Prüfungen. Unsere Schulen legen den Fokus auf kurzfristige Ergebnisse und fügen unseren Schülern damit langfristigen und nachhaltigen Schaden zu. Allen Schülern. Wenn Leistung und Erfolg definiert werden durch das Bestehen von Prüfungen und gute Noten, dann darf es uns nicht wundern, dass das Ergebnis uninteressierte, erschöpfte und kranke Kinder sind. Aber eben dies geschieht in unserem Schulsystem: Es koppelt Kinder ab vom sinnhaften, auf sich selbst bezogenen und sie bereichernden Lernen und lässt sie um einer fremden Beurteilung willen pauken.

Das ist der Schaden, den **alle** Kinder in diesem Schulsystem erleiden.

Sind unsere Kinder gewappnet für die Welt von morgen?

Kinder wollen lernen. Alle Kinder. Lernen ist ein Grundbedürfnis jedes Menschen, wenn es ihm nicht durch zu viel Qual verleidet wird. Doch genau das erleben viele Kinder. Sie haben bereits vergessen, dass sie lernen wollen, vor lauter „Paukenmüssen". Der Schlüssel zu echter Leistung ist intrinsische, dem Menschen selbst entspringende Motivation, der Wunsch, seinen eigenen Interessen zu folgen und sich daran zu bereichern und zu entwickeln. Wenn wir unsere Kinder auf die Anforderungen der Zukunft optimal vorbereiten wollen, müssen wir zwingend unseren derzeitigen Leistungsbegriff überdenken. In der Welt von morgen geht es nicht vor allem darum, über ein bestimmtes Wissen zu verfügen und dieses anzuwenden, sondern darum, sich immer wieder aufs Neue Wissen und Fertigkeiten anzueignen und flexibel mit unterschiedlichen

Menschen zusammenzuarbeiten. Das bloße „Wissen" ist schon heute mit ein paar Mausklicks überall abrufbar. Unsere Kinder müssen ganz andere Qualitäten ausbilden, um reif für die Zukunft zu sein. Es gilt, ihnen Schlüsselqualifikationen zu vermitteln, ein Verständnis grundlegender Prinzipien und einen reichen Schatz an Erfahrungen und Fähigkeiten mitzugeben. Die Welt von morgen erfordert keine wandelnden Enzyklopädien, sondern aufgerichtete, in sich gestärkte und vielseitig fähige Menschen. Diese benötigen vor allem Identität und Integrität.

Das Grundlegende an einem kraftvollen Menschen ist sein gesundes Selbstgefühl. Es ist die Basis von allem. Es entsteht dann, wenn der junge Mensch erlebt und erfährt, dass er genau so angenommen und wertvoll ist, wie er ist. Unser derzeitiges Schulsystem wirkt zerstörerisch auf dieser Ebene, es verunsichert Kinder, es beschämt und demoralisiert sie, ja, es bringt überhaupt erst den Aspekt ein, dass man Unterschiede im Wert des Menschseins machen kann.

Auf der Basis eines gesunden Selbstgefühls baut die Selbstkompetenz auf, die Kompetenz, bewusst und verantwortlich zu leben und Entscheidungen zu treffen, die für einen selbst richtig sind. Auch an dieser Stelle wirkt unser Schulsystem schädlich, da Kinder nicht lernen, für sich selbst zu beurteilen, sondern stets andere Menschen das Kind und sein Wirken beurteilen. Zur Selbstkompetenz gehören reichhaltige Erfahrungen in den verschiedensten Bereichen wie beispielsweise das Erleben des eigenen Körpers, tanzen, singen, musizieren, malen, Theater spielen, jegliches sinnhafte Erleben ebenso wie ein gesunder Körper, gefördert durch Sport, gesunde Ernährung, Ruhe und Muße. Unser derzeitiges Schulsystem gibt Kindern jedoch fast keine Möglichkeiten dafür und lässt ihnen obendrein immer weniger Zeit für schöne, bereichernde Aktivitäten außerhalb der Schule.

Der dritte Aspekt der Selbstkompetenz bezieht sich auf ein reichhaltiges Repertoire an Lern- und Arbeitstechniken, vom autodidaktischen Lernen über das Aufnehmen von Inhalten in Vorträgen und Seminaren und das Arbeiten mit Lernpartnern in Groß- und Kleingruppen bis hin zum Arbeiten in Projekten mit unterschiedlichen Planungs-, Durchführungs- und Präsentationsformen. Hauptsächlich aus Zeitgründen, nämlich um den geforderten Lern- und Probenstoff vollständig präsentieren zu können, wird an unseren Schulen und Universitäten oft frontal gelehrt und gelernt.

Direkt verbunden mit der Selbstkompetenz ist die soziale Kompetenz: die Fähigkeit, mit der Umwelt in Interaktion zu treten, Beziehungen zu gestalten, gut zu kommunizieren, sich in andere einfühlen und auch deren Bedürfnisse wahrnehmen zu können sowie zu einer guten Gemeinschaft beizutragen. Unser Schulsystem wirkt in höchstem Maße separierend und nimmt damit den Kindern die Möglichkeit, Menschen verschiedener Herkunft, Überzeugungen und Erfahrungen zu begegnen und dadurch reichhaltige und wertvolle Erfahrungen zu machen.

Auf der Basis dieser Kompetenzen setzt nun die fachliche Kompetenz an, angefangen beim Lesen, Schreiben und Rechnen über naturwissenschaftliche Grundkenntnisse, das Beherrschen von mindestens einer Fremdsprache bis zu einer fundierten Allgemeinbildung in geografischen, historischen, gesellschaftspolitischen und künstlerischen Themenbereichen. Unsere Schulen widmen sich bislang vorrangig dieser Kompetenz, allerdings müssen Schüler für die andauernd anstehenden Proben hauptsächlich Fakten auswendig lernen – häufig ohne echtes inneres Verständnis für das Gelernte.

Wenn wir nicht die Schulen hätten, die wir heute haben, sondern noch einmal von vorn anfangen könnten – würden wir wirklich dieselbe Art Schulen wieder erschaffen?

Eine Schule für unsere Kinder – wie sie aussehen sollte

Wenn wir Kinder beobachten, fällt uns sofort auf, dass alle unterschiedlich sind. Völlig. Vom Aussehen her, vom Charakter, von den Vorlieben, von den Neigungen – schon als Babys und Kleinkinder. Mit zunehmendem Alter prägt sich ihre Individualität weiter aus: Das eine Kind ist schon sehr geschickt im Klettern, ein anderes interessiert sich für Schiffe, Nils berechnet mit seinem Papa die notwendige Länge der Bretter für das Gartenhaus, Paul schreibt bereits seine ersten Computerprogramme,

Susi hat sich von Oma alles über das Häkeln abgeschaut und Mona möchte alles über Pferde wissen. Und all diese Kinder stecken wir in eine Schule, in der sie fortan alle das Gleiche lernen und können müssen, und zwar nur einen sehr engen und begrenzten Ausschnitt des Wissens und Könnens, nur einen winzigen Bruchteil von der Vielfalt, die sie in sich tragen.

Die richtige Frage muss daher lauten: Wie sollte ein Schulsystem sein, das allen unseren Kindern gerecht wird? Ihren Bedürfnissen, ihrer Individualität, aber auch den Anforderungen, die zukünftig an sie gestellt werden? Die in Deutschland derzeit bestehende Struktur ist dafür definitiv nicht geeignet. Eine optimale Ausbildung unserer Kinder für die Welt von morgen ist aus zwei Gründen nur in einer heterogenen Gemeinschaft möglich, in der sich Kinder ganzheitlich bilden und entwickeln können. Zum einen bietet nur eine solche die Vielfalt, an der die Persönlichkeit der Kinder zu einem fähigen, verantwortlichen Menschen ausreift. Zum anderen liegt **nur dort** der Schwerpunkt nicht mehr auf der Leistungsmessung und erst dadurch wird echtes Lernen möglich. Wir müssen verstehen, dass unser derzeitiges Schulsystem aufgrund seiner Systematik den Kindern schadet, trotz aller Teilreformen, Fördermaßnahmen und Unterstützungsprogramme. Durch die Selektion verhindert unser Schulsystem aktiv nachhaltiges, entgrenztes und individuelles Lernen, weil es unweigerlich auf kurzfristige, gleichförmige Ergebnisse ausgerichtet ist und einen lieblosen Blick auf die Kinder hat, der ausschließlich nach Defiziten sucht statt nach dem reichen Potenzial in jedem Kind.

Wir müssen gar nicht so viel anders machen – wir dürfen nur eines nicht mehr tun: selektieren. Der ganze Druck, der ganze Stress, dem unsere Schüler ausgesetzt sind, entsteht nicht durch das Lernen an sich, sondern durch den Geist der Selektion, der unsere Schulen regiert. Die Auswirkungen der Selektion, die auch die Verteilung der Schüler auf die verschiedenen Notenstufen beinhaltet, verhindern modernen, zeitgemäßen Unterricht und nehmen unseren Kindern die natürliche Lernfreude.

Die Schule der Zukunft stellt das Kind in seiner Individualität in den Mittelpunkt. Nicht die Kinder werden der Schule angepasst, sondern die Schule den Kindern. Das fachliche Lernen hat einen hohen Stellenwert, doch wird in der Schule der Zukunft anders gelernt. Es wird darum gehen, Prinzipien und Grundlagen anhand eigener Erfahrungen tatsächlich zu verstehen, und nicht darum, Fakten auswendig zu lernen. Da die Unterrichtszeit nicht mit der Vorbereitung auf selektionswirksame Proben vergeudet wird, bleibt genügend Zeit für selbstständiges Ausprobieren, für Projekte, Versuche und erforschendes Lernen. Es geht um echtes „Be-Greifen". Große Bedeutung in der Schule von morgen kommt der Selbsttätigkeit der Kinder zu – in gemeinsamen wie auch in individuellen Phasen. Wichtige Begriffe und Zusammenhänge prägen sich dann automatisch ein und werden auch verinnerlicht. An einer Sache lernen die Kinder durchaus Unterschiedliches und bauen so ihr individuelles Wissensnetz organisch aus. In individuellen Lernphasen kann das Kind sein persönliches Begabungsprofil weiter ausbilden, an seinen speziellen Arbeitsfeldern weiterarbeiten, üben oder vorhandene Lücken schließen. Dabei erhält es individuelle Unterstützung und Rückmeldung.

Jedes Kind bringt unterschiedliche Interessen, Neigungen und Begabungen mit. Derzeit fallen in unseren Schulen so ziemlich alle Begabungen unter den Tisch, die sich nicht in den Fächern Mathematik und Deutsch zeigen, in den höheren Klassen eventuell auch noch in ein paar anderen (Haupt-)Fächern. Gleichwohl können diese Kinder ihre Begabung gar nicht ausbilden – durch die Homogenität der Prüfungen und die derzeitige Art der Probenerstellung müssen sie ebenfalls genau das pauken, was der Lehrer im Unterricht durchgenommen hat, und sich statt der Weiterentwicklung ihrer individuellen Talente ausschließlich auf die gerade in der jeweiligen Klassenstufe aktuellen Inhalte konzentrieren. Im besten Fall überspringen Kinder eine oder gar zwei Jahrgangsstufen, aber erfahren sie damit eine echte Förderung auf dem Gebiet ihrer Begabung? Meist lernen sie dann ebenso nur die eng begrenzten Inhalte, die im Unterricht besprochen wurden, für die Prüfungen, befinden sich aber in einer sozialen Gruppe, die ihrem Alter gar nicht entspricht. Echte individuelle Förderung ist im derzeitigen Gleichschrittunterricht nicht möglich, der durch homogene Prüfungen und einen Stundenplan im Fünfundvierzig-Minuten-Takt bedingt ist.

Individuelle Förderung bedeutet in den zukünftigen Schulen also zum einen, dass Kinder bei konkreten fachlichen Defiziten die notwendige Unterstützung erhalten, um die angestrebten Lernziele zu erreichen, zum anderen aber auch, dass jedes Raum und Zeit hat, seinen individuellen Neigungen und Interessen nachzugehen und Begabungen und Talente auszubilden. Gerade Kindern mit besonderer Begabung können wir nur gerecht werden, wenn wir ihnen ermöglichen, innerhalb ihrer sozialen Bezugsgruppe ihre Talente auszubilden, ohne dass sie eine Sonderrolle bekommen, aufgrund derer sie bislang häufig sozial ausgegrenzt wurden. Auch eine international anerkannte Elite werden wir nur erhalten, wenn Kinder und Jugendliche ihre individuellen Wege gehen dürfen und dabei unterstützt werden. Es muss um das Kind und nicht um die Anforderungen der Schule gehen.

Befürwortern der Dreigliedrigkeit, die Aussagen formulieren wie: „Ich halte bildungspolitische Maßnahmen, die für alle dasselbe fordern, für Retropädagogik"[1], sei verdeutlicht, dass hier für **alle** Kinder ihr Recht auf Individualität eingefordert wird. Nur „Eine Schule für alle", und zwar eine durchdacht konzipierte Schule für alle, bietet den strukturellen Rahmen, in dem jedes Kind gesehen und angemessen behandelt werden kann. Individualisierung und Gemeinschaft ergänzen sich in wunderbarer Weise. Individualisierung und Selektion dagegen schließen einander aus. Wer die Aussage „Nichts ist ungerechter als die gleiche Behandlung von Ungleichen" unterstützt, muss sich konsequenterweise für „Eine Schule für alle" einsetzen. Nur diese Schulstruktur bietet die Möglichkeit, jedes Kind tatsächlich individuell zu fördern und zu fordern. In unserem derzeitigen Schulsystem werden Kinder in ihrer Vielfalt allesamt über den gleichen Kamm geschoren und durchleben aufgrund dessen eine ungerechte und unangemessene Gleichbehandlung. Die Ungerechtigkeit liegt in der Beurteilung und nicht im Lernangebot.

Dem Lehrer kommt in den Schulen von morgen besondere Bedeutung zu. Seine Aufgabe ist es, Unterricht so zu gestalten, dass sich alle Kinder sicher fühlen und weder Ängste noch negative Überzeugungen ausbilden. Aus der Sicherheit der Gemeinschaft heraus, in der grundlegende Inhalte vermittelt werden, werden Freiräume gestaltet, in denen Kinder das selbstständige, eigenverantwortliche und individuelle Lernen einüben können. So arbeiten die Kinder zeitweise mit Partnern, an Wochenplänen oder an Werkstätten und Stationen, mit zunehmendem Alter immer mehr projektorientiert und eigenverantwortlich. Der Lehrer wird von der sichernden und arrangierenden Bezugsperson allmählich zum Lernbegleiter und Ansprechpartner. Statt wie derzeit mit defizitorientiertem Blick auf die Kinder zu schauen und seine Beobachtungen schriftlich festzuhalten, betreut der Lehrer die Kinder mit prozess- und entwicklungsorientiertem Blick. So kann er jedem Kind die Unterstützung geben, die es braucht – weit über den Erwerb fachlicher Qualifikationen hinaus. Es ist für die Entwicklung aller Kinder notwendig, dass der Lehrer die Möglichkeit hat, jedes Kind jeden Tag, jede Minute neu zu sehen und zu erkennen, dass Kinder sich ständig verändern und entwickeln – und sich als Lehrer in seiner Arbeit davon führen zu lassen. In der Lehrerausbildung ist ein Umdenken notwendig, damit zukünftige Lehrer lernen können, ihren Unterricht und die Gemeinschaft mit den Kindern so zu gestalten und zu arrangieren, dass alle Kinder von der Heterogenität der Gruppe profitieren und individuelle Lernphasen bestmöglich nutzen können.

Auch die inklusive Pädagogik, also das selbstverständliche Dazugehören behinderter Kinder von Anfang an, darf in einem demokratischen, sozialen und humanen Land wie Deutschland keine Frage sein. Nicht zuletzt stellen gerade behinderte Kinder eine echte Bereicherung in und für die Gemeinschaft dar, ermöglichen sie doch die Ausbildung feiner sozialer Kompetenzen und unterstützen die Entwicklung wichtiger Werte. Zudem lernen alle Kinder in dieser Gemeinschaft, dass es völlig normal ist, unterschiedlich zu sein. Jeder Mensch ist ein Individuum mit Schwächen und Stärken, jeder Mensch ist anders.

Die Angst, behinderte Kinder würden andere beim Lernen bremsen, ist unbegründet. Da in der Schule von morgen jedes Kind sein eigenes Mosaik zusammensetzt, wirkt sich die Anwesenheit von behinderten Kindern oder Kindern mit Defiziten nicht negativ auf den Lernprozess der anderen aus. Es mag sein, dass behinderte Kinder aufgrund ihrer Beeinträchtigung ein anderes Mosaikbild entwerfen und manche Fähigkeiten und Fertigkeiten eventuell nicht erwerben. Im derzeitigen Schulsystem haben sie daher kaum eine Chance, erwartet dieses doch, dass sie um jeden Preis (Gleich-)Schritt halten. Behinderte Kinder, denen bislang die Gemeinschaft verweigert wurde – was einen inakzeptablen, groben Verstoß gegen die Menschenrechte bedeutet – erfahren dann endlich, dass auch sie selbstverständlich zur Gemeinschaft gehören. Und nichtbehinderte Kinder dürfen endlich erleben, dass behinderte Kinder selbstverständlich zur Gemeinschaft gehören. Individuelle Förderung bedeutet, dass man sich um jedes Kind kümmert, für jedes individuelle Unterstützung bereithält und individuelle Lösungen in der Gemeinschaft sucht. Behinderte Kinder stellen also in den Schulen von morgen keine Ausnahmen dar.

Leistungsmessung und Leistungsbeurteilung – was sich ändern muss

Die Frage nach einer Verbesserung unseres Schulsystems hängt sehr eng mit der Frage nach dem Leistungsbegriff und damit nach der Leistungsmessung und der Leistungsbeurteilung zusammen. Eine echte individuelle Förderung von Kindern kann mit der derzeitigen Leistungsmessung nicht gelingen, weil sie Schüler und Lehrer auf die gleichen Lerninhalte zwingt und das Erfüllen gleicher Kriterien wichtiger ist als die Möglichkeit zur individuellen und damit andersartigen Entwicklung und Ausbildung. Die derzeitige Leistungsmessung wird unseren Kindern nicht gerecht. Sie ist in abgewandelter Form für einen Teilbereich des modernen Leistungsspektrums durchaus sinnvoll, versagt aber gänzlich in den übrigen Bereichen und verhindert hier durch die immanente Gleichmacherei gerade das in der heutigen Zeit so wichtige individuelle Lernen.

Die derzeitige Leistungsmessung berücksichtigt weder Entwicklungsphasen unserer Kinder noch persönliche Umstände wie die Trennung der Eltern, den Tod der Großmutter oder eine Erkrankung innerhalb der Familie. Bei der Beurteilung wird der Faktor Zeit missbraucht, statt den Kindern zu dienen: Entscheidend ist in diesem System vor allem, **wann** eine Leistung erbracht wird, **nicht ob** sie erbracht werden kann. Die gleiche Leistung hat zu einem anderen Zeitpunkt, sogar nur einen Tag später, keinen Wert mehr. Noten werden aufgrund relativer Vorgaben gegeben, sodass es nicht einmal theoretisch möglich ist, dass alle Kinder hervorragende Leistungen erbringen und eine sehr gute Note erzielen. Leistung wird reduziert auf sehr wenige, sehr eingeschränkt gesehene Bereiche und entspricht in keiner Weise dem Leistungsspektrum unserer Kinder. Die derzeitige Leistungsmessung veranlasst uns zudem, immer früher mit vergleichendem Blick auf unsere Kinder zu schauen, sodass es unweigerlich Verlierer geben muss. Statt mit Blick auf jedes Kind individuelle Unterstützung zu geben und jedem Kind zur Ausreifung und Entfaltung seiner Potenziale zu verhelfen, sind wir gezwungen, allen Kindern zu einem bestimmten Zeitpunkt die gleichen Fertigkeiten abzuverlangen. Kinder werden so fremdbestimmt und demoralisiert.

Ein Übel besteht darin, dass wir überhaupt immerzu das Bedürfnis haben zu messen und zu bewerten, ein anderes darin, dass wir noch nicht einmal verschiedene Arten von Leistung unterscheiden und – wenn überhaupt möglich – angemessene Rahmenbedingungen für die Leistungsmessung setzen.

So könnte Leistungsbewertung aussehen

Bei objektiv abfragbaren Inhalten und Fertigkeiten ist eine Leistungsmessung in Form einer Prüfung durchaus sinnvoll und angebracht. In diesem Bereich unterstützt ein klarer Bezugsmaßstab das Lernen der Kinder, er dient als Orientierung und Anreiz. Er zeigt ihnen, welche konkreten Kompetenzen sie bereits erworben haben und wo sie noch Defizite haben. Es ist sehr sinnvoll, dass unsere Kinder gewisse Fakten, Jahreszahlen, geografische Gegebenheiten, Rechenverfahren, Formeln, Vokabeln und Ähnliches kennen und beherrschen, sie gehören zur Allgemeinbildung und sind Grundlage für weiterführendes und auch für individuelles Lernen. Entscheidend bei dieser Form der Leistungsüberprüfung ist es, dass die Anforderungen klar und transparent bekannt sind und Vertrauen in die Leistungsergebnisse schaffen. Nur so gelingt es effektiv zu lernen und nicht wertvolle Zeit zu vergeuden, die für andere Felder der Ausbildung weit sinnvoller genutzt werden kann. Ein „Teaching to the test", also eine konkrete Vorbereitung auf die Prüfung, ist bei diesen Inhalten durchaus wünschenswert, denn die Kinder und Jugendlichen sollen diese Inhalte ja sicher beherrschen. So ist darüber hinaus durchaus denkbar, dass diese Prüfungen zu einem vom Kind gewählten Zeitpunkt und sogar mehrfach wiederholbar abgehalten werden.

Wichtig sollte nicht sein, wann die Leistung erbracht wird, sondern dass sie erbracht wird. Das hätte zudem den entscheidenden Vorteil, dass das Leistungsvermögen des Kindes nicht durch Angst und Stress verfälscht wird. Die Betreuer würden dadurch eine konkrete Rückmeldung über den tatsächlichen Leistungsstand eines Schülers in diesen Bereichen erhalten, sodass eine individuelle Förderung zielgerichteter und effektiver möglich ist. Denkbar ist auch, diese Prüfungen in Abständen erneut zu durchlaufen, um sicherzustellen, dass die Inhalte wirklich verinnerlicht und nicht nur kurzfristig gepaukt und abgerufen wurden. Da eine klare Anforderungsstruktur zugrunde liegt, beispielsweise konkret abgeprüft wird, wie die Bundesländer und ihre Hauptstädte heißen, ob ein Kind das schriftliche Multiplizieren beherrscht oder das ohmsche Gesetz anwenden kann, ist eine klare Zielangabe formuliert und Beurteilungen werden nicht über den Erwerb der abgeprüften Höchstkompetenz hinaus vergeben – das heißt, bezogen auf die derzeitige Notengebung: Wer die Anforderungen erfüllt, bekommt keine Vier, sondern eine Eins.

Für Leistungen, die über diese Vorgaben hinausgehen, gibt es weiterführende Prüfungen, wie es derzeit bereits bei interna-

tionalen Sprachtests geschieht, die den Nachweis des Sprach-
erwerbs auf Sprachtests verschiedener Stufen verteilen („begin-
ner", „expert" …). Der entscheidende Aspekt dieser Leistungsmessung ist, dass die Beurteilung nicht relativ zu Mitschülern,
sondern transparent sach- und fertigkeitsbezogen gegeben
wird, sodass es jedem Kind möglich ist, hervorragende Leistungen zu zeigen und Erfolg zu haben. Die berechtigte Erwartungshaltung bei diesen Prüfungen ist dann auch, dass alle
Kinder ihre jeweiligen Tests mit sehr gutem Ergebnis abschließen können. Je nach Alter der Kinder und Relevanz der Inhalte
ist denkbar, diese Prüfungen in Form von Lernzielkontrollen
abzuhalten oder auch standardisierte Tests zu verwenden.

Bei nicht eindeutig objektiv messbaren Inhalten dagegen,
beispielsweise beim Verfassen von Texten, beim Vortrag eines
Referats, in künstlerischen und kreativen Bereichen oder beim
Erforschen von naturwissenschaftlichen Inhalten – also immer
da, wo nicht ein eindeutiges, überall gleich gültiges Ergebnis
vorliegt –, ist eine Leistungsbeurteilung äußerst fragwürdig
und damit insbesondere dann nicht sinnvoll, wenn daraus
allgemeingültige Urteile abgeleitet werden. Denn eine Beurteilung hängt hier stark von der subjektiven Einschätzung des
Beurteilers ab. Die derzeitig gängige Praxis, über das Erstellen
von Kriterien eine scheinbare Objektivität zu erzeugen, ist verantwortlich dafür, dass Kinder nicht lernen, sich auf sich selbst
auszurichten und ihre Persönlichkeit durch eigene Ansichten
und Haltungen auszubilden und zu stärken. Sie werden stattdessen darin geschult, sich fremd auszurichten, um die für ihr
Weiterkommen notwendige Beurteilung zu erhalten.

Ähnlich ist es bei all den Fähigkeiten, die sich erst über Jahre
hinweg entfalten oder durch die Persönlichkeit des Kindes unterschiedlichen Ausdruck erhalten. Statt hier einen organischen
Lernprozess zu ermöglichen, wird das Kind durch die gängige
Beurteilungspraxis ständig aus seiner Entwicklung gerissen,
um die vorgegebenen Anforderungen zu erfüllen. Das wäre,
als ob wir Kleinkinder bewusst darauf trainierten, schon mit
zehn Monaten laufen zu können, nur weil diese Kriterien für
eine gute Beurteilung gesetzt würden.

Bei solcher Art Bewertung bleiben Kreativität, Eigensinn, Vielfalt, Entwicklung und noch viele andere wertvolle Eigenschaften auf der Strecke. Ein eindrucksvolles Beispiel, das diesen fatalen Verlust durch die Beurteilungspraxis schon im frühesten Kindesalter aufzeigt, ist die folgende Aufgabenstellung zum Test der Schulreife:

„Wenn sich Eltern, Lehrer und Erzieherinnen nicht sicher sind, ob ein Kind schulfähig ist, wird nach Beurteilungskriterien der kognitiven Schulreife gesucht. Im Bereich der Formerfassung und Formwiedergabe soll das Kind unter anderem diese Figur wiedergeben:

Die folgenden Lösungen dreier Kinder lassen erkennen, wer diese Aufgabe richtig gelöst hat und damit schulfähig ist.

Kind 1   Kind 2   Kind 3

Fragt man Kinder jedoch nach den Gründen für ihre Lösungen, erklärt uns Kind 1 ‚… dass ein E doch kein so komisches Schwänzchen da hinten hat‘ und Kind 3 ‚… dass der Besen doch viel besser kehrt, wenn er mehr Borsten hat.‘“[2] Bei dieser Art der Aufgabenstellung führen weder die analytisch-präzise Denkweise eines Kindes noch die kreativ-schöpferische eines anderen zum Erfolg. „Wiederholen sich diese Erfahrungen, stellen Kinder ihre (…) Denkstrategien in Frage und speichern das Lernerlebnis als Versagen ab.“[3] Wir trainieren so also den Kindern ihre Offenheit ab, viele verschiedene Informationen gleichzeitig aufzunehmen, eigene Wege zu gehen und Kreativität auszubilden. So bleiben sie auf ausgetrampelten Pfaden.

Jugendliche und Erwachsene haben häufig genügend solcher Tests gemacht, um zu wissen, dass Individualität nichts bringt: Sie sind dadurch oft schon entsprechend sozialisiert und erlauben sich kein freies Denken mehr. Aber dies hemmt den Fortschritt für uns alle! Eine Studie von Wissenschaftssoziologen, die verschiedene Forschungslabors besuchten, zeigte, dass diejenigen Wissenschaftler erfolgreich waren, die nicht immer nur stur in einmal festgelegten Bahnen weiterarbeiteten, sondern die an Unvorhergesehenem und Überraschendem interessiert waren, sich davon leiten ließen und neue Wege gingen.[4] Um die Offenheit unserer Kinder zu erhalten, müssen wir von eingrenzender Beurteilung abkommen und das freie Denken, das Visionäre in ihnen bewahren und zulassen.

Weit sinnvoller als fokussierte, zielvorgebende Bewertungen sind individuelle Rückmeldungen des Lehrers, die den Schüler und seinen Lernprozess in seiner Gesamtheit vorurteilsfrei wahrnehmen und beachten. Natürlich sind Rückmeldungen immer subjektiv, sie dürfen es auch sein. Gerade aus der Interaktion, zum Beispiel bei der Besprechung geschriebener Texte, beim Austausch nach einem gehaltenen Referat oder bei der Zusammenarbeit in einer Projektgruppe, ergeben sich für den Schüler hilfreiche Impulse, die ihm auf seinem individuellen Weg weiterhelfen, auch und gerade, wenn er sich gegen Einschätzungen und Eindrücke des Lehrers oder auch der Mitschüler entscheidet. Wichtiger als das Urteil eines anderen zu akzeptieren, ist, sich ein eigenes Urteil zu bilden und Verantwortung für sein Handeln zu übernehmen. Und auch der Lehrer kann anhand der Entscheidungen des Kindes dessen Vorhaben und Ziele besser erkennen und es daraufhin noch individueller unterstützen – er muss sich lediglich leiten lassen und kann dann mit seinem Erfahrungsschatz und seinem Wissen weitere Angebote machen. Schüler sollten ihren Erfolg und ihre Fehler nicht als Belohnung oder Strafe erleben, sondern als Information über sich selbst, die sie befähigt und auffordert, an ihrer Entwicklung zu arbeiten.

Nur wenn genau unterschieden wird zwischen objektiv messbaren und nicht messbaren Inhalten, ist eine individuelle Förderung jedes Kindes möglich, weil diese Inhalte, wie beschrieben, unterschiedliche Vorgehensweisen erfordern. Für die Persönlichkeit des Kindes ist entscheidend, dass es sich an sich selbst ausrichten kann, nicht am Lehrer oder gar an Kriterien, die für eine künstliche Objektivität geschaffen wurden.

Damit dennoch Aussagen über ein Kind möglich sind, könnte man bereits in der Schule ein System einführen, das in der Wirtschaft schon lange üblich ist: Hier wird der Erwerb einer Qualifikation quittiert, die Teilnahme an einem bestimmten Kurs oder das Erstellen einer bestimmten Arbeit. Denkbar wäre, eine Art „Kompetenzbaum" einzuführen. In diesem würde man eintragen, welche Ausbildungen ein Schüler durchlaufen hat und welche Kurse er besucht hat.

Durch die Wahl der verschiedenen fachlichen Zweige könnte man beim Blick auf diesen Kompetenzbaum einen Überblick gewinnen und eventuelle Schwerpunkte, beispielsweise im sprachlichen Bereich, sofort erkennen. Im Kompetenzbaum wären auch alle persönlichkeitsbildenden Themen erfasst, etwa ob das Kind ein Instrument spielt, an einer Theaterproduktion mitgewirkt oder bestimmte Ämter übernommen hat. Auch könnten ehrenamtliches Engagement, außerschulische Tätigkeiten, bei ausländischen oder mehrsprachig aufgewachsenen Kindern das Beherrschen diverser Sprachen und Ähnliches festgehalten werden. Auch bestandene standardisierte Tests, die bei objektiv abfragbaren Leistungen eine bestimmte Qualifikation attestieren, sind in diesem Dokument aufgelistet. Statt wie derzeit lebenslänglich an sein schulisches Abschlusszeugnis gebunden zu sein, wäre die Erweiterung des Kompetenzbaumes ein Leben lang möglich. Lebenslanges und außerschulisches Lernen finden derzeit schon statt – was bislang fehlt, ist auch die entsprechende Würdigung und der Erhalt eines Wertes für den beruflichen Werdegang. Mit einem Kompetenzbaum wären lebenslanges und außerschulisches Lernen wieder attraktiv und lohnend. Die Vielfalt der Leistungen unserer Kinder könnte in solch einem Kompetenzbaum weit besser gewürdigt werden. Jeder Schüler könnte anhand seines Kompetenzbaumes mit der Zeit darüber Klarheit gewinnen, wo seine Neigungen und Interessen liegen, und die für ihn sinnvollen Entscheidungen zu seinem weiteren Lebensweg und der Berufswahl treffen. Ein potenzieller Arbeitgeber könnte sich auf dieser Basis ebenso ein weit umfassenderes Bild von seinem potenziellen Mitarbeiter machen und dann gegebenenfalls mithilfe speziell auf seine Bedürfnisse ausgerichteter Prüfungen die geeignetsten Bewerber auswählen. Die derzeitige Beurteilungspraxis führt durch die damit verbundenen Abschlüsse nicht selten in ein „biografisches Unheil": Häufig studiert ein Schüler beispielsweise nur, weil er Abitur hat, obgleich seine Interessen und damit auch das, was ihn langfristig innerlich zufriedenstellen würde, in anderen Bereichen liegen.

Wenn wir wollen, dass alle Kinder gut lernen, müssen wir jedem Kind ermöglichen, Erfolge vorzuweisen und an seinen Fehlern zu wachsen, statt daran zu zerbrechen. Erst wenn zumindest theoretisch die Möglichkeit gegeben ist, dass alle Kinder gut lernen, dass alle Kinder Höchstleistungen erbringen können, konterkariert sich das Bemühen, jedes Kind zu fördern, nicht selbst. Wenn wir zudem eine individuelle Förderung unserer Kinder wünschen, muss sich der Leistungsgedanke an der Individualität orientieren.

Auf dem Weg zur Schule der Zukunft

Unser Schulsystem steckt derzeit fest. Die Mechanismen, die es bislang erhalten haben, lassen sich so leicht nicht durchbrechen. Dennoch gibt es Wege aus der Misere. Wege ganz unterschiedlicher Art.

Es gibt Schulen in Deutschland, die als Einzelschule den Mut und die Möglichkeit hatten, Lernen anders zu gestalten. Oft, aber nicht immer, sind dies Privatschulen, die nicht in dieser engen Form an die Vorgaben der Ministerien gebunden sind und daher meist eine Möglichkeit finden, sich ein Stück weit der gängigen Notengebung zu entziehen, die jedes echte Lernen verhindert. Einige dieser Schulen sind für ihr schülerorientiertes Konzept sogar mit dem Deutschen Schulpreis ausgezeichnet worden. Interessant ist, dass es dabei sehr unterschiedliche Konzepte gibt, die jedoch alle das gleiche Ziel verfolgen: dem Schüler in seiner Individualität gerecht zu werden.

In Städten oder Stadtstaaten wie Hamburg ist der Weg über eine verlängerte Grundschulzeit und eine Zweigliedrigkeit des Schulsystems hin zu „Eine Schule für alle" durchaus sinnvoll. Die Stadtteilschule ist nun die einzige Schulart neben dem Gymnasium und bietet alle Abschlüsse bis zum Abitur an. In Flächenstaaten bietet es sich zur Umstellung eventuell eher an, Regionalschulen, also Schulen vor Ort, zu erhalten und dort an jeder Schule alle Abschlüsse zu ermöglichen. Schulen vor Ort haben zudem weitere Vorteile, etwa kürzere Fahrtwege für die Kinder und den Erhalt lebendiger Gemeinden. Ein gutes Schulsystem ermöglicht jedem Kind höhere Bildung und schließt nicht zahlreiche davon aus.

All die Ausführungen auf den vorhergehenden Seiten dieses Buches zeigen sicher deutlich, warum eine verlängerte Grundschulzeit, ein verändertes Übertrittsverfahren oder die Umstellung auf die Zweigliedrigkeit allein unseren Kindern jedoch nicht gerecht wird und Schule insgesamt nicht verbessert. Solange der Gedanke der Selektion das schulische Geschehen bestimmt, wird das Lernen ausgerichtet sein auf das Erfüllen von Kriterien und nicht auf das einzelne Kind und seine individuelle Förderung.

Was muss passieren?

Veränderung kann nur organisch geschehen. Alle Beteiligten müssen das Ziel vor Augen haben und sich dorthin entwickeln können. Dafür braucht es Freiraum und keine vorgeschriebenen Wege.

Das bedeutet insbesondere auch, dass die Schulen und Gemeinden weit mehr Selbstbestimmung erhalten, damit sie den konkreten Erfordernissen und Bedingungen vor Ort gerecht werden können. Eine Schule auf dem Land wird unweigerlich eine andere Entwicklung durchlaufen als eine Schule im sozialen Brennpunkt einer Großstadt. Nur die Schule vor Ort weiß um die Bedürfnisse ihrer Schüler und kann entscheiden, ob beispielsweise die Einführung einer Ganztagsschule sinnvoll ist oder nicht. In manchen Gemeinden oder Städten ist durchaus denkbar, statt einer Ganztagsschule eine Ganztagsbetreuung anzubieten und die Angebote in der Gemeinde über Vereine und Verbände so vielfältig zu gestalten, dass ein viel bunteres und passenderes Konzept entsteht.

So bilden sich mit der Zeit Schulprofile, die nicht am Computer erstellt, sondern gewachsen und tragfähig sind. Die Schulen vor Ort planen die Gestaltung des Schulvormittags und dabei auch Details wie die zeitliche Gestaltung des Unterrichts. Sie überlegen, ob sie bei den älteren Kindern weiter im Klassenleiterprinzip unterrichten, ein Kurssystem mit Wahlmöglichkeiten oder seminarähnliche Veranstaltungen anbieten. Sie entscheiden auch, ob sie vielleicht dem gesamten Schulkonzept eine einzelne Methodik zugrunde legen wollen: Es gibt beispielsweise derzeit Schulen, deren Konzept auf Wochenplanarbeit gründet, andere wiederum bevorzugen Projekte oder lassen die Kinder völlig frei arbeiten. Genauso ist es möglich, dass Schulen sich dafür aussprechen, für alle gängigen Methoden offen zu bleiben, und jeder Lehrer in seinem Unterricht situativ die passende wählt.

Ebenso gilt es viele weitere Fragen zu klären, beispielsweise wie zukünftig Fremdsprachen erlernt werden, ob dies im Langzeitprozess oder durch intensive „Sprachenjahre" geschieht, während derer Jugendliche innerhalb eines Jahres drei Sprachen in drei Ländern erwerben und gleichzeitig wichtige persönlichkeitsbildende Erfahrungen gewinnen. Auch wird zu überlegen sein, wie man das autodidaktische, außerschulische Lernen und moderne Medien sinnvoll einbindet und Kinder und Jugendliche auf die digitale Welt angemessen vorbereitet. Ebenfalls entscheiden die Schulen, ob sie jahrgangsübergreifend unterrichten wollen, Eingangsphasen anbieten, ob Lehrer weiterhin nur ein oder zwei Jahre ihre Klassen begleiten oder doch über mehrere Jahre hinweg – mit den entsprechenden Vorteilen.

Ein weiterer entscheidender Aspekt werden die Fördermöglichkeiten für einzelne Schüler sein. Gute Schulen haben viele Unterstützungssysteme für ihre Schüler, gerade in den Anfangsjahren und gegebenenfalls sogar schon in den Jahren vor dem Schuleintritt. Es gibt zahlreiche Möglichkeiten, sinnvolle Schulkonzepte aufzustellen, die sich teilweise sogar grundlegend unterscheiden – aber die Gesamtidee ist entscheidend und diese ist eben durchaus abhängig von den Bedingungen und Erfordernissen vor Ort. Erst wenn Schulen so organisiert sind, werden Evaluationen an Schulen, Vergleichsarbeiten, kollegiale Hospitation, Teamwork unter Kollegen und Ähnliches überhaupt sinnvoll und ermöglichen der einzelnen Schule, sich tatsächlich weiterzuentwickeln. Alternative Schularten wie Montessori, Sudbury oder Waldorf stehen dann ebenso wie Privatschulen gleichberechtigt neben den Regelschulen und sorgen dafür, dass die Bildungslandschaft vielfältig und reichhaltig gestaltet ist und Eltern bereits bei der Einschulung aufgrund der Schulprofile die für ihr Kind beste Schule wählen können.

Lehrer an neuen Schulen

Wesentliche Personen im Prozess einer solchen Umstellung sind die Lehrer. Auch sie benötigen die Zeit und den Raum, um sich verändern zu können. Das Potenzial für gute Schulen ist da – es gibt ganz viele tolle, aufgeschlossene und engagierte Lehrer. Jetzt müssen nur noch die Rahmenbedingungen so gesetzt werden, dass diese Pädagogen auch entsprechend arbeiten und wirken können. In den mir bekannten Grundschulen bemüht man sich schon sehr, schülerorientiert und individueller zu arbeiten, so wenig das auch teilweise aufgrund der derzeitigen Rahmenbedingungen möglich ist. Entscheidend ist, dass auch die Lehrer der älteren Schüler lernen, zunehmend individualisiert und offener mit ihren Kindern zu arbeiten – bislang hat dies neben den Proben insbesondere auch der Fünfundvierzig-Minuten-Takt des Stundenplans an den weiterführenden Schulen verhindert. Das ist zum großen Teil eine Frage der Erfahrung, deshalb brauchen Lehrer Zeit, um sich selbst innerhalb neuer Rahmenbedingungen zu entwickeln.

Ein großer Vorteil der dann entstehenden Schulprofile ist auch, dass künftig Lehrer und Schulen passend zueinanderfinden. Lehrer sind ebenso Individuen wie Schüler und benötigen ein stimmiges Umfeld, um freudvoll und gut arbeiten und wirken zu können. Ein entscheidender Aspekt im Lernprozess ist die Authentizität des Lehrers, das bedeutet, dass auch beim Lehrer die Individualität als Bereicherung gesehen und ihm zugestanden wird, statt nach einer Vereinheitlichung zu streben. Erziehung ist eine Kunst, und ein Kunstwerk ist einmalig. Lehrer brauchen den Freiraum und das Vertrauen, um bestmöglich mit den ihnen anvertrauten Kindern arbeiten zu können, aber auch wieder die Verantwortung dafür, sodass sie sich nicht hinter dem Erfüllen von Kriterien verstecken können.

Der Lehrberuf muss wieder ein Ehrberuf werden – und das wird er, wenn der Lehrer wieder pädagogisch, sinnhaft und individuell seinen Unterricht gestalten kann. In der Lehrerausbildung muss vor allem das Gestalten und Arrangieren von Lernen in heterogenen Gruppen vermittelt werden. Neben einer fundierten fachlichen Ausbildung müsste zudem ein Schwerpunkt auf der Ausbildung der Lehrerpersönlichkeit liegen: Angehende Lehrer brauchen zahlreiche Angebote für persönlichkeitsbildende Erlebnisse. Denn wie soll ein Lehrer Theater mit den Kindern spielen, wenn er das selbst nie erlebt hat? Wie soll er Projekte begleiten, wenn er selbst nie an einem mitgearbeitet hat? Wie Experimente durchführen, wenn ihn immer noch die Furcht aus seiner eigenen Schulzeit prägt? Unsere Kinder brauchen kraftvolle Bezugspersonen mit einem reichen Erfahrungsschatz, fundiertem Sachwissen, Lebensfreude und Interesse – und keine Bürokraten.

Meiner Meinung nach sollten wir auch darüber nachdenken, Bildung zukünftig nicht föderalistisch zu organisieren, sondern bundesweit. So darf es durchaus bundesweit auf der Basis einer fundierten Menschenkunde Rahmenrichtlinien geben, die zur Orientierung dienen, was Kinder in welchem Alter erfahren und gelernt haben sollten. Diese Vorgaben würden beschreiben, welches konkrete Allgemeinwissen Kinder tatsächlich erworben haben und welche konkreten Kompetenzen sie beherrschen sollten. Der Zeitrahmen muss dabei jedoch weit gesteckt werden – zu unterschiedlich verlaufen die Lernphasen bei Kindern. Zum anderen sollten die Richtlinien großzügig die Inhalte vorschlagen, mit denen Kinder sich in der Schule beschäftigt und in denen sie Erfahrungen gemacht haben sollen, ohne dass sie anschließend Faktenwissen oder erworbene Fähigkeiten nachweisen müssen. Vieles, ja fast das meiste, prägt und bereichert allein durch das Erleben die Persönlichkeit des Kindes. Neben diesen inhaltlichen Empfehlungen muss es genügend Raum für entgrenztes und individuelles Lehren und Lernen geben. Es gibt kein für alle gültiges Konzept zur individuellen Förderung – wenn es ein übergeordnetes Konzept gäbe, wäre es nicht individuell. Optimal angepasste Unterstützungsmaßnahmen und individuelle Lösungen können nur vor Ort von den Beteiligten gefunden werden, die Rahmenrichtlinien können lediglich den notwendigen Raum dafür geben.

Was sich sofort ändern muss

Aus den Ausführungen dürfte unmissverständlich klar geworden sein, dass allein grundlegende Änderungen des Schulsystems die Bildungsmisere verbessern und beseitigen können. Das erfordert ein radikales Umdenken, das aber wohl nicht von heute auf morgen umzusetzen sein wird. Doch als erste Maßnahme muss selbst im bestehenden System unbedingt und unabhängig von anderweitigen Veränderungen zwingend und sofort die derzeitige Leistungsbeurteilung anders gestaltet werden. Die Kinder müssen größere Zeiträume bis zu den Leistungsnachweisen erhalten: Es würden schon weit mehr Kinder als jetzt erfolgreich abschneiden, wenn man sie nicht im Vierwochenrhythmus prüfen würde, sondern wenn für die Lerninhalte des Jahres auch das ganze Schuljahr zur Verfügung stünde – weitaus besser wären noch größere Zeiträume, gerade für die Kinder aus nichtprivilegierten Familien oder mit Migrationshintergrund. Zudem ist es unabdingbar, die unsägliche Relativität und Intransparenz der Notengebung abzuschaffen. Es muss klare Vorgaben geben, was genau ein Kind in einer Prüfung können muss. Erfüllt ein Kind die so definierten Anforderungen, muss ihm das auch mit der entsprechenden Bewertung bescheinigt werden: mit einer Eins also, wenn man in Noten sprechen möchte. Dies entspricht im Prinzip den früheren Lernzielkontrollen. Lehrer könnten so wieder die Erwartungshaltung haben, dass alle Kinder die Lernziele erreichen, und die ihnen anvertrauten Kinder dementsprechend motivieren und individuell fördern. Wir wären überrascht, wie viele Kinder bei dieser angemessenen und fairen Art der Leistungskontrolle hervorragende Ergebnisse erzielten und wie die Motivation aller Kinder ebenso wie das Niveau schlagartig steigen würden.

Epilog

*… dass die sogenannte Ohnmacht
des einzelnen eine Illusion ist.
Vielleicht ist es die gefährlichste Illusion,
die ein Mensch überhaupt haben kann.*

Joseph Weizenbaum

„Ich lass mein Kind nicht mehr quälen!" – das könnte zum verzweifelten, entschlossenen Ruf von Millionen Eltern werden, die erkannt haben, wie unverantwortlich dieses System mit unseren Kindern umgeht. Schule heute erstickt die Kinder, sie haben immer weniger Zeit und Freiraum, ihre Persönlichkeit auszubilden. Ganz im Gegenteil bedingt Schule heutzutage sogar, dass Kinder immer weniger Selbstgefühl, sondern häufig ein negatives Selbstbild entwickeln, immer weniger Sozialkompetenzen erwerben, ja, die ursprünglich vorhandenen sogar verlieren. Schule nimmt Kindern ihr natürliches Interesse an den Dingen und die Freude am Lernen. Zunehmend entwickelt sich unsere Schule dahin, dass sie das Recht auf freie, gesunde Entwicklung, individuelle Persönlichkeitsentfaltung, Identität sowie seelische und geistige Unversehrtheit einschränkt oder gar völlig verhindert.

Eine Mutter drückte im Gespräch mit mir einmal ihre Ohnmacht diesem System gegenüber so aus: „Es ist, als wenn wir unsere Kinder auf die Schlachtbank schicken müssen, wohl wissend, dass ein Großteil geschlachtet wird und die meisten anderen gebrochen und lädiert wieder daraus entlassen werden." Statt miteinander zum Wohle des Kindes zu arbeiten, werden Eltern, Kinder und Lehrer nicht selten zu Gegnern, die einander die Schuld an der Misere zuschieben.

Schule greift heutzutage zudem massiv in Familien ein und ist zu großen Teilen mitverantwortlich für gestörte Eltern-Kind-Beziehungen – dabei ist eine gesunde, tragfähige Beziehung zu den Eltern eine der wichtigsten Grundlagen im Leben eines

Kindes. Unser Schulsystem schafft es immer häufiger, dass Eltern an ihren Kindern verzweifeln, dass sie anderen Werten vor dem Wohlergehen ihres Kindes den Vorzug geben und dass die Liebe und Zuneigung zu ihrem Kind in die Abhängigkeit von dessen schulischen Leistungen gerät.

Unsere Schule steckt fest – in dem System, das sie geschaffen hat, um sich selbst zu erhalten. Wenn Schule sich verändern soll, braucht es eine grundlegende Veränderung. Wir sollten erkennen, dass alle Kinder gut lernen können. Und wir sollten wahrnehmen, dass unsere Kinder den Anforderungen der Welt von morgen nur begegnen können, wenn sie gestärkte, kraftvolle Menschen sind, unabhängig davon, welcher beruflichen Tätigkeit sie später nachgehen werden. Die derzeitige Leistungsmessung hat mit Leistung herzlich wenig zu tun, sie ist ein reines Selektionsinstrument. Solange Selektion das Lernen aller Kinder in die gleichen Bahnen lenkt, ist ein individuelles Lernen und die Ausprägung einer individuellen Persönlichkeit nicht möglich.

Deshalb brauchen wir eine Schule, die das Lernen nicht durch Prüfungen verhindert, sondern die individuelles Lernen möglich macht. Ein solches Lernen bildet die Grundlage für Anstrengungsbereitschaft und echte Leistung. Und Leistung muss ermöglicht, nicht ausschließlich und zuallererst gefordert und geprüft werden. Lernen an sich ist nicht anstrengend und stressig, dieser Zustand entsteht lediglich durch die Prüfungen. Echtes Lernen bedeutet Freude und Erfolg.

Was kann jeder Einzelne von uns tun?

Zunächst ist es wichtig, sich zu informieren und sich eine eigene Meinung zu bilden. Wir alle kennen das alte System, sind mit ihm groß geworden, haben es überlebt und es verbindet uns eine gewisse Vertrautheit damit.

Das zukünftige Lernen ist noch Neuland, unbekannt und damit befremdlich. Manch einer wählt lieber bekanntes Leid, als die Chance zu nutzen, das bislang Unbekannte kennenzulernen. Machen Sie sich die Mühe, es kennenzulernen. Es gibt zahlreiche Bücher in den Buchhandlungen, die über Schulen berichten, die sich bereits auf den Weg gemacht haben, beispielsweise von Christian Füller oder Enja Riegel. Es gibt Filme, die darstellen, wie Schulen der Zukunft gelingen, zu erwähnen ist hier beispielsweise „Treibhäuser der Zukunft" von Reinhard Kahl. Und es gibt inzwischen zahlreiche Organisationen, die sich ehrenamtlich dafür einsetzen, dass unsere Kinder bald wieder gern zur Schule gehen und freudvoll und erfolgreich lernen. Googeln Sie nach Begriffen wie „Eine Schule für alle", „AdZ – Archiv der Zukunft" oder „Blick über den Zaun". Surfen Sie weiter und informieren Sie sich über Begriffe wie „individuelles", „kooperatives" oder „freies Lernen", Sie werden sehen, es gibt bereits sehr viel und sehr kompetente Literatur.

Engagieren Sie sich!
Vielleicht unterstützen Sie auch die eine oder andere Organisation, selbst wenn Sie keine eigenen Kinder im schulfähigen Alter haben. Die Mitgliedsbeiträge sind meist nicht wirklich hoch, aber die Verbände können sich nur dann tatkräftig einsetzen, wenn sie eine große Masse an Menschen hinter sich wissen und das notwendige finanzielle Polster haben. Selbst eine passive Unterstützung kann also einen entscheidenden Beitrag leisten. Derzeit gibt es immer wieder Volksinitiativen, die in Richtung des neuen Lernens steuern – zeichnen Sie diese mit! Jeder Landtag und auch der Bundestag haben Petitionen der Bürger online gestellt. So können Sie direkt und sehr einfach Einfluss nehmen. Lesen Sie solche Petitionen regelmäßig und machen Sie Gebrauch von Ihrer Möglichkeit, die Stimme zu erheben. Wenn wir nichts ändern, ändert sich nichts.

Volksbildung muss baldmöglichst gleichzusetzen sein mit höherer Bildung und darf nicht in den historischen Wurzeln stecken bleiben, lediglich ein „bisschen lesen, schreiben und rechnen" zu lernen.

Gehen Sie zur Wahl und setzen Sie ein Zeichen
Um Schule flächendeckend zu verändern, braucht es aber tatsächlich grundlegende Reformen. Das ist Sache der Politik. Politik, die wir mit unseren Wählerstimmen mitbestimmen.

Es gibt bereits Parteien, denen die Zukunft unserer Kinder wichtig ist. Die erkannt haben, dass alle Kinder in unserem derzeitigen Schulsystem Schaden erleiden. Parteien, die sich in ihrem Programm zum Ziel setzen, ein neues Grundkonzept von Schule zu schaffen. Und genau das brauchen wir: Denn nur ein wirklich von Grund auf neues Konzept ermöglicht eine Ausbildung unserer Kinder für eine Welt von morgen.

Nur eine völlig neue Art Schule gestattet ein lebenslanges, freudvolles Lernen und gibt unseren Kindern wieder ihre Kindheit zurück, die Zeit für Hobbys und persönliche Interessen – und den Familien Frieden.

Unsere Kinder sollten es uns wert sein!

„Leben heißt Veränderung", sagte der
Stein zur Blume und flog davon.

unbekannt

Die Ängste vor einer grundlegenden Veränderung sind verständlicherweise groß. Ich kenne die Fragen, die üblicherweise
gestellt werden, und habe die wichtigsten hier zusammengestellt – mit den dazugehörigen Antworten.

**Ich kann noch nachvollziehen, dass die „Schwachen" von
einem gemeinsamen Lernen profitieren. Aber haben die „Begabten" und „Starken" wirklich keine Nachteile, sondern
ebenfalls Vorteile davon?**
Diese Befürchtung setzt im derzeitigen, jedoch bereits veralteten Schulsystem an, in dem das Erfüllen bestimmter Kriterien
zu einem bestimmten Zeitpunkt maßgeblich ist und der Unterricht im Gleichschritt verläuft. Die Leistungsmessung in diesem
Unterricht suggeriert große Unterschiede im Leistungsvermögen der Kinder, die in der Realität so nicht vorhanden sind. Un-
terschlagen wird zudem meist völlig, wie das permanente Vergleichen und die oft damit einhergehende Demoralisierung die
Motivation und Leistungsbereitschaft der „schwachen" Kinder
zunichtemacht, sodass Unterschiede stark forciert werden.

Ein zeitgemäßer Unterricht bietet den „starken" Kindern den
Vorteil, dass sie in den gemeinsamen Phasen auf dem gleichen
hohen Niveau wie vorher lernen, aber zudem von modernen
Unterrichtsmethoden profitieren und ihre sozialen Kompetenzen weit besser als bisher ausbilden können.

Außerdem haben auch diese Kinder in der Schule der Zukunft endlich Zeit und Raum, um sich in individuellen Lernfeldern auszubilden, was ihnen bislang nicht möglich ist. Gerade
auch Kinder mit besonderen Begabungen profitieren von diesen
Freiräumen. Sie bleiben in der sozialen Gruppe, sind integriert

und können sich dennoch um die Entfaltung ihrer speziellen Begabung kümmern. Was spricht dagegen, dass sich beispielsweise ein Kind in den freien Zeiten mit Astronomie beschäftigt, auch wenn ein anderes noch die schriftlichen Rechenverfahren übt? Jedes Kind sollte seine individuellen Begabungen besonders gut ausbilden. Nicht nur in der Schule, sondern vor allem auch in der späteren Berufswelt profitiert die Gruppe bei Teamarbeiten und Projekten von den unterschiedlichen Talenten der einzelnen Menschen. Und: Die Kinder haben nicht den Stress, dem sie bislang in den Schulen ausgesetzt waren, sondern können endlich wieder aus Freude lernen. Das Einzige, was „starke" Kinder opfern müssen, ist das Privileg, als Ausgewählte auf eine höhere Schulart gehen zu dürfen.

Haben nicht sogar die Kinder mit Lernschwierigkeiten Nachteile, weil sie ständig hintendran sind?

Auch das ist ein Gedanke, der noch im alten System ansetzt und in dem Zeit die maßgebliche Rolle spielt. Wir müssen uns von dieser Vorstellung lösen. Kinder entwickeln sich unterschiedlich und viele Lernschwierigkeiten entstehen nur aus dem Zeitdruck und der gleichschrittförmigen Lernmethodik.

Doch selbst wenn echte Lernschwierigkeiten vorhanden sind – das Kind profitiert durch die Vielfalt, aber erhält wie jedes andere Kind auch individuelle Unterstützung auf seinem Weg. Es hat also beides: individuelle Förderung und die Bereicherung durch eine niveauvolle Gemeinschaft.

Wir müssen gedanklich trennen zwischen dem Lernen und der Situation, sich in einer Prüfung zu beweisen. Unsere Kinder können oft weit mehr, als uns Prüfungsergebnisse glauben lassen. In den meisten Fällen sind sprachliche Defizite und Schwierigkeiten beim Strukturieren die Ursache für schlechte Prüfungsergebnisse. Im Laufe der Zeit ist es dann die zunehmende Angst vor der Prüfungssituation, aber nicht ein generelles Unvermögen des Kindes.

Einen weiteren Vorteil genießen Kinder mit Lernschwierigkeiten in „Einer Schule für alle": Sie können nicht einfach ausgemustert werden, die Schule muss sich um individuelle

Lösungen bemühen. Dafür gibt es unter anderem dann die individuellen Lernphasen, während der andere Kinder nicht beeinträchtigt, sondern ebenfalls individuell unterstützt und gefordert werden.

Lernen unsere Kinder denn überhaupt etwas in solch einer Schule, in der Lernen wie ein Freizeitprogramm klingt?

Wir müssen uns nur anschauen, mit welcher Freude kleine Kinder lernen – keiner fragt nach, ob das Kind lernt, wenn es vergnügt quietscht, weil der Turm aus Bauklötzen umfällt, oder wenn es sich freut, weil es neue Wörter sprechen kann. Bis zum Eintritt in die Schule ist Lernen stets mit Freude und mit Entwicklung verbunden. Nur unsere Erfahrungen mit dem Schulsystem haben uns dahin gehend geprägt, dass wir unter Lernen hauptsächlich ein stures Büffeln und Pauken aus Büchern verstehen. Aber Lernen bedeutet Erfahrungen zu machen und sich altersgemäß mit den Dingen auseinanderzusetzen. Bei den jüngeren Schülern sind das vor allem erlebnis- und körperbetonte Erfahrungen sowie das Üben von Fertigkeiten. Die älteren Schulkinder werden zunehmend Bücher und andere Medien nutzen und diese intensiv studieren. Lernen ist an sich das freudvollste Vergnügen. Wir müssen die Vorstellung loswerden, dass Lernen nur dann gut ist, wenn es wie bittere Medizin schmeckt. Das ist falsch. Alles, was mit Freude und Lust gemacht wird, hinterlässt eine weit tiefere Wirkung. Wo vorher zigmal erklärt und wiederholt werden musste, genügt bei vorhandenem Interesse oft ein einziger Eindruck. Eine Schule als angstfreier Lern- und Lebensort scheint unvereinbar mit Leistung und Eliteförderung. Das Gegenteil ist der Fall.

Wenn Schule nun diese grundlegenden Bildungsinhalte berücksichtigt, Kinder freier und individueller lernen lässt sowie Angebote für die Persönlichkeitsentwicklung macht – bleibt da noch genügend Zeit für fachliches Lernen? Die Kinder sind doch allein damit jetzt schon völlig überfordert.

Wir sind sehr geprägt durch unsere eigenen schulischen Erfahrungen. Deshalb verstehen wir fachliches Lernen so, dass

Inhalte mit dem Verstand durch Kopfarbeit erfasst und Fachbegriffe auswendig beherrscht werden müssen. Das ist eine sehr eingeschränkte und zudem wenig erfolgreiche Vorstellung von fachlichem Lernen. Unsere Kinder sind damit überfordert, sich auf diese theoretische Art mit den Inhalten zu beschäftigen und Begriffe auswendig zu lernen, mit denen sie nichts verbinden können. Meist vergessen Kinder auf diese Weise die Inhalte recht bald wieder. Wer von uns könnte auf die Schnelle erklären, wie ein Elektromotor funktioniert, und die korrekten Bezeichnungen dafür verwenden? Wer die Fotosynthese? In der Schule der Zukunft würden Kinder einen Elektromotor bauen und Forschungen zur Fotosynthese betreiben, also all das wahrhaft „be-greifen", anstatt nur theoretisch darüber zu lernen. Das macht zum einen mehr Freude und – es bleibt im Gedächtnis. Selbsttätigkeit und praktische, anschauliche Erfahrungen sind der Schlüssel für nachhaltiges fachliches Lernen, das zudem die Persönlichkeit ausbildet. Wegfallen würden sicher viele unwichtige theoretische Details, mit denen sich Kinder allerdings bei größerem Interesse in ihren individuellen Lernphasen auseinandersetzen und ihr persönliches Begabungsprofil ausbilden könnten. Das fachliche Lernen ist an sich simpel, wenn sich Kinder mit den Dingen beschäftigen können – nur die theoretische Beschäftigung damit erweckt den Eindruck, es sei alles sehr kompliziert. Das Augenmerk beim Lernen würde endlich wieder auf dem fundierten Verständnis von Grundprinzipien und echter Lernerfahrung liegen.

Vereinheitlicht „Eine Schule für alle" nicht die Kinder und presst alle in eine Schiene?

Genau das Gegenteil ist der Fall. In unserem derzeitigen Schulsystem werden Kinder aufgrund der permanenten Prüfungen zu gleichen Inhalten und gleichem Vorgehen zum gleichen Zeitpunkt genötigt. Unsere Schule ist derzeit eine Einheitsschule, auch wenn sie durch die Dreigliedrigkeit suggeriert, den individuellen Bedürfnissen der Kinder gerecht zu werden. Tatsache ist, dass alle Kinder einer Schulart stets das Gleiche machen müssen, weil sie eben danach bewertet werden.

Wo findet denn die Individualität unserer Kinder tatsächlich Platz im herkömmlichen Schulsystem? Wo sind die Freiheit, der Raum und die Zeit, sich persönlichen Interessen zu widmen? In „Einer Schule für alle" ist das möglich, da Kinder nicht zur Messung und Beurteilung in gleiche Gleise gezwungen werden müssen. Kinder können wieder echte Leistung erbringen und kreativ werden. Sie lernen die Grundlagen und fachlichen Inhalte, die sie als Basis benötigen; darüber hinaus ist aber ein individuelles Lernen ohne Grenzen möglich, zu dem jeweils individuelle, weiterführende Rückmeldungen gegeben werden. Statt „Eine Schule für alle" wird vielleicht der Begriff „Vielfaltschule" der Qualität einer Schule der Zukunft gerechter.

Oft hört man davon, dass Kinder selbstständig auf einem selbst gefundenen Lernweg und in der selbstbestimmten Zeit lernen sollen. Ich kann mir nicht vorstellen, dass mein Kind so lernt, es ist damit sicher überfordert. Soll das tatsächlich einem Kind entsprechen?

In der Öffentlichkeit wird oft mit Schlagworten operiert, um die wesentlichen Merkmale einer Thematik deutlich zu machen. Im Gegensatz zur Gleichschrittschule zeichnet sich „Eine Schule für alle" dadurch aus, dass Kinder individuelle Wege gehen dürfen und die Möglichkeit haben, ihre persönlichen Neigungen und Interessen auszubilden. Deutlich gemacht werden soll auch, dass eben nicht alle Kinder zum gleichen Zeitpunkt das Gleiche können müssen, sondern jedes Kind organisch lernen und sich entwickeln kann. Nach meinem Verständnis hat Schule die Aufgabe, die Kinder aus der Sicherheit in die Selbstständigkeit zu führen. Um dieses Ziel zu erreichen, gibt es verschiedene Ansätze, die einzelne Schulen jeweils anders umsetzen. Meine Idealvorstellung ist der Beginn in einer Gemeinschaft in einem gebundenen Unterricht, in dem Kinder bereits Freiräume für individuelles und schöpferisches Lernen haben, die mit zunehmendem Alter ausgeweitet werden. Meiner Erfahrung nach brauchen Kinder Anleitung und die damit verbundene Sicherheit. Zudem gibt es meiner Ansicht nach zahlreiche Lerninhalte, bei denen Kinder und Jugendliche von einem gemeinsamen und sinnvoll arrangierten Unterricht mehr profitieren als vom völlig selbstständigen und eigenverantwortlichen Lernen.

Grundlage aller modernen Schulen ist jedoch die Fürsorge für das Kind und so wird unabhängig von der angewandten Methodik stets das Wohl und die Individualität des Kindes im Mittelpunkt stehen.

Gesamtschulen gibt es doch schon. Was ist an „Eine Schule für alle" anders und warum sollte sie besser sein?

In den Gesamtschulen herrschten die gleiche Leistungsmessungs- und Beurteilungskultur wie an den anderen Regelschulen, mit den gleichen fatalen Folgen: demoralisierte Kinder, Gleichschrittunterricht, Pauken. Diese drei Faktoren verhindern echtes Lernen und eine gute Schule. Eine Gesamtschule ist im Grunde nichts anderes als eine Dreigliedrigkeit unter einem Dach. Und so wie es derzeit nicht vorstellbar ist, dass man Gymnasialkinder mit Hauptschulkindern gemeinsam unterrichtet, gelingt das in den Gesamtschulen auch schwer. Man kann nicht jahrelang Kinder demoralisieren, ihr organisches Lernen immer wieder verhindern und dann den gleichen Einsatz und die gleichen Leistungen von ihnen verlangen.

In „Einer Schule für alle" herrscht ein anderer Lern- und Leistungsbegriff, bei dem nicht der Vergleich im Vordergrund steht, sondern die Bildung und Entwicklung jedes einzelnen Kindes. Es ist ein völlig anderes Schulkonzept, durch das entgrenztes und individuelles Lernen erst möglich wird.

In den Diskussionen um eine verlängerte Grundschulzeit wird immer so viel von Chancengleichheit gesprochen. Was hat es damit auf sich?

Der Begriff „Chancengleichheit" hat für manche Eltern etwas Angsterregendes. Gerade Eltern der oberen Schicht befürchten, dass, wenn Kinder der unteren Schicht nun mehr Zeit haben, um Defizite auszugleichen, diese ihrem Kind den Platz an der weiterführenden Schule wegnehmen. Die Angst ist begründet: In einem selektiven System wird es immer Verlierer geben und die Frage ist nur, wen es trifft. Denn die Plätze an den weiterführenden Schulen sind begrenzt. Es macht die Sache aber nicht gerechter oder sinnvoller, wenn dann vielleicht mehr Arbeiterkinder höhere Bildung erhalten, dafür Kinder von Akademikern davon ausgeschlossen werden.

Die einzige Lösung besteht darin, dass **jedes** Kind eine gute Ausbildung bekommt, damit dann alle mit besten Chancen in ihr Erwachsenenleben entlassen werden. In unserer zunehmend globaler werdenden Welt gibt es viele Möglichkeiten, sodass jedes Kind mit einer sehr guten, fundierten Ausbildung einen ihm gemäßen Platz findet. Der Konkurrenzgedanke, der derzeit unser Schulsystem zerfrisst, hat in der Zukunft keinen Raum mehr. Im Gegenteil, nur mehr Bildung für alle führt zu mehr Kreativität, Wohlstand und Chancen für alle.

Was ist mit all den anderen Maßnahmen, die diskutiert werden, um unser Schulsystem zu reformieren?

Um es ganz deutlich zu sagen: Keine dieser Maßnahmen ist geeignet, unser Schulsystem zukunftstauglich zu machen. Der entscheidende Aspekt ist, dass bei all diesen Maßnahmen der falsche Lern- und Leistungsbegriff aufrechterhalten wird, sodass weiterhin nachhaltiges, individuelles und entgrenztes Lernen verhindert wird. Sämtliche zukunftsträchtige Ansätze wie etwa ein jahrgangsübergreifendes Lernen oder auch eine Schuleingangsphase, bei der die Kinder nach einem bis drei Schuljahren in die dritte Klasse vorrücken, können nicht gelingen, wenn gleichförmige Proben geschrieben und der dafür notwendige Gleichschrittunterricht gehalten werden müssen.

Eine verlängerte Grundschulzeit ändert nichts an der Aufteilung der Kinder während ihrer Entwicklungsphase. Auch der Übertrittsdruck bleibt erhalten, denn die Aufteilung erfolgt unweigerlich. Daher stellt sich wieder nur die Frage, **wer** von höherer Bildung ausgeschlossen wird, aber nicht, **ob** jemand ausgeschlossen wird. Die Einführung der Stadtteilschule, die ebenfalls den höchsten Bildungsabschluss ermöglicht, könnte hier Entlastung bringen, ändert aber nichts daran, dass weiterhin Prüfungen eine große Bedeutung haben und das individuelle, entgrenzte Lernen behindern. Und zu guter Letzt ist fraglich, ob sich die Auswirkungen der drohenden Selektion nicht wie bisher bis in den Kindergarten ausweiten und Kinder nun sechs statt vier Jahre unter dem Druck leiden müssen. Eine verlängerte Grundschulzeit ist also nur als Zwischenstadium auf dem Weg zu „Eine Schule für alle" sinnvoll.

Den Übertritt an sich anders zu regeln und beispielsweise eine eventuell sogar wiederholbare Prüfung der aufnehmenden Schule einzuführen, könnte zumindest den Grundschulen ermöglichen, individueller zu arbeiten. Das würde aber auch nichts daran ändern, dass Kinder während ihrer Entwicklungsphase aufgeteilt werden. Weiterhin würde ein Großteil der Kinder von höherer Bildung ausgeschlossen werden. Der Prüfungsdruck bliebe so groß wie bisher und viele Kinder würden allein deshalb scheitern. Die Ausrichtung läge weiterhin auf meist kognitiven, messbaren Inhalten und nicht auf der Persönlichkeitsentwicklung der Kinder an sich. Dem Elternwillen Vorrang vor einer schulischen Empfehlung einzuräumen würde zwar den Übertrittsdruck vermindern, gleichzeitig aber die soziale Ungerechtigkeit verschärfen. Gerade Eltern aus sozial benachteiligten Schichten trauen ihrem Kind den Besuch einer höheren Schule oft nicht zu und sind überzeugt, die notwendige Hilfestellung nicht geben zu können.

Ich kann einfach nicht glauben, wie ein Kind, das bislang in einem einfachen, armen Elternhaus aufgewachsen ist, mit dem Kind eines Professors zusammen unterrichtet werden kann, das schon viele Anregungen und Erfahrungen hatte, ohne dass eines davon Nachteile hat. Wie soll das gelingen?
Die Antwort auf diese Frage enthält mehrere Aspekte. Kindern aus benachteiligten Familien fehlen oft grundlegende Eigenschaften: Struktur und Kategorien, Genauigkeit und Anstrengungsbereitschaft, Erlebnisse und Erfahrungen und ein gut entwickeltes Sprachvermögen. Das beste Vorhaben wäre daher, in naher Zukunft gar keine benachteiligten und bildungsfernen Familien mehr zu haben. Eltern können in den ersten Lebensjahren ihrem Kind am allerbesten diese grund-

legende Basis mitgeben, denn dann geschieht es in der natürlichen Lebens- und damit Lernumgebung. Kinder, denen diese Grundlagen fehlen, holen sie aber auf, wenn sie in eine anregende, niveauvolle Umgebung kommen, die Wert auf die Entwicklung dieser Eigenschaften legt. Gerade deshalb ist ein Arrangieren des Unterrichts in den ersten Jahren so wichtig: Kinder benötigen eine Person, die diese Werte vermittelt und einfordert. Begleitung und Anleitung brauchen die Kinder aus den privilegierten Schichten in diesem Alter aber ebenso noch, jedes sicher in einer anderen Art und Weise.

Im gemeinsamen Unterricht wird jedes Kind seinen Fähigkeiten entsprechend eingebunden, sodass insgesamt ein volles und rundes Bild entsteht, das alle Kinder durch die Fülle und Vielfalt bereichert. Kinder aus privilegierten Familien bringen sich sicher anfangs mit anspruchsvolleren Inhalten ein, davon profitieren die Kinder der sozial schwächeren Schichten und bauen ihren Erfahrungshorizont weiter aus. In meiner Klasse gibt es durchaus Kinder, die oft den anderen einfach zuhören und zusehen. Mit der Zeit sammeln sie so Wissen und Eindrücke und bringen sich schließlich selbst immer stärker ein. In den individuellen Lernphasen arbeitet jedes Kind an seinen persönlichen Lernbereichen. Kinder mit Defiziten werden sich vorrangig um das „Aufholen" kümmern und üben, andere Kinder werden bei den für sie interessanten Themen mehr ins Detail gehen, sich weiterführend mit Dingen beschäftigen oder eben ihre individuellen Begabungen ausbilden. Die selbstständig gewonnenen Ergebnisse aller Kinder werden wieder zusammengetragen, sodass alle von den individuellen Arbeiten jedes einzelnen Kindes profitieren können. Das Rad muss nicht immer neu erfunden werden.

Der Unterricht findet wie bislang auf hohem Niveau statt. Ziel ist, dass benachteiligte Kinder die Defizite bald ausgeglichen haben und alle Kinder auf höchstem Niveau stehen. Wir müssen verstehen, dass benachteiligte Kinder nicht per se dumm sind, sondern nur Defizite haben, die sie aufholen müssen. Das geschieht durchaus nebenbei, mit der Zeit gewinnen sie einen Erfahrungsschatz, erhalten Struktur und bemühen sich um Genauigkeit, wenn ihnen diesbezüglich individuelle erreichbare Ziele gesteckt werden. Das sind keine wirklichen „Lerninhalte", sondern das liegt im Bereich der Persönlichkeitsbildung. Meiner Meinung nach ist die Frage, wie gut ein Kind lernt, die Frage danach, wie weit und organisch sich seine Persönlichkeit entwickelt und welches Selbstbild es gewonnen hat. Ob ein Kind sprachliche Defizite hat oder die Grundrechenarten noch nicht verinnerlicht hat, spielt beispielsweise bei der Beschäftigung und dem Verständnis von Strom keine Rolle. Es könnte sich also durchaus mit Strom befassen und die Prinzipien verstehen, auch wenn es erst ein Jahr später als die anderen Kinder die Grundrechenarten sicher anwenden oder dann erst seine physikalischen Erkenntnisse schriftlich angemessen formulieren kann. Ebenso ist eine Auseinandersetzung mit der Fotosynthese möglich, auch wenn beim Thema Strom Fragen offengeblieben sind. Viele Themen fangen neu an, und Verständnislücken können in der Regel daher schnell geschlossen werden, wenn man sich darum bemüht. Wir sehen Lernen oft als Turmprinzip, wobei eines erst nach dem anderen kommen kann und alles aufeinander aufbaut. Das ist aber nur teilweise und auch nur innerhalb eines Bereichs richtig. Lernen verläuft netzartig. Deshalb ist vieles bereichernd, auch wenn sich manche Verknüpfungen erst später schließen.

Wir aber selektieren Kinder in unseren Schulen aus, weil sie Defizite in den Grundlagen haben und wir davon ausgehen, dass dann der nächste Schritt auch nicht gemacht werden kann. Dabei übersehen wir, dass diese Grundlagen über die Zeit und in entsprechender Lernumgebung vollständig ausgebildet werden können und diese Defizite bei der Beschäftigung mit und beim Verstehen von anderen Themen im Kern nicht hinderlich sind. Derzeit jedoch werden Kindern diese anderen Themen vorenthalten. Das Resultat: Ihnen fehlt schließlich immer mehr an Wissen und es kommt zu den eklatanten Bildungsunterschieden, die wir zwischen Jugendlichen sehen.

In Vergleichsstudien schneidet Bayern stets recht gut ab, erst letztens wieder in der Ländervergleichsstudie des Berliner

Instituts zur Qualitätsentwicklung im Bildungswesen (IQB).[1] Spricht das nicht eindeutig für ein mehrgliedriges Schulsystem und eine frühe Aufteilung der Kinder?

Nein. Die Kinder in Bayern sind voraus, weil sie im Vergleich zu den Kindern in anderen Bundesländern noch mal verschärft pauken müssen – aber zu welchem Preis? In diesen Studien werden beispielsweise weder die Gesundheit noch die Persönlichkeitsentwicklung, soziale Kompetenzen und die individuelle Ausbildung eines Kindes erfasst oder auch nur berücksichtigt. Beim Pauken einen Vorsprung zu haben, ist nicht schwierig, wenn der Druck und die Schlagzahl erhöht werden. Ob das allerdings als eine wertvolle Ausbildung bezeichnet werden kann? Die Mehrgliedrigkeit wird zu Unrecht als Grund für einen Wissensvorsprung der Schüler an bayerischen Schulen angegeben, denn beispielsweise schneidet Hamburg in solchen Erhebungen meist ganz schlecht ab, obgleich dort zum Zeitpunkt der Studien auch nach der vierten Klasse auf verschiedene Schularten selektiert wurde. Die Studien besagen zudem, dass ein wesentlicher Aspekt die erhöhte Unterrichtsdichte der Siegerländer ist, die allein schon den Wissensvorsprung von einem Jahr erklären kann. Deutlich wird in allen Studien, dass gerade in den Siegerländern die soziale Herkunft nach wie vor in inakzeptabler Weise den Bildungsgrad bestimmt.

Wenn alle Kinder gut lernen sollen, muss Unterricht natürlich auf hohem Niveau stattfinden mit fachlich gut ausgebildeten Lehrern, die über pädagogisches Geschick verfügen und Freude an ihrem Beruf haben. Für die wichtigen fachlichen Inhalte darf es durchaus verbindliche Lehrpläne geben, die Orientierung bieten, solange genügend Freiräume bleiben. Aber die wirklich wertvolle individuelle Ausbildung von Kindern und die organische Persönlichkeitsentwicklung sind nur in heterogenen Gruppen möglich. Wir müssen verstehen, wie es zu den Bildungsversagern und Risikoschülern kommt, und erkennen, dass sie erst durch die Selektion im mehrgliedrigen Schulsystem und die damit einhergehenden Folgen produziert werden. Alle Kinder können gut lernen, wenn wir sie entsprechend unterstützen, ohne sie gleichzeitig durch ständiges Testen zu demoralisieren.

Anhang

Herzlichen Dank für die Abdruckgenehmigung der Zitate.

Trotz aller Bemühungen konnten nicht alle Rechtsinhaber ausfindig gemacht werden. Berechtigte Anspruchsinhaber können sich gerne an den Verlag wenden.

Quellenverzeichnis Kapitel

Lernen für die Selektion – schlechte Chancen für Lernfreude und guten Unterricht
Seite 31: Rainer Maria Rilke: „Ich fürchte mich so vor der Menschen Wort", in: Die Gedichte in einem Band. © Insel Verlag, Frankfurt am Main und Leipzig 1986, S. 188
1 Arbeitsgruppe, Leistungen in der Grundschule, S. 22; **2** Muñoz, Umsetzung der UN-Resolution, S. 2; **3** Kloepfer, Mein Kind braucht kein Abitur; **4** Bayerische Staatsministerien, Amtsblatt, S. 264

Schulalltag – der Irrsinn hat Methode
Seite 111: Erich Fromm: Gesamtausgabe in 12 Bänden. Hrsg. Rainer Funk, Band II Analytische Charaktertheorie. DVA, München 1999
1 Barber, school systems, S. 12–23; **2** BLLV, Hauptschulinitiative?, S. 4–7; **3** Unger, Pressemit-teilung Nr. 324

Warum das Schulsystem die Persönlichkeitsentwicklung unserer Kinder behindert
Seite 149: Detlef Teich: „den Kopf frei haben", siehe: http://ottosmops.de/article/72/den-kopf-frei-haben
1 Juul, Das kompetente Kind, S. 96–97; **2** Juul, Das kompetente Kind, S. 97; **3** Juul, Das kompetente Kind, S. 99

Wie ich lernte und wie ich lehre
Seite 169: Hermann Hesse: Die Antwort bist du selbst. Briefe an junge Menschen. Insel Verlag, Frankfurt am Main und Leipzig 2000, Seite 235
1 ohne Autor: Wichtige Ergebnisse; **2** Klinghardt, Psycho-Kinesiologie; **3** Köhler, Vom Ursprung

Zigfach gesichert – wie dieses System sich selbst erhält

Seite 258: Ute Andresen: So dumm sind sie nicht. Von der Würde der Kinder in der Schule. Beltz Verlag, Weinheim 2002, Seite 196

1 IQB, Bildungsstandards; 2 Wiethaus, Leistungsmessung; Staatsinstitut, Handreichung; S. 2–3; 3 Wiethaus, Leistungsmessung, S. 3; 4 Arbeitsgruppe, Leistungen in der Grundschule, S. 22; Arbeitsgruppe, 5 Leistungen in der Grundschule, S. 20–22; 6 ohne Autor, Pressemitteilung 2.12.2009; 7 Goethe, Wilhelm Meisters Lehrjahre, Buch 8, Kapitel 4

Was wir ändern müssen und können

Fritz Riemann: Grundformen der Angst. Eine tiefenpsychologische Studie. Mit einer Kurzbiografie von Ruth Riemann. © 32. Auflage, 2. Auflage der geb. Ausgabe 1999, Ernst Reinhardt Verlag, München/Basel, Seite 12, www.reinhardt-verlag.de

1 Haffelder, Lernen optimieren; 2 Haffelder, Lernen optimieren; 3 Gopnik, Babys sind

Ein Epilog

Seite: 358: Joseph Weizenbaum: Kurs auf den Eisberg oder nur das Wunder wird uns retten, sagt der Computerexperte. Pendo Verlag, Zürich 1984, Seite 51

Oft gestellte Fragen

1 Köller, Sprachliche Kompetenzen

Dank

Dietrich Klinghardt: „Nur so, wie ich bin", Liedzeile aus dem gleichnamigen Lied, enthalten auf der CD „Nur so, wie ich bin", von Dr. med. Dietrich Klinghardt

Quellenangaben Informationskapitel

Medienkonsum von Kindern

1 Günther, Schriftspracherwerb, S. 83–84, zitiert nach Joseph Weizenbaum; 2 Spitzer, Vorsicht Bildschirm, S. 122; 3 Der Ständige Ausschuss des Landtags von Baden-Württemberg lud Wissenschaftler ein, sich zu „Konsum und Wirkung elektronischer Medien" zu äußern. Untersucht wurden Einflüsse der Medien auf Kinder in Bezug auf Entwicklung, Schulleistung, Gesundheitsschädigungen, Gewalt, Wirkung von Wer-

bung. Das Ergebnis wurde November 2008 veröffentlicht: Mack, Vorwort S. 3; **4** Pfeiffer, Bildschirmmediennutzung, S. 8–9; **5** http://de.encarta.msn.com/sidebar_1201506805/Encarta_Online_Die_Sucht_nach_Bildern_Droge_Fernsehen.html#appearsin; **6** Spitzer, Computer; **7** Winterstein, Medienkonsum; **8** Pfeiffer, Bildschirmmediennutzung, S. 9; **9** Wechsler, Erst laufen, dann Rad fahren; **10** Korte, Wie Kinder heute lernen, S. 215; **11** Spitzer, Werbung, S. 59–62; **12** Bergmann, Erziehen, S. 20; **13** Bergmann, Erziehen, S. 22; **14** Spitzer, Vorsicht Bildschirm, S. 34; **15** Spitzer, Macht Fernsehen dick, S. 65; **16** ohne Autor: Häufiges Fernsehen; **17** ohne Autor, Häufiges Fernsehen; ohne Autor: Mediziner und Wissenschaftler schlagen Alarm; **18** ohne Autor, Cortisol; **19** ohne Autor: Schlaflosigkeit; **20** Pfeiffer, Bildschirmnutzung, S. 12; **21** Spitzer, Vorsicht Bildschirm, S. 191; **22** Spitzer, Tötungstrainingssoftware, S. 69; Spitzer, Vorsicht Bildschirm, S. 163; **23** Spitzer, Vorsicht Bildschirm, S. 205

Die Phänomene ADS/ADHS und ihre Behandlungsmöglichkeiten

1 Text wurde erarbeitet aufgrund folgender Veröffentlichungen: Bergmann, Drama; Bonath, Homöopathie bei ADHS; DeGrandpre, Ritalin-Gesellschaft; Hüther, Neues vom Zappelphilipp; Leuzinger-Bohleber, Frühprävention; Neraal, ADHS; Neuhaus, ADHS bei Kindern; Peters (Bundeszentrale für gesundheitliche Aufklärung), adhs; Wenke, ADHS; Wenke, Diagnose; **2** Mattner, Biologisierung. In: Leuzinger-Bohleber, Frühprävention, S. 51–69; **3** Dammasch, Immer vorwärts und nie zurück; **4** Döpfner, Stellungnahme (Kurz- und Langfassung); **5** Bundesopiumstelle, Verbrauchsstatistik Methylphenidat; **6** Wenke, ADHS-Vortrag, S. 9; **7** Sanides: ADHS-Langzeitbehandlung; **8** Unzner, Rezension von Leuzinger-Bohleber, Frühprävention; **9** z. B. Barkley, ADHS-Handbuch; Barkley: Zur Medienberichterstattung; **10** Gebhardt, ADHS bei Kindern und Jugendlichen, S. 24: „Hinweise auf eine genetische Disposition für AD(H)S-Erkrankungen haben verschiedene Adoptions- und Zwillingsstudien geliefert. Adoptionsstudien zeigten bei biologischen Eltern von Kindern mit AD(H)S eine höhere Häufigkeit von AD(H)S-Symptomen als bei Adoptiveltern (Levy, 1997). Zwillingsstudien dokumentierten bei eineiigen Zwillingen deutlich häufiger eine Betroffenheit beider Kinder als bei zweieiigen Zwillingen; **11** Döpfner, Stellungnahme (Langfassung), S. 21; Kraus, Neurobiologie, S.202–203; **12** Wenke, ADHS-Vortrag, S. 11; **13** Hüther, Hirnorganische Veränderungen, S. 221–237; **14** Lüpke, Hirnforschung; Lüpke, Welche Rolle; **15** Döpfner, Stellungnahme (Kurzfassung), S. 6; **16** Peters, adhs, S. 19; **17** Döpfner, Stellungnahme (Kurzfassung); **18** Neuhaus, ADHS bei Kindern, S. 32; Korte, Wie Kinder heute lernen,

S. 316; **19** Lüpke, Welche Rolle; Schmidt, Mein Kind; **20** Amft, ADHS Hirnstoffwechselstörung? In: Leuzinger-Bohleber, Frühprävention, S. 79: spricht sogar von einem Faktor 60; **21** Amft, ADHS Hirnstoffwechselstörung? In: Leuzinger-Bohleber, Frühprävention, S. 79–80; **22** Bauer, Das Gedächtnis des Körpers, S. 233; **23** Amft, ADHS Hirnstoffwechselstörung? In: Leuzinger-Bohleber, Frühprävention, S. 79; **24** Psychologie heute, 37. Jg., Heft 3, 2010; **25** Bauer, Das Gedächtnis des Körpers, S. 221–243; **26** Hüther, Neues vom Zappelphilipp, S. 43–53; **27** Marstedt, Medienkonsum; Nunez-Smith: Media and child adolescent health; **28** Grimm, Ernährungslüge, S. 114; Huxsahl: Attention-deficit/hyperactivity disorder; ohne Autor: Lebensmittelzusatzstoffe; ohne Autor: Lebensmittelfarbstoffe; Sütterlin, Drachenzungen; **29** Funke-Kaiser, Zulassung Methylphenidat-haltiger Arnzeimittel; **30** die seit 1.9.2009 endlich verschärft wurden, siehe Anm. 51; **31** Dembach, AD/HS, S. 5; **32** ohne Autor: Omega-Revolution; **33** Widenhorn-Mülller: Der Einfluss von Fettsäuren; **34** ohne Autor: Fachinformation Ritalin, S. 3; **35** Hüther, Hirnorganische Veränderungen, S. 224–225; **36** Nieber, Ritalin; **37** ohne Autor: Fachinformation Ritalin, S. 1; **38** Funke-Kaiser, Zulassung Methylphenidat-haltiger Arzneimittel; **39** Hagemann, Brief, S. 6; **40** ohne Autor: Fachinformation Ritalin, S. 3; **41** Fegert/Hebebrand, Stellungnahme, S.296; **42** ohne Autor: ADHS-Medikamente als Droge; Schmidt, Festbetragsregelung; Uhl, Plötzliche Todesfälle; ohne Autor, ADHS – FDA untersucht plötzliche Todesfälle unter Ritalin; **43** ohne Autor: Ritalin gegen Zappelphilipp; ohne Autor: Nebenwirkungen, S. 102; **44** ohne Autor: US-Studie Methylphenidat; Jacobs, Epidemie: „Bei einer kürzlich beendeten Studie, die an der Universität von Kalifornien in Berkeley mit 500 Kindern über einen Zeitraum von 26 Jahren durchführt wurde, fand man heraus, dass Ritalin häufig eine Einstiegsdroge ist, und zwar hauptsächlich für Kokain."; **45** Hüther, Zappelphilipp, S. 73; **46** Sanides: ADHS-Langzeitbehandlung; **47** Hüther, Zappelphilipp, S. 72–76; Dammasch, ADHS – endlich hat das Kind einen Namen, S. 212; **48** ohne Autor: Fünfte Verordnung; ohne Autor: Methylphenidat (wikipedia); **49** Grimm, Ernährungslüge, S. 122; Haislip, ADD/ADHD Statement: DEA Report; ohne Autor, U.S. Justizministerium; ohne Autor, Ritalin – Die gefährlichste Droge der Welt; **50** ohne Autor, Die Hyperaktivität/ADHS; **51** Funke-Kaiser, Zulassung Methylphenidat-haltiger Arnzeimittel; **52** ohne Autor: Medizin News: ADHS: Oft Ritalin statt Erziehung; **53** Sanides, ADHS-Langzeitbehandlung; **54** Schmidt: Festbetragsregelung; ohne Autor: Overuse of Prescription Stimulants: „However, the main point of the Angold et al. study is that while only 3.4 % of the 4500 children assessed met the full criteria for

ADHD – over 7.3 %, which is more than double that number, received prescriptions from physicians for stimulants."; **55** Döpfner: Nur jedes 3. Kind; **56** Döpfner, Therapieprogramm, S. 469

Die Arbeitsweise des Gehirns

1 Neubauer, Lernen macht intelligent, S. 49; Spitzer, Lernen, S. 13, 41–58; Blake-more, Wie wir lernen, S. 25–35; Pauen, Zeitfenster, S. 31–32; Korte, Wie Kinder heute lernen, S. 97–101; Kläsener, Gute Noten, S. 25–40; **2** Pauen, Zeitfenster, S. 31–32; **3** Pauen, Zeitfenster, S. 32; Neubauer, Lernen macht intelligent, S. 133; **4** Aamodt, Brain, S. 39; **5** Pauen, Zeitfenster, S. 32; **6** Kläsener, Gute Noten, S. 26; **7** Hüther, Geheimnis, S. 62; Krüll, Geburt ist nicht der Anfang, S. 79–90; **8** Chamberlain, Woran Babys sich erinnern, S. 40–46; Hüther, Geheimnis, an mehreren Stellen; **9** Hüther, Geheimnis, S. 68; Chamberlain, Woran Babys sich erinnern, S. 45; **10** Spitzer, Lernen, S. 231; **11** Blakemore, Wie wir lernen, S. 39; **12** Neubauer, Lernen macht intelligent, S. 134; **13** Blakemore, Wie wir lernen, S. 40; **14** Spitzer, Lernen, S. 69; **15** Hüther, Interview „So sinnvoll wie möglich"; **16** Spitzer, Lernen, S. 236; **17** Spitzer, Lernen, S. 94; **18** Spitzer, Lernen, S. 79; **19** Korte, Was soll nur; **20** Spitzer, Medizin für die Schule, S. 28; Spitzer, Lernen, S. 176–195; Hüther, Geheimnis, S. 79–80, 93; Hüther, Schatzsuche, S. 36–37; **21** Spitzer, Lernen, S. 22; **22** Korte, Blackout; **23** Spitzer, Lernen, S. 35; **24** Spitzer, Lernen, S. 28; **25** Spitzer, Medizin für die Schule, S. 28; **26** Spitzer, Lernen, S. 121–137; **27** Korte, Schlaf **28** Zulley, Schlaf **29** Spitzer, Lernen, S. 239; **30** Spitzer, Lernen, S. 234; **31** Spitzer, Lernen, S. 235; **32** Kläsener, Gute Noten, S. 35; **33** Bauer, Spiegelneurone, S. 18–57; **34** Bauer, Spiegelneurone, S. 57; **35** Bauer, Spiegelneurone, S. 53; **36** Bauer, Spiegelneurone, S. 54

Was Lernen beeinflusst – Schlussfolgerungen für die Schule

1 Spitzer, Lernen, S. 175–195; **2** Hüther, Geheimnis, S. 93; **3** Spitzer, Lernen, S. 182; **4** Roth, Lehren und Lernen, S. 49–59; **5** Bauer, Spiegelneurone, S. 34–35, 113; Hüther, Biologie der Angst, an zahlreichen Stellen; Korte, Wie Kinder heute lernen, S. 135–156; Spitzer, Lernen, S. 161–173; Sternberg, Countdown zum Erfolg, S. 14–16; **6** Spitzer, Lernen, S. 270–272; Sternberg, Countdown zum Erfolg, S. 14–15; **7** Neubauer, Lernen macht intelligent, S. 174; **8** Spitzer, Lernen, S. 65–68; Gladwell, Überflieger, S. 35–62; **9** Neubauer, Lernen macht intelligent, S. 165; **10** Bauer, Spiegelneurone, S. 51; **11** Bergmann, Halt mich fest, S. 45; **12** Bauer, Spiegelneurone, S. 57; **13** Bauer, Spiegelneurone, S. 66; **14** Bauer, Spiegelneurone, S. 117; **15** Bauer, Spiegelneurone, S. 57; **16** Bauer, Spiegelneurone,

S. 127; **17** Bauer, Spiegelneurone, S. 122; **18** Bauer, Spiegelneurone, S. 123; **19** Bauer, Spiegelneurone, S. 124; **20** Bauer, Spiegelneurone, S. 126; **21** Bauer, Spiegelneurone, S. 124; **22** Bauer, Spiegelneurone, S. 124; **23** Bauer, Spiegelneurone, S. 35; **24** Hüther, Interview „So sinnvoll wie möglich"; **25** Spitzer, Lernen, S. 193–194; **26** Spitzer, Medizin für die Schule, S. 29; **27** Funke, Intelligenz, S. 81; **28** Sternberg, Countdown zum Erfolg, S. 13–24; **29** Roth, Lehren und Lernen, S. 53; **30** Spitzer, Lernen, S. 194; **31** Hüther, Schatzsuche, S. 37, 53; **32** Hüther, Schatzsuche, S. 37; **33** Spitzer, Lernen, S. 194; **34** Funke, Intelligenz, S. 81; **35** Funke, Intelligenz, S. 81

Wozu Noten?

1 Kraul, Leistungsnachweis statt Standesprivileg, S. 128–129; Peez, Beurteilen und Bewerten; **2** Brügelmann, Sind Noten nützlich – und nötig? S. 2; **3** Valtin, Was ist ein gutes Zeugnis? S. 17; **4** Staatsinstitut, Glossar Leistungserhebung, S. 35; **5** Kultusministerkonferenz, Erläuterungen der Notenstufen; Art. 52 (2) BayEUG; Staatsinstitut, Glossar Leistungserhebung, S. 58; **6** Staatsinstitut, Glossar Leistungserhebung, S. 58; **7** Gliederung nach Brügelmann, Die Not mit den Noten; **8** Sacher, Leistungen, S. 42; **9** Sacher, Leistungen, S. 45, 168; Sacher, Prüfen, S. 33–34; **10** Weiß, Zensur und Zeugnis, S. 21; **11** Strittmatter, Noten sind praktisch, S. 20–22; **12** Jürgens, Leistung und Beurteilung in der Schule, darin v. a. S. 24, 55–60, 64, 84, 102–103; Ziegenspeck, Zensur und Zeugnis in der Schule, S. 101; **13** Strittmatter, Noten sind praktisch, S. 20–22; **14** Ziegenspeck, Zensur und Zeugnis in der Schule (1999), S. 176, 206; Sacher, Prüfen, S. 39–40; **15** Ziegenspeck, Zensur und Zeugnis in der Schule (1999), S. 176–177, 193; Oelkers, Leistungsbeurteilung; **16** Olechowski, Motivieren ohne Noten, S. 27, 226–240; **17** Ziegenspeck, Zensur und Zeugnis in der Schule, (1973), S. 45, 133–134; **18** Oelkers, Qualität entwickeln, S. 22; **19** Weinert, Leistungsmessungen in Schulen, S. 50; **20** Weiß, Zensur und Zeugnis, S. 24; **21** Huisken, Erziehung im Kapitalismus, S. 371; **22** Naporra, Das pädagogische Portfolio, S. 34–35; **23** Kahl, Schlechte Zensur für Noten; **24** Jachmann, Noten oder Berichte, S. 47; **25** Starch, Die Verläßlichkeit der Zensuren, S. 81–89, v. a. S. 85–87; **26** Huisken, Erziehung im Kapitalismus, S. 375; **27** Bayerischen Staatsministerium, Gesamtkonzept Übertrittverfahren; **28** Vögeli-Mantovani, Noten sind einfach und vertraut, S. 16; **29** Beutel, Leistungsfähige Schule; Landeselternschaft, Leistungsbewertung, S. 13; **30** Strittmatter, Noten sind praktisch, S. 20–22; **31** Naporra, Das pädagogische Portfolio, S. 36, 59; **32** Strittmatter, Noten sind praktisch, S. 20–22; **33** Rieder/Olechowski, Motivieren ohne Noten, S. 21; **34** Faust-Siehl, Anstrengung ist alles! S. 53; **35** Ingenkamp, Die Fragwürdigkeit der Zensurengebung, S. 22; **36** Brügelmann, Sind Noten nützlich – und nötig?, S. 3; **37** Valtin, Was ist ein gutes Zeugnis? S. 11–12, 17, 20–23, 67, 76, 139–140, 144–145; **38** Valtin, Was ist ein gutes Zeugnis?, S. 11; **39** Valtin, Was ist ein gutes Zeugnis? S. 69–76, 139–146; **40** Brügelmann, Sind Noten nützlich – und nötig? S. 4; **41** Vögeli-Mantovani, Noten sind einfach und vertraut, S. 16; **42** Heid, Qualität in der Unterrichtspraxis, S. 8; **43** Heid, Qualität in der Unterrichtspraxis, S. 6

Intelligenz, Intelligenztests und Intelligenzquotient

1 Funke, Intelligenz (2009), S. 9; **2** Neubauer, Lernen macht intelligent, S. 66; **3** Neubauer, Lernen macht intelligent, S. 14; **4** Preckel, Intelligenztests, S. 10; **5** Neubauer, Lernen macht intelligent, S. 76; **6** Ein sehr gebräuchlicher Intelligenztest ist der Hamburg-Wechsler-Intelligenztest für Kinder, 4. Auflage, siehe Preckel, Intelligenztests, S. 11, 67–68; **7** Funke, Intelligenz (2009), S. 35; Preckel, Intelligenztests, S. 59; **8** Spitz, Angeboren, S. 87; **9** Funke, Intelligenz (2009), S. 21; **10** Neubauer, Lernen macht intelligent, S. 77; **11** ohne Autor, Kritik am Intelligenzbegriff; Schmerl, Sozialisation und Persönlichkeit, S. 61, 82; **12** Sacher, Schulleistung, S. 86–92; **13** Preckel, Intelligenztests, S. 11; **14** Rosemann, Intelligenztheorien, S. 53–54; **15** Neubauer, Lernen macht intelligent, S. 76; **16** Süß, Validität der Intelligenz, S. 120–121; Sternberg, Countdown zum Erfolg, S. 73; **17** Ingenkamp, Die Fragwürdigkeit der Zensurengebung, S. 87, 88, 200; **18** ohne Autor, Kritik am Intelligenzbegriff; Funke, Intelligenz (2004), S. 80; **19** Neubauer, Lernen macht intelligent, S. 199; **20** Neubauer, Lernen macht intelligent, S. 205; **21** Preckel, Intelligenztests, S. 26–28; **22** Preckel, Intelligenztests, S. 81; **23** Neubauer, Lernen macht intelligent, S. 184; **24** Sacher, Schulleistung, S. 92; **25** Neubauer, Lernen macht intelligent, S. 119; **26** Neubauer, Lernen macht intelligent, S. 200; **27** Neubauer, Lernen macht intelligent, S. 188; **28** Neubauer, Lernen macht intelligent, S. 192; **29** Gladwell, Überflieger, S. 224–227; **30** Neubauer, Lernen macht intelligent, S. 208–209; **31** Neubauer, Lernen macht intelligent, S. 261–262; **32** Neubauer, Lernen macht intelligent, S. 215; **33** Sternberg, Countdown zum Erfolg, S. 81, 249; **34** Sternberg, Countdown zum Erfolg, S. 136; **35** Sternberg, Countdown zum Erfolg, S. 89; **36** Hüther, Bedeutung sozialer Erfahrungen, S. 41–48; **37** Funke, Intelligenz (2009), S. 85; **38** Gladwell, Überflieger, S. 23; **39** Gladwell, Überflieger, S. 67–68, 119; **40** Funke, Intelligenz (2009), S. 61; **41** Spitz, Angeboren, S. 99; Bauer, Gedächtnis des Körpers, S. 221–242; **42** Hüther, Zappelphilipp, S. 26; **43** Spitz, Angeboren, S. 99–100; **44** ohne Autor, Sir Francis Galton

Literaturverzeichnis

Aamodt, Sandra; Wang, Samuel: Welcome to your brain. Ein respektloser Führer durch die Welt unseres Gehirns. C. H. Beck, München 2008

Amft, Hartmut: ADHS: Hirnstoffwechselstörung und/oder Symptom einer kranken Gesellschaft? In: Leuzinger-Bohleber, Marianne; Brandl, Yvonne; Hüther, Gerald (Hg.): ADHS – Frühprävention statt Medikalisierung. Vandenhoeck & Ruprecht, Göttingen 2006, Seite 70–90

Andresen, Ute: So dumm sind sie nicht. Von der Würde der Kinder in der Schule. Beltz, Weinheim 2002

Arbeitsgruppe „Leistung in der Grundschule" der Schulämter in den Landkreisen Fürstenfeldbruck, Landsberg am Lech, Starnberg, Weilheim-Schongau: Leistungen feststellen und bewerten in der Grundschule. Empfehlungen der Arbeitsgruppe. 5.10.2006: http://www.lra-ll.de/staatliches_schulamt/Empfehlungen_der_Arbeitsgruppe_Leistung_in_der_Grundschule_FFB_LL_STA_WM_Oktober_20061.pdf

Barber, Michael; Mourshed, Mona: How the world's best-performing school systems come out on top. McKinsey& Company, September 2007: http://www.mckinsey.com/App_Media/Reports/SSO/Worlds_School_Systems_Final.pdf

Barkley, Russel A.: Das große ADHS-Handbuch für Eltern. Erweiterte und ergänzte Auflage, Huber, Bern ²2005

Barkley, Russel A. u. a.: Zur Medienberichterstattung über ADHS: Gemeinsame Erklärung internationaler Wissenschaftler. 2002: http://www.bkjpp.de/index.php5?x=/adhs-medien.php5&

Bauer, Joachim: Das Gedächtnis des Körpers. Wie Beziehungen und Lebensstile unsere Gene steuern. Piper, München 2009

Bauer, Joachim: Warum ich fühle, was du fühlst. Intuitive Kommunikation und das Geheimnis der Spiegelneurone. Hoffmann und Campe, Hamburg 2005

Bayerische Staatsministerien für Unterricht und Kultus und Wissenschaft, Forschung und Kunst: Amtsblatt 13/2009. Siehe: https://www.verkuendung-bayern.de/files/kwmbl/2009/13/kwmbl-2009-13.pdf

Bayerisches Gesetz über das Erziehungs- und Unterrichtswesen (BayEUG), Stand 2000: http://by.juris.de/by/gesamt/EUG_BY_2000.htm

Bayerisches Staatsministerium für Unterricht und Kultus: Gesamtkonzept des kind- und begabungsgerechten Übertrittverfahrens. Siehe:

http://www.km.bayern.de/imperia/md/content/pdf/topthemen/
uebertritt/uebertritt_gesamtkonzept.pdf

Bergmann, Wolfgang; Hüther, Gerald: Computersüchtig: Kinder im Sog
der modernen Medien. Beltz, Weinheim/Basel 2010

Bergmann, Wolfgang: Das Drama des modernen Kindes. Hyperaktivität, Magersucht, Selbstverletzung. Walter, Düsseldorf/Zürich 2003

Bergmann, Wolfgang: Die Welt der neuen Kinder: Erziehen im Informa-
tionszeitalter. Walter, Düsseldorf/Zürich 2000

Bergmann, Wolfgang: Halt mich fest, dann werd ich stark. Wie Kinder
fühlen und lernen. Pattloch, München 2008

Beutel, Silvia-Iris: Leistungsfähige Schule – Aussagekräftige Zeugnisse. In: Das Familienhandbuch des Staatsinstituts für Frühpädagogik
(IFP). 2006: http://www.familienhandbuch.de/cmain/f_Aktuelles/
a_Schule/s_1439.html

Blakemore, Sarah-Jayne; Frith, Uta: Wie wir lernen. Was die Hirnforschung darüber weiß. DVA, München 2006

BLLV: Hauptschulinitiative? Kein Anlass zu Optimismus! BLLV-Befra-
gung von 591 Hauptschullehrer/innen. 11.7.2008: http://www.bllv.de/
fileadmin/Dateien/Land-PDF/Pressemitteilungen/Pressekonferen-
zen/20081023_HS-Initiative/Bericht_HS-Befragung_01.pdf

Bonath, Thomas: Homöopathie bei ADHS. Ein interaktives Therapie-
konzept. Elsevier, München 2004

Braun, Anna Katharina; Meier, Michaela: Wie Gehirne laufen lernen
oder: „Früh übt sich, wer ein Meister werden will!" In: Herrmann,
Ulrich: Neurodidaktik. Grundlagen und Vorschläge für gehirngerechtes
Lehren und Lernen. Beltz, Weinheim/Basel 2006, Seite 97–110

Brocke, Burkhard; Beauducel, André: Intelligenz als Konstrukt. In:
Stern, Elsbeth; Guthke, Jürgen: Perspektiven der Intelligenzforschung.
Papst Science Publishers, Lengerich 2001, Seite 13–42

Brügelmann, Hans: Die Not mit den Noten: Sind Tests oder Texte eine
Alternative? 1.4.2009: http://www.agprim.uni-siegen.de/printbrue/
brue.09.sgmuend_not_mit_noten.090402.pdf

Brügelmann, Hans u.a.: Sind Noten nützlich – und nötig? Zifferzensu-
ren und ihre Alternativen im empirischen Vergleich. Eine wissenschaftliche Expertise des Grundschulverbandes, erstellt von der Arbeitsgruppe
Primarstufe an der Universität Siegen. Kurzfassung. Grundschulver-
band e. V., Frankfurt am Main 2006, siehe auch: http://www.grund-
schulverband.de/fileadmin/publikationen/Expertise_PRESSE.pdf

Bundesopiumstelle im Bundesinstitut für Arzneimittel und Medizinprodukte: Verbrauchsstatistik Methylphenidat: Erwerb von Methylphe-

nidat durch Apotheken in Form von Fertig-arzneimitteln (Schaubild). 2009: http://www.legakids.net/fileadmin/user_upload/Downloads/Info/Neues/2009_Methylphenidat.pdf

Chamberlain, David: Woran Babys sich erinnern. Über die Anfänge unseres Bewusstseins im Mutterleib. Kösel, München [7]2010

Dammasch, Frank: ADHS – endlich hat das Kind einen Namen. In: Leuzinger-Bohleber, Marianne; Brandl, Yvonne; Hüther, Gerald (Hg.): ADHS – Frühprävention statt Medikalisierung. Vandenhoeck & Ruprecht, Göttingen 2006, Seite 189–221

Dammasch, Frank: „Immer vorwärts und nie zurück." ADHS: Krankheit oder Beziehungs-störung? 2007: http://www.psychoanalyse-aktuell.de/kinder/adhs.html, siehe auch: http://www.adhs-schweiz.ch/ADHS_Therapie.htm

DeGrandpre, Richard: Die Ritalin-Gesellschaft. ADS: Eine Generation wird krankgeschrieben. Beltz, Weinheim/Basel 2002

Dembach, Bernd (TKS): AD/HS Aufmerksamkeitsdefizit/Hyperaktivitäts-Störung – ein Thema der Prävention? Vortrag vom 21.11.2005 im Bürgerforum: AD/HS nur eine Modekrankheit? Siehe: http://www.tks-tkg.de/downloads/ADHS-Aufmerksamkeitsdefizit-Syndrom-2005.pdf

Döpfner, Manfred: Nur jedes 3. Kind mit ADHS braucht Medikamente. Ärzte Zeitung 2002. Siehe: http://www.aerztezeitung.de/docs/2002/09/09/160a1002.asp

Döpfner, Manfred; Blanz, Bernhard; Neubauer, Bernd u. a. (Arbeitskreis): Stellungnahme zur Aufmerksamkeitsdefizit-/Hyperaktivitätsstörung (ADHS). Vorstand Ärztekammer, Berlin, Sitzung vom 26.8.2005. Langfassung siehe: http://www.bundesaerztekammer.de/downloads/ADHSLang.pdf, auch: http://www.bundesaerztekammer.de/page.asp?his=0.7.47.3161.3163; Kurzfassung siehe: http://bundesaerztekammer.de/downloads/ADHSkurz.pdf, auch: http://www.aerzteblatt.de/v4/archiv/artikel.asp?id=49704

Döpfner, Manfred; Schürmann, Stephanie; Frölich, Jan: Therapieprogramm für Kinder mit hyperkinetischem und oppositionellem Problemverhalten (THOP). (vollständig überarbeitete Auflage) Beltz, Weinheim/Basel [4]2007

Faust-Siehl, Gabriele; Schweitzer, Friedrich: Anstrengung ist alles! – Wie Kinder schulische Leistungen verstehen. In: Barnitzky, Horst; Portmann, Rosemarie: Leistung in der Schule – Leistung der Kinder. Beiträge zur Reform der Grundschule. Arbeitskreis Grundschule, Frankfurt am Main 1992, Seite 50–60

Fegert, Jörg M.; Hebebrand, Johannes: Stellungnahme zu fraglichen kardialen Risiken der Stimulanziengabe. In: Zeitschrift für Kinder- und Jugendpsychiatrie und Psychotherapie 34 (4), 2006, S. 295–297; siehe auch: http://www.adhs.ch/download/docs/pharma/Stellungnahme%20zu%20fraglichen.pdf

Fromm, Erich: Gesamtausgabe in 12 Bänden. Funk, Rainer (Hg.): Band II: Analytische Charaktertheorie. DVA, München 1999

Funke, Joachim; Vaterrodt, Bianca: Was ist Intelligenz? C. H. Beck, München 2004 und 2009

Funke-Kaiser, Kay (Ansprechpartner): BPtK: BFArM schränkt die Zulassung Methylphenidat-haltiger Arnzeimittel bei ADHS ein. Siehe: http://www2.bptk.de/uploads/090722_zulassung_metyhlphenidat_eingeschraenkt.pdf; siehe auch: http://www.bptk.de/aktuelles/news/2665506.html

Gebhardt, Birte; Finne, Emily; von Rahden, Oda; Kolip, Petra: ADHS bei Kindern und Jugendlichen. Befragungsergebnisse und Auswertungen von Daten der Gmünder Ersatzkasse GEK. GEK-Edition, Schriftenreihe zu Gesundheitsanalyse, Bd. 65. Asgard, St. Augustin 2008: http://www2.bptk.de/uploads/gek_adhs_report_2008.pdf

Gerspach, Manfred: Zum Verstehen von Kindern mit Aufmerksamkeitsstörungen. In: Leuzinger-Bohleber, Marianne; Brandl, Yvonne; Hüther, Gerald (Hg.): ADHS – Frühprävention statt Medikalisierung. Vandenhoeck & Ruprecht, Göttingen 2006, Seite 91–110

Gladwell, Malcolm: Überflieger. Warum manche Menschen erfolgreich sind – und andere nicht. Campus, Frankfurt/New York 2009

Goethe, Johann Wolfgang von: Wilhelm Meisters Lehrjahre. Reclam, Ditzingen 2008

Gopnik, Alison: Babys sind die besseren Wissenschaftler. Interview mit Christine Brinck. Siehe: sueddeutsche.de vom 11.6.2010: http://www.sueddeutsche.de/wissen/psychologie-babys-sind-die-besseren-wissenschaftler-1.957633

Grimm, Hans-Ulrich: Die Ernährungslüge. Wie uns die Lebensmittelindustrie um den Verstand bringt. Droemer Knaur, München 2005

Grimm, Hans-Ulrich: Die Suppe lügt. Die schöne neue Welt des Essens. Aktualisierte Neuausgabe, Droemer Knaur, München 2008

Grimm, Hans-Ulrich; Sabersky, Annette: Die Wahrheit über Käpt'n Iglo und die Fruchtzwerge. Was die Industrie unseren Kindern auftischt. Droemer Knaur, München 2005

Günther, Herbert: Schriftspracherwerb und LRS: Methoden, Förderdiagnostik und praktische Hilfen. Beltz, Weinheim/Basel 2007

Haffelder, Günter: Lernen optimieren - Lernstörungen verhindern. Ein-

Blick in die Gehirnforschung. In: Co'Med. Fachmagazin für Complementäre Medizin. Nr. 10/98, siehe auch: http://www.haffelder.de/paedagogik2.html

Hagemann, U. (Bundesinstitut für Arzneimittel und Medizinprodukte): Brief über unerwünschte Arzneimittelwirkung/SSRI und Suizidalität. An die Redaktion Frontal 21/Zweites Deutsches Fernsehen vom 17.11.2008: http://www.bfarm.de/cae/servlet/contentblob/1020510/publicationFile/79582/081209Frontal21.pdf

Haislip, Gene R.: ADD/ADHD Statement of Drug Enforcement Administration. DEA-Report vom 10.–12.12.1996: http://www.add-adhd.org/ritalin.html

Heid, Helmut: Qualität in der Unterrichtspraxis. 2004: http://www.schulentwicklung-mfr.de/fileadmin/user_upload/vortrag_Heid.pdf

Herrmann, Ulrich: Lernen findet im Gehirn statt. Die Herausforderungen der Pädagogik durch die Gehirnforschung. In: Roth, Gerhard; Spitzer, Manfred; Caspary, Ralf: Lernen und Gehirn. Der Weg zu einer neuen Pädagogik. Herder, Freiburg [7]2006, S. 85–98

Herrmann, Ulrich (Hg.): Neurodidaktik. Grundlagen und Vorschläge für gehirngerechtes Lehren und Lernen. Beltz, Weinheim/Basel [2]2006.

Hesse, Hermann: Die Antwort bist du selbst. Briefe an junge Menschen. Insel, Frankfurt am Main/Leipzig 2000

Huisken, Freerk: Erziehung im Kapitalismus. Von den Grundlagen der Pädagogik und dem unbestrittenen Nutzen von bürgerlichen Lehranstalten. Vsa, Hamburg 1998

Hüther, Gerald; Bonney, Helmut: Neues vom Zappelphilipp. ADS/ADHS: verstehen, vorbeugen und behandeln. Patmos, Düsseldorf/Zürich 2002

Hüther, Gerald; Krens, Inge: Das Geheimnis der ersten neun Monate. Unsere frühesten Prägungen. Walter, Düsseldorf/Zürich 2005

Hüther, Gerald; Michels, Inge: Gehirnforschung für Kinder – Felix und Feline entdecken das Gehirn. Kösel, München 2009

Hüther, Gerald; Prekop, Jirina: Auf Schatzsuche bei unseren Kindern: Ein Entdeckungsbuch für neugierige Eltern und Erzieher. Kösel, München 2006

Hüther, Gerald: Biologie der Angst. Wie aus Streß Gefühle werden. Vandenhoeck & Ruprecht, Göttingen 2007

Hüther, Gerald: Die Bedeutung sozialer Erfahrungen für die Strukturierung des menschlichen Gehirns. In: Herrmann, Ulrich (Hg.): Neurodidaktik. Grundlagen und Vorschläge für gehirngerechtes Lehren und Lernen. Beltz, Weinheim/Basel 2006, S. 41–48

Hüther, Gerald: Die nutzungsabhängige Herausbildung hirnorganischer Veränderungen bei Hyperaktivität und Aufmerksamkeitsstörungen. In: Leuzinger-Bohleber, Marianne; Brandl, Yvonne; Hüther, Gerald (Hg.): ADHS – Frühprävention statt Medikalisierung. Vandenhoeck & Ruprecht, Göttingen 2006, S. 222–237

Hüther, Gerald: So sinnvoll für das Kind wie möglich. Gerald Hüther im Interview mit Joachim Geffers für die hlz – Hamburger Lehrerzeitung der GEW Hamburg. Siehe: http://www.familylab.de/files/Artikel_PDFs/allgemeine/So_sinnvoll_wie_moeglich.pdf; siehe auch: www.adz-netzwerk.de/So-sinnvoll-fuer-das-Kind-wie-moeglich-Gerald-Huether-im-Interview.php

Hüther, Gerald: Wie lernen Kinder? Voraussetzungen für gelingende Bildungsprozesse aus neurobiologischer Sicht. In: Caspary, Ralf (Hg.): Lernen und Gehirn. Der Weg zu einer neuen Pädagogik. Herder, Freiburg [7]2006, S. 70–84

Huxsahl, John E.: Attention-deficit/hyperactivity disorder (ADHD) in children. Expertenantwort zur ADHD-Diät: Do food additives cause hyperactivity? 6.11.2009: http://www.mayoclinic.com/health/adhd/AN01721

Ingenkamp, Karlheinz (Hg.): Die Fragwürdigkeit der Zensurengebung. Texte und Unter-suchungsberichte. Beltz, Weinheim/Basel [9]1995

Institut für Qualitätsentwicklung im Bildungswesen (IQB): Bildungsstandards. Siehe: http://www.iqb.hu-berlin.de/bista

Jachmann, Michael: Noten oder Berichte? Die schulische Beurteilungspraxis aus der Sicht von Schülern, Lehrern und Eltern. Leske + Budrich, Opladen 2003

Jacobs, Bob: ADHS. Epidemie einer Phantomkrankheit. 2006: http://www.adhs-schweiz.ch/adhs_diagnose.html

Jürgens, Eiko: Leistung und Beurteilung in der Schule. Eine Einführung in Leistungs- und Bewertungsfragen aus pädagogischer Sicht. Aktualisierte und stark erweiterte Auflage, Academia, St. Augustin [6]2005

Juul, Jesper: Das kompetente Kind. Auf dem Weg zu einer neuen Wertgrundlage für die ganze Familie. Rowohlt, Reinbek bei Hamburg [7]2007

Kahl, Reinhard: Schlechte Zensur für Noten. Siehe: Die ZEIT vom 14.06.2006: http://www.reinhardkahl.de/artikellesen154r_5.html

Kandel, Eric: Auf der Suche nach dem Gedächtnis. Die Entstehung einer neuen Wissenschaft des Geistes. Goldmann, München 2009

Kläsener, Cornelia; Korte, Martin: Gute Noten. Wie Eltern den Schulerfolg ihrer Kinder fördern können. Argon, Berlin [2]2004

Klinghardt, Dietrich: Lehrbuch der Psycho- Kinesiologie. Ein neuer

Weg in der psychosomatischen Medizin, Bauer Hermann, Freiburg [4]2002

Klinghardt, Dietrich: „Nur so, wie ich bin", Liedzeile aus dem gleichnamigen Lied, enthalten auf der CD „Nur so, wie ich bin", von Dr. med. Dietrich Klinghardt

Kloepfer, Inge: Mein Kind braucht kein Abitur. Siehe: faz.net vom 14.5.2010: http://www.faz.net/s/Rub0E9EEF84AC1E4A389A8DC-6C23161FE44/Doc~E70BBD09C9FCB4B6E8918F4CBEE6741C3~ATpl~E common~Scontent.html

Köhler, Henning: Vom Ursprung der Sehnsucht. Die Heilkräfte von Kreativität und Zärtlichkeit. Freies Geistesleben, Stuttgart 2007

Köller, Olaf; Knigge, Michel; Tesch, Bernd (Hg.): Sprachliche Kompetenzen im Ländervergleich. Institut zur Qualitätsentwicklung im Bildungswesen. Waxmann, Münster/NY/ München/Berlin 2010

Korte, Martin: Kann man denn auch im Schlaf – also unbewusst – lernen? 20.4.2010: http://www.swr.de/blog/1000Antworten/antwort/5793/im-schlaf-lernen/

Korte, Martin: Was passiert bei einem Blackout im Gehirn – und was kann man dagegen tun? 21.4.2010: http://www.swr.de/blog/1000Antworten/antwort/5861/was-passiert-bei-blackout/

Korte, Martin: Was soll nur aus unseren Gehirnen werden? Siehe: faz.net vom 30.4.2010: http://www.faz.net/s/RubC3FFBF288EDC-421F93E22EFA74003C4D/Doc-ED6B19C9DFE0E424E8C7968156BD-568FF-ATpl-Ecommon-Scontent.html

Korte, Martin: Wie Kinder heute lernen. Was die Wissenschaft über das kindliche Gehirn weiß. Das Handbuch für den Schulerfolg. DVA, München [3]2009

Kraul, Margret: Leistungsnachweis statt Standesprivileg. In: Friedrich-Jahresheft XIV „Prüfen und beurteilen". Friedrich, Seelze 1996, Seite 128–129

Kraus, Klaus-Henning; Dresel, Stefan; Krause, Johanna: Neurobiologie der Aufmerksamkeitsdefizit-/ Hyperaktivitätsstörung. In: psycho 26 (2000) S. 199–208; siehe auch: www.hyperaktiv.de/forschung/neurobiologie.pdf

Krüll, Marianne: Die Geburt ist nicht der Anfang. Die ersten Kapitel unseres Lebens – neu erzählt. Klett-Cotta, Stuttgart 1992

Kultusministerkonferenz: Erläuterungen der Notenstufen bei Schulzeugnissen und Einzelergebnissen in staatlichen Prüfungszeugnissen. Beschluss der Kultusministerkonferenz vom 3.10.1968 in der jeweils geltenden Fassung, abgedruckt unter Beschluss Nr. 675

Landeselternschaft Grundschulen Nordrhein-Westfalen e.v.: Mitglieder-Info 2008-2: Leistungsbewertung. Siehe: http://landeselternschaft-nrw. de/infoheft/infoheft_2008_2_druck.pdf

Leuzinger-Bohleber, Marianne; Brandl, Yvonne; Hüther, Gerald (Hg.): ADHS – Frühprävention statt Medikalisierung. Vandenhoeck & Ruprecht, Göttingen 2006

Lüpke, Hans von: Ist Hirnforschung für die AD(H)S-Problematik von Bedeutung? Siehe: http://www.uni-koblenz.de/~didaktik/voss/Luepke_Hirnforschung.pdf

Lüpke, Hans von: Welche Rolle spielen Ergebnisse der Hirnforschung bei der AD(H)S-Problematik? In: Sonderpädagogische Förderung 49 (4) 2004, S. 402–409. Wiederveröffentlichung 2009: http://bidok.uibk.ac.at/ library/luepke-hirnforschung.html

Mack, Winfried: Vorwort. In: Ständiger Ausschuss des 14. Landtags von Baden-Württemberg 2008: Konsum und Wirkung elektronischer Medien bei Kindern und Jugendlichen, S. 3–5: www.landtag-bw.de/Gremien/ Konsum_und_Wirkung_elektronischer_Medien_bei_Kindern_und_Jugendlichen.pdf

Marstedt, Gerd: Analyse von 173 Studien zeigt: Übermäßiger Medienkonsum schadet der Gesundheit von Kindern. 2009: http://www. forum-gesundheitspolitik.de/artikel/artikel.pl?artikel=1512

Mattner, Dieter: Die Biologisierung abweichenden Verhaltens. In: Leuzinger-Bohleber, Marianne; Brandl, Yvonne; Hüther, Gerald (Hg.): ADHS – Frühprävention statt Medikalisierung. Vandenhoeck & Ruprecht, Göttingen 2006, S. 51–69

Mattner, Dieter: Dramatische Zunahme von ADHS: Indikator für „veränderte Kindheiten" und/oder einer „Medikalisierung des Sozialen? In: Leuzinger-Bohleber, Marianne; Brandl, Yvonne; Hüther, Gerald (Hg.): ADHS – Frühprävention statt Medikalisierung. Vandenhoeck & Ruprecht, Göttingen 2006, S. 51–69

Muñoz, Vernor: Umsetzung der UN-Resolution 60/251. „Rat für Menschenrechte" vom 15.3.2006. Deutsche Arbeitsübersetzung: http://www.gew.de/Binaries/Binary29288/ Arbeits%FCbersetzung_M%E4rz07.pdf

Naporra, Florian; Ströhlein, Alexandra: Das pädagogische Portfolio als Methode im Rahmen einer „neuen Lernkultur". Eine objektive Alternative der schulischen Leistungsbewertung? Seminararbeit Uni Bamberg, 2008: http://www.naporra.de/wiss_Portf.htm

Neraal, Terje; Wildermuth, Matthias (Hg.): ADHS Symptome verstehen – Beziehungen verändern. Pschosozial-Verlag, Gießen 2008

Neubauer, Aljoscha; Stern, Elsbeth: Lernen macht intelligent. Warum Begabung gefördert werden muss. Goldmann, München 2007

Neuhaus, Cornelia: ADHS bei Kindern, Jugendlichen und Erwachsenen. Symptome, Ursachen, Diagnose und Behandlungen. Kohlhammer, Stuttgart 2007

Nieber, Karen: Interview mit Frau Prof. Dr. Karen Nieber über Ritalin. 19.5.2010: http://www.student-leipzig.de/content/thema-ritalin-komplettes-interview

Nunez-Smith, Marcella u.a.: Media and child adolescent health: A systematic review. 2008: http://www.commonsensemedia.org/sites/default/files/Nunez-Smith%20CSM%20 media_review%20Dec%204.pdf

Oelkers, Jürgen: Leistungsbeurteilung als Problem und Chance der Schulentwicklung. Siehe: http://www.impulsmittelschule.ch/themata/noten/2001/leistungsbeurteilung.htm

Oelkers, Jürgen; Reusser, Kurt: Qualität entwickeln – Standards sichern – mit Differenzen umgehen. Bildungsforschung Band 27 (2008) – Expertise im Auftrag des Bundesministeriums für Forschung und Bildung. Siehe: http://www.bmbf.de/pub/bildungsforschung_band_ siebenundzwanzig.pdf

Ohne Autor: ADHS – FDA untersucht plötzliche Todesfälle unter Ritalin. 16.6.2009: http://www.aerzteblatt.de/nachrichten/36977/ADHS_FDA_untersucht_ploetzliche_Todes- faelle_unter_Ritalin.htm

Ohne Autor: ADHS – Medikamente als Droge bei US-Teenagern. 25.8.2009: http://www.aerzteblatt.de/nachrichten/37828/ADHS-Mediakmente_als_Droge_bei_US-Teenagern.htm

Ohne Autor: Bundesamt für Gesundheit (BAG Schweiz) informiert: Risiko Lebensmittelfarbstoffe. 2.12.2008: http://www.adhs.ch/aktuell/lebensmittelfarbstoffe.htm

Ohne Autor: Cortisol – Die Stress Hormone. Siehe: http://www.swiss-healthmed.de/ Hormone/Cortisol/

Ohne Autor: Das U.S. Justizministerium, Abt. Drogenbekämpfung, informiert über Ritalin. Siehe: http://www.ritalin-kritik.de/Artikel/Artikel_2/body_artikel_2.html

Ohne Autor: http://de.encarta.msn.com/sidebar_1201506805/Encarta_Online_Die_Sucht_nach_Bildern_Droge_Fernsehen.html#appearsin

Ohne Autor: Die Hyperaktivität/ADHS. Siehe: http://www.zentrum-der-gesundheit.de/adhs.html

Ohne Autor: Die Omega-Revolution. Pressekonferenz zum Thema Omega-Fettsäuren bei Defiziten des Gehirns vom 28.4.2010. Siehe: http://www.v-p-c.at/omega2010.html

Ohne Autor: EFSA prüft Southampton-Studie zu Lebensmittelzusatz-
stoffen und Verhalten von Kindern. Pressemitteilung vom 14.3.2008:
http://www.efsa.europa.eu/de/press/news/ans080314.htm

Ohne Autor: Fachinformation (Zusammenfassung der Merkmale des
Arzneimittels/SPC) für Ritalin®, Novartis Pharma GmbH, Nürnberg
2002

Ohne Autor: Fünfte Verordnung über die den Betäubungsmitteln gleich-
gestellten Stoffe (Fünfte Betäubungsmittel-Gleichstellungsverordnung
– 5. BtMGlV) vom 6.4.1971: http://www.eve-rave.net/abfahrer/recht.
sp?text=121&cat=1&page=0

Ohne Autor: Häufiges Fernsehen schadet dem Gleichgewicht. Wissenschaftler erforschen, warum viele Kinder mit geschlossenen Augen
nicht richtig stillstehen können. Siehe: www.kidcheck.de/
wiss_f09.htm

Ohne Autor: Kritik am Intelligenzbegriff. Siehe: http://de.wikipedia.
org/wiki/Kritik_am_Intelligenzbgriff'cite_ref-30

Ohne Autor: Mediziner und Wissenschaftler schlagen Alarm:
Deutschland wird krank. 1.2.2000: www.psychotherapie.de/re-
port/2000/02/00020101.htm

Ohne Autor: Medizin News: ADHS: Oft Ritalin statt Erziehung.
2.6.2010: http://www.aerzteblatt-studieren.de/doc.asp?docid=113696

Ohne Autor: Methylphenidat. Siehe: http://de.wikipedia.org/wiki/
Ritalin

Ohne Autor: Nebenwirkungen: ADHS-Mittel Atomoxetin (Strattera)
steigert Suizidalität. Fakten und Vergleiche für die rationale Therapie,
36. Jg., 4.1.2005, S. 102. Siehe auch: http://www.arnzei-telegramm.de/
html/2005_11/0511102_01.html

Ohne Autor: Overuse of Prescription Stimulants for Children reported
in new Duke Study. Siehe: html://www.srmhp.org/archives/adhd-
stimulants.html

Ohne Autor: Pressemitteilung vom 2.12.2009. Siehe: http://www.
bildungsprotest-wuerzburg.de/blog/?page_id=2677

Ohne Autor: Ritalin – Die gefährlichste Droge der Welt. Seite 3 vom
30.4.2010: http://www.seite3.ch/Ritalin+Die+gefaehrlichste+Droge+d
er+Welt/438255/detail.html

Ohne Autor: Ritalin gegen Zappelphilipp. Ursprung/Therapien für das
Aufmerksamkeits-Defizit-(Hyperaktivitäts)-Snydrom und für Autismus.
Forum-Beiträge siehe: http://www.symptome.ch/vbboard/ads-adhs-
autismus/2426-ritalin-gegen-zappelphilipp-6.html

Ohne Autor: Schlaflosigkeit. Bei 21 bis 37 Prozent der Kinder nach zu viel Fernsehen, bei 8 Prozent der Jugendlichen durch Internet-Sucht. 4.4.2000: www.psychotherapie.de/report/2000/04/00040403.htm

Ohne Autor: Sir Francis Galton: Begründer der Differenziellen Psychologie – Begründer der Eugenik: Rassen- und Klassenunterschiede in der Intelligenz. (Kritische Psychologie Marburg), siehe: http://www.kp-marburg.de/galton.htm

Ohne Autor: US-Studie: Methylphenidat-Erfolge häufig nicht von Dauer. Siehe: Ärzteblatt vom 23.7.2007: http://www.aerzteblatt.de/v4/news/news.asp?id=29246

Ohne Autor: Wichtige Ergebnisse der Rhythmus- und Gehirnforschung. Siehe: http://www.freunde-waldorf.de/info/waldorf/studien/gehirn-forschung-2008/

Olechowski, Richard; Rieder, Karin (Hg.): Motivieren ohne Noten. Peter Lang, München/Wien 1990

Pauen, Sabina: Zeitfenster der Gehirn- und Verhaltensentwicklung: Modethema oder Klassiker? In: Herrmann, Ulrich: Neurodidaktik. Grundlagen und Vorschläge für gehirngerechtes Lehren und Lernen. Beltz, Weinheim/Basel ²2006 S. 31–40

Peez, Georg: Beurteilen und Bewerten im Kunstunterricht. In: Kunst + Unterricht, Heft 287 (2004), S. 4–11, siehe auch: http://www.georgpeez.de/texte/beurteiku.htm

Peters, Ursula; Bundeszentrale für gesundheitliche Aufklärung (Hg.): adhs aufmerksamkeitsdefizit/ hyperaktivitätstörung ... was bedeutet das? Köln 2006: http://www.bmg.bund.de/nn_1192806/.../adhs.../adhs-broschueren-bzga.pdf

Pfeiffer, Christian; Mößle, Thomas: Wirkung exzessiver Bildschirm-mediennutzung auf Kinder und Jugendliche. In: Ständiger Ausschuss des 14. Landtags von Baden-Württemberg 2008: Konsum und Wirkung elektronischer Medien bei Kindern und Jugendlichen, S. 7–14: www.landtag-bw.de/Gremien/Konsum_und_Wirkung_elektroni-scher_Medien_bei_Kindern_und_Jugendlichen.pdf

Pollmer, Udo; Hocke, Cornelia; Grimm, Hans-Ulrich: Vorsicht Geschmack. Was ist drin in Lebensmitteln. Mit einem Lexikon der Zusatzstoffe. rororo, Stuttgart ⁵2000

Preckel, Franzis; Brüll, Matthias: Intelligenztests. UTB, München 2008

Psychologie heute, 37. Jg., Heft 3, 2010

Riedesser, Peter: ADHS: Eine der größten Kontroversen in der Geschichte des Fachgebiets Kinder- und Jugendpsychiatrie. In: Leuzinger-Bohleber, Marianne; Brandl, Yvonne; Hüther, Gerald (Hg.): ADHS – Frühprävention statt Medikalisierung. Vandenhoeck & Ruprecht, Göttingen 2006, S. 111–117

Riemann, Fritz: Grundformen der Angst. Eine tiefenpsychologische Studie. Mit einer Kurz-biographie von Ruth Riemann. Ernst Reinhardt, München/Basel, 32. Auflage, 2. Auflage der geb. Ausgabe 1999

Rilke, Rainer Maria: Die Gedichte in einem Band. Insel, Frankfurt am Main/Leipzig 1986

Rosemann, Hermann: Intelligenztheorien. rororo, Reinbek bei Hamburg 1979

Roth, Gerhard: Warum sind Lehren und Lernen so schwierig? In: Herrmann, Ulrich (Hg.): Neurodidaktik. Grundlagen und Vorschläge für gehirngerechtes Lehren und Lernen. Beltz, Weinheim/Basel [2]2006, S. 49–59

Sacher, Werner: Leistungen entwickeln, überprüfen und beurteilen. Julius Klinkhardt, Bad Heilbrunn 2009

Sacher, Werner: Prüfen – Beurteilen – Benoten. Grundlagen, Hilfen und Denkanstöße für alle Schularten. Julius Klinkhardt, Bad Heilbrunn 1996

Sacher, Werner: Schulleistung. Forderung, Überprüfung, Beurteilung. Akademiebericht Nr. 178 der Akademie für Lehrerfortbildung Dillingen. Dillingen [2]1992

Sachser, Norbert: Neugier, Spiel und Lernen: Verhaltensbiologische Anmerkungen zur Kindheit. In: Herrmann, Ulrich (Hrsg.): Neurodidaktik. Grundlagen und Vorschläge für gehirngerechtes Lehren und Lernen. Beltz, Weinheim/Basel [2]2006, 19–30

Sanides, Silvia: ADHS-Langzeitbehandlung mit Ritalin sinnlos. Siehe: Focus Online vom 2.4.2009: http://www.focus.de/gesundheit/ratgeber/psychologie/news/tid-13852/adhs-langzeitbehandlung-mit-ritalin-sinnlos_aid_386475.html

Schmerl, Christiane: Sozialisation und Persönlichkeit – Zentrale Beispiele zur Soziogenese menschlichen Verhaltens. Lucius & Lucius, Stuttgart 1978

Schmidt, Hans-Reinhard: Mein Kind hat ADHS? Das gibt's doch nicht! Vortrag beim Westerburger Dialog. 2006: http://www.schmidthansreinhard.de/Westerburg.htm

Schmidt, Hans-Reinhard (Sprecher): Zur Festbetragsregelung von Methylphenidat unter Berücksichtigung aktueller Forschungsergebnisse auf der Konferenz ADHS. Oktober 2007: http://www.adhs-konferenz.de/Stellungnahme.htm

Spitz, René A.: Angeboren oder erworben? Die Zwillinge Cathy und Rosy – eine Naturgeschichte der menschlichen Persönlichkeit und ihrer Entwicklung. Beltz, Weinheim/Basel 2000

Spitzer, Manfred: Geist im Netz. Modelle für Lernen, Denken und Handeln. Spektrum Akademischer Verlag, Heidelberg 2000

Spitzer, Manfred: Lernen. Gehirnforschung und die Schule des Lebens. Spektrum Akademischer Verlag, Heidelberg 2007

Spitzer, Manfred: Macht Fernsehen dick? In: Ständiger Ausschuss des 14. Landtags von Baden-Württemberg 2008: Konsum und Wirkung elektronischer Medien bei Kindern und Jugendlichen, S. 63–68: www.landtag-bw.de/Gremien/Konsum_und_Wirkung_elektronischer_Medien_bei_Kindern_Jugendlichen.pdf

Spitzer, Manfred: Medizin für die Schule. Plädoyer für eine evidenzbasierte Pädagogik. In: Caspary, Ralf: Lernen und Gehirn. Der Weg zu einer neuen Pädagogik. Herder, Freiburg [7]2006, S. 23–35

Spitzer, Manfred: Milliarden für Tötungstrainingssoftware. In: Ständiger Ausschuss des 14. Landtags von Baden-Württemberg 2008: Konsum und Wirkung elektronischer Medien bei Kindern und Jugendlichen, S. 69–71: www.landtag-bw.de/Gremien/Konsum_und_Wirkung_elektronischer_Medien_bei_Kindern_Jugendlichen.pdf

Spitzer, Manfred: Vorsicht Bildschirm! Elektronische Medien, Gehirnentwicklung, Gesundheit und Gesellschaft. dtv, München 2006

Spitzer, Manfred: Werbung für Kinder. In: Ständiger Ausschuss des 14. Landtags von Baden-Württemberg 2008: Konsum und Wirkung elektronischer Medien bei Kindern und Jugendlichen, S. 59–62: www.landtag-bw.de/Gremien/Konsum_und_Wirkung_elektronischer_Medien_bei_Kindern_Jugendlichen.pdf

Spitzer, Manfred: Wir brauchen keine Computer in der Schule. (Interview), Siehe: NZZ am Sonntag vom 27.1.2008: http://www.nzz.ch/nachrichten/wissenschaft/wir_brauchen_keine_computer_in_der_schule_1.660286.html

Staatsinstitut für Schulqualität und Bildungsforschung München: Glossar „Begriffe im Kontext von Leistungserhebung und Prüfung vor dem Hintergrund des dreigliedrigen Schulsystems in Bayern". Mai 2005: http://www.isb.bayern.de/isb/download.aspx?DownloadFileID=e421 2384f41d21f646e8b7786d6edab1

Staatsinstitut für Schulpädagogik und Bildungsforschung: Handreichnung zur Ermittlung und Beschreibung von Schülerleistungen in der Grundschule. Auer, Donauwörth 1999

Starch, D.; Elliot, E.: Die Verläßlichkeit der Zensuren von Mathematikarbeiten. In: Ingenkamp Karlheinz (Hg.): Die Fragwürdigkeit der Zensurengebung – Texte und Untersuchungsberichte. Beltz, Weinheim/Basel [8]1989, S. 81–89

Stern, Elsbeth; Guthke, Jürgen: Perspektiven der Intelligenzforschung. Pabst Science Publishers, Lengerich 2001

Sternberg, Robert J.: Countdown zum Erfolg. Was man braucht, um seine Ziele wirklich zu erreichen. Droemer Knaur, München 2002

Strittmatter, Anton: Noten sind praktisch – und unprofessionell. In: Alv – Aargauischer Lehrerinnen- und Lehrer-Verband (Hg.): Schulblatt Aargau und Solothurn. Aargau 2004, S. 20–22; siehe auch: http://basler-schulblatt.swissblog.ch

Süß, Heinz-Martin: Prädikative Validität der Intelligenz im schulischen und außerschulischen Bereich. In: Stern, Elsbeth; Guthke, Jürgen: Perspektiven der Intelligenzforschung. Pabst Science Publishers, Lengerich 2001, S. 109–136

Sütterlin, Sabine: Drachenzungen machen zappelig. Also doch: Künstliche Farbstoffe und Konservierungsmittel können bei der Aufmerksamkeitsstörung ADHS eine Rolle spielen, wie eine neue englische Studie zeigt. Siehe: NZZ am Sonntag vom 16.9.2007: http://www.nzz.ch/nachrichten/wissenschaft/drachenzungen_machen_zappelig_1.555782.html

Teich, Detlef: den kopf frei haben. Siehe: http://ottosmops.de/article/72/den-kopf-frei-haben

Thorbrietz, Petra: Kursbuch gesunde Kinderernährung. So schützen Sie Ihr Kind. Zabert-Sandmann München 2002

Uhl, Doris: Plötzliche Todesfälle unter Methylphenidat. Siehe: DAZ online vom 22.6.2009: http//www.deutsche-apotheker-zeitung.de/pharmazie/news/2009/06/22/ploetzliche-todesfaelle-unter-methylphenidat.html

Unzner, Lothar: Rezension vom 13.3.2007 zu: Leuzinger-Bohleber, Marianne; Brandl, Yvonne; Hüther, Gerald (Hg.): ADHS – Frühprävention statt Medikalisierung. Siehe: http://www.socialnet.de/rezensionen/4369.php

Unger, Ludwig (Pressesprecher): Pressemitteilung Nr. 324 des Bayerischen Staatsministeriums für Unterricht und Kultus vom 23. Oktober 2008. Siehe: http://www.km.bayern.de/km/asps/presse/presse_anzeigen.asp?index=1613

Valtin, Renate: Was ist ein gutes Zeugnis? Noten und verbale Beurteilung auf dem Prüfstand. Juventa, Weinheim 2002

Vögeli-Mantovani, Urs: Noten sind einfach und vertraut, aber mangelhaft. In: Bildung Schweiz 11/2006, S. 15–16, siehe: http://www.lch.ch/dms-static/d238da25-9f1e-4821-ae30-b4dc21e0744b/aktuell_15_16.pdf

Wechsler, Ulrich: Erst laufen, dann Rad fahren. Siehe: http://www.sprache-werner.info/3-Erst-laufen-dann-Rad-fahren.2674.html

Weinert, Franz E.: Leistungsmessungen in Schulen. Beltz, Weinheim/
Basel ²2001

Weiß, Rudolf: Zensur und Zeugnis. Haslinger, Pinsdorf 1965

Weizenbaum, Joseph: Kurs auf den Eisberg oder nur das Wunder wird
uns retten, sagt der Computerexperte. Pendo, Zürich 1984

Wenke, Matthias: ADHS: Diagnose statt Verständnis? Wie eine Krankheit gemacht wird. Eine phänomenologische Kritik. Brandes & Apsel,
Frankfurt am Main 2006

Wenke, Matthias: Diagnose statt Verständnis: Die „Krankheit ADHS"
als kulturelles Artefakt. Eine phänomenologische Annäherung. In:
Heilpädpdagogik online 03/06, S. 54–73: http://freenet-homepage.de/
heilpaedagogik_online_0306.pdf

Wenke, Matthias: Eröffnungsvortrag auf dem 6. ADHS-Symposium im
Kinderzentrum Schwerin (18.10.2008): „ADHS" – unaufmerksame Ein-
heitsdiagnose für Alles? Siehe: http://www.mwenke.de/ADHS_Vor-
trag_Schwerin.pdf

Widenhorn-Müller, Katharina; Schwanda, Simone; Scholz, Elke; Bode,
Harald: Der Einfluss von langkettigen mehrfach ungesättigten Fettsäuren auf Verhalten und Kognition bei Kindern mit Aufmerksamkeitsde-
fizit-/Hyperaktivitätsstörung – die EFA-Studie. Siehe: http://www.
znl-ulm.de/html/nl7_efa.html

Wiethaus, Ursula; Sulzenbacher, Brigitte: Leistungsmessung in der
Grundschule. Skript für die Basisveranstaltung für den Schulamtsbezirk
Landsberg am 26.06.06. Siehe: http://www.lra-ll.de/staatliches_schul-
amt/Basisveranstaltung_Skript.pdf

Winterstein, Peter; Jungwirth, Robert J.: Medienkonsum und Passivrau-
chen bei Vorschulkindern. Risikofaktoren für die kognitive Entwicklung? In: Kinder- und Jugendarzt, 37. Jg., 4/2006; siehe auch: www.
landkreis-goeppingen.de/servlet/PB/show/1198296/ges_studie_win-
terstein.pdf

Ziegenspeck, Jörg W.: Handbuch Zensur und Zeugnis in der Schule.
Historischer Rückblick, allgemeine Problematik, empirische Befunde
und bildungspolitische Implikationen; ein Studien- und Arbeitsbuch.
Julius Klinkhardt, Bad Heilbrunn 1973 und ⁹1999

Zulley, Jürgen: Kann man im Schlaf lernen? 3.3.2009: http://www.swr.
de/blog/1000Antworten/antwort/1473/kann-man-im-schlaf-lernen

Danke,

Nur so, wie ich bin
erreich' ich das, wonach ich such'
Dietrich Klinghardt

- meiner Mutter, die mir das Gefühl vermittelte, so wie ich bin, richtig zu sein, die mir stets vertraut und mich immer unterstützt hat, die mich wichtig nahm, die mir als Kind trotz mehrfacher Empfehlung kein Ritalin gegeben hat und mir damit meinen Eigensinn beschützte.

- meinem Vater, der mir die Überzeugung geschenkt hat, intelligent zu sein, mich ermutigt hat, unabhängig und grenzenlos zu denken, mich gelehrt hat, dass alle Menschen gleich sind, und darin bestärkt hat, mich von Hierarchien nicht instrumentalisieren und beeindrucken zu lassen.

- vielen lieben und für mich besonderen Menschen, die mich durch mehrere Jahre extremer Belastung begleitet oder mir zur richtigen Zeit die richtige Erfahrung oder Unterstützung geschenkt haben, insbesondere Martin B., Silvia Sch.-M., Jan G., Jean-Luc P., zahlreichen Kollegen und Kolleginnen, Johann B., Marion B., Max M., Ellen B., Susanne B. und den Mitgliedern der ev. Pfarrbruderschaft, vielen Eltern meiner Schulklassen, Jeanette Sch., Irena St., Petra P., Iris H., Bernhard U., Gabriele H., Uwe M., sowie Jan R., Steffi S., Klaus P., Ralph H. und Christian F.

- dem Bayerischen Lehrer- und Lehrerinnenverband (BLLV), insbesondere Klaus Wenzel und Hans-Peter Etter, sowie der Bundesarbeitsgemeinschaft Lehrer gegen Mobbing e. V., die mich in den schwierigen Jahren begleitet und unterstützt haben, und Katharina Keramaris, ehemalige Vorsitzende des örtlichen Personalrats, die sich stets tatkräftig für Lehrer eingesetzt hat – auch für mich –, aber leider viel zu früh verstorben ist.

- Chris Bleher, Journalist und Autor der ersten Artikel, der die Situation mit den Enthüllungen über die Mafia verglich und mir trotzdem oder gerade deshalb Mut machte, meine Geschichte und meine Gedanken zu veröffentlichen.
- Jennifer Griebe und Rolf Krappen, beide großartige Rechtsanwälte, die aus innerer Überzeugung heraus keine Anstrengung und Mühen gescheut haben.
- Helga und Martin für die wertvolle und kompetente Zuarbeit und Unterstützung bei der Erstellung dieses Buches.
- meinem Team bei Südwest, ganz besonders Esther Szolnoki, Ina Raki, Daniela Völker, Carolin Assmann, Susanne Fink, Rainer Dresen und Sieglinde Werkmann, die mit ihrer Kompetenz, ihrem Empathievermögen und ihrer Anstrengungsbereitschaft maßgeblich zu diesem Buch beigetragen haben.
- den vielen wunderbaren und einzigartigen Kindern, die mich jeden Tag darin bestätigen, dass jedes einzelne Kind jede Mühe wert ist: ... Mariko, Kathrin, Wendelin, Sofie, Yasin, Korbinian, Lilli, Lukas, Adrian, Sarah, Michael, Ann-Kathrin, Thomas, Tobias, Ulrich, Vanessa, Marvin, Veronika, Annika, Markus, Benedikt, Ayana, Benjamin, Luisa, Caglayan, Isabell, Camilla, Johanna-Magdalena, Anne-Marie, Josefina, Paul, Julia, Kajetan, Sebastian, Adriana, Magdalena, Kevin, Marlene, Sophia, Paula, Marlies, Charlotte, Stefan, Claudio, Joshua, Michaela, Sonja, Concetta, Daniel, Matthias, Christina, Maxim, Bettina, Jula, Maximilian, Johannes, Monique, Moritz, Klaus, Konstantin, Carina, Muhammet, Nicolas, Alicia, Bianca, Sascha, Anna, Nicole, Marlon, Nils, Daniela, Noah, Patrick, Soner, Alena, Christoph, Peter, Mario, Annalena, Ramona, Denise, Reiner, Sabrina, Max, Julian, Alexandra, Domenico, Philipp, Dominic, Martin, Elena, Elisabeth, Josephine, Marinus, Lucas, Eva, Florian, Irina, Alexander, Isa, Jennifer, Johanna, Samuel, Stefanie, Tanja, Christa, Cosima und viele mehr ...

... und immer schön bunt bleiben!